浙江省普通本科高校“十四五”重点立项建设教材

新编21世纪劳动与社会保障系列教材

社会保障学

戴卫东　主编

Social Security
An Introduction

中国人民大学出版社
·北京·

内容简介

戴卫东教授主编的《社会保障学》是浙江省普通本科高校“十四五”重点立项建设教材，同时也是浙江财经大学国家级一流本科专业劳动与社会保障专业的教材建设成果。

本书全面系统地阐释了社会保障的基本概念、基本理论与基本方法，重点介绍了国内外社会保障制度的建立、发展和改革历程，深入分析了我国社会保障制度建设与实践发展中的热点与难点问题。在对基本概念与基础理论进行介绍的基础上，本书重点论述了养老保险、医疗保险与生育保险、失业保险、工伤保险等基本险种的概念、功能、基本特征、主要制度模式，以及相关险种在中国的发展历程、制度内容与改革方向。同时，本书较为深入地分析和阐述了长期护理保险、社会救助、社会福利、军人社会保障、补充保障等制度的基本内容与发展方向，构成了系统、完整的社会保障知识体系。

本书是一部课程思政特色鲜明的教材，强调共同富裕、以人民为中心的发展理念在社会保障领域中的践行和落实，并系统反映了新时代中国社会保障领域取得的伟大成就。此外，本书还有两个特点：一是在阐述社会保险基本险种的基础上，专门设置了一章，介绍长期护理保险制度的基本理论、国际经验与挑战，并重点分析了中国长期护理保险制度试点的发展方向；二是精心选编了丰富的延伸阅读材料，在教材中以二维码形式呈现，以帮助读者更好地理解相关概念和理论。

作者简介

戴卫东 浙江财经大学二级教授、博士生导师，浙江省长期护理保险研究中心主任，地方政府与城乡治理研究院副院长，国家级一流本科专业劳动与社会保障专业负责人。兼任残疾人事业发展研究会常务理事、中国社会保障学会理事，浙江省人大、杭州市人大常委会、浙江省医疗保障局等机构咨询专家。主要研究领域为长期护理保险、养老保障、医疗保险、卫生政策等。出版《中国养老服务资源整合研究》《长期护理保险通论》《中国长期护理服务体系建构研究》《OECD国家长期护理津贴制度研究》《长期护理保险——理论、制度、改革与发展》《社会救助新编》等专著和教材20余部；发表学术论文150余篇，其中30余篇被《新华文摘》等全文转载。获教育部第九届高等学校科学研究优秀成果奖（人文社会科学）、第二十二届浙江省哲学社会科学优秀成果奖等省部级奖励6项。

前言

人类社会的发展史实质上是一部经济不断发展和风险不断叠加的历史，也是一部社会保障不断进步和人民生活水平不断提高的历史。尤其是进入工业化、城镇化社会以来，各国政府无一不是以推动社会保障“安全网”建设来实现社会良性运行与经济可持续发展的目标。改革开放以来，我国建立并逐步完善社会主义市场经济体制下的社会保障制度体系，城乡居民的获得感、幸福感和安全感不断增强。1998 年，劳动与社会保障本科专业的设立正是从理论和实践上对我国社会保障制度建设的重要性与紧迫性作出的最好回应。近十几年来，我国社会保障制度建设取得了举世瞩目的成就。与此同时，劳动与社会保障本科专业的开设院校数量也在不断增加。截至 2023 年底，全国近 160 所高校招收劳动与社会保障专业本科学生。毋庸置疑，教材建设是劳动与社会保障专业人才培养的重中之重，“社会保障学”更是该专业的必修课程。到目前为止，全国高校中的许多前辈和同人出版了不少非常优秀的与社会保障概论相关的教材。近年来，全球社会保障体系处在制度不断变革、新制度不断推进的过程中。党的二十大报告指出，我国要“健全覆盖全民、统筹城乡、公平统一、安全规范、可持续的多层次社会保障体系”。为了能够及时向学生传播国内外社会保障领域新的理念、新的知识和新的动态，浙江财经大学社会保障学科全体教师在借鉴和学习同行编写的相关教材优点的基础上，编写了这本《社会保障学》。

本教材几易大纲，编写组全体成员最终敲定按照社会保障知识结构，即社会保障基础理论和社会保障体系结构两大部分来编写。其中，社会保障基础理论部分包括绪论、发展历程、体系与模式、法制系统以及基金管理系统等；社会保障体系结构部分包括养老保险、医疗保险与生育保险、失业保险、工伤保险、长期护理保险、社会救助、社会福利、军人社会保障、补充保障等。这样的安排主要出于两方面的考虑：一是从知识学习的逻辑来看，基础理论为政策实践做铺垫，而国内外政策则是理论的应用与延伸；二是从篇章“体形”来看，各章不会过于“臃肿”或“苗条”，篇幅相对均衡。

本教材主要是为劳动与社会保障专业的学生编写的核心课程教材，也可以供公共管理类其他专业，以及财政学、人力资源管理、社会学、社会工作、金融保险等相关专业学生学习，还可以供政府职能部门和相关机构了解国内外社会保障相关政策提供参考。本教材有四个主要特点：一是体现课程思政的特色。劳动与社会保障专业说到底就是为了民生的高质量保障和共同富裕而培养合格的人才，所以每章开篇均设置了统领性的思政元素，帮助学生把握党和国家关于本章主题制度建设的理念和贡献。二是注重中国社会保障体系现存问题的分析与发展方向的思考。本科生学习社会保障相关课程的最终目的是服务于中国社会保障制度完善与政策应用，为此，在社会保障体系结构的相关章节中，我们基本上按照定义、功能和特征、基本内容的框架来展开论述，特别强调中国相关制度的演进概况、存在的问题及发展方向，以帮助学生提升运用理论来分析实践的知识建构能力。三是突出新制度建设。为了积极应对人口老龄化，2016 年长期护理保险开始在我国进行试点，2020 年又进一步扩大了试点，2022 年党的二十大报告明确指出，要“建立长期护理保险制度”，因此我们在第 10 章专门介绍了该险种的“前世今生”以及对中国长期护理保险制度试点的思考。四是运用新形态的教材范式。为了不增加纸质教材篇幅，同时又补充相关知识和扩大教材知识容量，我们安排了大量精心选编的阅读材料，以二维码的形式呈现，学生可以扫码学习。相比于其他同类教材，这些都是本教材的创新之处。

必须要说明的是，本教材是一项集体劳动和分工协作的成果。具体编写任务分工如下：第 1 章，戴卫东（博士毕业于中国人民大学）；第 2、3 章，刘欢（博士毕业于武汉大学）；第 4、5 章，汪连杰（博士毕业于武汉大学）；第 6 章，莫玮俏（博士毕业于浙江大学）；第 7 章，胡祁（博士毕业于南开大学）；第 8 章，费舒澜（博士毕业于浙江大学）；第 9 章，周慧文（博士毕业于武汉大学）；第 10 章，戴卫东；第 11 章，张晓蓓（博士毕业于湖南大学）；第 12 章，刘婧（博士毕业于美国佐治亚州立大学）；第 13、14 章，唐瑶（博士毕业于英国诺丁汉大学）。本教材由戴卫东确定提纲、校稿与统稿，并最终定稿。

在教材编写过程中，我们参考了诸多文献，在此向各位作者深表感谢！由于时间和能力有限，本教材中难免不足或者疏漏之处，敬请各位读者批评指正。

最后，衷心感谢中国人民大学出版社朱海燕编辑的大力支持！

戴卫东

目录

第4章　社会保障法制系统

第5章　社会保障基金管理系统

第6章　养老保险

第7章　医疗保险与生育保险

第1章

绪　论

马克思主义是关于全世界无产阶级和全人类彻底解放的学说，其中的一些理论思想是社会主义社会保障的理论基础。马克思和恩格斯在对资本主义社会形态进行分析时，阐释了社会公平思想、社会分配理论与建立社会保障后备基金的必要性，强调了政府作为社会保障责任主体的作用，反对社会保障私有化。

中国共产党以马克思主义为指导，从一开始就十分重视社会保障问题。早在革命战争期间，毛泽东就确立了社会保障工作在中国革命中的地位和作用，但当时主要进行的是社会救济工作。新中国成立后，党和国家更加重视社会保障工作，1954 年宪法以根本大法的形式确立了社会保障在国家生活中的地位和作用。

改革开放以后，随着市场经济体制的建立，旧的社会保障体系已不适应新的经济形势，改革和建立与市场经济相适应的新型社会保障制度迫在眉睫。在这一背景下，马克思主义社会保障思想在当代中国得到了进一步发展，党的二十大报告提出了“在幼有所育、学有所教、劳有所得、病有所医、老有所养、住有所居、弱有所扶上持续用力，人民生活全方位改善”的社会保障新目标，强调“必须坚持在发展中保障和改善民生，鼓励共同奋斗创造美好生活，不断实现人民对美好生活的向往”。21 世纪以来，中国社会保障制度体系建设取得了举世瞩目的新成就。

学习要点

1. 了解社会保障的内涵界定及其差异
2. 把握社会保障学科与经济学、社会学、人口学、管理学等学科的关系
3. 深入理解社会保障学科的价值所在
4. 准确认知社会保障的目标与功能、特征与原则、意义
5. 重点把握社会保障与经济发展、收入分配、消费和储蓄、劳动力市场、资本市场的关系

1.1 社会保障的内涵

1.1.1 国外社会保障的内涵界定

"社会保障"一词源于英文"social security"，有时也译为"社会安全"。它的产生和发展已有相当长的一段时间，早已成为世界主要国家制度体系中不可或缺的部分。从已有的文献资料来看，各国及相关学者对社会保障的概念存在不同的看法。

1. 美国对社会保障的界定

社会保障作为一个专业术语，最早出现在1935年美国《社会保障法》中。该法案主要用以解决失业和老年问题，因此指出："社会保障是一种'安全网'，是对国民可能遭遇的各种危险如疾病、年老、失业等加以防护的社会安全网。"1995年，美国社会保障署编写出版的《全球社会保障：1995》一书，将社会保障界定为"根据政府法规而建立的项目，给个人谋生能力中断或丧失以保险，还为结婚、生育或死亡而需要某些特殊开支时提供保障。为抚养子女而发给的家属津贴也包括在这个定义之中"①。

2. 英国对社会保障的界定

英国《新大不列颠百科全书》对社会福利的定义是，为了保障全体国民的物质的、精神的社会最低生活水准而由政府和民间提供的各项社会服务的总和。该书把"社会保障"列在"社会福利"之下，其目标被界定为消除贫困，并将其概括为国民在失业、患病、受到伤害、老年以及家庭收入锐减、生活贫困时予以生活保障。②

3. 德国对社会保障的界定

德国是最早建立现代社会保障制度的国家，以1883年《疾病保险法》、1884年《工伤事故保险法》和1889年《老年、残疾与遗属保险法》三部社会保险法律的颁布为标志。德国社会保障制度的发展与其社会经济发展紧密相连、相互适应③，因此，德国对社会保障的理解主要是基于德国社会市场经济的理论，将社会保障理解为社会公平和社会安全，认为社会保障为竞争中不幸失败的那些人提供了基本的生活保障。④

4. 日本对社会保障的界定

日本对社会保障的界定可以采用1950年日本社会保障制度审议会的解释，即"社会

① 美国社会保障署．全球社会保障：1995．北京：华夏出版社，1996.

② 郑功成．社会保障学：理念、制度、实践和思辨．北京：商务印书馆，2000.

③ 丁建定．德国社会保障制度的发展及其特点．南都学坛（人文社会科学学报），2008（4）.

④ 陈良瑾．社会保障教程．北京：知识出版社，1990.

保障是指对疾病、负伤、分娩、残疾、死亡、失业、多子女及其他原因造成的贫困，从保险方法和国家直接负担上，寻求经济保障途径。对陷入生活困境者，通过国家援助，保障其最低限度的生活，同时谋求公共卫生和社会福利的提高，以便使所有国民都能过上真正有品质的生活”①。

在日本学术界，对社会保障的理解有广义与狭义之分。广义的社会保障被看成是政府关于解决各种社会问题的社会政策的统称，狭义的解释如日本学者松尾均衡在《日本社会保障读本》中所言："社会保障是指国民在生活上蒙受诸如失业、伤病、高龄等各种事故，使这些国民的生活所得出现中断或减少而给国民生活带来困难时，通过社会保障机制进行国民收入再分配，保障其最低限度的收入所得，由国家来救济国民生活之缺损的制度。”日本社会福利学者康子则将社会保障与社会福利分离，认为社会保障的对象是经济困难者，它是一种普遍地、平等地实施的制度。②

5. 国际劳工组织对社会保障的界定

国际劳工组织在第 26 届国际劳工大会上接受了“社会保障”这一概念，并在 20 世纪 50 年代以来通过的一系列公约中将社会保障界定为：通过一定的组织对这个组织的成员所面临的某种风险提供保障，为公民提供保险金、预防或治疗疾病、失业时给予资助并帮助他重新找到工作。③

作为国际劳工组织常设工作机构，国际劳工局综合各国情况，在 1984 年出版的《社会保障导言》中进一步将社会保障概况为："社会保障即社会通过一系列的公共措施对其成员提供的保护，以防止他们由于疾病、妊娠、工伤、失业、残疾、老年及死亡而导致的收入中断或大大降低而遭受经济和社会困窘，包括对有儿童的家庭提供的补贴。”

1.1.2 国内社会保障的内涵界定

中国学术界目前对社会保障的认识大体相同，都以广义的社会保障为对象④，以政府为主要责任主体，以相应的法律法规为依据，以保障公民的基本生活为目标。但在具体阐述其定义时，存在较大的差异。

陈良瑾认为，“社会保障是国家和社会通过国民收入的分配与再分配，依法对社会成员的基本生活权利予以保障的社会安全制度”⑤。

侯文若指出，“社会保障可理解为对贫者、弱者实行救助，使之享有最低生活保障，

① 陈良瑾．社会保障教程．北京：知识出版社，1990.

② 郑功成．社会保障．北京：高等教育出版社，2007.

③ 国际劳工组织在 1944 年举行的第 26 届国际劳工大会上发表了《费城宣言》，宣言中接受并使用了“社会保障”这一概念。自 20 世纪 50 年代以来，国际劳工组织通过了一系列的公约，其中最重要的是 1952 年在日内瓦国际劳工大会上通过的《社会保障最低标准公约》。此后还通过了诸如《生育保护公约》及其建议书（1952)、《平等待遇（社会保障待遇）公约》(1962)、《工伤赔偿公约》(1964)、《残疾、老年、遗属补助公约》(1967)、《医疗照顾与疾病津贴公约》(1969)、《维护社会保障权利公约》(1982）及其建议书（1983）等。

④ 同②.

⑤ 陈良瑾．社会保障教程．北京：知识出版社，1990.

对暂时和永久失去劳动能力的劳动者实行生活保障并使之享有基本生活权利，以及对全体公民普遍实施福利措施，以保障福利增进而实现全社会安定，并让每个劳动者乃至公民都有生活安全感的一种社会机制”①。

郑功成在综合考察后，提出了对社会保障的定义："社会保障是国家或社会依法建立的、具有经济福利性的、社会化的国民生活保障系统。在中国，社会保障则是各种社会保险、社会救助、社会福利、军人福利、医疗保障、福利服务以及各种政府或企业补助、社会互助等社会措施的总称。"②

孙光德则将社会保障定义为："社会保障是以政府为责任主体，依据法律规定，通过国民收入再分配，对暂时或永久失去劳动能力以及由于各种原因而生活发生困难的国民给予物质帮助，保障其基本生活的制度。"③

我国香港地区将社会保障定义为以政府为责任主体，通过向有需要的人直接发放款项的方式提供福利，包括综合保障援助计划、公共福利基金计划、伤亡赔偿计划与灾民紧急救济计划。我国台湾地区将社会保障定义为国家以社会救助、社会保险以及公共服务等形式，对遭受危险事故、失去工作能力致使生活受到损害的国民提供各种生活需求，给其健康保障、职业保障、收入保障，从而促进民族健康、全民就业以及民生均足。④

综上，可以看出社会保障的内涵呈现出两个特点：一是随着经济社会发展，社会保障的内涵在不断充实。二是不同经济发展水平的国家或地区，对社会保障的界定有所不同。欠发达国家或地区更多地处于社会救助的初级界定，而发展中和发达国家的社会保障趋向建立多层次、更高水平的国民"安全网"。总结来说，现代社会的社会保障是指国家或社会依法实施的，采取社会化的资金筹集与服务供给方式，对国民全生命周期可能遇到的劳动和生活等方面的各种风险提供基本的经济、服务和精神保障的一种系统性的制度安排。

知识链接 1-1

社会保障与社会福利的关系

"社会福利"译自英文"social welfare"，而"社会保障"译自英文"social security"。

虽然"社会福利"和"社会保障"这两个概念都有广义和狭义的定义，但从国际惯例和许多国家的实践经验看，二者还是有差异的。社会保障在国际社会政策的研究中有相对固定的、通行的含义，指由国家或由立法保证的、旨在增加收入安全的制度安排。社会福利的含义则宽泛和含糊得多，一般指作为人类社会，包括个人、家庭和社区的一种正常和幸福的状态。贫困、疾病和犯罪等社会病态是社会福利的反义词。广义的社会福利指国家和社会为了实现社会福利状态所做的各种制度安排，包括增进收入安全

① 侯文若．社会保障理论与实践．北京：中国劳动出版社，1991.
② 郑功成．中国社会保障论．武汉：湖北人民出版社，1994.
③ 孙光德．社会保障概论．5版．北京：中国人民大学出版社，2000.
④ 莫泰基．香港贫穷与社会保障．香港：香港中华书局，1993.

的社会保障的制度安排。狭义的社会福利则指为帮助特殊的社会群体，疗救社会病态而提供的社会服务，它与社会保障的制度安排同为促进人类幸福的制度措施，只是针对的社会问题不同而已。

总之，在西方国家，社会福利是一个大概念，社会保障从属于社会福利；在中国，社会保障是一个大概念，社会福利是一个子系统，从属于社会保障。

资料来源：尚晓援．“社会福利”与“社会保障”再认识．中国社会科学，2001（3）．

1.2 社会保障学科属性

社会保障学是一门研究人类社会保障实践活动及其发展规律的综合性、应用性和交叉型科学。[①] 自社会保障学科产生以来，学者们对该学科属性的认识各有不同。这与学者们不同的专业视角有关，也受到了社会保障的发展历程及多样化实践的影响。经济学家通常在追求效率的前提下将社会保障作为一种收益分配的手段，将社会保障划入经济学范畴；社会学家则从人类社会发展的终极目标与社会公平的角度出发，把《理想国》《太阳城》等著作作为社会保障的理论源泉，将社会保障视为社会学的一个研究领域；政治学家则认为社会保障属于政治学范畴，因为其事关国家的政治稳定与政治目标，是当代世界政党政治的重要内容；法学家、管理学家等从法制建设、制度管理等视角出发亦有着不同的看法。现实中，不同国家对社会保障学科属性的划分存在差异。[②] 郑功成较早地指出，社会保障应当成为一门相对独立的学科，即在经济学、政治学、社会学等多学科基础上发展起来的一门独立的、交叉的、处于应用层次的社会学科。[③]

1.2.1 社会保障学科的发展脉络

1. 国外社会保障学科的发展脉络

19世纪中后期，德国战乱不断，社会经济发展落后且非常不稳定，尤其是大规模的劳资纠纷问题频发，德国学者提出了若干政策建议，包括实行社会保险，改善劳动者的社会福利，为劳动者解除后顾之忧，进而缓解劳资矛盾，提高劳动积极性。在推行社会保险政策的过程中，出现了一些问题甚至纠纷，为了解决这些问题，相关人员开始对社会保障领域进行研究，因此，社会保障学科最早产生于19世纪中后期的德国。在19世纪末至20世纪初，很多国家纷纷制定了社会保险和社会福利政策，开始对社会保障进行探索。一开始，各国均是由相关领域的官方机构或人员基于实际需要展开对具体制度的

① 《社会保障概论》编写组．社会保障概论．北京：高等教育出版社，2019．

② 郑功成．社会保障学．北京：中国劳动社会保障出版社，2005．

③ 郑功成．论社会保障领域的理论建设．武汉：武汉大学出版社，1997．

研究，之后才逐渐演变为学术界基于问题认识、政策分析以及制度变迁等对社会保障展开宏观问题的研究，社会保障学科这才广泛形成和发展起来。①

2. 我国社会保障学科的发展脉络

我国的社会保障学科是改革开放、建立社会主义市场经济的产物②，该学科的发展是社会保障实践推动发展的结果。按照我国社会保障实践过程，我国社会保障学科发展大体分为以下几个阶段③：

(1) 改革开放催生社会保障学科的诞生。改革开放要求探索和建立社会主义市场经济体制下的现代社会保障制度。20 世纪 80 年代中后期至 90 年代，中国开始探索社会保障制度改革的方向，改革单位保障制度，从计划经济时期的单位保障走向市场经济时期的社会保障，逐步建立社会化的社会保障制度。④ 在这一情势下，国内一些高校开始展开对社会保障制度建立问题的研究，同时在学科建设方面增加了社会保障教学内容，或者开设社会保障课程，也有不少高校设置了劳动与社会保障专业，社会保障学科应运而生。⑤

(2) 社会保障实践推动社会保障学科的发展。在 1985—1997 年，我国社会保障制度建设在取得突破性进展的同时⑥，被赋予了重大的历史使命，发挥了市场经济"压舱石"和社会稳定"安全网"的作用。⑦ 在此背景下，很多高校从最初的设立课程、设置专业，到成立系和所等教学和研究机构，将社会保障学科建设纳入整个学科体系中；与此同时，全国各级科研院所十分关注社会保障领域的研究问题，纷纷成立和组建有关社会保障研究所、中心等专门的学术机构。可以说，20 世纪 90 年代末期至 21 世纪初期，是我国社会保障学科发展最快的阶段，这一阶段正是我国社会保障体系建设的关键时期，也是我国社会保障制度实践最需要理论指导的时期。这一时期，我国社会保障学科建设和学术研究都取得了丰硕的成果，出版了很多相关教材，产生了很多科研成果。

社会保障学科从产生之时就被深深刻上了时代的烙印，形成了独具一格的中国特色，即坚持以问题为导向的发展路径，源于中国改革实践，并积极地服务于中国经济和社会发展，成为国家的一项社会基本制度，是国家治理之"重器"。⑧

(3) 社会保障理论研究促进社会保障学科深入发展。随着我国社会主义市场经济体制的建立、社会保障制度体系框架的初步建立，人才短缺的问题进一步凸显，社会亟需

---

① 杨翠迎．社会保障学．上海：复旦大学出版社，2015.

② 林闽钢．构建中国特色社会保障学科：二十五年发展回顾与前瞻．西北大学学报（哲学社会科学版），2021 (4).

③ 同①.

④ 同①.

⑤ 同①.

⑥ 20 世纪 90 年代初期，随着我国关于统账结合的企业职工基本养老保险试点的推进和逐渐完善，我国陆续开启企业职工基本医疗保险试点、出台工伤保险条例、改革生育保险制度、确立失业保险制度等。

⑦ 林闽钢，霍萱．中国社会保障的制度变迁：以 1997、2008 年经济危机为关键节点的考察．武汉大学学报（哲学社会科学版），2019 (6).

⑧ 林闽钢．社会保障如何能成为国家治理之"重器"：基于国家治理能力现代化视角的研究．社会保障评论，2017 (1).

更多的专业人才，因此，社会保障专业的人才培养获得重视。1997 年 6 月，国务院学位委员会和国家教育委员会联合颁布《授予博士、硕士学位和培养研究生的学科、专业目录》，社会保障专业（专业代码：120404）首次出现，同行政管理、社会医学与卫生事业管理、教育经济与管理、土地资源管理四个专业一起成为隶属于公共管理一级学科下的二级学科。[①] 1998 年，国家教育委员会设立首批劳动与社会保障专业（专业代码：110303），开始培养社会保障专业的人才。我国对社会保障人才的培养经历了从无到有的发展历程，建立起覆盖本科、硕士、博士、博士后的完整的社会保障专业人才培养体系。

与此同时，具有中国特色的课程、教材体系已基本形成。目前在全国高校劳动与社会保障专业课程体系中，已形成了以“社会保障概论”“社会保险”“社会保障国际比较”“劳动法与社会保障法”“社会福利”“社会救助”“社会保障基金管理”“保险精算”等为主的十几门专业主干课程。而相关教材建设也迅速发展，至今为止，以“社会保障概论”“社会保障学”“社会保障通论”为题的相关教材已达到近百本。高校专业师资队伍已成规模，高水平队伍稳定发展。据不完全统计，全国社会保障专业教师已达到 1 500 人以上。[②]

社会保障主要组织、平台、期刊的出现对社会保障学科的发展起到了极大的推动作用，如中国社会保障 30 人论坛[③]、中国社会保障学会等组织；全国社会保障学术大会、全国社会保障教学研讨会、全国社会保障青年学者论坛、全国养老金高峰论坛等一系列平台；中国社会保障学会会刊《社会保障评论》等社保领域的中文学术期刊。

1.2.2 社会保障学是一门综合性学科

社会保障学的研究对象是基于人的生存、生活和工作所面临的种种风险，这些风险涉及不同领域的理论与知识，所以社会保障学在研究这些问题时，必须以这些风险所在的学科理论与知识为基础展开研究，也就是说，社会保障学是以多学科为基础的综合性学科。

从研究视角上看，改革开放初期有关社会保障问题的研究大多都是从社会学角度进行的，从 20 世纪 90 年代开始，陆续有学者从经济学、法学、管理学、政治学、人口学等不同学科的角度研究社会保障问题。经过 30 年的发展，不少社会科学领域都研究和关注社会保障问题，从而使社会保障学科成为一个多学科交叉的综合性学科。

从研究方法上看，改革开放初期至 20 世纪 90 年代，国内有关社会保障的研究以定性方法、比较方法及规范分析方法为主。从 20 世纪 90 年代后期开始，随着国内外学术交流及国内一些从事保险精算、统计分析、计量经济的学者逐渐转入社会保障领域，社会保障问题研究从定性分析向定量分析、实证分析转变。近年来，一些工科方法，如系

---

① 童星．公共管理学科的共享价值、疆域边界与发展趋势．学海，2019（1）.

② 林闽钢．构建中国特色社会保障学科：二十五年发展回顾与前瞻．西北大学学报（哲学社会科学版），2021（4）.

③ 2009 年由全国人大常委会委员、中国社会保障学会会长郑功成教授发起的中国社会保障 30 人论坛正式成立。

统动力学、神经网络技术、灰色系统等也逐渐被引入社会保障研究领域。[①]

1.2.3 社会保障学与其他学科的关系

社会保障学是一门综合性学科，是在相关学科的基础上发展演变并逐渐独立出来的，包括经济学、社会学、人口学、管理学、政治学、法学以及保险学等。

1. 与经济学的关系

社会保障学与经济学有着密切的联系，一方面它们在研究内容上有所交叉，另一方面经济学又为社会保障学的研究提供了理论基础和研究方法。社会保障被视为一种调节收入分配的手段，从经济学角度来看，具有融资和调节投资、调节积累与消费、平衡需求等作用[②]；凯恩斯学派、新古典学派、供给学派等的理论观点对社会保障理论的建立和发展均有着重大贡献；收入分配、公平与效率、社会保险精算、劳动者的就业问题等重要议题，都是经济学和社会保障学涉及的主题。

2. 与社会学的关系

社会保障学与社会学紧密相关。首先，社会保障制度是为了解决有关社会问题而制定的政策，是现代社会政策的重要组成部分；其次，在社会保障学科尚未独立出来之前，有关社会保障的问题就已经在社会学领域被讨论，比如贫困问题、救助问题等，而当前社会中的诸如人口老龄化、流动人口的生存与生活等问题都是两个领域热议的话题；再次，历史上著名的社会思想，如孔子的大同社会思想、柏拉图的理想国思想、莫尔的乌托邦思想、康帕内拉的太阳城思想以及欧文等人的空想社会主义思想，都为社会保障学的产生提供了理论源泉；最后，社会学领域的所有研究方法和理论基础在社会保障学科中都适用，如社会调查方法、统计分析方法、实证分析方法、规范分析方法、归纳演绎方法等。[③]

阅读材料1－1 社会学视角下的中国社会保障问题

3. 与人口学的关系

社会保障学与人口学有双重关系：一是研究对象有交叉。人口学是研究人口变动及发展规律的科学，它包括两方面的基本内容：一方面是人口变动，即人口出生、死亡、迁移等人口过程变动，人口年龄、性别等自然结构变动，人口城乡、地域、文化、职业、婚姻、家庭等非自然结构和特征变动；另一方面是人口发展，即人口在与资源、环境、经济、社会相互作用下的发展内容。其中，关于人口的生存、发展、教育、再生产、流

---

① 杨翠迎．社会保障学．上海：复旦大学出版社，2015.

② 《社会保障概论》编写组．社会保障概论．北京：高等教育出版社，2019.

③ 杨翠迎．社会保障学．上海：复旦大学出版社，2015.

动等的研究内容与社会保障有很大的交叉，尤其是在社会保险项目中，人口因素更是影响颇深，比如人口预期寿命的延长会影响养老金制度、城乡居民的人口结构会影响社会保障制度建设。二是人口学为社会保障学提供了一定的理论与方法支撑。人口学中关于人口成长理论、人口结构理论、人口发展理论、人口调查与统计方法、生命表技术等，均为社会保障学提供了重要的方法支撑。同时，社会保障学对人口学的发展也起到了一定的推动作用。①

4. 与管理学的关系

管理学是研究各类组织管理活动的基本规律和一般方法的科学，它以一般组织的管理为研究对象，探讨和研究管理的基本概念、原理、方法和程序。而社会保障学是研究社会保障分配关系及运行规律的科学。社会保障学的行为主体是政府、公共组织和个人，属于管理学的研究范围。由社会保障的公共性和公益性可知，社会保障学属于管理学范畴。因此，管理学的基本概念、原理、方法等都可以用来指导社会保障的管理。而社会保障学也为管理学的丰富和完善提供了新的研究领域和视角，在一定程度上可以说社会保障学是管理学的有关分支。

5. 与政治学的关系

社会保障学与政治学有着千丝万缕的关系。从社会保障的产生和性质来看，它常被看作是一项牵涉社会力量博弈的公共政策，是工人阶级和政府博弈的产物，是现代国家的公民应享有的权利和政府治理国家的重要手段②；社会保障制度通常被认为是社会财富和资源的再分配，而再分配又主要取决于政治体系的运作③；而且它与政府的政策取向以及一个国家或地区的政治及文化因素密切相关。④

从社会保障的研究内容来看，社会保障理念、社会保障制度的建立、社会保障待遇水平的调整，常常是政治学研究的议题。社会保障学科通常以政治学的视角来研究社会保障问题，如社会保障对稳定社会、缓解社会矛盾等方面的效果研究；政府在建立社会保障制度中的作用和地位，即政府与市场、公平与效率的关系研究等，都属于社会保障学中的政治学问题。⑤

6. 与法学的关系

社会保障学与法学密切相关。在西方国家，社会保障就是以各种法律条文的形式出现的，比如美国制定的《社会保障法》，德国的《疾病保险法》《工伤事故保险法》《老年、残疾与遗属保险法》等。因此，社会保障法是法学的重要组成部分，它是以国家、

---

① 杨翠迎．社会保障学．上海：复旦大学出版社，2015；《社会保障概论》编写组．社会保障概论．北京：高等教育出版社，2019.

② 刘鑫．中国农村社会保障缺失的政治学分析．民主与科学，2004（6）.

③ 童星，赵海林．影响农村社会保障制度的非经济因素分析．社会保障制度，2003（2）.

④ 郑功成．社会保障学．北京：中国劳动社会保障出版社，2005.

⑤ 杨翠迎．社会保障学．上海：复旦大学出版社，2015.

社会和全体社会成员为主体，为了保证社会成员的基本生活需要并不断提高其生活水平，以及解决某些特殊群体的生活困难而发生的经济辅助关系的法律规范的总和。实施社会保障制度的一切环节都有明确的法律规定。社会保障法对国家、社会、公民等主体在社会保障关系中的责任和义务作了明确规定，也对社会保障筹资机制、保障对象、给付标准等做出统筹安排，通过强制性保证制度运行。①

7. 与保险学的关系

社会保障学与保险学的关系密切，主要体现在社会保险方面。风险的客观存在是保险产生和发展的自然基础，剩余产品的存在为保险的产生和发展奠定了经济基础。社会保障和社会保险产生和发展的自然基础与经济基础基本相同，两者建立的目的都是补偿风险给社会成员造成的损失。同时，社会保障与社会保险在发展过程中呈现出此消彼长、相互促进、相互补充的关系，比如中国的基本养老保险与商业养老保险的关系。此外，保险学也为社会保障学的发展提供了独特的研究视角和思路，进一步丰富了社会保障学的理论体系。②

1.2.4 社会保障学科的相对独立性

作为当代社会科学的一个组成部分，社会保障学科具有相对独立性。社会保障在许多国家的发展实践已经表明，它不仅要受经济、政治、社会、文化等诸多因素的影响，而且确实有着自己完整而严密的体系结构和特有的运行规律，从而具备了相对独立地发展社会保障学科领域的现实基础。③

1. 社会保障学有特定的研究视阈

社会保障学是一门研究人类社会保障实践活动及其发展规律的科学。社会保障实践活动主要包括社会保障管理组织的组成和法规政策的制定及其实施，也可以认为是社会保障制度的构建及其运行的基本规律与特征。可见社会保障学的研究除了社会保障法规政策和社会保障制度本身之外，还包括制定社会保障法规政策和构建社会保障制度的理论与客观依据，以及社会保障的经济基础和上层建筑。社会保障学研究视阈的特殊性彰显了学科的独立性。

2. 社会保障学有特定的研究目的

社会保障学研究视阈的特殊性决定了其研究目的的特定性，它将研究社会保障与社会经济发展的关系，揭示人类社会保障活动和社会保障制度的发展规律，并为社会保障实践提供理论指导等看作特定的研究目的。社会保障学的研究目的及任务决定了在进行社会保障研究的过程中，必须紧紧围绕社会保障与社会经济等因素之间的相互关系，在

---

① 《社会保障概论》编写组．社会保障概论．北京：高等教育出版社，2019.

② 同①.

③ 郑功成．社会保障．北京：高等教育出版社，2007.

各种复杂的关系中归纳总结出社会保障活动及制度的内在发展规律，进而指导社会保障实践活动。因此，特定的研究目的使得该学科在研究过程中呈现出一定的独立性，有其自身的研究规律和研究范式。

3. 社会保障学有特定的学科规律

社会保障从产生、发展、完善到改革始终遵循着一定的内在规律，即与特定的社会背景密切相关，带有鲜明的时代烙印。社会保障发展的种类、水平、范围、质量均受制于经济发展的水平和质量，也受制于社会生产力的发展水平。社会保障学的建立和发展均来自社会保障制度改革实践的需要，因此，社会保障学也有其自身特有的学科规律，有着特定的发展历史，并呈现出新的发展趋势。

社会保障学科的发展基于实践需要，呈现出较强的时代性。在中国，改革开放初期社会保障制度建立，但国内对于社会保障的研究几乎是一片空白。随着经济社会的发展，出现了许多新的问题和挑战，社会保障制度亟需改革，这促使学术界开始重视社会保障领域的研究。我国的社会保障制度与我国国情相适应，具有鲜明的中国特色。同时，社会保障学科本身有着特定的研究视阈和研究目的，也使其具有特定的学科规律，即在横向上向广度分化，如社会福利学、社会救助学，在纵向上向深度分化，如完善养老服务，建立多层次的养老保险制度、医疗保险体系等。①

1.3 社会保障系统关联

1.3.1 社会保障与经济发展

从整体上看，社会保障与经济发展的关系是辩证的：经济发展水平决定着社会保障的水平和规模，而社会保障对经济发展有反作用，能促进或阻碍经济的发展。

一方面，作为社会再分配政策，社会保障再分配功能的发挥取决于生产发展这一先决条件；作为政府宏观调控政策，社会保障在任何条件下都不可能脱离经济基础而存在。经济发展水平越高，社会保障物质基础越雄厚，社会保障再分配的规模和水平就越高，国家利用社会保障进行宏观调控的能力就越强，且该功能和作用的充分发挥反过来又会进一步促进社会保障体系的健全与完善。反之，在经济没有充分发展的条件下，社会保障无论在社会再分配和宏观调控功能上，还是在体系结构上都可能残缺不全，这一点已经在世界各国的社会保障发展中得到了印证。另一方面，与经济基础相适应的社会保障制度，不但可以为陷入困境的社会成员提供生活保障，而且有利于维持劳动力再生产和劳动力资源的优化配置；规模与水平适度的社会保障通过收入再分配的实现，既能平衡劳动者之间收入过分悬殊，维护分配正义，促进社会公平，又可以保持一定的激励，提高社会生产率。另外，社会保障还能影响居民的储蓄和消费，影响资本市场等，进而促

① 《社会保障概论》编写组．社会保障概论．北京：高等教育出版社，2019.

进国民经济的发展。相反，如果社会保障超前或滞后于经济发展，就会制约和阻碍社会经济发展，比如西方福利国家过度的社会保障超前于其国民经济的发展，导致政府财政压力过重，“养懒汉”行为屡见不鲜，从而制约了社会经济的发展。

在社会保障—储蓄—经济发展这个逻辑链条上，社会养老保险起到了重要作用。学界在关于社会保障制度对经济增长的影响的分析中，对现收现付制和基金积累制的不同影响进行了区分。在研究思路上一般分为两种：一种思路是以储蓄为中间变量，认为储蓄对经济增长的作用不容忽视，因而通过考察现收现付制和基金积累制对储蓄的影响进而分析对经济增长的影响，代表理论是保罗·萨缪尔森（Paul Samuelson）的生物回报率理论；另一种思路则是不考虑储蓄这一变量，而是基于经济增长黄金律理论。

知识链接 1-2

生物回报率与经济增长黄金律理论

诺贝尔经济学奖获得者、美国经济学家保罗·萨缪尔森于 1958 年提出了“生物回报率”的概念。该理论假设一种经济在没有资本存量、均衡状态的前提下，现收现付制养老保险制度的实际回报率等于实际工资总额的增长率，即人口增长率和劳动力增长率的总和。如果生物回报率高于利率，现收现付制在长期运作中仍然是有成本优势和较高收益率的，所提出的养老保险制度不会影响经济增长。但是，现实经济生活中，资本存量是存在的，而且从长期来看，资本的边际产出大于实际工资总额的增长率。此时，如果生物回报率低于利率，基金积累制养老保险制度更具备长期运作的成本优势和较高收益率，也就是说，基金积累制下，由于资本生产率较高，能在缴费额较低的情况下向每一代人支付同样甚至更多的养老金，更有助于减少阻碍经济增长的隐含成本，诸如储蓄减少、财政负担加重等。

诺贝尔经济学奖获得者、美国经济学家埃德蒙·费尔普斯（Edmund Phelps）于 1961 年提出经济增长黄金律，该理论认为如果对人均资本存量的选择使得其边际产量等于折旧率、人口增长率和技术进步率之和，那么，人均消费水平就会达到最大化，经济将处于最优增长路径上。如果一个社会储蓄率过高的话，就会降低人们的长期福利。

资料来源：李珍．社会保障理论．4 版．北京：中国劳动社会保障出版社，2017.

1.3.2 社会保障与收入分配

1. 公平与效率[①]

公平与效率是人类社会发展进程中始终引人关注并需要处理好的问题，也是社会保

① 杜飞进，张怡恬．中国社会保障制度的公平与效率问题研究．学习与探索，2008（1）；信长星．关于就业、收入分配、社会保障制度改革中公平与效率问题的思考．中国人口科学，2008（1）；郑功成．社会保障．北京：高等教育出版社，2007；李珍．社会保障理论．4 版．北京：中国劳动社会保障出版社，2017.

障制度追求的目标之一。

公平（fairness）是一个多维度的概念，在不同领域中的具体含义不同，比如在法律领域，公平是不偏不倚；在政治领域，公平说的是人人权利平等。此外，从历时的角度讲，公平又包括起点公平、过程公平和结果公平，其中，起点公平往往是过程公平和结果公平的基础，没有起点公平，过程公平和结果公平难以实现。对社会保障制度而言，不但要实现社会成员享有社会保障机会和权利的公平，而且要达到主体各方的负担公平；不仅要确保起点公平，而且要努力维护过程公平，力求接近结果公平或者努力缩小结果的不公平。社会保障制度安排还有横向公平和纵向公平之分，横向公平是指同一群体的人能够享受同样的社会保障待遇，履行同样的义务；而纵向公平则是指代与代之间的公平，以及一个人一生过程中不同阶段负担的公平。社会保障首先需要实现横向公平，同时逐步实现纵向公平。总之，社会保障制度的公平是指，与社会生产力水平相适应，以促进社会公平为根本目标和评价标准，给同类的人以同样的权利和待遇，将不同类的人的待遇差别控制在社会公认的合理范围之内，并尽可能缩小这种差距。

效率（efficiency）是西方经济学的一个核心概念，是指通过资源的有效配置和使用，达到福利最大化。宏观意义上的效率可分为三个阶段：第一阶段是资源最优配置的效率，通常用实现了帕累托效率或帕累托最优（Pareto optimality）来描述；第二阶段是可持续的综合效率，仍体现了人类对效率的追求，但增加了生态、环境对效率的制约条件，丰富了效率的内涵；第三阶段是网络经济的效率，也称后工业效率，指通信和计算机的网络化使传统效率发生了质的飞跃。社会保障制度中的效率是指以提高制度结构的合理性和制度运行的规范性为前提，以提高社会保障需求的满足程度和社会保障资源的利用程度为手段，最大限度地发挥社会保障制度对经济社会发展的促进作用和对人的全面发展的激励作用。

对社会保障制度而言，它的任务和功能决定了其必须以追求社会公平为目标。现代社会保障制度所肩负的责任就是确保起点公平，维护过程公平，并逐步实现结果公平或者缩小结果的不公平。当然，由于社会保障制度涉及每个社会成员的切身利益和国家、企业、个人的利益分配格局，制度设计和运行的好坏直接关系到每个人的生存与权益保障，并对国家的未来发展产生直接且重要的影响，因此在制度设计与政策选择中还必须考虑到各个具体项目的多样性和复杂性，不同的社会保障项目在实践中对公平与效率的考虑会有所不同。总之，一个国家必须妥善处理好社会保障制度的公平与效率的关系，协调二者的关系，使其能够相辅相成、互相促进。

2. 社会保障与初次分配①

尽管公平与效率的关系涉及国民经济和社会权利的各个方面，理论界对公平与效率关系的研究领域也在不断拓宽，但焦点还是集中在收入分配问题上。社会保障作为社会安全与保护机制，在整个国民经济中发挥着直接或间接的再分配功能，其再分配功能的强弱和再分配规模的大小是调节收入分配差距、影响社会公平实现的重要因素。

---

① 郑功成．社会保障．北京：高等教育出版社，2007.

一般而言，国民收入的分配可分为两个层次，即初次分配和再分配。而社会保障制度除了涉及国民收入初次分配和再分配外，实际上还有第三次分配。再分配和第三次分配都是为了弥补初次分配中效率有余、公平不足。初次分配和再分配是国民收入的主要分配形式，第三次分配由于规模有限，而且是基于自愿的、非制度化的和不稳定的方式，所以对国民收入分配的影响亦很有限。

国民收入初次分配是在国民收入生产部门内部各集团、各阶层及其成员之间进行的分配，是在产品和劳务的生产过程中，按照各种要素主体对产出直接做出的贡献大小给予的货币补偿。在初次分配中，国民收入被分解为三个部分，即国家收入、企业收入和职工个人收入，社会保障基金则直接来源于国家、企业和个人，也就是说，社会保障制度参与了国民收入的初次分配。

阅读材料 1-2　马克思的“六个扣除学说”与国民收入初次分配

因为市场竞争中不同的劳动者受教育程度不同、劳动能力不同、占有的生产资料和社会资源不同，所以他们从国民收入初次分配中的分配所得必然不同，这就形成了不同劳动者之间的收入差距。适度的收入分配差距可以形成对先进者的奖励和对落后者的激励，有利于提高劳动者的积极性，而过度的收入分配差距必然造成社会不公、贫富悬殊，危害社会稳定和发展。基尼系数（Gini coefficient）在国际上是用来综合考察居民内部收入分配差异状况的重要指标，把 0.4 作为贫富差距的警戒线。社会保障制度作为对社会财富的一种再分配方式，通过收入补偿、互助互济，使竞争中处于劣势的个体不至于与其他社会成员相差太远，在一定程度上调节经济资源在不同地区、不同社会阶层之间的分配，从而弥补初次分配效率有余、公平不足的缺陷。

3. 社会保障与再分配

为了弥补初次分配效率有余、公平不足的缺陷，国家通常通过政府干预建立有力的再分配机制。国民收入的再分配是指在初次分配的基础上，在全社会范围内继续进行的分配。国民收入再分配主要是为了满足社会各个部门、国家经济建设、建立社会后备基金、社会保障、调节收入分配关系的需要而进行的，国家预算、银行信贷、劳务费用、价格变动等经济杠杆是国民收入再分配的主要工具。再分配是政府对市场产生不良后果的矫正，弥补市场失效问题，使社会财富分配更加合理化，缩小初次分配按照效率原则形成的差距，进而实现全体国民共享发展成果。

社会保障作为再分配的主要方式与途径，通过社会保险、社会救助、社会福利等制度安排，维护并实现社会公平与正义，使国民生活水平得到普遍保障。以社会保险为例，其再分配功能是通过建立统筹基金，对年老、疾病、工伤、失业、生育等风险提供定期给付或一次性的补偿，实现对这些风险的分散和共担，同时从风险低的人群向风险高的人群实行收入再分配，从高收入人群向低收入人群实行收入再分配。比如养老保险，由于养老保险的待遇通常规定为社会平均工资水平的一定比例，而相同比例的社会平均工资对不同收入人群意味着不同的收入替代率，对高收入人群的替代率更低，对低收入人群的替代率更高。同时，养老保险缴费按照本人在职期间工资水平的一定比例来缴付，相对退休后领取的养老金，高收入者缴费的回报率更低，低收入者缴费的回报率更高，从而在不同收入人群之间产生了收入的再分配。

各国社会保障实践已经证明，社会保障制度越健全，社会保障水平越高，国家利用社会保障进行收入再分配的规模越大，对收入分配的干预越强，社会收入就越接近公平；反之，社会保障制度越不健全，社会保障水平越低，国家干预收入分配的力度越小，收入分配不公的现象就越严重。

4. 社会保障与第三次分配

第三次分配，是指在初次分配和再分配之后，出于个人自愿，在习惯与道德的影响下把可支配收入的一部分捐赠出去，形成慈善公益基金，资助那些需要资助者。如果说再分配是对初次分配的调节，即政府弥补市场的不足，那么第三次分配可以视为对再分配的补充，即民间捐赠弥补政府再分配的不足。初次分配注重效率，再分配强调公平，而第三次分配则追求社会协调与和谐。

从国际经验来看，第三次分配在照顾孤寡老人、帮助残障人士、收养孤儿以及帮助失业者、贫困者、艾滋病患者、行为偏差者等方面发挥着重要的作用。这种不是通过利益驱使或国家强制而是出于个人自愿，以慈善、志愿或互助形式为主的资源流动，不仅可以从物质上缓解某些群体的困境，而且可以从心理上、情感上消除不同社会阶层的隔阂和对立，在价值上形成一定的共识，有助于舒缓社会阶层之间乃至社会整体结构上的紧张，营造良好的互动氛围，进而形成差异基础上的和谐。

慈善事业可以作为我国多层次社会保障体系的重要组成部分，我国目前慈善事业发展缓慢，存在慈善组织公信力不够、慈善资源动员能力有限、应急协调能力有限、慈善领域的失范现象时有发生等问题。

1.3.3 社会保障与消费和储蓄①

社会保障是政府对国民收入进行再分配、再使用的一种较为特殊的形式，其施行必然会对社会成员的收支路径、收支水平以及未来的不确定性风险的预期产生影响，这些影响必定会与居民的消费和储蓄行为产生连锁反应。因此，社会保障的实施与居民的消费和储蓄行为的关联性就成为社会政策决策与宏观经济分析中一个必须考虑的重要内容。

1. 消费和储蓄

消费是家庭用于吃穿住用行及医疗等物品和劳务上的开支，它的决定性因素是可支配收入和持久收入或生命周期收入。在20世纪30年代凯恩斯的经济学理论中，用消费函数来表示消费开支与可支配收入的关系，但该函数仅考虑了当年的可支配收入对消费开支的影响。实际上，经济学家们随后发现，消费开支不仅基于当前的可支配收入，在

---

① 李珍．社会保障理论．4版．北京：中国劳动社会保障出版社，2017.

很大的程度上还受到了长期收入前景的影响。长期收入前景被称为持久收入假说[①]或生命周期收入假说[②]，它指的是个人在好的和坏的经济年景下的平均收入水平。

储蓄是收入中没有消费的部分（即储蓄＝收入－消费）。储蓄函数是指储蓄与收入的关系。一般来说，储蓄与收入的关系是：富人比穷人储蓄得多，不但绝对数量是这样，在相对数量上也是这样；穷人储蓄很少或者根本不储蓄，当收不抵支时还会负储蓄（借钱花）或动用以前的储蓄来补足。

经济学家发现，每增加一元钱的收入，穷人和富人将其用于消费和储蓄的增加量是不同的，对于每新增加的一元钱，穷人更多地将其用于消费，而富人更多地将其用于储蓄，也就是说，穷人的边际消费倾向高于富人，富人的边际储蓄倾向高于穷人。[③]

2. 社会保障与消费和储蓄的关系

社会保障与消费和储蓄的关系一直受到广泛关注，学界对此争论的焦点在于社会保障对居民消费和储蓄的影响是产生引致效应还是挤出效应。根据持久收入理论、生命周期理论和理性预期学派理论，国内外学者的研究认为，一方面社会保障通过资产替代效应（assets substitution effect）对居民储蓄产生挤出效应，对居民消费产生引致效应；另一方面，社会保障通过引致退休效应（induced retirement effect）增加储蓄，对居民消费产生挤出效应。

美国经济学家马丁·费尔德斯坦（Matin Feldstein）指出，社会保障对私人储蓄的净效应取决于资产替代效应和引致退休效应的对比[④]，如果资产替代效应大于引致退休效应，私人储蓄就会减少，消费增加；如果引致退休效应大于资产替代效应，则私人储蓄就会增加，消费减少。他对美国的宏观数据进行了研究，认为社会保障的资产替代效应大于引致退休效应，社会保障使居民减少储蓄，增加消费，即社会保障对居民消费产生了引致退休效应。[⑤] 而莱默尔（Leimer）等人在马丁·费尔德斯坦的成果上进一步研究，得出了不同的结论，认为社会保障增加了居民储蓄，减少了居民消费，即社会保障对居

---

① 持久收入假说（permanent income hypothesis）是由米尔顿·弗里德曼（Milton Friedman）提出的，该假说认为，消费者的消费支出不是由他的现期收入决定的，而是由他的持久收入决定的。也就是说，理性的消费者为了实现效应最大化，不是根据现期的暂时性收入，而是根据长期能保持的收入水平即持久收入水平来作出消费决策的。

② 生命周期收入假说（life cycle income hypothesis ）是由弗朗科·莫迪利亚尼（Franco Modigliani）等人提出的，该假说认为，理性的消费者要根据自己一生得到的劳动收入和财产收入来安排一生的消费，并希望一生中各个时期的消费能够平稳，使自己一生的消费支出等于一生所得到的劳动收入与财产收入之和。他们一生中消费的规律大体是，工作时期进行储蓄，为退休后消费准备资金，退休后则有负储蓄。因此在长期中平均消费倾向与边际消费倾向都相当平稳。

③ 边际消费倾向（marginal propensity to consume）是指每增加一元钱的收入所带来的消费增加量；边际储蓄倾向（marginal propensity to save）则是指每增加一元钱的收入所带来的储蓄增加量。

④ 资产替代效应之所以产生，是因为人们可以从公共养老金计划中获得养老金收益，从而可能减少原先为退休期消费而在工作时期积累财产的需要，这被马丁·费尔德斯坦称为“挤出储蓄”的力量；引致退休效应是指社会保障制度可能导致人们做出放弃工作而选择提前退休的决定，由于人们退休期的延长，人们必须在工作期间具有更高的储蓄率才能维持长退休期的基本生活水平，这会导致社会储蓄量的增加。

⑤ FELDSTEIN M. Social security，induced retirement，and aggregate capital accumulation. The Journal of Political Economy，1974，82（5）.

民消费产生了挤出效应。[①] 而世界银行及一部分学者支持养老保险与个人储蓄-消费关系的"中性论"。比如，1994年，世界银行《防止老龄化危机：保护老年人及促进增长的政策》报告指出，对发达工业国家及发展中国家现收现付制养老保险制度的实证考察表明，养老保险对私人储蓄的负效应（或对私人消费的正向影响）是微乎其微的。[②]

同样，我国社会保障对居民消费和储蓄影响的研究结果也存在差异。有学者指出，居民人均消费和社会保障支出占财政支出比重之间存在非线性关系，且社会保障与居民消费的关系具有明显的阶段性：1978—1998年，由于社会保障的资产替代效应大于引致退休效应，因此社会保障规模的增加使居民减少储蓄，增加消费，即社会保障对居民消费产生了引致退休效应；1999—2007年，由于社会保障的资产替代效应小于引致退休效应，因此社会保障支出对居民消费产生了挤出效应。造成这一局面的主要原因是我国的社会保障制度尚处于新建和改革阶段，社会保障制度不健全，制约着消费支出的增长。[③] 但有学者认为，改革后的社会保障制度，特别是城镇职工养老保险制度的保障水平并没有对居民消费水平产生显著影响，这更接近于国际上关于养老保险与个人储蓄-消费关系的"中性论"。[④]

实际上，由于学者所选择的样本和计量方法不同，得到的结论可能也有所不同。除此之外，不同国家的消费文化、具体国情和社会保障模式等因素也会产生影响。因此，社会保障与居民消费和储蓄之间的关系是复杂的，争议不断，至今仍未达成定论。

1.3.4 社会保障与劳动力市场[⑤]

社会保障制度覆盖的对象既包括现实中的劳动者，又包括潜在的劳动者，所以必然会对劳动力市场产生影响。这种影响既涉及劳动力的供给和需求，还涉及劳动力的流动。

1. 社会保障与劳动力供给

由于社会保障制度既向劳动者征税或需劳动者缴费，同时又会向劳动者提供相应的给付待遇，因此社会保障制度对劳动力供给具有双重影响，可能是积极的，也可能是消极的。但事实上社会保障制度对劳动力供给的影响是复杂的，取决于各方力量的对比，比如社会保障制度的具体设计（如税率高低、失业保险待遇等）、劳动力的充足程度、人们对劳动与闲暇的偏好等。

（1）社会保障制度对劳动力供给的积极影响。社会保障制度对劳动力供给的积极影

---

① LEIMER D R，LESNOY S D. Social security and private saving：new time-series evidence. Journal of Political Economy，1982（90）.

② WORLD BANK. Averting the old age crisis：policies to protect the old and promote growth. Washington D. C.：Oxford University Press，1994.

③ 张治觉，吴定玉．我国财政社会保障对居民消费产生引致还是挤出效应．消费经济，2010（3）.

④ 李珍，赵青．我国城镇养老保险制度挤进了居民消费吗?：基于城镇的时间序列和面板数据分析．公共管理学报，2015（4）.

⑤ 郑功成．社会保障．北京：高等教育出版社，2007；李珍．社会保障理论．4版．北京：中国劳动社会保障出版社，2017.

响主要表现在以下几个方面：1）激发劳动者的劳动积极性。社会保障制度为劳动者提供有效的保障，免除其后顾之忧，使其能够更好地投入工作之中。2）通过收入效应增加劳动力供给。由于征收社会保障税（费）会使劳动者当期收入减少，劳动者为了保持自己的生活水平不因征收税费而下降，只能更加努力地工作，从而增加了劳动力供给。但是，这种收入效应的大小，取决于劳动者对生活水平的预期以及对无法达到该生活水平的承受力。3）通过对劳动力的修复增加劳动力供给。社会保障制度，特别是其中的医疗保险、工伤保险和医疗救助，能够帮助生病或受伤的劳动者或潜在劳动者及时恢复健康，重新进入劳动力队伍，从而有利于增加劳动力的供给。4）通过提高劳动者的素质增加劳动力供给。这主要是指社会保障制度下的很多计划，特别是一些培训计划，能够提高劳动者的素质，从而使同一个劳动者在单位时间内能够提供更多的社会劳动。比如，就业培训帮助失业的劳动者提高其技能水平，增强市场竞争力。

（2）社会保障制度对劳动力供给的消极影响。社会保障制度对劳动力供给的消极影响，主要是因为社会保障制度对劳动者所征收的社会保障税（费）与不劳动或减少劳动时所能获得的待遇相比较，从而影响人们对劳动与闲暇的选择。具体表现如下：1）推迟劳动者进入劳动力队伍的时间。如果社会保障制度为尚未进入劳动力市场的人提供的待遇，使一些人认为不参加劳动也能生活得不错，那么他们就有可能会推迟进入劳动力市场的时间。2）使失业者推迟或不再重新就业。如果失业保险制度或失业救助制度提供的待遇足够好，对享受待遇的时间等方面的限制不严格，就容易出现“养懒汉”的现象，即宁愿领取失业保险金或救助金而推迟或不再重新就业。这种现象被称为“失业陷阱”。3）使劳动者减少劳动力供给。如果向劳动者所征收的税费过高，就会打击劳动者的积极性，减少劳动力供给。美国经济学家阿瑟·奥肯（Arthur Okun）提出的漏桶原理（leaky bucket theory）对此也有所阐释。4）引致退休效应。一些专家指出，社会保险税还可能引致低工资收入，如果低收入者在退休后能够通过社会保障制度获得足够的养老金以满足其基本生活需要，或其养老金与工作收入相当甚至高于工资水平，他们就很可能选择提前退休，过早地离开劳动力市场，从而导致劳动力供给的减少。①

知识链接 1-3

阿瑟·奥肯的漏桶原理

1974 年，美国经济学家阿瑟·奥肯在他的《平等与效率：重大的抉择》一书中根据税收的转移支付问题提出了著名的漏桶原理，即富人缴纳了一美元的税款，实际上转移支付到穷人手中的钱要远少于此。漏桶原理的最终结论是：高税率会使税收总额（国民收入）有所减少。

---

① 但是也有学者认为社会保险对劳动力和退休决策的影响是多重的。如刘子兰等人在《养老保险对劳动供给和退休决策的影响》中指出，城镇职工养老保险制度会激励职工提早退休，养老金财富每增加 1%，职工预计停止工作的年龄平均提早约 1.2 个月，需要照顾孙子女的职工倾向于提早退休，而参加城镇职工医疗保险会减弱这一引致退休效应；“新农保”对农民预计停止工作的年龄产生微弱的负向影响，随着年龄的增加，农村养老保险的引致退休效应将会减弱。

为什么会出现这种现象呢？因为追求平等损害了效率，从而减少了国民收入。原因主要有两个：一是税收削弱了富人的投资积极性，二是税收影响了国民的劳动积极性。为了追求公平而实施的社会保障税政策，加重了人们的税收负担，导致富人不愿意投资扩大再生产，穷人依赖社会保障津贴失去了工作兴趣。这样，可供分配的国民收入总量减少了，结果就必然像政府的“桶”漏了一样，使得富人失去的多，而穷人得到的少。

漏桶原理意味着，平等与效率不可得兼。在这种情况下，二者相比，孰轻孰重呢？经济学家、伦理学家，乃至哲学家开始了旷日持久的争论。

资料来源：阿瑟·奥肯．平等与效率：重大的抉择．北京：中国社会科学出版社，2013.

2. 社会保障与劳动力需求

表面上看，无论是收费还是征税，社会保障制度都会提高雇主雇佣劳动者的平均成本，因而会导致对劳动力需求的减少。然而，问题并非如此简单。实际上雇主是否减少对劳动力的需求取决于一系列的因素。

首先，取决于雇主能否把这种新增的成本转嫁出去。如果雇主能够很轻易地把它全部转嫁给雇员或者消费者，则对劳动力的需求不会减少。比如，降低雇员工资、削减员工福利、提高产品价格。但是，现实中的市场是充满竞争性的，雇主想要全部或部分转嫁成本是不容易的。

其次，取决于雇主能否找到更好的替代品。如果雇主无法将新增的成本全部转嫁出去，那么他们显然有减少劳动力需求的愿望。不过，雇主能否真正减少对劳动力的需求，还取决于雇主能否用其他的东西代替劳动力以维持生产，比如资本。

最后，取决于盈利或亏损水平是否能被雇主接受。如果雇主既不能将新增的成本转嫁出去，也不能用其他的东西代替劳动力，那么，他通常会考虑盈利或亏损水平是否还可以接受。如果可以接受，对劳动力的需求就不会减少。但是，只要社会平均劳动力成本增加，总有一些雇主会无法接受，那么从整体上看，对劳动力的需求一般都会减少。

3. 社会保障与劳动力流动

社会保障对劳动力流动的影响，在不同的条件下有不同的表现。在计划经济条件下，社会保障制度是建立在高度集中的计划经济基础之上的，它服从于国家指令性计划安排和农村集体的收入分配政策。它虽然在提高劳动者身体素质和健康水平以及稳定社会方面发挥了不可忽视的作用，但其封闭性和板块之间的差异，使不同所有制单位的劳动者缺乏流动的动力和条件，将劳动者牢牢地束缚在单位之中，阻碍了劳动力的合理流动。而在市场经济条件下，劳动力的自由流动要求一体化的劳动力市场，一体化的劳动力市场又要求建立起普遍的社会保障制度。完善的社会保障制度有利于加速劳动力的流动，促进劳动力资源的优化配置。因此，社会保障制度是劳动力自由流动和劳动力资源优化配置的加速器和保障机制。

阅读材料1-3 专访郑功成：为2亿灵活就业人员织牢保障网

1.3.5 社会保障与资本市场①

1. 社会保障基金需要资本市场

随着人口老龄化逐步加深，经济增长速度放缓，人们担心现收现付制正孕育着严重的未来支付危机。在这个背景下，许多国家都建立了部分或完全积累制，还有一些国家建立了准备金制度，从而迅速积累了金额庞大的社会保障基金。而庞大的保值增值压力，使得实行基金积累制的国家不能采用原来那种由政府存入银行、购买国债或投入其他公共部门的社会保障基金投资模式，转而开始通过资本市场获得更恰当的收益。

2. 社会保障基金对资本市场的影响

社会保障基金数额庞大，对资本市场具有重要影响，这种影响既有积极的方面，也有消极的方面。

（1）积极影响主要包括：1）能为资本市场提供长期稳定的大额资金，促进资本市场的健康发展。2）能够促进其他金融机构的发展及相互竞争。这里主要是指金融投资机构将有机会参与社会保障基金的投资管理并获得收益；金融投资机构能够通过社会保障基金让更多的人认识基金投资从而扩大业务；社会保障基金参与资本市场将促进各种金融机构之间的竞争，使其提升自身竞争力。3）促进金融创新与市场交易现代化。在社会保障基金进入资本市场的几十年里，它直接或间接地支持了资产与证券的发展，如结构性融资和金融衍生产品的运用、指数化基金的问世，规避市场衰退风险的合成产品的出现。除此之外，还推动许多国家建立了现代化交易、兑换和清算系统，采纳现代会计和审计标准，改进信息披露方法等。4）推动国际资本市场的全球一体化趋势。社会保障基金对安全性的特殊要求，促使一些国家的社会保障基金为避免一国经济波动对其收益的影响，逐渐把投资范围扩大到世界资本市场，以期在全球范围内实现投资收益最大化和资源的最优配置。但是，由于海外投资的风险较多，大部分国家仍保持比较谨慎的态度。5）有利于金融法规和金融监管体系的完善。社会保障基金进入资本市场，必须要有相关的法律法规来规范和约束基金的使用和管理，保证其不会被乱用、滥用。

（2）消极影响主要包括：1）如果对社会保障基金投资的监管不够有效，社会保障基金就有可能成为资本市场中兴风作浪的“巨鳄”。2）管理不当的政策可能使社会保障基金投资组合相似，从而产生“羊群效应”（herd mentality），影响资本市场的有效运转。比如，在智利，由于监管政策对投资收益率的内在要求，因此养老基金投资公司会盯住行业的领头羊，结果各家公司资产组合高度相似，这有可能导致资源的错误配置。大量的养老基金集中于少数投资工具和对象，使得投资对象的市场价格严重偏离其真实价值，一旦市场发生逆转，这些养老基金就会由于资金规模庞大而难以迅速转移，必将面临巨大的损失。而且，即使逃离，也很难逃脱贬值的命运。

---

① 李珍．社会保障理论．4版．北京：中国劳动社会保障出版社，2017.

1.4 社会保障基本属性

1.4.1 社会保障的目标与功能

社会保障作为现代国家的重要制度安排，有其特定的目标与功能，在实践中发挥着不可取代的作用。而社会保障作为工业社会的产物，随着工业社会的进步和发展，其目标与功能也在不断发生变化。

1. 社会保障的目标

从现代社会的发展进程与文明进步的视角出发，综合考虑各国的社会保障制度，尤其是发达国家的社会保障制度，发现社会保障的总目标是保障和改善国民生活、增进国民福利，实现整个社会的和谐发展。①

但是，社会保障的经济、社会、政治和道德目标之间有时是难以平衡的，需要进行协调。而对社会保障多重目标的协调取决于对一些重要原则性问题的把握：第一，社会保障制度建设必须兼顾经济目标、社会目标、政治目标和道德目标，兼顾长期目标和短期目标，避免过分注重单一社会保障目标而忽视其他目标，或不断在各种社会保障目标间摇摆。第二，必须合理划分国家、企业、个人之间的责任界限，实现国家、企业、个人的合理分工。该由国家承担的责任不能回避，但也要避免国家包揽过多，让企业和个人产生依赖性。第三，既要重视宏观社会保障制度模式的选择，也要重视微观领域的技术设计与应用。诸如社会保障待遇标准、享受社会保障的资格条件等以及关键技术往往对社会保障制度的实施效果起决定性的作用。

2. 社会保障的功能

社会保障具有其他制度无法比拟的独特功能，受到各国政府的高度重视。学者们对其功能的具体划分存在着一些差异，总体来说，一般将其划分为稳定功能、调节功能、促进发展功能、互助功能和其他功能。

（1）社会保障的稳定功能，该功能能够防范与消除社会成员因生存危机而可能出现的对社会、政府的反叛心理与反叛行为，能够保障社会成员在特定事件的影响下仍然可以安居乐业，从而有效降低乃至消除引起社会震荡的潜在风险，进而维系社会秩序的稳定，以及正常、健康的社会发展。这个功能有时也被称为社会的“稳定器”或“减震器”。

（2）社会保障的调节功能，可以说是其最主要的功能，表现在政治、经济等广泛领域中。在政治领域，社会保障既是各种利益集团相互较量的结果，同时也是调节不同利

---

① 郑功成．社会保障．北京：高等教育出版社，2007.

益集团、群体或社会阶层利益的必要手段，并在不同的社会制度下表现出不同的政治功能。在经济领域，社会保障有效地调节公平与效率之间的关系，调节国民收入的分配与再分配，同时也对市场体系，如劳动力市场、资本市场等起到调节作用。

（3）社会保障的促进发展功能，存在于经济、社会发展领域。在经济领域，社会保障通过营造稳定的社会环境促进经济的发展，同时通过社会保障基金的运营直接促进某些产业的发展，此外还对劳动力再生产和劳动力资源的优化配置、提高生产率均起着促进作用；在社会发展领域，社会保障能促使社会成员的物质与精神生活水平的提高，促进政府有关社会政策的实施，促进社会文明的发展等。

（4）社会保障的互助功能，体现在社会保障以风险分散、责任共担为基石，通过资金的互助、物的互助和劳务服务的互助，发挥社会成员的自助与互助的作用，有利于社会保障制度的持续健康发展。

（5）除了稳定、调节、促进发展、互助这四大功能外，社会保障事实上还有着诸如防控风险、资本积累的作用。①

总结来说，社会保障具有人民生活的"安全网"、经济发展的"助推器"、社会矛盾的"调节器"、社会政治的"稳定剂"，以及社会文化发展与精神文明建设的"润滑剂"等多方面功能。

1.4.2　社会保障的特征与原则

1. 社会保障的特征②

从总体来看，现代社会保障制度的特征，主要包括公共性、公平性、社会性、互济性、法律规范性、多样性和刚性发展等特征。

（1）公共性特征。社会保障的公共性体现在社会保障产品中，不同的社会保障产品具有不同程度的公共性。从公共产品非排他性和非竞争性这两大特征来看，社会保障产品兼有非排他性和排他性、非竞争性和竞争性等特征。非排他性，是指不能排斥任何社会成员享有这种产品的可能性，比如，社会福利和社会救助产品，是具有非排他性的。但是，社会保险产品则表现出较明显的排他性，受保人事先必须要缴纳社会保险费，否则将会被排斥在外，但除此之外，社会保险又有非排他性的一面，如并不排斥任何人参加社会保险。非竞争性，是指在给定的公共产品被提供出来后，增加一个消费者并不会引起该产品成本的任何增加，即消费者人数增加引起的产品边际成本等于零。比如，社会福利设施中的学校、技能培训中心以及其他公共基础设施等，这些福利产品由多一个人或少一个人享用，基本不会引起产品成本的变化，因而具有非竞争性。但是，社会保障中的其他产品是具有竞争性的，例如，社会福利费和社会救助金以及各种社会保险给付，额外增加一个人的领取，就要增加这类产品的支出与成本。

---

① 郑功成．社会保障．北京：高等教育出版社，2007.

② 《社会保障概论》编写组．社会保障概论．北京：高等教育出版社，2019；郑功成．社会保障．北京：高等教育出版社，2007；杨翠迎．社会保障学．上海：复旦大学出版社，2015.

总之，社会保障产品具有公共性，但不完全是纯公共产品，而是一种准公共产品。因此，社会保障产品不能由国家全包统揽，应允许、鼓励有条件的社区、经济团体和个人发展社会保障事业。在保障方式上，应鼓励国家、企业、个人共同参与的多种保障模式。

（2）公平性特征。社会保障的公平性特征，主要体现在以下几个方面：1）保障范围的公平性。社会保障通常不会对受保障对象的性别、职业、民族、地位等方面的身份进行限制，全民保障实现的是全体国民社会保障权益方面的公平性。如福利国家的普通国民年金、我国的高龄津贴等。2）保障待遇的公平性。社会保障一般只为国民提供基本生活保障，超过基本生活保障之上的需求通常不能通过社会保障途径获得解决。如各项社会保险待遇标准的指数化为受益者提供了公平的参照系，尽管不同受益者获得的现金或实物援助或劳务服务存在差异，但这种差异较初次分配表现出来的悬殊已经大为缩小，从而体现了保障待遇的公平性。3）保障过程的公平性。社会保障通过对社会产品的再分配，维护着社会成员参与社会竞争的起点与过程的公平，缩小了社会成员发展结果的不公平。

（3）社会性特征。社会保障区别于家庭保障与职业保障的一个重要特点就是它具有社会性，它面向整个社会，并通过社会化机制加以实施，主要体现在以下几个方面：1）社会保障制度具有开放性。2）社会保障的筹资过程具有社会化特征。3）社会保障各项服务实现社会化。4）社会保障管理与监督实现社会化。

（4）互济性特征。就社会成员个人而言，其在社会保障方面的支出要小于在社会保障方面的收入。这一特征的形成，主要是因为除了参与社会保障的受益群体外，国家、企业分担着个人的社会风险。

（5）法律规范性特征。社会保障制度的法律规范性特征，主要体现在法律的规范与强制方面。1）法律的强制规范为社会保障的运行提供了必须遵守的行为准则。2）政府只能根据法律的规范与授权，在法律允许的范围内对社会保障制度的运行进行干预。3）即使不是由政府直接管理而是由民间举办的社会保障事业（如慈善事业），也必须受到相应的法律规制。

（6）多样性特征。社会成员对社会保障的多样化需求决定了社会保障制度的多样性，不同的国家之间与同一个国家在不同的发展阶段，其社会保障制度模式及保障项目呈现多样性。前者如欧洲的福利国家模式、德国与法国的社会保险模式、新加坡的完全积累制模式以及智利的私营化模式等；后者如我国在计划经济时期与市场经济时期中的社会保障产品就大不相同。

（7）刚性发展特征。实践证明，社会保险水平对于经济水平的变化缺乏弹性，表现出较强的刚性发展特征。社会保障水平一旦上升，不论在什么经济条件下，都很难再降下来。因此，社会保障给付总量连年递增，呈现出一种滚雪球的趋势。这告诫人们在处理社会保障与经济发展的关系时，必须遵循局部利益与整体利益、眼前利益与长远利益兼顾的原则。

2. 社会保障的原则[①]

社会保障的原则通常包括公平原则、与社会经济发展相适应原则、责任分担原则、普遍性与选择性相结合原则以及其他原则。

（1）公平原则。缩小社会贫富差距，创造并维护社会公平，是社会保障制度的基本出发点，也是社会保障政策实践的归宿。因此，社会保障制度必须遵循公平原则。在社会保障制度设计中，必须打破各种身份限制，公平地对待每个国民并确保其享受到相应的社会保障权益；更多地维护弱势群体的利益，以此达到缩小贫富差距，促进整个社会健康、和谐发展的目标。公平原则的最充分体现，是建立覆盖全民的社会保障体系，让全体国民普遍享受社会保障。

（2）与社会经济发展相适应原则。一方面，社会发展变化决定着社会保障制度的结构变化。比如，人口老龄化需要建立相应的养老金制度、发达的老年福利事业和产业。另一方面，社会保障制度的确立，无一例外地需要相应的财力支撑。经济发展是社会保障制度的物质基础，决定着社会保障的发展水平。

（3）责任分担原则。国内外实践表明，社会保障制度有必要确立责任分担原则，并按照这一原则让国家、企业、个人合理分担社会保障责任，只有这样，这一制度才可能获得持续发展并有利于整个社会的和谐发展。

（4）普遍性与选择性相结合原则。社会保障的普遍性原则是1942年英国的威廉·贝弗里奇（William Beveridge）起草的《贝弗里奇报告》（Social Insurance and Allied Services）中提出的一项基本原则，它要求国家在确立社会保障制度时，其对象范围不能局限于贫困阶层，而应当使全体国民均能享受到相应的社会保障与福利。普遍性原则符合社会保障制度对社会公平、公正的追求，体现了人类社会的目标之一。

选择性原则是一些强调效率优先的国家在社会保障制度安排中遵循的一项原则。其含义在于根据国家财政的承受能力和受益者的经济收入状况及对社会保障的需求程度，有区别地安排社会保障的产品、对象范围、筹资方式和待遇水平等。

将普遍性与选择性原则相结合，既可以满足社会成员不同的社会保障需求，又可以减少或避免过重的经济负担，因此该原则更加适合发展中国家。

（5）其他原则。社会保障制度建设还需要遵循互济性原则、法制性原则、社会保障各项目标协调原则以及基本选择与多种形式相结合原则。社会保障的实践历程表明，社会保障制度的设计和实施只有遵循这些原则，才能真正发挥它的作用，才能使社会保障制度持续健康发展。

1.4.3 社会保障的意义[②]

社会保障的意义主要表现在以下几个方面：

---

① 郑功成．社会保障．北京：高等教育出版社，2007；丁建定．社会保障概论．上海：华东师范大学出版社，2006.

② 郑功成．社会保障．北京：高等教育出版社，2007.

（1）社会保障突出以人为本、彰显人道主义，是人类社会文明进步的重要成果与推动力。现代社会保障制度强调的是以人为本，其伦理基础是人道主义和公平价值理念，包括面向低收入阶层的各种社会救助项目、面向劳动者的各种社会保险、面向全体国民的各种社会福利以及各项具有互助互济、分散风险性质的保障措施，健全的社会保障制度不仅能够解除人们的后顾之忧、保障人们的基本生活，而且具有缩小社会不公平和维护社会公平等多方面的功能，直接体现了对弱者的重视以及人文关怀，促进了人的全面发展和整个社会的和谐发展。

（2）社会保障维护并创造着公平的竞争环境，促进经济社会的正常发展。一方面，社会保障解除了人们的后顾之忧，增加了人的安全感与对未来的信心，不仅为人的全面发展提供了制度保障，而且能够帮助遭遇特殊事件的社会成员恢复正常生活并重新投入社会。客观上消除了个人因不确定事件或意外风险导致的非公平竞争，同时也切断了个人风险转化为社会风险进而转化为社会问题的可能性，避免了可能引发的社会危机。另一方面，社会保障不仅直接提高了劳动者的素质，促进了劳动生产率的提高，而且维系着劳动力市场的一体化，推动着劳动力资源的优化配置。

（3）社会保障能够化解多种社会矛盾、不断增加国民福利，并促使整个社会和谐发展。一方面，任何社会保障产品的建立，都可能直接化解社会矛盾。比如，社会救助因解除了贫困人口的生存危机而直接缩小贫富差距，并缓和了不同社会阶层之间的冲突；社会保险因维护了劳动者的权益而平衡了劳资关系，进而化解了劳资冲突。另一方面，社会保障制度的建立，直接表现为受益者福利的提升，健全的社会保障制度会促进国民福利的普遍提升。例如，医疗保障因消除了疾病导致贫困的根源，间接提高了人们的福利水平；养老金制度与老年福利事业和产业的发展，使老年人所享受到的福利与人类社会的发展进程和人均预期寿命的延长保持协同。

（4）社会保障能够为其他相关政策的实施提供配套服务。社会保障是一项基本的社会制度，它作为整个社会结构中的一个系统或一个构成部分，既需要其他政策体系与之配套，也可以为其他政策体系的实施提供配套服务。例如，各国的人口政策通常需要社会保障制度的配合，凡采取鼓励生育政策的国家，通常通过为多子女家庭提供更为优惠的福利津贴与服务来刺激生育。又比如，我国为了解决就业问题，面对新形势下出现的新职业、新产业，就必须要制定与其相关的社会保障制度来配合，否则就容易挫伤劳动者的积极性。

（5）社会保障能够创造就业机会，改善社会产业结构。社会保障是一个庞大的制度体系，它需要众多的专业人士的参与，从而形成能够容纳众多劳动者的新兴部门。例如，社会保险制度的建立，需要社会保险费的征收与基金管理人员、需要基金投资人员、需要相应的待遇给付机构与工作人员。因此，社会保障事业的发展，既能直接创造出大量的就业岗位，也能改善社会产业结构，这一意义应当得到重视。

本章小结

1. 由于历史背景、国情等因素的不同，各国对社会保障的内涵界定也有所差异。19

世纪中后期，社会保障学科应运而生，逐渐发展成为一门综合性的学科，与经济学、社会学、人口学等其他学科密切联系，同时也在发展中保持着自己的独特属性。

2. 对个人而言，社会保障制度的本质是一个风险分散的机制；对社会而言，可以通过再分配达成社会公平的目标，同时也能对消费和储蓄、劳动力市场、资本市场等产生影响，是政府管理宏观经济的工具，对一国的社会经济发展起着重要作用。

3. 社会保障的总目标是保障和改善国民生活、增进国民福利，实现整个社会的和谐发展。它具有稳定功能、调节功能、促进发展功能、互助功能和其他功能。

4. 现代社会保障制度的特征包括公共性、公平性、社会性、互济性、法律规范性、多样性和刚性发展，要求我们必须遵循公平原则、与社会经济发展相适应原则、责任分担原则、普遍性与选择性相结合原则、互济性原则、法制性原则、社会保障各项目标协调原则以及基本选择与多种形式相结合原则。

关键术语

社会保障　social security
社会福利　social welfare
帕累托最优　Pareto optimality
基尼系数　Gini coefficient
资产替代效应　assets substitution effect
引致退休效应　induced retirement effect
漏桶原理　leak bucket theory
羊群效应　herb mentality
《贝弗里奇报告》　Social Insurance and Allied Services

复习思考题

1. 如何理解社会保障内涵界定的差异？
2. 社会保障具有哪些特征？应当遵循哪些原则？
3. 如何理解社会保障的公平与效率？
4. 试析社会保障与收入分配的关系。
5. 社会保障对居民消费和储蓄有什么影响？
6. 社会保障对劳动力市场有哪些影响？
7. 社会保障对资本市场有哪些影响？

阅读材料

中国政府获“国际社会保障协会社会保障杰出成就奖”

巴拿马时间2016年11月17日，国际社会保障协会（ISSA）在第32届全球大会期间，将“国际社会保障协会社会保障杰出成就奖”授予中华人民共和国政府，以表彰我国近年来在扩大社会保障覆盖面工作中取得的卓越成就。

“国际社会保障协会社会保障杰出成就奖”是对某一个国家在社会保障方面作出的非凡承诺和杰出成就的世界性认可。

11月17日，人力资源社会保障部部长尹蔚民代表中国政府接受了这个奖项。国际社会保障协会主席斯杜威（Stoové）表示，这将进一步鼓励全世界各国政府关注并学习中国经验，以惠及本国人民。国际社会保障协会秘书长在接受采访时表示，中国社会保障扩大的范围和速度是别国不可比的。在中国的社会经济和人口条件下，这种进展只有通过社会保障机构管理能力的显著提升、管理系统的现代化、推动全民参保计划等管理创新方式才能实现。

颁奖典礼上，尹蔚民与世界各国同行分享了社保扩面的中国经验。他指出，为积极应对挑战，中国政府将坚持创新、协调、绿色、开放、共享的发展理念，把更加公平更可持续作为社会保障制度建设的努力方向，争取到2020年全面建成覆盖城乡居民的社会保障体系。

资料来源：中国政府获“国际社会保障协会社会保障杰出成就奖”.(2016-11-18). 人民网.

郑功成：如何构建高质量的社会保障制度

近日，中国社会保障学会会长、中国人民大学教授郑功成在中国宏观经济论坛上提出，改革开放以来，中国社会保障改革堪称人类历史上、社会保障发展史上的伟大实践。截至2021年底，我国基本养老保险参保人数达10.3亿人；医疗保险方面，参保人数达13.6亿人，参保率稳定在95%以上。除此之外，我国各项社会福利事业，包括老年人福利、残疾人福利、儿童福利、住房保障和教育福利也在全面发展之中。中国社会保障发展的成就为全世界的社会保障制度作出了积极贡献，也获得了世界范围内的普遍认可。

如何构建高质量的社会保障制度，郑功成表示：首先，以高质量为出发点，持续提高共享份额，持续加大再分配力度。其次，尊重社会保障制度的客观规律、尊重发展变化中的中国国情。不以客观规律为由超越国情，也不能以国情为由扭曲规律。遵循互助共济、政府主导的客观规律。除此之外，要坚持贯彻共建共享、公平取向和可持续发展这三大原则。

在高质量的社会保障制度建设过程中，郑功成强调要抓好四大着力点：一是加强统筹规划与协同推进，关注整个社会保障制度综合效能和整体效应；二是全面优化现行制度安排，关键是增强统一性和规范性；三是完善体系与缩小差距，尽快补上养老服务、儿童福利等短板，采取针对性措施不断缩小地区之间、城乡之间、不同阶层或群体之间的社会保障差距；四是推动社会保障制度走向法治化。

资料来源：郑功成：如何构建高质量的社会保障制度.(2022-04-26). 人民网.

1994—2017 年我国城乡社会保障制度改革与建设时序表

<table>
<tr><th rowspan="2">区域</th><th colspan="12">年份</th></tr>
<tr><th>1994</th><th>1996</th><th>1997</th><th>1998</th><th>1999</th><th>2003</th><th>2007</th><th>2009</th><th>2011</th><th>2014</th><th>2016</th><th>2017</th></tr>
<tr><td>城镇</td><td>生育保险制度</td><td>工伤保险制度</td><td>城镇职工基本养老保险制度</td><td>城镇职工基本医疗保险制度</td><td>失业保险制度、最低生活保障制度</td><td></td><td>城镇居民基本医疗保险制度</td><td></td><td>城镇居民社会养老保险制度</td><td rowspan="2">城乡居民基本养老保险制度</td><td rowspan="2">城乡居民基本医疗保险制度</td><td>生育保险制度和职工基本医疗保险制度合并</td></tr>
<tr><td>乡村</td><td></td><td></td><td></td><td></td><td></td><td>新型农村合作医疗制度</td><td>最低生活保障制度</td><td>新型农村社会养老保险制度</td><td></td><td></td></tr>
</table>

资料来源：李珍．社会保障理论．4 版．北京：中国劳动社会保障出版社，2017.

第2章

社会保障发展历程

计划经济时期的中国社会保障制度最大的特点是国家-单位保障模式，该模式主要强调了社会保障水平取决于劳动者贡献的大小。但随着国家-单位保障模式的逐步推行，过度强调绝对平等成了主流，这造成了企业负担过重、生产效率低下，以及不同企业之间的保障水平差异化等问题。因此，在改革开放后，我国开始对社会保障制度进行大幅度的改革。其中，最主要的是1998年开始实施的企业职工养老保险与医疗保险制度改革，其开始强调权责对等的统筹模式，体现了互助共济、共担风险的基本原则。21世纪以来，中国社会保障制度快速发展，建成了包括社会保险、社会救助、社会福利与补充保障的中国特色社会主义保障体系。不同社会保障项目具有各自保障的范围和标准，呈现出典型的多层次社会保障特征。从现阶段的社会保障发展来看，基本建成了与中国特色社会主义发展相适应的社会保障体系。“十四五”规划和党的二十大报告都明确指出要“健全覆盖全民、统筹城乡、公平统一、安全规范、可持续的多层次社会保障体系”，这一表述既显示出中国社会保障制度建设迈入高质量发展的重要阶段，又表明了健全的社会保障体系是适应中国式现代化和共同富裕目标的重要举措。

进入新的发展时期，中国社会保障体系将进一步发展、完善、定型，并进一步为共同富裕目标的实现提供制度保障。

学习要点

1. 了解社会保障制度在不同发展阶段的代表性事件和产生原因
2. 社会保障制度不同发展阶段的主要制度特征
3. 不同历史发展阶段中各国社会保障制度发展的核心理念及可持续性
4. 结合中国社会保障制度发展历程，深刻理解中国社会保障制度的特点及发展方向

2.1 早期社会救助阶段

社会保障是对社会成员所面临的各类风险的保障。一般而言，伴随人类社会的诞生，社会保障便应运而生。从本质上来讲，社会保障是通过群体间互助来降低个体风险，只不过存在群体互助范围的大小差异。在传统社会，这种互助更多是某一群体内部的互助，如民间慈善是富人对穷人的救助，互助群体较小；在现代社会，这种互助则表现为国家责任，由国家作为主要管理者来处理群体间的风险，从而实现互助共济的目标，互助群体较大。因此，从理论上来说，可以根据互助范围的大小划分社会保障发展阶段。根据这一理念可以将早期社会救助阶段划分为慈善事业时期与国家济贫制度时期。

2.1.1 慈善事业时期

慈善（charity）是社会成员对社会中遇到灾难或不幸的人，不求回报地提供帮助的思想观念、社会行为和社会事业。从社会保障发展的不同阶段来看，慈善事业时期持续时间非常久，在进入国家济贫立法阶段前的社会保障发展均属于慈善事业时期。同时，根据这一阶段的慈善事业发展特点，可以将其划分为宗教慈善活动、民间慈善事业及官办慈善事业。

1. 宗教慈善活动

早期慈善活动与宗教联系密切，佛教、基督教、天主教对慈善事业的影响最大。在西方盛行的各种宗教不仅是当时社会救助思想的重要来源，而且直接指导着各种宗教团体的慈善活动。公元 1 世纪基督教兴起，基督教最初所倡导的仅是对教徒中的贫困者的关怀照顾，而伴随教徒规模的不断扩大，其所倡导的理念也发生了转变，“爱人如己”的博爱精神开始拓展到整个社会。如基督教教义告诫人们“活着的人有捐助慈善活动的义务，要求人们以实际的捐赠行为来洗刷其罪恶，鼓励人们从事慈善捐助活动”[①]。到公元 4 世纪，西方国家开始建立教区制度，即宗教对所在教区内的孤寡穷人负责，由教会组织开办孤儿院、学校及其他类似机构等，组织开展救灾济贫、施医给药以保障他们的基本生活。[②] 此外，佛教教义中倡导的布施行善、以慈悲为怀，均体现了对贫困弱者的帮扶，其所推行的救济活动包括救灾济贫、施医给药等多方面。在传统社会中，宗教慈善活动发挥着除官办慈善以外对弱者最重要的救助帮扶作用，在历史的某些阶段，甚至要比官办慈善事业更为重要。

---

① 贾海彦，董西明．社会保障概论．北京：科学出版社，2020.

② 银培萩．从“宗教转向”“世俗转向”到“圣俗协调”：试论西方慈善伦理演变中的“宗教基因”．宗教与美国社会，2020 (1).

2. 民间慈善事业

在传统社会中，也出现了较多的民间互助组织开展的慈善活动。如在 1657 年，美国波士顿就出现了民间的苏格兰人慈善协会，由居住在波士顿的 27 位苏格兰人组成，开展多种济贫活动。17 世纪末，英国、德国等先后出现了互助互济基金会。这是由产业工人自发组织起来的互助互济组织，会员定期缴纳一定的会费，形成基金，当会员遭遇失业、工伤、疾病、死亡等风险而失去收入时，由基金会为其提供生活救济、医疗津贴、丧葬费等物质帮助。18 世纪初，英国出现了拥有资本金超过 10 万英镑的大型慈善基金会，其中最大的慈善机构仁爱公司的资本金高达 60 万英镑。在德国，到 1880 年底，互助基金会已经发展了 6 万名会员，到 1885 年底，增加到 73.1 万名会员。[①] 17 世纪末，面对贫困和大机器工业生产伤害的威胁，英国产业工人开始自发组织小范围的内部互助组织，如友谊会，奉行“遭遇不幸时互相支援，共同娱乐，互相教育”的宗旨。社会保险制度建立起来之后，社会互助组织在各国依然存在，继续发挥作用。[②]

在中国，民间慈善事业也较为发达，如宋代范仲淹的“义庄”、刘宰的“粥局”、朱熹的“社仓”等；明末清初，在江南先后出现的同善会、广仁会、同仁会或善堂等民间慈善团体；清末大慈善家熊希龄举办的慈幼局等。

3. 官办慈善事业

与此同时，在传统社会中扮演着最重要的救助角色的国家也在慈善活动中发挥着重要的作用。虽然在传统社会，特别是在封建社会中，国家实施的官办慈善救助活动多以施舍为主，但不可否认其在当时的救灾济贫中的不可替代的地位。在中国，受救人济世、福利为民思想的影响，由上而下展开了许多慈善活动并制定了慈善制度，设置了相应的慈善机构。[③] 如春秋战国时期，齐国政治家管仲在都城临淄创建了官办的养病院，专门收治和疗养聋哑人、盲人、跛足者。据汉书记载，黄河一带瘟疫流行时，汉武帝刘彻曾下令在地方建造房屋，里面放置药品，并配置医生，大兴官办慈善医疗机构。到了南北朝时期，封建帝国官办慈善事业从医疗救助向更多领域拓展。如专门收救残疾人和流浪者的“六疾馆”“孤独园”等。起于隋而兴于唐的仓廪制度，则更注重官办慈善事业的临危救济作用。两宋时期的福田院和居养院、安济坊和惠民药局，则在前朝的基础上，设有“居养安济院”“慈幼局”“慈幼庄”“婴儿局”“举子包”“举子田”等慈善机构，使官办慈善机构的作用更加完备。此间的官办慈善机构还有一个特点，即官府和寺院联合成立专门机构，主持慈善事业，并形成制度，遇到紧急或者危难情况就启动慈善救济机制。

---

① 舒晓兵，田鹏，胡欣．社会保障概论．武汉：武汉大学出版社，2019.

② 贾海彦，董西明．社会保障概论．北京：科学出版社，2020.

③ 王艳君．古代慈善模式的历史演变与发展更迭．佳木斯大学社会科学学报，2015（5）.

2.1.2 国家济贫制度时期

伴随社会经济发展，教权衰落、王权兴起，在资本主义原始积累时期，社会问题层出不穷。为摆脱社会动荡，缓解社会矛盾，维护封建统治，缓解大量流民出现及由此导致的社会极度不稳定，欧洲一些国家开始尝试以立法的形式确定政府承担社会救助的职责。

1. 旧《济贫法》时期

英国从15世纪70年代开始的圈地运动，导致大量的自耕农和田农失去了赖以生存的土地，他们开始流入城镇，沦为贫民和乞丐。贫困、失业、流浪等社会问题日益严重。为此，1530—1597年，英国政府通过了13个有关禁止流浪的法令，其规定极其严格，如老年人和无劳动能力者持特许证乞讨，身体健康者一次违令处以刑罚，二次违令割一半耳朵，三次违令处以死刑，以及在逃跑的奴隶额上或背上烙上“S”（slave）印，在某地3天无所事事的流浪者胸前烙上“V”（vapabond）印等。圈地运动和迫害流浪者的血腥立法，激起了广大人民群众的坚决抵抗。[①] 早在1531年，亨利八世就颁布了关于老弱贫民调查及行乞许可的相关法案，1572年都铎政府通过了强制征收济贫税的条例，之后于1601年颁布了世界上第一部济贫法——《伊丽莎白济贫法》（Poor Law），即旧《济贫法》。旧《济贫法》在现代社会保障发展史上具有重要意义，它以立法的手段征收济贫税，救济贫困者，保障或强制贫困者就业，开创了通过国家立法推动社会保障事业的先例。[②]

2. 新《济贫法》时期

此后300年的时间里，随着经济社会状况和社会价值观念的演变，英国又颁布其他相关法律，对济贫政策进行了多次调整。1723年通过了设立济贫院的法律，目的是强调穷人“懂得”劳动。1782年颁布《吉尔伯特法》，1795年颁布《斯品汉姆兰法》，根据这两部法律，英国建立了广泛的院外救济制度，采取居家原则救济贫民，通过提高济贫税，把济贫范围扩大到有人就业的贫穷家庭。但随着圈地运动和工业化进程的加快，贫民日益增多并聚集于城市，有工作能力的人口中接受救济的比例也大幅度增加。[③] 因此，英国政府于1834年颁布了《济贫法修正案》，即新《济贫法》。新《济贫法》是社会保障制度发展过程中的重要转折，该法最大的进步在于：承认要求社会保护是公民的合法权利，社会负有保障公民生存的义务。20世纪以来，济贫法的重要性逐渐降低。直到1946年《国民保险法》和1948年《国民救助法》颁布后，卫生部主管的社会保险已完全代替济贫，济贫法失去作用。其他欧洲国家也实行了与英国类似的贫民救济计划，如瑞士在1847年和1871年制定了济贫法，法国则发布了一些济贫法令，1763年和1854年瑞典和

---

① 舒晓兵，田鹏，胡欣．社会保障概论．武汉：武汉大学出版社，2019.

② 丛志杰．对英国“新济贫法”的探讨．内蒙古大学学报（哲学社会科学版），1996（5）.

③ 同②.

荷兰分别制定了济贫法。

知识链接 2－1

亚当・斯密的经济自由主义思想及政策主张

英国经济学家亚当・斯密（Adam Smith）是古典经济学的代表人物，他强调自由市场、自由贸易以及劳动分工。

1776 年，他撰写的经济学著作《国民财富的性质和原因的研究》（简称《国富论》）终于完成。它的发表，标志着古典自由主义经济学的正式诞生。《国富论》提出，市场经济是“富国裕民”的康庄大道。斯密认为国家的职能首先是保护本国社会的安全，使之不受其他独立社会的暴行与侵略；其次是保护人民，不使社会中任何人受到其他人的欺辱与压迫，换言之，就是设立一个严正的司法行政机构；最后是建立并维持某些公共机关和公共工程。

古典经济学派的主要思想包括两点：一是主张自由放任主义，认为市场机制可以实现社会经济的协调发展，反对政府对经济社会的任何干预，反对进行收入再分配；二是反对进行社会救助，认为旧《济贫法》严重阻碍了居民的自由流动，阻碍了劳动者对就业的自由选择，对劳动者就业极为不利，力求废除旧《济贫法》，还给劳动者自由选择权。

由于古典经济学派极力否定社会救助作用的思想，阻碍了英国社会保障制度的建立。英国虽最早出现了社会保障制度的雏形，但是受古典经济学派思想的影响，英国最终未能成为最早建立现代社会保障制度的国家。

资料来源：李珍. 社会保障理论 . 4 版. 北京：中国劳动社会保障出版社，2017.

2. 1. 3　早期社会救助阶段的历史意义与局限性

从社会救助的发展过程来看，早期社会救助阶段的社会保障是具有明显进步意义的。但同时也必须看到，按照现代社会保障制度的标准来看，国家济贫制度也存在非常明显的局限性。

1. 历史意义

在这一漫长的历史时期，各国社会保障都集中在救灾济贫等有关事后救济的项目上，保障项目少、保障水平低，这与自给自足的农业社会经济发展阶段相适应。在封建社会，无论是官方、民间还是宗教团体实施的救济行为，都缺乏真正的法律保障，获得救济并非接受方的法定权利，提供救济也非官方、民间或宗教团体的法定义务。进入国家济贫制度时期，救济措施有了法律的保障和政府的主导而更加机制化，实施救济成为政府应当承担的义务，接受救济也成为社会成员的一项权利，尽管这一权利仍然比较初级，并附带苛刻的前提条件。总之，早期社会救济实现了由道德驱动的、慈善性质的临时救济向法律驱动的、经常性的制度化救济转变，这是历史的进步。

2. 局限性

（1）社会保障理念具有浓厚的封建王权思想，具有居高临下的施舍性质。当时的社会救济活动便很自然地成为统治者对被统治者居高临下的施舍，无论是灾民还是贫民都不具有天然地获得救助的权利，他们是否能够获得救助，或者救助水平能否解决灾民和贫民的生存危机，都完全取决于救助者的恩赐和施舍。这种救助有的时候甚至以牺牲灾民和贫民的人格或者接受惩罚为条件。

（2）社会保障的目标仅仅是维护统治者的统治，防止被统治者的反抗。这一时期统治者采取的救灾济贫措施的根本目的是防止社会动乱，维护其统治。其既不是为了真正解决社会成员中的贫困现象，也不是真正保障社会成员的生存权利，而是为了防止被统治者的对抗行为，如中国历史上历朝历代的农民起义大多是因天灾人祸而发生大规模的武装对抗行动。因此，这一时期的社会保障活动是统治者的“灭火器”，与现代社会保障制度有根本区别。

2.2 社会保险制度的产生阶段

在19世纪工业革命完成后，欧洲各国纷纷进入了工业社会。伴随工业革命，旧《济贫法》和新《济贫法》的历史作用日渐削弱，社会问题呈现出新的特点。工业化背景下，工人个体或家庭无力解决日益增加的年老、失业、工伤和疾病等社会风险问题。同时，社会经济快速发展，工人运动大规模爆发，改良主义思潮兴起，社会保险制度在此背景下应运而生。社会保险制度的产生是社会保障发展史上的一次重要飞跃，这一制度的形成标志着在面对社会风险时，社会保障制度应当实现承担主体的社会化，如作为筹资主体的雇员、雇主与政府共担责任等。因而，较多学者将社会保险制度的出现作为现代社会保障制度发展的起点。

2.2.1 社会保险制度产生的背景

社会保险法最早产生在德国，有着其独特的社会背景。德国虽然不是当时最发达的资本主义国家，但综合的社会矛盾促成了社会保险法在德国的诞生。其背景主要包括以下几点。

1. 经济背景：工业化与经济的快速发展

经济基础决定上层建筑，作为上层建筑的社会保险制度的发展离不开经济的快速发展。19世纪下半叶，德国已完成了由农业社会向工业化社会的转型。伴随工业化而来的年老、失业、工伤和疾病等日益成为普遍性的社会风险，劳动者个人及其家庭无力应对，自发性的慈善活动与社会救助等保障方式也难以应对，因此制度性的社会保险制度应运而生。相较农业社会，工业社会带来了重要的社会变革。如工业生产逐渐取代农业生产并占据经济发展的主导地位；市场经济取代小农经济成为主要的经济形式；工人群体取代农民群体成为主要的社会阶层。

德国资本主义的发展相比于英国较晚，一个很重要的原因就是国家处于封建割据状态而未能形成统一的国家。直到1871年普法战争结束，普鲁士才统一德意志诸邦，成立德意志帝国。普法战争的胜利，使得德国不但获得了法国50亿法郎的赔偿，还获得了法国割让的阿尔萨斯和洛林地区，拥有了丰富的矿产。[①] 这为德国加速工业化，经济快速发展提供了基础条件。工业和经济的快速发展一方面产生了大量的工人，另一方面也加快了城市化的步伐。聚集在城市中大量的劳动者，为劳工问题的出现提供了主体基础。

2. 社会背景：工人运动

19世纪下半叶，德国社会矛盾和阶级矛盾错综复杂、日趋尖锐。劳工问题的产生，源自工业社会的形成。1848年之前，德国工人不仅受到封建势力的压迫和剥削，同时受到来自资本家的压迫和剥削。工人的劳动条件非常恶劣、工资水平极低、工作时间超长，没有相应的法律保障，面对风险也没有相应的保护。1844年6月，西里西亚纺织工举行大规模的罢工。1848年2月，无产阶级政党的政治纲领《共产党宣言》的发表，标志着马克思主义的诞生，之后马克思主义在德国传播开来。1848年4月，工人中央委员会成立，在其领导下，工人在柏林等城市成立了35个工人联合会。1863年5月在莱比锡成立了全德工人联合会。在马克思主义指导下，德国的工人运动风起云涌，1875年德国社会主义工人党成立。德国工人运动的发展，使得德国政府不得不考虑如何提升对工人的保障水平，进而平息工人运动带来的危机。所以说，社会保险是工人阶级长期斗争的结果，也是资产阶级维护社会稳定的社会政策。[②]

3. 思想基础：改良思潮兴起

在社会矛盾日益尖锐的背景下，社会改良思潮兴起。19世纪末，德国“讲坛社会主义”学派（新历史学派）的一批经济学教授提出阶级调和、自上而下社会改良的主张，并于1872年创立德国社会政策协会。讲坛社会主义者认为劳资矛盾不是经济状况的对立，而是因情感、教养和思想的不一致而产生的。国家是超阶级的组织，能调和敌对阶级关系，主张在不废除资本主义制度的情况下，利用国家权力，通过社会政策、社会立法来改变社会各阶级的教养和心理状态，消除劳资矛盾及其他一切社会对立和隔阂，逐步实行社会主义。他们中的许多人在大学讲坛上宣传自己的主张。当德国新自由主义者称他们为“讲坛社会主义者”（讽刺其仅在讲坛上说说而已）时，他们欣然接受了这一称号。该学派的政策主张是：实行自上而下的社会改革，国家干预经济生活，由国家制定劳动保险法、孤寡救济法等，增进社会福利，保护劳动者正当权益，协调劳资关系。德国政府采纳了这些政策主张。讲坛社会主义既影响了德国的工人运动，也影响了德国社会保险立法。瓦格纳（Wagner）认为解决劳工问题和社会问题的最好办法就是由国家出

---

① 贾海彦，董西明．社会保障概论．北京：科学出版社，2020.

② 舒晓兵，田鹏，胡欣．社会保障概论．武汉：武汉大学出版社，2019.

面进行社会主义运动，以吸取工人提出的社会主义要求，而不是让工人采取造反的方式来实现社会主义。瓦格纳的这些思想对俾斯麦政府影响很大，进而影响了德国社会政策。①

德国新历史学派的社会改良思潮兴起，在很大程度上可以解释为什么德国进入工业革命比英国要晚，但德国推行社会保险制度却比英国要早。

4. 政治基础：政党纷争

德国无产阶级在1869年建立了自己的独立政党，即社会民主工党。1875年社会民主工党与全德工人联合会合并，成立了德国社会主义工人党，1890年改名为德国社会民主党。德国历史上的社会主义政党有“左”“右”之分。左派倡导科学社会主义，主张革命与政治权利；右派倡导社会改良，以改良社会主义为导向。在德国工业化快速发展的时期，劳工运动十分高涨，政党格局错综复杂。俾斯麦政府奉行“胡萝卜加大棒”政策：一方面，1878年颁布《反社会党人非常法》（Anti-Socialist Law），规定凡进行社会主义宣传的各种组织、出版物和集会都被封禁；政府可随时宣布戒严；政府可不按法律程序逮捕和放逐社会民主党党员。② 另一方面，通过社会保险改善劳资关系，以对付工人阶级的反抗运动。于是，俾斯麦所谓软化工人阶级斗争的社会保险立法走上了前台。

2.2.2 社会保险制度的主要内容

1881年俾斯麦政府开始推动社会保险立法，相继颁布了一系列法令。1881年德国颁布了《劳工伤害保险法》，但由于与雇主和民间伤害保险公司的利益冲突，且受到社会主义工人党的不信任，因此法案受到抵制。1883年正式颁布了《疾病保险法》，1884年颁布了《工伤事故保险法》，1889年颁布了《老年、残疾与遗属保险法》。俾斯麦政府颁布的这三项社会保险法，均由雇主与劳工联合组成的自治机构管理，由政府监督。疾病保险的保险费，由雇主承担1/3，雇员承担2/3；工伤保险的保险费由雇主承担；老年、残疾的保险费，雇主、雇员各承担一半，政府对每一个人的年金提供补助。③ 1911年实施了《德意志帝国保险法》，该法案整合了俾斯麦政府的社会保险立法，标志着世界上第一个完整的社会保险体系的建立。

德国社会保险法颁布后，各国的社会保险立法进程开始加速。法国于1898年实行工伤保险立法，1905年实行失业保险立法，1910年又实行养老保险立法。英国于1908年建立养老保险制度，颁布《养老金法》，以法律的形式明确了公民领取养老金的权利。1911年实施失业和疾病保险立法，颁布了《失业保险法》和《健康保险法》，其中《失业保险法》是世界上第一个全国性、强制性的失业保险法。瑞典于1891年实施疾病保险立法，1901年实施工伤保险立法，1913年实施养老与残疾保险立法。1917年，俄国革

---

① 贾海彦，董西明．社会保障概论．北京：科学出版社，2020.

② 同①.

③ 舒晓兵，田鹏，胡欣．社会保障概论．武汉：武汉大学出版社，2019.

命政府建立了面向全体国民的社会保险，即国家保险。到第一次世界大战前，社会保险已经在世界范围内有了很大的发展。

2.2.3 社会保险制度的历史意义

德国社会保险法的颁布标志着社会保险制度进入了新的历史发展阶段。其里程碑意义主要表现在以下几点：第一，社会保险制度的目的是解决社会成员的后顾之忧。社会保险是对劳动者生命历程中面临的生、老、病、死、残、失业等主要社会风险提供的基本保障，从此，社会保险逐渐成为现代社会保障的核心内容。社会保险面向劳动者，它保障的不是劳动者已经发生的生存危机，而是其可能发生的收入丧失或骤降的风险，其目的在于解除劳动者在年老、工伤、疾病、失业等方面的后顾之忧，并通过保障劳动者的收入来解决其生存危机。与慈善事业及国家济贫制度解决的现时风险相比，显然是一个巨大的进步。第二，社会保险成为公民的一项法定权利。作为一种全新的理念，社会保险制度避免了传统社会救济制度的不确定性与该制度下的被救助者“污名化”问题。社会保险立法开启了社会保险制度化的历程，开始从传统自上而下带有恩赐性质的国家济贫制度逐渐转变为政府和社会共担责任与义务。第三，社会保险制度确立了风险共担与互助共济的共同分担机制。社会保险制度是由雇员、雇主共同供款和国家资助建立起来的，且强制征收，劳动者享受社会保险待遇并承担相应的缴费义务，它体现的是一种权利和义务相结合的制度设计。第四，社会保险制度将保障对象拓展到了贫困者以外的劳动者，保障对象的范围实现了大幅扩展，体现了职业性的特征。

2.3 现代社会保障制度的发展阶段

德国社会保险制度出现并被其他国家纷纷效仿，随着工业社会和市场经济的发展，工业社会与市场经济中特有的风险不断显现，为应对这些风险，社会保障制度也在不断地发展与完善。与此同时，经过工人联合起来长期不懈的斗争，社会保障权作为公民法定权利的性质不断得到法律的确认和完善。总体来讲，社会保障制度在社会保险、社会救助及社会福利三个维度上都获得了一定程度的发展。在社会保障制度发展历程中，标志性的事件是1935年美国罗斯福政府通过的《社会保障法》(The Social Security Act)，这是世界上第一部综合性的社会保障法案，标志着社会保障制度由社会保险制度朝着综合性社会保障制度的方向发展，标志着现代社会保障制度的基本内容框架趋于成型。

2.3.1 现代社会保障制度发展的标志——美国《社会保障法》的产生

1929—1933年，美国爆发经济危机，大批企业破产、工厂倒闭、工人失业，1933年失业工人数量达到1 500万人，占全国工人总数的1/3，1/6的家庭靠救济金度日。[①] 特别是老年人、工人和失业者受害最深，他们为了求得生存，要求社会变革，获得社会保障，这成为建立和发展社会保障制度的动力。

1933年，为摆脱危机、重振美国经济、缓和国内的阶级矛盾，罗斯福总统制定并实施了罗斯福新政。1935年，美国国会正式通过了《社会保障法》，这是第一个由联邦政府承担义务的、全国性的社会保障立法，标志着美国现代社会保障制度的诞生。该法案第一次使用了"社会保障"的概念，强调社会保障制度具有全民化和统一管理的特点，与德国的以与职业相关和分散管理为特点的社会保险制度有差异。[②] 继美国之后，阿根廷、墨西哥等国家也先后建立起社会保障制度。

2.3.2 美国《社会保障法》的主要内容

罗斯福新政把充分就业作为首要目标，强调国家干预社会经济生活，以扩大政府支出、扩大公共工程规模、社会福利计划作为解决危机、刺激经济复苏的主要手段。社会保障制度是罗斯福新政的重要组成部分。

《社会保障法》的基本内容包括两个社会保险项目和三个社会救济项目：老年社会保险、失业社会保险、贫穷盲人救济、贫穷老人救济、未成年人救济（仅限于双亲去世、出走或残疾而无人抚养的未成年人）。此后，《社会保障法》经过多次修订，增加了项目、扩大了保障范围并提高了保障水平。该法案的基本出发点和目的，是提高居民个人消费能力、刺激总需求，以解决美国社会面临的失业问题，实际上是应对经济危机的重要工具。

2.3.3 现代社会保障制度发展概况

以《社会保障法》为起点，社会保障制度在世界各国普遍建立。据1993年出版的美国社会保障署研究报告《全球社会保障制度》的统计，到1940年，也就是福利国家制度建立之前，实行任何一种社会保险的国家有57个，实行老年、伤残和遗属保险的国家有33个，实行疾病和生育保险的国家有24个，实行工伤保险的国家有57个，实行失业保险的国家有21个。[③] 据国际劳工组织的《世界社会保障报告（2017—2019）》的统计，到2015年，有72个国家或地区实现了社会保障总体覆盖，有138个国家或地区有面对老年人的社会保障，有71个国家或地区有面对重度残障人士的社会保障，有66个国家或地区有面对新生儿母亲的社会保障，有60个国家或地区有面对儿童的社会保障，有75个国家或地区有面对失业人员的社会保障，有65个国家或地区有面对脆弱人口的社会保障。[④]

---

① 舒晓兵，田鹏，胡欣．社会保障概论．武汉：武汉大学出版社，2019.

② 同①.

③ 周沛．福利国家和国家福利：兼论社会福利体系中的政府责任主体．社会科学战线，2008（2).

④ World social protection report 2017 - 19：universal social protection to achieve the sustainable development Goals.（2017 - 11 - 29). International Labour Organization.

2.4 福利国家制度的建立和改革阶段

科技革命所带来的生产结构、技术结构和就业结构的变化，产生了一系列新的社会问题，引起了社会观念的全面变革。二战以后英国生产力水平迅速提高，工党的政治活动和政治斗争不断加剧。在这些社会背景及《贝弗里奇报告》的影响下，1948 年，英国首相艾德礼宣布英国建成世界上第一个福利国家（welfare state），标志着社会保障制度走向成熟。

2.4.1 福利国家制度的建立阶段

第二次世界大战后，参战各国满目疮痍，百废待兴。为了解决战争所带来的各种社会问题，建立健全社会保障制度成为各国战后重建的首要任务之一。20 世纪 50 年代至 70 年代，世界社会保障制度进入了进一步完善与全面普及的时期，也可以说是繁荣时期。

1. 福利国家产生的背景

福利国家体制最早诞生于以英国为首的欧洲国家，这不是一种偶然，而是与当时欧洲国家面临的深刻的社会背景和动因有着直接关联。整体而言，其主要受到当时社会改良思潮、国家干预主义、经济发展状况及阶级矛盾激化等多种因素的影响。

（1）思想背景。在欧洲，特别是英国有着丰富而悠久的慈善历史和救济传统，但是伴随工业化和资本主义的发展，原有的救济制度不再适应新的社会风险。与此同时，受到启蒙思想的影响，公民权在欧洲开始盛行，这在一定程度上促进了国家福利制度的建立。其中，最为关键的是受到当时《贝弗里奇报告》和费边社会主义、凯恩斯主义等福利理论的直接影响，推动了国家福利制度的建立。《贝弗里奇报告》强调由国家提供福利，在普惠性原则、权利与义务相结合原则以及统一性原则的基础上，把英国建立成一个“从摇篮到坟墓”的福利体制国家。《贝弗里奇报告》为福利国家制度的建立提供了一个可行性的框架，使福利国家的理论成为现实。

（2）经济背景。20 世纪 30 年代以后，世界经济危机爆发及第二次世界大战的影响，给资本主义国家造成了灾难性的打击。整个欧洲经济出现了前所未有的萧条，生产下降、贸易萎缩、失业人口增多。由于经济危机和战争的双重影响，欧洲国家百废待兴，国家经济恢复和发展需求及民众的生活保障需求共同促生了欧洲国家福利制度的建立。

（3）政治背景。第一，劳资矛盾激化和阶级斗争加剧。欧洲资本主义国家进入垄断资本主义阶段，资产阶级对工人阶级的剥削更为严重，劳资之间的阶级矛盾也更加激化。[①] 在不断加剧的劳资冲突中，工人的阶级意识逐渐觉醒，团结能力和行动能力不断提

---

① 舒晓兵，田鹏，胡欣．社会保障概论．武汉：武汉大学出版社，2019.

升。劳资之间的冲突逐渐从经济斗争转向政治斗争。这使欧洲各国政府意识到经济上提高工人的待遇、政治上提高工人的政治地位的重要性。为了缓和阶级矛盾、维护社会稳定、确保资产阶级统治地位，欧洲各国政府进行了一系列的福利立法，不断地扩大社会民主，这在客观上推动了欧洲福利国家制度的建立。第二，为了获得执政资格，英国工党以福利体制改革为口号宣扬建立国家福利制度，从而在战后国民信心重建方面获得支持。[①] 战后，工党击败保守党开始执政，推动了福利体制改革。

2. 英国福利国家的建成

二战后，英国工党是欧洲最大的民主党，它主张政治自由、混合经济、福利国家、凯恩斯主义以及平等信念。1945 年工党当选为执政党，它将福利国家的理论变为执政纲领和社会政策，同时也是兑现其在战争期间对国民许下的承诺。

1941 年，英国成立社会保险和相关服务部际协调委员会，着手制定战后社会保障计划。贝弗里奇受英国战后重建委员会主席的委托，出任社会保险和相关服务部际协调委员会主席，负责对现行的国家社会保险方案及相关服务进行调查，并就战后重建社会保障计划进行构思设计，提出具体方案和建议。

1942 年，该委员会提出了《贝弗里奇报告》。该报告是关于社会福利问题的比较完整的报告，以消除贫困、疾病、肮脏、愚昧和懒惰五大社会病害为基本宗旨，从人们的需要出发，设计了一整套“从摇篮到坟墓”的社会保障制度，社会保障包括社会保险、社会救助和自愿保险三个层面，以满足不同人群的需要。报告提出，社会保障计划的目标是确保每个公民只要尽其所能，就能在任何时候都有足够的收入尽自己的抚养责任，满足基本的生活需要。以《贝弗里奇报告》为基础，英国颁布了一系列社会保障法案[②]，如《家庭津贴法》(1945 年)、《国民保险法》(1946 年)、《国民卫生保健服务法》(1946 年)、《国民救助法》(1948 年) 等。

20 世纪五六十年代，世界范围内的经济繁荣，使得社会保障制度得到扩张，瑞典、芬兰、挪威、法国、意大利等发达国家也先后宣布实施普遍福利政策，并宣布建成福利国家，社会保障制度和相关立法的发展日趋成熟。1952 年，国际劳工组织制定并通过了《社会保障（最低标准）公约》，对退休待遇、失业津贴、疾病津贴、医疗护理、工伤赔偿、子女补助等应遵从的最低标准都一一作了明文规定。[③] 虽然该公约对各国不具有实质性的约束力，但它表明社会保障制度已经是一个全球化的事业。不但是发达国家，发展中国家也纷纷建立起自己的社会保障制度。我国的社会保障制度就是在此期间建立起来的。

2.4.2 福利国家制度的改革阶段

社会保障制度在建立之初，明显地促进了社会经济的发展，但它不可能是永远完美

---

① 乜琪．浅议福利国家的产生．徐州师范大学学报（哲学社会科学版），2010 (4).

② 舒晓兵，田鹏，胡欣．社会保障概论．武汉：武汉大学出版社，2019.

③ 国际劳工组织．《社会保障（最低标准）公约》(第 102 号）与完善中国社会保障体系的相关性．国际劳工组织简报，2022 (2).

的制度安排，在一定的条件下还可能产生某些负面效应。20 世纪 70 年代，随着石油危机的爆发，西方工业化国家先后陷入经济停滞和通货膨胀并发的“滞胀”危机。严重的经济衰退、高失业率和高通货膨胀率并存，加上发达国家长期的高福利政策，国家财政不堪重负。在此背景下，西方社会保障制度理念开始发生变化，由强调国家责任逐渐转向强调国家、社会与个人的共同责任。与此同时，发达国家以及很多发展中国家先后进入老龄化社会，人口老龄化使社会保障制度面临着严峻挑战。因此，20 世纪 80 年代以来，许多国家均在改革、完善甚至重建本国的社会保障制度。

1. 改革背景

（1）福利待遇高，社会保障支出压力过大。首先，福利国家普遍表现出福利项目繁多、待遇水平较高的现象。但伴随社会经济发展速度放缓，高福利下的财政支出压力便日益凸显。社会保障增加了政府的财政支出，财政赤字连年攀升。据统计，在英国五大社会支出项目中，社会保障支出一直保持 3%～4%的年增长率，其在 1970—1980 年占英国社会总支出的 1/3 以上，占 GDP 的比例也在不断增长，1980 年已达到 11.8%。[①] 德国、法国及北欧国家也都出现了严重的财政危机。其次，社会保障待遇过高，使得一部分失业者拿到的社会保障金比工作者的工资还高，从而使得一部分人过分依赖社会保障金，只想索取、不想贡献，助长国民惰性，影响国家竞争力。而且，沉重的福利负担使国家生产成本上升、产品竞争力下降、失业率居高不下，进而引发社会危机，冲突加剧。最后，欧洲福利国家传统的现收现付制模式出现危机。传统的现收现付制模式是主要依靠在职人员缴纳的社会保险税来支撑当下各项社会保障支出的模式。这一模式在经济稳步发展的时期是有效的，但是，20 世纪 70 年代以后欧洲经济发展放缓及人口结构的变化使这种传统的筹资模式受到严峻挑战，迫使欧洲福利国家提高社会保障税。所以，20 世纪末期欧洲福利国家的社会保障税都出现了上涨的趋势，1965—2016 年经济合作与发展组织（Organization for Economic Co-operation and Development，OECD）成员国的社会保障税占税收收入总量的比例从 18%增长到 27.3%。[②]

（2）经济下滑与刚性上升的福利支出并存。高福利制度难以为继的最重要原因是欧洲发达国家出现的经济危机，同时人口老龄化等社会人口结构的变化使得社会保障资金入不敷出日益加剧。一方面，人口老龄化加剧了社会保障支出的压力；另一方面，人口老龄化降低了社会保障资金收入，在职劳动者数量相对降低，从而使得原有福利制度难以为继。

20 世纪 70 年代以后，福利国家制度出现的危机引起了福利理论研究者的反思，以新自由主义思想为主导的福利思想对福利国家制度进行了深刻的反思和批判。如新自由主义的代表哈耶克（Hayek）、弗里德曼和诺齐克（Nozick）等都对罗尔斯（Rawls）的分配正义提出了批评；新保守自由主义者认为，福利国家的普享原则会使人们对福利的

---

① 贾海彦，董西明．社会保障概论．北京：科学出版社，2020．

② 任寿根．发达国家税收趋势 社保税占比逐年升．大公报，2018－10－25；罗秦．OECD 2019 税制改革报告评析及展望．国际税收，2020（8）．

理解产生偏差，使人们认为享受福利的权利是没有附加条件的个人权利。在这种价值观的影响下，社会形成福利依赖的道德陷阱，而解决这一问题的关键在于分析造成贫困的文化根源。

知识链接 2-2

罗尔斯的“正义论”思想

在罗尔斯的《正义论》之前，长期处于主导地位的是传统的功利主义，其核心思想是：如果能够满足社会成员的最大幸福，它的组织就是正确的和正义的。但它无法保证社会资源和经济资源的公平分配，常常是资源总量增加了，成果和成本的分配却有失公平，最终导致社会贫富两极化。针对这一缺陷，1971 年美国哈佛大学教授罗尔斯撰写并出版了《正义论》。

书中提出了两个正义原则：第一个是平等的自由原则；第二个是机会的公正平等原则和差别原则的结合。前者希望通过赋予社会个体自由与平等，实现全社会的公平与正义；后者要求将机会平等的原则应用于社会经济的不平等，使具有同等能力、技术与动机的人们享有平等的获得职位的机会，以缩小因个体差异造成的社会的不平等和经济的不平等。

第一个原则是首要原则。在第二个原则内部，机会的公正平等原则又优先于差别原则，差别原则强调自由的结果，这表明了正义对效率具有绝对优先性。

资料来源：张祎. 罗尔斯《正义论》及其现实意义. 人民论坛·学术前沿，2011（11）.

2. 改革内容

在经济下行的现实背景下，各主要福利国家为进一步优化社会保障制度，对本国的社会保障制度进行了调整改革。其改革思路和改革内容如下。

（1）改革思路。

20 世纪 70 年代受新自由主义思想的影响，各国社会保障制度尤其是欧洲社会福利制度改革的思路主要有以下两种：一种思路是通过减少福利服务和项目来降低社会保障支出，并且通过征收社会保障收入所得税、提高投保费率、增加社会保险费收入、对某些福利项目开始收费等措施来增加社会保障收入；另一种思路是实行社会保障私营化，就是减少国家对社会保障的责任，把已经社会化的社会保障制度私有化，以便提高个人和私营组织的积极性，降低政府负担，最终消除普遍福利的种种弊端。

从这一时期各福利国家改革趋势来看，主要有以下特征：第一，从普遍原则向选择原则转变。自《贝弗里奇报告》发布以来，欧洲福利国家基本上都是遵循普遍原则。但是，随着社会环境的变化，普遍原则不仅影响了个人责任的发挥，还致使社会福利支出的扩大。因此，各国在保持基本项目遵循普遍原则的基础上，对一些项目进行了选择原则的改革。第二，由公民权责失衡向回归个人或家庭责任转变。长期实行的高福利制度使得“养懒汉”成为福利国家共有的弊病，各福利国家开始对现有制度进行改革，向强调个人或家庭责任回归的福利制度方向转变。第三，从福利国家向福利社会模式转变。福利社会模式是在总结了传统福利国家制度的经验教训和吸取新自由主义部分主张的基础上融会贯通的产物。最为典型的福利国家制度改革的代表是英国，撒切尔政府对福利国家制度的社会化进行了初步的探索和尝试，推行新保守主义经济和社会政策，进行了市场化、私有化和放松国家管制等一系列改革。第四，从第一代福利向第二代福利转型。20世纪90年代，欧洲进入了经济全球化、阶级结构变化、意识形态淡化的全新时代，福利国家制度也开始了新的变革。英国首相托尼·布莱尔（Tony Blair）上台执政后提出"第三条道路"，并将其称为"第二代福利"，强调在市场范围内实现社会公平，把市场经济同社会保障有机结合起来，自此福利国家制度进入了转型时期。①

（2）改革内容。

增加社会保障基金筹资。一是提高社会保险费的缴费标准。20世纪80年代以来，工业化国家普遍提高了社会保险费的缴费标准。英国雇员缴纳的社会保险费率从1979年的6.5%提高到1983年的9%；美国雇员和雇主缴纳的养老保险费率从1977年的5.85%逐步提高到1990年的7.65%，而且缴费上限也由1977年的16 500美元调整到53 400美元。② 二是开征社会保障收入所得税。比利时、法国从1980年开始向退休金领取者征收所得税，用以支付他们的医疗费；英国从1982年、美国从1984年开始对收入超过一定标准的年金领取者征收所得税，并将其纳入社会保险基金；法国从1982年开始对失业救济金超过全国最低工资的部分征收所得税，用于医疗保险的开支。另外，一些国家还扩大缴费对象范围，增加福利项目收费。

削减各类社会保障支出。各国主要通过改革社会保障项目的给付标准或资格条件、调整支出办法、适当收费等措施来减少社会保障支出。一是改变计发养老金办法。如提高养老金的基础缴费年限等。二是延迟退休年龄。如日本1986年将妇女的退休年龄从55岁提高到60岁；葡萄牙将女性养老金的支付年龄从62岁提高到65岁，与男性持平。③三是改免费医疗为个人适当支付医疗费。从20世纪80年代起，很多国家开始对其实施的几乎免费的医疗保险制度实行改革。

建立多层次社会保障体系。在日益严峻的人口老龄化趋势下，多数发达国家开始探讨多层次社会保障体系的建设，如在与老年人联系密切的养老和医疗需求方面，建立多层次养老保障和医疗保障体系。其中，1994年世界银行在《防止老龄化危机：保护老年人及促进增长的政策》中提出并倡导"三支柱"养老方案，迅速得到了世界各国的普遍认同。2005年世界银行发布《21世纪的老年收入保障：养老金制度改革国际比较》，将"三支柱"养老方案拓展为"五支柱"：提供最低保障水平的非缴费型国民养老金——"零支柱"，与个人收入水平挂钩的国家立法强制的缴费型养老保险——"第一支柱"，企业补充养老保险（企业年金）——"第二支柱"，个人自愿的养老储蓄或购买的商业保

① 张映宇．英国"第三条道路"评析：兼评布莱尔十年执政之功过．江苏行政学院学报，2007（6）.

② 舒晓兵，田鹏，胡欣．社会保障概论．武汉：武汉大学出版社，2019.

③ 同②.

险——“第三支柱”，家庭养老——“第四支柱”。① 在多层次医疗保障体系中，为降低福利支出压力，各国也开始划分医疗救助、医疗保险与医疗福利的供给目标，如德国强调通过医疗保险解决多数人的疾病风险；英国实施医疗救助与全民医疗保健相结合的医疗供给方案；美国则实施商业医疗保险为主体、医疗救助为补充的多层次医疗保障制度。

引入竞争机制，强化私营机构在社会保障中的作用。为了提高社会保障管理与服务效率，世界各国开始改变社会保障由国家包揽的做法，引入市场竞争机制，引导各类私营机构参与医院服务、养老保险基金管理等社会保障的管理与服务。例如，英国政府自20世纪90年代试图通过引入市场机制，加强医疗服务机构的竞争，增加医疗服务供给。主要措施是：其一，国家允许国有医院脱离卫生管理部门的控制，独立组建具有自我管理与发展能力的医院联合体，扩大自主权，医院成为独立核算和经营的公营企业。其二，注重引进民营资本，拓宽服务渠道，政府找有实力的社会力量和个人成为国家医疗服务体系的合作伙伴，鼓励私人资本和私营医疗机构通过市场竞争进入医疗服务领域。

知识链接 2-3

鳗鱼效应

日本有一个渔民，在海里捕到金枪鱼，把它们放在船上的水槽中，然后到鱼市场去卖。金枪鱼不易存活，上岸后所有的鱼都会死掉，而唯独有一个渔民的鱼个个鲜活，总能卖得好价钱。大家不解其秘，众人仔细观察后才发现，那些金枪鱼里有几条不同的鱼。他们纷纷问：“难不成是这几条鱼的原因?”渔民便笑着说：“我只是在水槽中放了几条鳗鱼，它们是金枪鱼的天敌，金枪鱼怕被鳗鱼吃掉就会拼命挣扎，四处游动，于是就都活了下来。”这就是“鳗鱼效应”。

鳗鱼效应是指在已慵倦的人群中加入一个有威胁的人物，刺激人群保持紧张度，从而保持整体活力。由此看出，一种动物、一个人、一个群体、一个行业乃至一个政体只有有了对手，才会有危机感，才会有竞争力。有了对手，便不得不奋发图强，不得不革故鼎新，不得不锐意进取。否则，就只能等着被吞并、被替代、被淘汰。社会保障制度管理也是如此。

资料来源：鳗鱼效应 .(2007-01-30). 百度百科 .

2.5 中国社会保障制度的建立和发展阶段

新中国成立后，百废待兴，社会保障事业在这一过程中得以初步发展。从中国社会保障事业发展历程来看，先后经历了初创时期（1949—1956 年）、调整发展时期

① 罗伯特·霍尔茨曼，理查德·欣茨．21 世纪的老年收入保障：养老金制度改革国际比较．北京：中国劳动社会保障出版社，2006.

（1957—1977 年）、全面改革时期（1978—1998 年），以及全面建立健全制度时期（1999 年至今）。

2.5.1　初创时期（1949—1956 年）

我国社会保障制度是在 20 世纪 50 年代初期，按照计划经济体制的要求并参照苏联的社会保障模式逐步建立起来的。新中国成立初期，我国政府面临的最紧迫任务是要尽快医治战争创伤，解决严重失业问题，保障人民基本生活。因此，尽快恢复和发展经济，建立独立的工业体系，是党和政府这一时期的重要任务之一。

1. 标志性制度建设

这一时期，影响比较大的社会保障制度建设主要有：

（1）1951 年，政务院颁布了《中华人民共和国劳动保险条例》（以下简称《劳动保险条例》），这是我国制定的第一部社会保险条例，标志着我国社会保险制度的建立。该条例面向企业职工，一直沿用到 1978 年。

（2）1955 年，面向国家机关、事业单位职工的《国家机关工作人员退休处理暂行办法》和《国家机关工作人员退职处理暂行办法》出台。

（3）1956 年，《高级农业生产合作社示范章程》规定的面向农村对生活没有依靠的老、弱、孤、寡、残疾社员给予保吃、保穿、保烧、保教（儿童）和保葬（老人）的“五保”制度建立。农村五保供养制度是新中国成立以来一直延续至今的一项社会救助制度。[①]

2. 初创时期社会保障事业的主要特点

根据财政来源、覆盖对象和运行主体，这个时期社会保障事业呈现出一系列特点：国家负责、单位包办、全面保障、二元分割、封闭运行、缺乏效率等。

阅读材料 2-1　新中国成立初期的社会保障制度建设

2.5.2　调整发展时期（1957—1977 年）

我国的社会保障制度在保障社会成员的基本权益、发展经济、安定社会等方面起到了重要作用，但不可否认，这一制度还不完善，存在很多不足，其中最突出的是与中国当时经济发展水平不相适应。1957 年，中国共产党第八届中央委员会第三次扩大会议指出，党和政府确实为广大职工办了许多必须办的好事，但走得快了一些，办得多了一些，某些福利待遇过高，助长了职工对国家的依赖心理，一切由国家包下来。因此，从 20 世纪 50 年代末开始对社会保障制度进行调整和改进，其中标志性的制度如下：

（1）建立农村合作医疗制度。1959 年卫生部在山西省稷山县召开全国农村卫生工作

---

① 舒晓兵，田鹏，胡欣．社会保障概论．武汉：武汉大学出版社，2019.

会议，对合作医疗形式给予肯定。从此，合作医疗制度在全国推行，到 20 世纪 70 年代曾一度覆盖 92.5%的农村人口。①

（2）国家保险转变成企业保险。1969 年，财政部发布《关于国营企业财务工作中几项制度的改革意见（草案）》，规定“国营企业一律停止提取劳动保险金”，企业的职工退休、长期病号工资和其他劳保开支，改在营业外列支。这个文件标志着企业保险模式的形成，社会保障的国家责任转向企业单位责任。

2.5.3 全面改革时期（1978—1998 年）

1978 年以来，中国社会保障逐步进入全面改革时期。由计划经济体制向市场经济体制转轨，要求对计划经济时期形成的社会保障制度进行改革，建立健全与市场经济体制相协调的社会保障制度。

1978 年，国家设民政部，主管全国社会救助、社会福利、社会优抚等。1978 年，党的十一届三中全会召开，计划经济体制逐步瓦解，开始向社会主义市场经济体制转变。国务院颁布了《关于安置老弱病残干部的暂行办法》《关于工人退休、退职的暂行办法》，完善退休制度。1982 年国务院正式设立劳动人事部，为我国社会保障事业的推进提供了有利条件。自 20 世纪 80 年代初开始，我国先后对社会保障制度进行了一系列的改革。

1. 城镇职工社会保障制度重构

（1）养老保险制度试点后制度建立。1991 年，国务院下发《关于企业职工养老保险制度改革的决定》，标志着国家、企业、个人三方共同负担的基本养老保险制度进入试点阶段。1995 年，《关于深化企业职工养老保险制度改革的通知》提出了社会统筹和个人账户相结合的模式。1997 年国务院印发《关于建立统一的企业职工基本养老保险制度的决定》，统一规范了企业和职工个人缴纳基本养老保险费的比例、个人账户规模、计发办法等。

（2）医疗保险制度试点后制度建立。1994 年，经国务院批准，在江苏省镇江市、江西省九江市进行职工医疗制度改革的“两江试点”。在“两江试点”的基础上，1998 年，国务院颁布了《关于建立城镇职工基本医疗保险制度的决定》，城镇职工医疗保障制度改革进入了建立社会统筹与个人账户相结合的城镇职工基本医疗保险、探索建立多层次医疗保障体系的新阶段。

（3）失业保险制度建立。1999 年，国务院发布了《失业保险条例》，明确将“待业保险”更名为“失业保险”，“待业救济金”正式改为“失业保险金”，进一步将保险对象扩大到城镇所有企业事业单位及其职工。

（4）工伤保险和生育保险改革。1994 年，劳动部印发了《企业职工生育保险试行办法》，对生育保险的基本原则、实施范围、待遇标准、基金管理、监督机制等做出明确的规定，明确了生育保险的内容、标准、形式等。1996 年，在总结各地试点经验的基础

---

① 舒晓兵，田鹏，胡欣．社会保障概论．武汉：武汉大学出版社，2019.

上，劳动部印发了《企业职工工伤保险试行办法》，首次把工伤预防、工伤康复和工伤补偿三项工伤保险的任务结合起来。

2. 城乡居民社会保障制度重构

（1）改革与发展农村养老保险制度。1992年，民政部印发了《县级农村社会养老保险基本方案（试行）》（简称老农保），该方案对农村社会养老保险制度作了原则上的规定：农村养老保险制度以“个人缴费为主、集体补助为辅、政府给予政策扶持”为基本原则，实行基金积累的个人账户模式，基金在县级调剂使用。1994年前后，参加农村社会养老保险的农民有上亿人。1996年之后，农村社会养老保险的发展停滞不前，甚至倒退。

（2）建立城市居民最低生活保障制度。改革开放后城市社会救济工作面临新的问题：随着大量的下岗失业人员等新贫困群体的产生，城市贫困人口的数量大幅度增加；收入差距拉大，导致相对贫困问题比较严重；传统的社会救济制度救济覆盖面狭窄、救济标准低、救济经费不足的问题日益凸显。因此，建立城市居民最低生活保障制度迫在眉睫。1993年，上海市率先建立了城市居民最低生活保障制度，得到了中央领导和民政部的密切关注和肯定。1999年，国务院颁布了《城市居民最低生活保障条例》，标志着城市最低生活保障开始走向规范化、法制化。

阅读材料2-2　我国社会保障制度恢复和全面改革

2.5.4　全面建立健全制度时期（1999年至今）

进入21世纪以来，国家以“和谐社会”“科学发展观”“以人为本”的理念推动社会保障制度建设。2007年，党的十七大报告进一步明确了社会保障制度建设的远景目标，要以社会保险、社会救助、社会福利为基础，以基本养老、基本医疗、最低生活保障制度为重点，以慈善事业、商业保险为补充，加快完善社会保障体系。

阅读材料2-3　21世纪以来我国社会保障制度全面建设的成就

1. 完善企业职工社会保障制度的标志性政策

（1）健全下岗职工再就业政策。1997年，中共中央决定用3年左右的时间，使大多数国有大中型亏损企业摆脱困境，并且明确“实行鼓励兼并、规范破产、下岗分流、减员增效和再就业工程，形成企业优胜劣汰的竞争机制”①。为了确保国有企业下岗职工的基本生活，促进他们再就业，1998年，中共中央、国务院下发了《关于切实做好国有企业下岗职工基本生活保障和再就业工作的通知》，进一步推动了中国就业制度的建设。

① 李荣融．宏大的工程 宝贵的经验：记国有企业改革发展30年．求是，2008（16）．

2002 年，中共中央、国务院发出了《关于进一步做好下岗失业人员再就业工作的通知》，再次推出了一系列促进就业的税收优惠和补贴政策措施。2008 年，《中华人民共和国就业促进法》（以下简称《就业促进法》）正式实施。

（2）完善城镇企业职工养老保险制度。2003 年，劳动和社会保障部正式颁布《企业年金试行办法》，自 2004 年 5 月 1 日起施行，从此，中国开始全面推行企业年金制度。2015 年，国务院印发《关于机关事业单位工作人员养老保险制度改革的决定》，规定从 2014 年 10 月 1 日起建立与城镇企业职工基本一致的机关事业单位养老保险制度，从制度上破除了职工养老保障“双轨制”。

（3）完善城镇企业职工工伤保险制度。2003 年国务院颁布《工伤保险条例》，工伤保险进入法治化阶段。

（4）颁布《中华人民共和国社会保险法》（以下简称《社会保险法》）。2010 年颁布了《社会保险法》，这是社会保障法制建设的一个里程碑。以社会保险、社会救助、社会福利为重点的中国社会保障体系架构基本建立，覆盖城乡居民的社会保障体系建设取得了重大进展。

2. 健全城乡居民医疗保障制度的标志性政策

（1）建立新型农村合作医疗制度（简称新农合）。2003 年，国务院办公厅转发了卫生部、财政部、农业部《关于建立新型农村合作医疗制度的意见》，目标是到 2010 年在全国建立基本覆盖农村居民的、以大病统筹为主的新型农村合作医疗制度，并规定新型农村合作医疗实行个人缴费、集体扶持和政府资助相结合的筹资机制。2008 年，新型农村合作医疗制度已基本覆盖全国农村地区。

（2）建立城镇居民基本医疗保险制度。2007 年，国务院颁布《关于开展城镇居民基本医疗保险试点的指导意见》，决定从 2007 年起开展城镇居民基本医疗保险试点。2010 年在全国全面推开，逐步覆盖全体城镇非从业居民。

（3）统筹城乡居民基本医疗保险制度。2016 年，国务院印发《关于整合城乡居民基本医疗保险制度的意见》，提出要按照“统一制度、整合政策、均衡水平、完善机制、提升服务”的总体思路建立起城乡统一的居民基本医疗保险制度。“十三五”规划纲要明确提出，将生育保险和职工基本医疗保险合并实施。同时，建立大病保险制度。2015 年，国务院办公厅印发了《关于全面实施城乡居民大病保险的意见》，标志着大病保险制度在全国建立。

至此，从制度层面，中国基本形成了以基本医疗保险制度（城镇职工基本医疗保险制度、城镇居民基本医疗保险制度、新型农村合作医疗制度）为基础，大额医疗救助、公务员医疗补助、企业补充医疗保险、特困人员医疗救助和商业医疗保险为补充的多层次医疗保障体系，基本实现了建立覆盖城乡全体居民的医疗保障体系的目标。

3. 建立覆盖城乡居民养老保险制度的标志性政策

（1）建立新型农村社会养老保险制度（简称新农保）。从 2003 年开始，在总结老农保经验的基础上，开始探索新型农村社会养老保险制度。2009年，国务院印发了《关于开展新型农村社会养老保险试点的指导意见》。

（2）建立城镇居民社会养老保险制度。2011年，国务院颁布了《关于开展城镇居民社会养老保险试点的指导意见》，就城镇居民社会养老保险制度建立的原则、目标和覆盖范围以及基金筹集、支付和管理等提出了明确的指导意见。

（3）统一城乡居民基本养老保险制度。2014年，国务院印发了《关于建立统一的城乡居民基本养老保险制度的意见》，将现行新型农村社会养老保险制度与城镇居民社会养老保险制度合并为全国统一的城乡居民基本养老保险制度。

4. 完善社会救助制度的标志性政策

1999年，国务院颁布了《城市居民最低生活保障条例》。2007年，国务院发布了《关于在全国建立农村最低生活保障制度的通知》。2003年，民政部、卫生部、财政部联合下发了《关于实施农村医疗救助的意见》。2005年2月，民政部、卫生部、劳动和社会保障部、财政部发布了《关于建立城市医疗救助制度试点工作的意见》。2014年2月，国务院颁布了《社会救助暂行办法》。这些政策文件标志着覆盖城乡的最低生活保障制度得以建立。

5. 开展长期护理保险制度试点

2016年6月，人力资源社会保障部印发了《关于开展长期护理保险制度试点的指导意见》，决定在15个城市开展长期护理保险制度试点。2020年9月国家医保局、财政部印发了《关于扩大长期护理保险制度试点的指导意见》，新增14个城市（州）试点，力争在“十四五”期间，基本形成适应中国经济发展水平和老龄化发展趋势的长期护理保险制度政策框架，推动建立健全满足群众多元需求的多层次长期护理保险制度。①

6. 推动个人养老金发展

2022年4月，国务院办公厅发布了《关于推动个人养老金发展的意见》，要求建立享受国家税收优惠政策，与基本养老保险、企业（职业）年金相衔接，在中国境内参加城镇职工基本养老保险或者城乡居民基本养老保险的劳动者可以参加的个人养老金制度，以健全多层次、多支柱养老保障体系。

2.5.5 中国社会保障制度的发展方向

进入2020年以来，中国社会经济发展进入新的历史阶段，而社会保障制度的未来发展也需适应新时期的特征进行调整和定型。从理论和制度上需要更加注重改革的系统性，着力于加强各项制度建设，并为未来的制度整合统一创造条件。

---

① 国家医保局、财政部关于扩大长期护理保险制度试点的指导意见.(2022-09-10). 中国政府网.

1. 进一步深化医疗保障制度改革，逐步提升保障水平

“十三五”期间我国医疗保障制度改革取得了巨大进步，依托于大数据，医疗支付方式中的按病种付费试点在全国多个地区开展，国家通过出台顶层设计、制定医保基金使用监管法规、改革职工医保个人账户、推进市级统筹、实行药品与耗材集中带量采购、扩大按病种付费试点、建立待遇清单制、发展“惠民保”等一系列重大改革措施，使医保制度释放出日益巨大的改革红利[①]，但当前医疗保障制度改革依然存在较多问题。为此，要推进医保改革向纵深发展，需要进一步明确“十四五”“十五五”时期的阶段性目标任务，加快优化现行基本医疗保险制度并力促商业健康保险得到发展，同时还须加快推进医保经办服务机制改革步伐，推进医疗保障法治化进程，尽早建成全国统一的医保信息平台。[②] 重要的是，“十四五”期间医保的参量改革的主要任务是扩大筹资规模、控制待遇过快增长、优化支付结构和提升管理效率等。[③]

2. 加快推进普惠制公共养老金制度建设

1998 年以来我国养老保险制度建设成果显著，不仅建立了企业职工养老保险制度，也建立了覆盖城乡居民的社会养老保险制度，但当前依然存在个人账户“空账”运行的风险，以及居民养老金待遇与企业职工养老金待遇差距过大、统筹层次偏低等一系列问题。因此，在未来制度改革中要逐步提升基础养老待遇公平性，推动多层次养老保障体系建设。第一，要加快推进基本养老保险全国统筹。推进基本养老保险全国统筹意味着我国基本养老保险制度及养老保障将向着更加公平、更可持续的方向发展。[④] 第二，建立更具公平性的普惠制公共养老金制度。长期以来我国养老保险制度的碎片化发展使得不同群体间，特别是城乡居民与企事业单位之间的养老待遇差距过大，养老保险基金的财务可持续性也同样面临着挑战。因此，从养老保险制度来看，要彻底消除这些制度弊端，最为关键的是加快整合以解决养老保险碎片化问题，建立非缴费型普惠制公共养老金。[⑤]

3. 逐步完善多层次社会保障体系建设

在整个多层次社会保障体系（multi-level social security system）中，社会保险最为重要，但社会救助、社会福利和补充保障等也很重要。当前，我国社会保险、社会救助发展较为迅速和完善，但社会福利与补充保障发展依然较为滞后，特别是妇女儿童福利、商业保险等。因此，在“十四五”期间及未来发展中，多层次社会保障体系的完善依然是体系建设的重要内容和方向。从多层次社会保障体系的构成来看，最低层次的社会救助是国家和社会对陷入生活困境的公民给予物质接济和扶助，以保障其维持最低生活标准，资金来源主要是财政拨款；基本层次的社会保险体现的是政府的有限责任，政府主

---

① 石国本．医疗保障制度改革与社会治理创新发展研究．中国医疗保险，2021（10）．

② 郑功成．全面深化医保改革：进展、挑战与纵深推进．行政管理改革，2021（10）．

③ 申曙光，吴庆艳．中国医疗保障制度的参量改革．苏州大学学报（哲学社会科学版），2021（4）．

④ 胡畔．兜牢民生底线 养老保障将更公平、更可持续．中国经济时报，2021－12－15．

⑤ 张松彪．整合养老保险“多轨制”需建立普惠制公共养老金．湖南行政学院学报，2020（5）．

要进行制度设计和税收政策引导，通过制度自身的良性运行，充分调动参保人员的积极性，资金来源以参保人员缴费为主、财政为辅；高层次的社会福利是经济社会发展到高级阶段的产物，部分由财政负担；而补充保障则是针对基本保障以外的商业保险、社会慈善、企业年金等项目，体现了个体或家庭责任。[①] 在未来多层次社会保障体系建设过程中，需要协同推进统筹规划与分层分类发展，将法制建设下的社会保障制度定型且全覆盖作为前提，理性有序地推进养老保障、医疗保障、妇女和儿童保障等项目的多层次化发展[②]，从而在制度层面为“十四五”时期基本民生保障提供基础支撑，为实现人口结构调整、合理发展提供基本福利支持。

本章小结

1. 早期社会救助阶段。早期社会救助可划分为2个阶段，包括慈善事业时期和国家济贫制度时期。1601年英国旧《济贫法》的颁布，开创了国家立法推动社会保障事业的先例。

2. 社会保险制度的产生阶段。社会保险制度产生的主要背景。包括：工业化与经济的快速发展、工人运动及改良思潮兴起、政党纷争等。社会保险制度的产生对世界社会保障事业发展有着重要的现实意义。

3. 现代社会保障制度的发展阶段。现代社会保障制度的发展以美国1935年《社会保障法》的颁布为标志。这一时期相应的社会保障立法或制度实践对后来社会保障制度的发展具有重大影响。

4. 福利国家制度的建立和改革阶段。1942年英国《贝弗里奇报告》的颁布标志着福利国家制度初步形成，1948年英国宣布建成了世界上第一个福利国家。

5. 中国社会保障制度的建立和发展。中国社会保障制度的发展先后经历了初创时期、调整发展时期、全面改革时期、全面建立健全制度时期。在不同历史发展阶段，我国社会保障制度发展的方向与当时的现实社会经济背景联系紧密。

关键术语

慈善　charity

济贫法　Poor Law

福利国家　welfare state

多层次社会保障体系　multi-level social security system

复习思考题

1. 试述早期社会救助阶段中慈善事业的主要内容。

---

① 王浩．构建由社会救济、社会保险和社会福利组成的多层次社会保障体系．中国社会保障，2019（6）.

② 郑功成．多层次社会保障体系建设：现状评估与政策思路．社会保障评论，2019（1）.

2. 为什么英国比德国进入工业社会早，但建立社会保险制度却比德国要晚？

3. 结合本章内容，谈谈你对福利国家制度的建立和改革的理解，并结合当前中国社会保障制度的发展阶段进行比较分析。

4. 进入21世纪以来，中国社会保障制度面临诸多挑战，请任选一个主题，谈谈你对当前这项制度设计、实施状况、存在问题及未来改革方向的理解。

阅读材料

福利国家的产生

关于福利国家的理论渊源深厚，其演进脉络复杂曲折，内容涵盖左、中、右等各大理论流派。概括起来，较为深刻地影响福利国家产生与发展的主要理论有自由主义理论、社会民主主义理论和马克思主义理论。社会民主主义理论产生于20世纪初期，是从马克思主义理论分离出来的众多分支之一，其支持者是非革命路线的社会主义者。社会民主主义理论可以看作是二战后西方各国建立福利国家制度最主要和最直接的理论来源。就欧洲而言，包括英国工党在内的中左翼政党都是以社会民主主义理论作为其指导思想的。其关于福利国家的观点起源于包括马克思主义在内的形形色色的社会主义理论。但与经典的马克思主义理论不同之处在于：社会民主主义理论完整地保留了英国的社会主义传统，即主流思想的非马克思主义性，具有渐进的改良主义以及保守气质。这种英式的社会主义强调在资本主义条件下实现福利国家。英国于1911年通过了《阿斯奎斯法案》，限制了议会上院的特权，20世纪20年代后的一系列大罢工逼迫英国政府更多地考虑底层公民的诉求。美国在同一时期开展了反托拉斯运动，打击业已做大的经济寡头在政治上的野心。

二战前后，强有力的工会运动成为社会民主主义政党得以上台的关键，社会民主主义理论在英美的胜利，带来了新的政治秩序，在这种政治秩序下，经济权力置于政治权力的严格控制之下。由于受到工会以及资本扩散获益者的支持，国家取代资本重新成为社会主要的领导者。那种尊崇资本逻辑的市场引导逐渐让位于一个可计算的政治领导者的计划和行政方案。而这种政治秩序在英国的政策表现就是福利国家制度的确立。

资料来源：余立涵．二战后西方福利国家制度确立的战略背景与外部因素：以英国为例．战略决策研究，2014 (4).

国企下岗职工基本生活保障制度

1998年中共中央决定在全国普遍建立国有企业下岗职工基本生活保障制度，其目的是保障下岗职工基本生活，帮助其再就业。至2012年，共有2 700多万名下岗职工通过这一制度得到了有效帮助，不仅解决了基本生活问题，而且通过各种形式实现了再就业。作为一项过渡性保障措施，2005年国有企业下岗职工基本生活保障制度基本完成历史使命。

从2006年起，企业新裁减人员要通过劳动力市场实现再就业，没有实现再就业的，按规定享受失业保险和城市居民最低生活保障待遇来保障基本生活。对一些地区存在的国企下岗职工基本生活保障制度向失业保险制度并轨后的遗留问题，要继续采取有效措施，帮助并轨人员尽快实现再就业，妥善解决社会保险关系接续和劳动关系处理问题。

资料来源：国企下岗职工基本生活保障制度已基本完成使命.(2005-12-30). 新华网.

国家医保局详解《“十四五”全民医疗保障规划》：多层次 重治理 强服务

全民医保是保障人民健康的一项基本制度。2021年9月29日国务院发布的《“十四五”全民医疗保障规划》，是医疗保障领域第一个五年规划，也是“十四五”时期医疗保障发展的总体蓝图。

满足群众多层次的医保需求。到2020年底，全国基本医疗保险参保人数达到13.6亿人，参保率稳定在95%以上。我国已经建立起世界上规模最大、覆盖全民的基本医疗保障网。当前，我国医疗保障发展仍不平衡不充分，多层次医疗保障体系尚不健全，医保、医疗、医药改革协同性需进一步增强。未来立足保基本，巩固基本医疗保障制度，健全重特大疾病医疗保险和救助制度，强化基本医疗保险、补充医疗保险与医疗救助互补衔接，增强基础性、兜底性保障功能，鼓励商业健康保险发展、医疗互助有序发展，满足群众多层次的医疗保障需求。在立足经济社会发展水平和医保基金承受能力的基础上，统筹发挥“三重制度”综合保障功能，包括建立健全职工医保门诊共济保障机制等。

提高医保基金使用效率。“要让新药、好药更有可及性，让群众更加受益。”国家医保局成立以来，已经连续3年调整了医保药品目录，目前已有2 800种药品纳入医保药品目录。“十四五”期间，国家医保局将继续立足基金承受能力，适应基本医疗需求、临床技术进步的需要，动态调整优化医保药品目录，及时将临床价值高、患者获益明显、经济评价优良的药品以及符合条件的中药纳入支付范围。

提供更加便捷的医保公共服务。“十四五”规划提出，要为参保群众和单位提供更加便捷、优质、高效、精细的服务。其中备受关注的就是异地就医直接结算服务。截至2021年8月底，全国所有省份和新疆生产建设兵团都启动了普通门诊费用跨省直接结算服务，已经联网395个统筹地区，已有2 231个县实现了每个县至少有1家定点医疗机构可以开展门诊跨省异地结算服务。

资料来源：国家医保局详解《“十四五”全民医疗保障规划》：多层次 重治理 强服务.(2021-09-30). 中国政府网.

第3章

社会保障制度体系与模式

随着市场化改革的推进，我国社会保障模式由原本的国家保险模式逐步发展成以社会保险为主体的模式。中国特色社会保险模式是根据地区间、城乡间、人群间的差异逐步建立和完善的，在注重公正平等的同时，也保证了效率，达到了资源配置的最优化目标。同时，中国特色社会保险制度具有重要的再分配功能。其一，中国社会保险制度建设强调公平与效率相结合。社会保险既强调个体必须提高自身工作效率以保障一生收益最大化，也强调对弱势群体的再分配，以体现社会公正平等，因而反映了初次分配的效率性与再分配的公平性相结合的原则。其二，社会保险制度是权利平等的重要实现形式。由于劳动者存在着生老病死残等风险，因此为了应对风险，在工作期间，劳动者及其雇主必须从总工资收入中扣除一部分作为社会保险费，由多个主体共同缴费形成社会保险基金。因此，加强社会保险权益保障，是促进个体发展的重要内容，也是保障基本人权的重要表现。

中国特色社会保障制度一方面批判吸收了中国本土哲学中“水之于舟、民之于政”的民本思想，另一方面创新发展了马克思主义的社会保障思想，从而将社会保障制度上升为国家治理制度，彰显了中国特色社会主义制度优势。

学习要点

1. 了解构建社会保障制度体系的基本要求和总体框架
2. 掌握一国或一地区社会保障制度体系完备性的基本要求和目标
3. 掌握社会保障制度体系的基本内容
4. 理解和掌握世界主要社会保障制度及其主要特征、内容等
5. 了解主要社会保障制度模式面临的挑战和改革趋势

3.1 概　述

社会保障制度体系是一国或一地区社会保障制度的综合，是社会保障各项制度相互联系、相互整合构成的一个功能齐备的有机整体。完善的社会保障制度体系是社会政治经济协调发展的重要支柱，关系改革、发展、稳定的全局。

3.1.1 社会保障制度体系的基本内涵

从基本内涵来看，社会保障制度体系（social security institution system）是国家依法建立起来的保障国民生活、维护社会稳定、促进和谐发展的系统①，是各种具体制度安排在排列次序、配置格局、集聚状态、联系方式及其相互作用机理方面的分布和组合，是由社会保险、社会救助、社会福利、军人社会保障及补充保障等具体机制共同编织而成的社会"安全网"。

从社会保障制度的发展趋势来看，社会保障制度体系是否存在漏洞成了衡量一国社会保障制度是否完备的重要依据，这也体现了社会保障制度体系完善的重要性。由于经济发展水平、文化传统等因素的影响，一国社会保障制度体系的发展均经历了从单一保障项目向多个保障项目、单一层次保障到多层次保障等逐步协调完整的过程。从横向视角来看，在政治、经济、文化、历史等多重因素的综合影响下，各国在社会保障的项目设置、保障范围及水平、待遇给付标准等方面不可能完全一致；从纵向视角来看，由于不同的社会发展阶段的社会主要矛盾不同，因而社会保障制度体系的设计依据同时期的社会需求而定，从而形成不同历史发展阶段下的不同社会保障的项目设置。但整体而言，伴随社会经济发展，一国社会保障制度体系总是趋向于不断完善，并且根据社会需求的动态变化，其保障的项目设置、保障范围及水平等均需要进行动态调整，以适应社会矛盾的演变。因此，一国社会保障制度体系的发展必须与该国国情联系在一起，只有适应国情和所处时代，社会保障制度体系的安排才是合理的，任何超越或落后于同期国情的制度体系的安排都将会造成不可避免的损失。

与此同时，社会保障制度体系的完备性经历了多个发展阶段，根据覆盖对象的演变历程，可以将其划分为以下三个阶段。

第一，社会保障制度体系仅为贫困人口和工业劳动者提供保障的阶段。从早期救助阶段到社会保险诞生初期，社会保障制度体系保障范围从传统社会仅保障贫困人群拓展到了同步保障工业劳动者。一方面，国家社会救助项目得到了进一步完善；另一方面，随着产业工业的增加、工业劳动者（产业工人）逐渐成为社会主要生产力，社会保障制度保障的重点开始面向工业劳动者，且社会保障项目也发展为以社会保险项目为主体，如养老保险、医疗保险、失业保险等。

---

① 郑功成．社会保障概论．上海：复旦大学出版社，2005．

第二，社会保障制度体系为贫困人口和一般劳动者提供保障的阶段。伴随社会经济的发展，除工业劳动者面临一系列社会风险外，传统农业劳动者（如农民）和其他社会阶层的劳动者面临的社会风险也在进一步增加，为了缓解社会矛盾，满足这些群体的社会保障需求，社会保障制度体系的保障项目设置、保障范围及水平等进行了适时调整，从而从整体上提升了社会保障的公平性。

第三，社会保障制度体系为全体国民提供保障的阶段。这一时期最大的特征是社会保障制度体系开始注重全民福利的目标，保障项目设置、保障范围及水平等有了较大水平的提升，最主要的是保障范围开始面向全体国民。这一模式的转变强调了在完备的社会保障制度体系下，使得全体国民能够共享社会经济发展成果。从社会保障制度体系的结构来看，这一时期社会保障制度更多呈现出全面、多层次的特征，既有对传统社会兜底救助体系的进一步完善，也有对社会保险项目的进一步调整和改革，同时还有对一般弱势群体福利项目的完善，如对老弱病残孕等对象提供的社会保险项目和社会福利项目等。

3.1.2 社会保障制度体系建设的基本要求和目标

社会保障制度体系完备性对一国社会经济发展有着重要的作用和意义，因此，一国社会保障制度体系在建设过程中需要遵循基本要求和目标，以期实现对社会经济发展的正向促进作用。

1. 社会保障制度体系建设的基本要求

（1）功能性要求。社会保障制度体系建设主要包括两个方面，一是在宏观上能够促进一国社会经济发展，二是从微观上最大程度地保障社会成员的基本生活需求，使其能够平等地分享社会经济发展成果。在合理的社会保障制度体系下，社会保障制度能够为所有社会成员提供基本保障，以免除其生存危机、疾病恐惧和解除其养老后顾之忧：其一，完备的社会保障制度体系需要实现对弱势群体的兜底保障，如免除其基本的生存危机和疾病恐惧等；其二，需要最大程度地降低群体间的收入差距，通过再分配提升社会成员的收入公平性。

功能性目标可以划分为以下三类：第一，减少贫困，是指保障没有人的生活水平跌到最低标准以下。为此，国家需要制定最低生活保障标准。例如，印度政府向全国 65 岁以上的贫困者每月支付 10 美元，其目标是保障没有人因饥饿而死亡。减少贫困是社会保障的初级目标，在此基础上向维持生活水平的目标迈进。第二，维持生活，是指保障没有人因不可接受的原因使生活水平大幅度下降。国家要根据社会经济发展水平制定基本生活保障标准，在居民遇到社会风险时可以得到持续的收入，很多 OECD 国家的月基本生活保障线均在 1 000 美元以上，如英国福利制度的目标属于这种类型。第三，平滑个人收入，是指通过强制和鼓励个人储蓄，包括雇主为其员工储蓄，建立个人理财账户，以平滑个人收入与消费，保障老年人可以无忧地生活，如新加坡的公积金计划旨在实现这个目标。①

---

① 杨燕绥．社会保障．北京：清华大学出版社，2011.

（2）公平性要求。由于社会风险的普遍性和社会性特征，社会保障制度体系需要针对个体面临的社会风险提供公平性的保障机制，因而，社会保障制度体系的公平性设计尤为重要。社会保障制度体系建设的公平性要求本质上是既要承认受益层面的平等性，也要尊重劳动贡献上的效率平等性。如初次分配尊重按劳分配原则，以效率优先，尊重全体社会成员在天赋、能力上的差异及平等性，但在再分配时也需要承认和尊重不同社会成员的共同保障需求权益，如受益均等性。

（3）可持续性要求。从社会保障制度体系的现实作用来看，社会保障制度体系必须保持较高的稳定性。第一，这里的稳定性既指保障个体在生命周期的不同阶段均有相应的社会保障项目，也指能够从宏观上维持长期的代际转换和赡养等关系调整，以实现社会保障权益稳定发展的目标。社会保障制度体系是否可以保持可持续性，主要取决于这一制度是否有利于促进经济发展并保持与经济发展相协调的保障水平。第二，由于社会保障制度体系的基本影响因素是不断变化的，社会保障制度体系也必然会不断改进或改革，在改进或改革的过程中，要求新老办法和新旧制度之间能够平滑衔接和稳健过渡，从而也需要社会保障制度体系建设具有可持续性。

（4）经济性要求。从各国社会保障制度体系发展来看，降低社会保障制度体系运行过程中的间接成本，最大程度提升社会保障制度体系运行效率亦是重要的要求之一。制度体系运行过程中产生的成本，是社会保障制度体系运行效率低下的表现，这不仅不会创造任何国民收入，还会造成社会产品的纯消耗，因此，降低包括社会保障机构和社会保障立法等社会保障制度体系的运行成本是重要的内容之一。在社会保障制度体系运行过程中，需要从制度设计上尽量降低经办过程中产生的成本，如精简机构及人员等。

2. 社会保障制度体系建设的目标

完备的社会保障制度体系是各国或地区追求的终极目标之一。从整体目标的内涵来看，可将社会保障制度体系的完备性分为完整性、协调性与层次性三个方面。

（1）完整性。从现代社会的社会保障需求出发，只有完整的社会保障制度体系，才能真正全面解决各种现实的社会问题，保障社会成员的基本生活。以老年人为例，当人均预期寿命不断延长时，一个国家或地区便会进入老年型国家或社会，最直接的表现是老年人口在总人口中的比重会持续上升，社会劳动人口比例却会相应地下降。当进入人口老龄化阶段时，老年人口除了基本的经济保障需求以外，还会有生活照料需求和情感需求等。因此，如果一国或地区没有相应的养老保险制度安排，老年人在退出劳动岗位而丧失收入后便极有可能陷入贫困状态，同时如果缺乏相应的老年人福利和补充保障，如社区服务、家庭照料等，那么即使老年人有充足的养老金保障，也会因社会化的生活照料服务缺乏而影响生活质量。此外，伴随人口生育率的普遍下降及空巢化等现象的出现，老年人在进入晚年之后的情感需求逐步增加，从而需要有充足的情感支持，这就要求社会保障制度体系必须充满人性与人文关怀等。以上表明，完备的社会保障制度体系建设需要对人们的不同生命阶段有着完整性的保障项目或内容设计等，对老年人而言，除经济保障以外，对应的生活照料保障与精神照料保障都是不能缺少的。在市场经济条件下，个人的生活风险更大，包括就业岗位的竞争等可能造成收入剧减与生活困境，因此，市场经济更需要有较为完备的社会保障制度体系，即保障项目应当齐全化、保障内容应当完整化，若干性质相近的社会保障项目构成一个完整的社会保障子系统，若干社会保障子系统共同构成一个完整的社会保障制度体系。当前中国社会保障制度体系的完整性在逐步增强，如养老保险基本上实现了制度全覆盖，养老服务取得了快速的发展，而长期护理保险制度试点工作也在快速推进。

知识链接 3-1

系统论原理

系统论认为，任何事物都是由相互联系、相互作用的诸多要素构成的具有一定结构和功能的系统整体，系统是事物存在的方式，整体协调、结构优化、层级清晰、动态开放的系统使得事物能够良性运行、协调发展、高效能动。作为关乎民生的社会保障制度，要以系统论为指导，使其成为可持续的、良性发展的、能够真正惠及亿万老百姓的千秋万代的系统工程。

系统论的主要观点有：(1) 整体性观点。一个系统必须是两个以上的要素组成的整体，且是各要素的有机统一体，即系统与要素之间存在着一种“非加和”“非还原”的关系。(2) 结构性观点。系统的结构是指系统内部各个要素相互联系、相互作用的方式或秩序，系统的结构直接影响与决定着系统的功能。(3) 层次性观点。一方面，系统由一定的要素组成，这些要素是由更小一层要素组成的子系统；另一方面，系统本身又是更大系统的组成要素。(4) 动态性观点。现实中的系统都有生命周期，都有一个从孕育、产生、发展到衰退、消亡的过程。动态性观点要求我们要以发展变化的眼光来研究问题，研究它的历史、现状、发展趋势以及变化规律。

资料来源：郭静安，廉如鉴．系统论视阈下的社会保障制度及其构建．系统科学学报，2013 (2).

(2) 协调性。一国或地区社会保障制度体系的完备性，一般是以社会保障制度体系中各子系统或项目协调发展为条件的。因此，社会保障制度体系建设应当具有协调性。第一，社会保障各子系统与各项目之间的发展水平应相互协调，既要有保障内容的直接区分，也要有保障水平的差异性，且在整个社会保障制度体系发展过程中必须要遵循社会保险、社会救助及补充保障项目的协调发展等。第二，社会保障各子系统与各项目在分工负责的同时，应当具有功能上的互补性。如从子系统来看，社会保险与社会救助需要有明显的互补性，社会保险从制度设计上是为了满足社会成员的基本保障需求，而社会救助是满足贫困家庭最低生产需求等，如医疗保险和医疗救助在对象、水平等方面表现出差异性。从各个项目的互补性来看，不同社会保险项目间的保障目标也存在差异，如针对同一个个体，养老保险是为个体老年风险提供的资金保障，医疗保险是对个体患病时的医疗支出提供的保障，长期护理保险则是对个体失能发生后的照料需求提供的保障，因而，在保障内容或项目上，各社会保险项目保障的内容指向性存在明显差异，是互补的关系。第三，结合社会保障制度体系的内涵来看，协调性要求社会保障制度体系建设要避免留下遗漏，必须实行各社会保障项目与各子系统之间的协调发展。我国1998年开始实施城镇职工基本医疗保险制度时，在广大农村地区还未同步建立基本医疗保险制度，造成农村社会成员的疾病医疗问题日益严重，出现因病致贫、因病返贫现象，2003年开始，我国相继建立了新农合、城镇居民基本医疗保险制度等，从而在制度上推动了基本医疗保障制度的协调发展。因此，社会保障制度体系的协调性既指社会保障项目之间、各子系统之间的协调性，也包括其功能上的互补性，还包括社会保障制度体系建设的协调发展。

（3）层次性。由于社会成员在社会经济生活中表现出明显的差异，不同社会成员的社会保障需求存在不一致，且同一社会成员的不同发展阶段的社会保障需求亦存在差异等，因此，社会保障制度体系的完备性还需体现出层次性的特征，从而能够更为精准地满足社会成员的需求。层次性特征强调的是社会保障制度体系虽以公平性建设为目标，但社会保障制度体系建设并不意味着所有社会保障项目进行一元化的统一安排，如一国社会保障制度体系中不仅包含单一的社会保险项目，同时也追求多元化的具有层次特征的制度体系设计，如既有保基本的社会保险项目，也有兜底保障的社会救助项目，还有满足较高需求的补充保障项目等。因而，完备的社会保障制度体系并不等于制度安排或项目设置的绝对统一，也不可能实现绝对统一。在现代社会保障制度体系中，针对不同人群的需要，每个项目的目标定位及作用也各不相同。其中，社会保险保障的对象主要是社会成员中的劳动者，甚至在许多国家主要是工薪阶层的劳动者，这部分人及其家属在社会群体中占有很大的比重，社会保险对他们来说是保障其基本生活水平的重要制度安排。然而，年老、失业、疾病等各类社会风险，甚至天灾人祸等灾害风险，都会使得这部分人群陷入困境。因此，在这部分人无力参加社会保险时，还要由政府提供最低层次的社会保障措施，如对应的社会救助项目等，从而在制度上实现对从社会保险制度中“漏出”的社会成员提供保障，如我国城市“三无”人员、农村“五保户”人员的基本生活保障制度、最低生活保障制度，以及灾害时期由政府提供的综合性灾害救助等。通过层次性的制度设计为无劳动能力者、生活在国家的贫困线或最低生活标准以下的家庭或个人、遭受自然灾害和不幸事故者等，提供物质援助的又一层次制度安排。此外，在层次设计上还需要相应的社会福利项目，作为社会保障制度体系的最高层次社会保障项目，社会福利可以增进福利、改善国民物质及其他生活条件，因而，社会福利也是社会保障制度体系的重要内容之一，体现了社会保障制度体系的层次性特征。①

阅读材料3-1 社会保障制度体系的功能

① 郑功成．社会保障概论．上海：复旦大学出版社，2005.

3.2 社会保障制度体系的基本内容

从世界大多数国家的情况来看，社会保障制度体系通常包括社会保障制度与补充保障制度两大类。前者由国家立法统一规范并由政府主导，一般包括社会保险、社会救助和社会福利三个基本组成部分，以及部分国家针对军人建立的特殊保障制度。后者包括企业年金、慈善事业等，它们是对社会保障制度的补充，发挥着有益的作用。

3.2.1 社会保险制度

社会保险（social insurance）制度是由国家依法建立的，为保障劳动者（有些国家可能普及全体公民）在年老、伤残、失业、患病、生育等情况时的基本生活需要，在国家法律保证下强制实施的一种社会制度，它强调受保障者权利与义务的对等性，即只有履行缴费参保的义务才享有领取保险金的权利。社会保险制度是社会保险行为的法律规范，主要内容包括有关社会保险的法规政策、社会保险管理机构的设置、社会保险基金的筹集、社会保险基金的投资运营、社会保险的项目设置、社会保险的给付标准和支付条件以及社会保险基金监督等。[①] 社会保险制度是我国建设社会主义和谐社会的内在要求和重要保证，它能够保障劳动者的基本生活，维护社会的安定；能够增进劳动者的体质，促进劳动者的身体健康；能促进生产的发展，保证经济的正常运行；能够服务于基层和社会，方便群众的生活；可以实现收入的再分配，可以调节劳动的分配，保障低收入者的基本生活。因此社会保险制度是我国必不可少的一项制度。

阅读材料 3-2　中国社会保险体系概览

我国目前的社会保险项目主要有养老保险、医疗保险、失业保险、工伤保险、生育保险等五个险种，以及 2016 年以来正在试点中的“第六险”长期护理保险。《中华人民共和国国民经济和社会发展第十四个五年规划和 2035 年远景目标纲要》（以下简称“十四五”规划纲要）和党的二十大报告都进一步明确提出完善基本养老保险全国统筹制度，发展多层次、多支柱养老保险体系的要求。

社会保险制度可以实现工人的收入在其自身不同的年龄段之间以及由经济的繁荣和萧条所决定的收入多寡阶段之间的纵向转移；还可以实现由处于顺境中的工人的收入向处于逆境中的工人以及由子女少的小家庭向子女多的大家庭的横向转移；它还可以同其他社会保障项目一道，防止大量赤贫现象的出现，使工人们的一生和每个经济周期间的生活都能够相对平衡和稳定。作为现代社会保障制度体系的重要组成部分，社会保险是个人消费品的一种再分配形式，但劳动者享受社会保险待遇或权利并不是一刀切，它不完全取决于个人缴费的多少，而是依据国家的社会保险法、社会保险政策和有关条例规

---

① 孙树菡，朱丽敏．社会保险学．3 版．北京：中国人民大学出版社，2019.

定，对社会履行劳动义务的情况进行界定，至于给付多少则按照当时国家经济状况和个人收入水平确定。几乎在所有国家，社会保险的支出规模都占有社会保障支出的最大比例。因此，社会保险事实上构成了现代社会保障制度体系的主体和核心。

除了具有社会保障制度的一般特点，社会保险制度还具有预防性、补偿性、储蓄性、责任分担及互助共济等特点。第一，社会保险的预防性特点主要反映在社会保险基金的建立上。通过多方筹措而建立起来的社会保险基金，可由国家用在每一个参保者身上，防止他们一旦发生社会保险立法规定范围内的风险而遭受损失，起到有备无患、未雨绸缪的作用。第二，社会保险是对参保者在劳动中断、收入中断时才获得给付权利的一种保障，且从社会保险中得到的补偿只能是对受保障者收入损失一定程度上的补偿，即保障劳动者的基本生活需要。第三，社会保险基金按立法规定进行积累，然后根据社会保险政策进行分配，社会保险基金在筹集与管理过程中具有相应的储蓄性。第四，社会保险基金来源于多渠道，不仅由个人、企业缴费，政府补贴，而且会有相应的投资收益等，三方共同筹资，体现了社会保险责任分担的特点。第五，社会保险参保者定期缴纳社会保险费，建立社会保险基金，当个体遭遇特定风险而受到收入损失时，可以按规定领取一定数量的保险金，具有互助共济的特点。

3.2.2　社会救助制度

社会救助（social assistance）制度是指国家和社会依据法律规定，对因各种原因导致无法维持最低生活水平的社会成员提供能满足最低生活需求的社会保障的制度，它是现代社会保障制度体系中具有基础地位的一个重要子系统。[①] 随着社会的进步，建立规范的社会救助制度已成为各国的一项重要社会政策，并成为国际社会积极推广的一项制度。社会救助不是为了提高社会成员的生活质量，也不是为了防范因社会危险事件的发生导致社会成员失去生活保障，而是对已经遭受社会危险事件并处于生活困境的社会成员给予帮助和支持，使他们摆脱困境。社会救助提供的是最低生活保障，即维持最低生活标准所需的实际费用，给付标准一般低于社会保险。社会救助的实施对象是已经处于生活困境中的社会成员，不像社会保险和社会福利那样具有广泛性。在实施方式上，社会救助通过单向的利益给付形式，对处于生活困境的社会成员提供物质帮助。在社会救助领域，利益直接从社会或国家转向受救助对象，体现一种直接的单向的利益给付关系，也就是说体现了权利与义务的不对等。凡是救助范围内的社会成员，国家和社会都应该对其实施帮助，并不以受救助对象支付一定的金钱或履行一定的义务为前提。这一点与社会保险的权利与义务的对等性不同。现代社会救助制度作为社会保障制度体系的一个子系统，是建立在社会整体安全和发展的基础上的，是实现和保障人权的一项基本制度。但是享受救助的对象需要个人提出申请，经过家庭经济调查程序。

社会救助的内涵主要包括以下几个方面：第一，社会救助是国家和社会对社会成员在需要获得最起码的物质帮助时，所应负的一项基本社会责任。《中华人民共和国宪法》

---

① 杨文杰，宋凤轩．社会保障概论．北京：人民邮电出版社，2014.

规定，中华人民共和国公民在年老、疾病或丧失劳动能力的情况下，有从国家和社会获得物质帮助的权利。通过社会救助的方式提供及时、必要的经济援助，是实现社会正常运转的一个基本前提。第二，社会救助是在公民不能维持最低限度生活标准时才发挥作用。如社会成员遭遇自然灾害和丧失生存能力时，国家按照一定的程序和标准，提供经常性或临时性经济援助。第三，社会救助是在经过严格审查之后提供满足最低限度生活需求的货币和实物，仅以维持公民基本生存为限。除物质帮助以外，社会救助还包含国家和社会对受救助对象精神上的关怀和保护，帮助他们树立起克服困难的信念。

进入现代社会后，因贫困人口减少和其他社会保障系统的相继建立，尽管社会救助在整个社会保障制度体系中的地位较历史上有所下降，但因其肩负着解决特别弱势的社会成员的基本生存权利保障问题的重任，所以仍然占有必不可少的基础地位。第一，作为最先形成的、历史最悠久的社会保障形式，各国的社会保障制度均是在原来社会救助措施的基础上不断发展起来的。由于贫困以及孤、寡、残等需要帮助的弱势群体长久存在，各种灾害事故更是不可完全避免，所以社会救助在社会保障制度体系中的基础地位将不会改变。第二，社会救助是保证社会成员生存权利的最后一道防线。尽管社会保险为社会安全设置了一道防线，但仍会有一部分人因保障不足而生活十分困难，社会保险只能保障有能力缴费的劳动者群体，一些弱势群体则会被制度排斥，因此，社会救助是社会保障制度的最后防线。

在具体的项目中，社会救助包括生活救助、灾害救助、医疗救助、住房救助、教育救助、失业救助、护理救助、司法救助等多项内容。党的二十大报告明确要求“健全分层分类的社会救助体系”。

3.2.3 社会福利制度

社会福利（social welfare）制度的含义有广义和狭义之分。广义的社会福利制度是指国家依法为全体公民普遍提供的旨在保障一定的生活水平和尽可能提高生活质量的现金和服务的社会保障制度；狭义的社会福利制度是指为老年人、残疾人、妇女儿童及精神病人等特殊群体提供社会服务的一种制度。①

阅读材料 3-3　世界社会福利概览

在我国主要的职能部门中，民政部的职责之一是为不能依靠自己的力量满足基本生活需要的人提供资金和服务保障，也就是狭义的社会福利。作为社会保障制度体系的一个子系统，首先，社会福利制度的对象具有全员化特征。社会福利制度因覆盖范围是全社会成员，被称为“按人头”的社会保障制度。其次，福利项目广泛。社会福利的项目包括全社会成员享受的公共福利，如教育、科学、文化、体育、卫生、环境保护设施和相关服务；特殊人群享受的公共福利，包括为孤寡老人、孤儿、残疾人设置的福利院、疗养院等。再次，资金来源多渠道。社会福利项目的资金来源包括各级政府的财政预算

① 陈良瑾．社会救助与社会福利．北京：中国劳动社会保障出版社，2015.

款，还有各个组织单位的专项基金、社会团体的资助与捐献等。最后，保障水平弹性化。社会福利的项目、范围和水平取决于各个国家的经济发展水平和受益者的需求程度。经济发达国家社会福利的内容相对较多、水平较高，经济欠发达国家社会福利的内容则相对较少、水平较低。在一个国家的不同发展阶段，社会福利的内容和水平也有所不同，总体趋势是随着社会经济发展水平的提高而不断改善和提升。

总之，社会福利的目标是改善全体社会成员的物质文化生活，提高国民的生活质量，不断增进国民的福利。因此，社会福利制度是最高层次的社会保障制度。

3.2.4 军人社会保障制度

军人社会保障（military social security）制度是指国家依法定的形式和政府行为，对有特殊贡献的军人及其眷属实行的具有褒扬和优待抚恤性质的社会保障制度。这一概念主要包括以下几层含义：一是军人社会保障的对象是军人及其家庭。军人职业的特殊性使军人及其家庭成员承担着与一般社会成员不同的风险。二是军人社会保障的保障主体是政府。对军人实施社会保障本身是一种社会、政治、经济行为的有机结合，涉及政府、军队、社会等多方面的利益协调，必须通过政府立法对军人社会保障做出正式的、规范的制度安排，从而使军人社会保障如待遇项目与水平、基金收缴与拨付、基金运营管理等在规范的轨道上运作。三是军人社会保障可以分担军人职业风险。军人职业具有劳动强度大，规范性、约束性强以及牺牲系数高等特点，在从事军事劳动中，面临着职业风险与职业连带风险。军人的职业风险，如军人履行职责受到伤害，以及伤残、死亡等，可能会使其暂时或永久丧失劳动能力。与此同时，军人及其家庭也面临军人的职业连带风险，军人伤残或失去劳动能力等都会影响军人及其家庭的基本生活。建立军人社会保障制度，可以有效地分担军人的职业风险与职业连带风险。四是军人社会保障可以保障军人的基本生活。尽管军人职业的特殊性可以使其享受的保障待遇水平相对高于一般社会成员，但社会保障的基本目的就是保障社会成员基本的生活需要，同样，军人社会保障的水平也不能超越社会生产力发展水平。建立军人社会保障制度，在军人丧失劳动能力以及伤残、年老、退役后失业等不能维持最基本的生活时，以给付保障资金的方式给予一定的经济补偿，目的是保障军人的基本生活不受影响。因此，保障军人基本生活既是建立军人社会保障制度的目的，也是对军人社会保障的保障水平的定位。

军人社会保障制度是以现役军人为保障对象的一个综合性社会保障系统，这主要是因为军人肩负着保卫国家的任务，是一个有着特殊性的群体，军队的独立与军人高度集中的群体意识与职业要求，不可能与普通社会成员一样被纳入同一个社会保障系统，而是需要相对独立的制度安排。因此，世界各国都有专门针对军人这一特殊职业的社会保障制度，如在美国社会保障制度体系中就有军职人员退职、退休津贴等特殊项目。在中国社会保障制度体系中，亦专门为军人建立了相应的社会保障制度，这一系统随着市场经济体制改革与社会的发展而进一步扩充为军人社会保障系统，它包括军人保险、军人福利、军人优抚与退役安置、军人社会救助等项目。

军人社会保障的资金来源主要是国家财政拨款，其实质是国家对军人的一种褒扬和经济补偿，也是解除军人后顾之忧的一种制度安排。因此，军人社会保障是一项兼具社会保险、社会救助、社会福利性质的综合性的、有重大政治意义的特殊社会保障制度。而当军人转业、复员或退休后，亦可直接融入面向普通国民的各项社会保障制度。进入新时期，我国政府高度重视军人社会保障制度建设及完善，“十四五”规划纲要提出了“健全退役军人工作体系和保障制度”的根本要求。

3.2.5 补充保障制度

在各国的社会保障制度体系中，除政府主导并由专门法律具体规范的社会保障制度外，往往还有一些非正式的社会化保障措施同时存在并发挥着相应的社会保障功能与作用。补充保障（supplemental security）是社会保障制度安排之外的，以非政府主导性、非强制性为特征的各种社会化保障机制的统称，如员工福利、企业年金、住房公积金、商业保险、慈善事业等。具体内容参见本书第 14 章。这些补充保障和社会保障并存，发挥社会保障整体功能的作用。尤其是慈善事业具有第三次收入分配的功能，在我国越来越受到重视。

知识链接 3-2

卡耐基："在巨富中死去是一种耻辱"

“在巨富中死去是一种耻辱”，实际上是一句流传甚久的名言，出自美国钢铁大王、慈善家安德鲁·卡耐基（Andrew Carnegie）之口。卡耐基的本意，是说拥有财富者有责任帮助不幸的“兄弟”和改善社会的状况，所以捐赠不能等到死后，而且他认为如何聚财与如何散财同样需要智慧和才能。卡耐基是贫穷的苏格兰移民的儿子，这让他很早就认识到，贫穷会剥夺人们获取知识的权利，他以自己的切身体会，相信教育和文化可以改造拯救人类。1900 年，卡耐基在他的第二故乡匹兹堡创办了卡耐基大学；之后又在美、英各地捐资创办了各种学校和教育机构。1901 年，卡耐基拿出 500 万美元为炼钢工人设立了救济和养老基金，以向帮助他取得事业成功的员工们表示感谢。为帮助有志上进而家境贫穷的年轻人，他持续 16 年捐款建设图书馆，总共捐资 1 200 万美元，兴办图书馆 3 500 座，形成了美国今天还在享用的公共图书馆系统。

资料来源：王石川．在巨富中死去是一种耻辱．中华工商时报，2010-09-10.

3.3 社会保障制度的主要模式

截至 2022 年，全世界已有 160 多个国家或地区建立了各种形式的社会保障制度。由于受不同的理论基础、经济发展程度、历史文化传统等多种因素的影响，各国的社会保障制度模式也各具特色。基于世界社会保障制度发展历程，结合各国实施社会保障制度的责任主体、社会保障覆盖范围、保障水平以及筹资与运作方式等特点，社会保障制度发展大致可以归纳为四种主要模式，包括社会保险模式、国家保险模式、福利国家模式和强制储蓄模式。

3.3.1　社会保险模式

社会保险模式（social insurance model）是指国家依据选择性原则，通过立法，建立以社会保险为主体、社会福利和社会救助为辅助的社会保障制度模式。

1. 社会保险模式的特征

（1）以工薪劳动者为参保对象。社会保险模式的典型特征是以工薪劳动者为主体，特别是在德国等早期建立社会保险制度的国家更是如此，如德国社会保险制度最初仅覆盖产业工人，后来经过多年的发展延伸到如今的连带保险，即在保障工薪劳动者以外，还对其家庭进行相应保障。主要原因是社会保险模式诞生初期，其核心是工薪劳动者与资本家进行斗争以获取更多的剩余价值再分配，因而，当时工薪劳动者才是社会保险需求的主体。伴随社会经济的发展，在当前实施社会保险模式的国家，虽然工薪劳动者依旧是主要参保对象，但随着社会保障覆盖范围和保障对象的拓展，参保对象也出现了多元化。如日本除了建立职工的社会保险制度以外，还建立了覆盖全民的普惠制保险制度，如国民年金等。但整体而言，以工薪劳动者为主体仍是当前社会保险模式的核心特征之一。

（2）责任分担。社会保险模式强调筹资机制上的共同分担性，即实行社会保险费用由个人、雇主和国家共同负担，且支付标准与个人收入及缴费相联系，同时，公共机构和私营机构都可参与运营管理，体现责任共担、公私并举、差别性的社会保障模式。责任分担强调不同责任主体均要承担一定的缴费责任，既要强调个体缴费的责任，也要强调企业和政府的责任，但彼此承担责任的比例却不尽相同。此外，在实施社会保险模式的不同国家，其具体责任分担方式也存在一定的差异；在同一国家不同社会保险项目中的责任分担比例也存在一定的差异。

（3）互助共济。与社会保障制度发展历程相关联的社会保险模式亦存在互助共济的特点。互助共济强调的是在覆盖范围内的所有工薪劳动者均应参加社会保险，但由于风险的发生率存在差异性，只有发生风险的群体才会享受到相关社会保险待遇，因此，互助共济便是强调在社会保险模式中由未发生风险的群体对发生风险的群体进行风险共担，实现社会风险社会化分担的目标。同时，社会保险也与商业保险存在一定的共性，但社会保险更追求大数法则，即实现最大程度的全覆盖，从而体现出其互助共济的特征。

（4）国家立法强制实施。社会保险模式是以国家立法强制实施为主要特征，如德国最早建立了相关的社会保险法正是体现了这一点。国家立法一方面保障了社会保险模式的稳定性，另一方面则从微观层面规定了各个主体缴费责任、待遇发放等基本内容。

（5）权利与义务有机结合。社会保险模式的另一个特征是权利与义务有机结合，即在享受社会保险待遇的同时需要承担对应的缴费义务。但作为社会保险，其权利与义务并不完全对等，即个体享受社会保险的权利在一定程度上可能会高于其承担的缴费义务，如各国社会保险中的医疗保险报销率便存在这一特点。因而，权利与义务有机结合并不是强调享受权利与承担义务的均等性，而是强调各主体均应承担相关义务，从而保障制度的稳定、可持续发展。

当前实施社会保险模式的典型代表有德国、日本等国家，改革之后的中国社会保障制度也属于这一模式。①

2. 社会保险模式的实施原则

社会保险模式的实施原则是选择性原则。该原则是指社会保险待遇的分配形式要根据个体的需要进行设计，主要依据个体承担的缴费义务及自身收入状况等因素，确定个体在风险发生时应当获得多少利益及获取利益的基本条件等。与社会保险模式的特征一致，选择性原则不仅强调个体在风险发生时的待遇，更是强调权责相结合的重要性。其一，选择性原则是指社会成员获得社会保障待遇并不是天然的权利，在既有经济分配制度下能够通过初次分配满足自我需求的个体，应当建立严格限制的社会保障制度和政策以实现对其收入的长期平滑，以满足其在风险发生后的需求，而国家或政府仅为那些无法自我改变贫困状态的个体或家庭提供救助。其二，强调公平与效率相结合。社会保险既是体现对个体一生收入进行纵向平滑的机制，也是体现对同一时期不同收入群体间进行收入再分配的公平机制，因此，既强调个体必须提高自身工作效率以保障一生收益最大化，也强调对弱势群体的再分配，以体现社会公平。其三，强调社会保险中权利平等的重要实现形式。社会保险是覆盖面最广、受益者最多的社会保障形式，是社会保障的主体。由于劳动者存在着生老病死残等风险，因此为了应对风险，在工作期间，劳动者及其雇主必须从总工资收入中扣除一部分作为社会保险费，从而使多个主体共同缴费形成社会保险基金。

3.3.2 国家保险模式

国家保险模式（national security model）是指在高度集中的计划经济体制下，由国家包办全部的社会保障事务，以国家-单位福利为主要实施方式，广大劳动者或国民在不缴纳任何保险费用的前提下便可普遍享受由国家提供的各种社会保障待遇的模式。社会保障事业是由国家统一制定法律、统一领导，国家通过宪法把社会保障制度化，通过生产资料公有制保证公民的保障权利。同时，根据国家社会经济政策在整个国民经济范围内对社会保障实行统一管理和统一的收支标准，如苏联的社会保障基金就是在国民经济一级上按照计划集中建立的。

---

① 邓大松．社会保障概论．北京：高等教育出版社，2019.

1. 国家保险模式的特征

（1）强调国家和单位的责任。社会保险费完全由国家和企事业单位负担，个人不负担任何保险费。其传统观念认为国家已经事先对社会保险费做了预留和扣除，个人不必再缴纳。按照马克思的六项扣除学说，国家保险是预先扣除式的保险，劳动者在从事社会劳动期间已经为创造社会总财富和国家的各种公共事业做出了应有贡献，所以个人不缴纳保险费而由国家提供全民保障是理所当然的，也正因为如此，称之为国家保险模式。国家保险模式是与高度集中的计划经济体制联系在一起，在初次分配过程中强调按劳动供给进行分配。针对初次分配存在不足或因残疾、年老等原因而无法参加劳动的群体，主要由国家和单位提供保障。在国家保险模式下的国家保障责任更多是由单位进行承担，保障内容更多是根据内部员工劳动供给情况进行确定，同期城乡居民的保障则主要依托于集体经济或国家提供的救助与福利等。

（2）低工资、宽福利。在国家保险模式下，由于计划经济体制的影响，当时在社会主义国家普遍存在着高就业率、低工资水平的现象，从而在初次分配时便存在一定的低收入问题，国家实行公费医疗、低房租等。在社会保障待遇方面，普遍追求保障项目齐全和保障范围广泛的目标，基本涵盖了生老病死残的各个方面，但是由于经济水平较低，当时的社会保障水平也普遍较低。

（3）工会参与社会保障事业的决策与管理。一方面，劳动者通过人民代表机构对社会保障管理施加影响；另一方面，工会从基层到中央理事会，都参加社会保障的管理。

（4）追求社会公平。保障对象为全体公民，宪法规定，每一个有劳动能力的人都必须积极参加社会生产，对无劳动能力的一切社会成员提供物质保障。保障的经济来源靠全社会的公共资金无偿提供。

采取国家保险模式的国家主要是苏联，我国在20世纪50年代参照这一模式建立了劳动保险制度，一直持续到改革开放之初。这种模式曾发挥过重要的作用，但由于其超越了生产力发展水平的承受能力，国家财力无法负担，而逐渐被抛弃。[①] 在各个国家实行社会保障制度改革的今天，这种国家保险模式已经逐步退出历史舞台。作为社会保障制度的初期探索，国家保险模式虽然不是十分完善，但仍有很多值得我们汲取的经验和教训，可帮助我们继续探索和完善社会主义国家社会保障制度体系。

2. 国家保险模式的实施原则

国家保险模式下的实施原则是计划性原则，其是指在公有制基础下，按照国家计划分配社会保障资源，个人不承担任何社会保障的责任和费用，所有社会成员均有权享受社会保障待遇及相关社会服务等，且社会保障的所有费用都由国家和企业来承担。这一模式是苏联首创的，其通过法律规定职工的养老保险权利，所有的养老保险待遇由国家无偿提供，个人无须缴费，退休待遇水平取决于在职时工资的多少。但是国家和企业的负担太重，出现了当时一些工人或机关事业单位工作人员不需要缴费也能享受养老待遇

---

① 邓大松．社会保障概论．北京：高等教育出版社，2019.

的情况。此外，这种模式必须由企业和机关事业单位进行强有力的计划干预，如果实行市场化原则，很容易导致制度的崩坏。

3.3.3 福利国家模式

福利国家模式（welfare state model）是指以国家为社会保障的直接责任主体，以全民高福利为特征，由国家提供广泛的、充分的福利项目的社会保障制度模式，也称为“从摇篮到坟墓”的福利国家模式。

1. 福利国家模式的特征

（1）以公民权利为核心。基本福利面向社会大众，不分阶层和职业。在福利待遇方面，强调国民普惠性待遇，不管国民的性别、职业、社会地位等差异而均等享受相关福利待遇，如英国福利制度中强调的普惠制待遇规定等。此外，在整体制度设计方面，采用全民性的或分门别类的社会保障制度体系，不看重参保人的收入差异，没有人因为收入较高或性别、家庭地位等原因而无权参保。福利是面向个人的，而非家庭成员，只要是本国居民，无论就业与否都能享受基本福利待遇。[①]

（2）政府责任与负担沉重。国家在社会保障制度体系中发挥了更大、更积极的作用，向所有符合条件的居民提供基本养老金、免费或高额补贴的医疗保险等社会保障项目。私人部门提供的保障基本退出市场，或并入政府计划。在福利国家模式下，国家或政府是社会福利供给的主要责任承担者。国家不仅承担社会保障的顶层制度设计，还承担着社会保障资金和服务供给责任与具体的社会保障事务管理，以及对贫困国民的兜底救助职责等，因而，在整体上呈现出更大的政府责任和更沉重的负担。

（3）累进税制及高税费。福利国家模式的资金主要来源于国家财政，国家财政的主体是税收。[②] 一方面，由于福利具有刚性特征，当福利待遇提高时很难下降；另一方面，个体和企业缴税是福利国家资金的主要来源，从而使得福利国家多采用累进税制和高税费以保障社会福利待遇水平。此外，在北欧福利国家，基本福利的资金来源于普通税，而非专门的“贡献税”。因此，每个纳税人都做出了贡献。但是，一些非基本福利与个人在缴纳“贡献税”时期的收入挂钩。

（4）充分就业是必要条件。充分就业既是重要的社会目标，也是为福利国家模式提供资金的渠道。充分就业是福利国家模式存在的重要基础，当福利国家的就业率下降时，一方面会导致直接的需要救助的人员大幅增加，即社会保障或社会福利支出增加；另一方面会导致福利资金来源出现不足等问题，从而导致福利制度难以为继。因此，为了实现充分就业这一目标，福利国家制定了各种政策措施鼓励和促进就业，如社会对个人施加压力，要求其就业。

（5）法制健全是必要条件。福利国家在推行社会福利制度建设的过程中普遍建立了

---

① 邓大松．社会保障概论．北京：高等教育出版社，2019.

② 郑功成．社会保障概论．上海：复旦大学出版社，2005.

社会保障相关法律，如英国在《贝弗里奇报告》颁布后，相继出台了《国民保险法》《国民救助法》等。其中，《国民保险法》规定了公民可以享有的失业、生育、死亡、孤寡、退休等方面的保障权利和国家应该承担的责任；《国民救助法》的实施则确立了国家全面承担起社会救助的责任。以上社会保障相关法律的颁布表明英国社会保障的国家责任包括立法责任、财政责任、实施责任和管理监督责任等，这也成为英国社会保障法律制度的基本原则。

20世纪中叶以后，福利国家思潮和制度在西方国家兴起，成为发达国家的特征和善政的标榜。一些国家在工业化进程中，从本国的社会历史条件出发，通过多种途径扩大政府对社会的福利承诺，提高福利国家支出占政府公共支出的比重；提高社会福利支出占国民生产总值的比重，使福利制度得到突出和强化，以至于用“福利国家”来概括这一类国家的社会功能。

福利国家模式主要以英国和瑞典、丹麦、挪威等北欧国家为代表。

2. 福利国家模式的实施原则

（1）普遍性原则。作为福利国家模式的基础，普遍性原则是指所有社会成员无论长幼、贫富和职业差异都可获得由政府提供的可以满足不同层次、不同阶段的社会保障，国家在社会再分配中扮演重要的角色。其核心是强调全社会成员普遍享受社会保障的权利。早在1945年，英国工党在竞选纲领中就提出，“使公民普遍地享受福利，使国家担负起保障公民福利的职责”，体现出国家对国民基本生活福利的关注。国际劳工组织在1950年的报告中将福利国家的这个特点描述为“这种新组织现在把社会当作一个整体来考虑，尽管它的主要目的还是向工人和他们的家庭提供福利。这个组织逐渐成为民族国家政府的组成部分，而社会保障政策因此就成为紧密地协调提高福利水平和促进人口活力的民族国家政策”。

（2）全面性原则。如英国建立了庞大而缜密的社会保障制度体系，各种社会保障项目有40多个，围绕人的福利需求，包罗万象。瑞典的社会福利制度包含广泛而多样的社会保障项目，对于生育、成长、成家、疾病、养老等，都制定了具体的福利保障，内容详细周全，覆盖了“从摇篮到坟墓”的各个阶段。福利国家的社会福利供应几乎涵盖了所有的领域，国家在这些领域提供服务或救济。

（3）普惠性原则。社会保障的普惠性原则，旨在创造人人老有所养、病有所医、残有所助的高福利社会。社会保障主要同整个社会收入或福利的增长状况相关，个人贡献的大小与所得到的社会保障没有太大的关系。一个人更换工作岗位并不影响其所享受的福利水平。但这种福利制度在带给全民社会福利的同时，也产生了一定的负面效应。

3.3.4 强制储蓄模式

强制储蓄模式（compulsory saving model）是指以国家立法强制建立社会保障个人储蓄账户，个人储蓄账户资金以完全积累的方式进行市场化运营，并按规定适时用于储蓄者的养老、医疗、失业及住房等社会保障项目的模式。

1. 强制储蓄模式的特征

（1）强调或激励增加个人责任。强制储蓄模式在责任分担机制上完全强调个体的缴费责任，但实施这一模式的国家也呈现出了不同的特征，如新加坡实施企业和个体共同缴费建立个人公积金账户，而智利则完全由个人缴费形成个人账户基金。实施强制储蓄模式国家的个体对自己可能会遭遇的风险承担完全责任，由于个体的短视和非理性，所以由国家制定政策强制其对自我风险进行纵向分摊，以降低未来的风险。[①] 此外，实施强制储蓄模式的国家普遍存在制度建立初期国家经济发展水平较为落后的问题，一方面政府无力承担社会保障责任，另一方面为了对个人进行激励，选择了强调个人责任的强制储蓄模式。

（2）基金进入资本市场运营。由于实施完全积累方式的个人账户模式，所以在强制储蓄模式下，实现社会保障个人账户基金的保值增值是重要的内容之一。因此，各国在对社会保障基金投资中注重强调市场化投资，以实现保值增值的目标。但由于高收益意味着高风险，各国对社会保障个人账户基金的投资渠道规定了风险分散的原则，如智利对投资公司进行定期考察，以最大限度地保障参保人的权益等。

（3）政府扮演监督者的角色。在强制储蓄模式下，政府不仅是社会保障制度体系的顶层设计者，还承担着重要的监督者职责。一方面，政府需要保障社会保障基金的保值增值；另一方面，政府也要承担着对弱势群体的兜底救助等职责。[②]

（4）对就业和储蓄的激励性较强。强制储蓄模式下的个体和企业缴费全部进入个人账户，能够直接影响个体退出劳动领域后的社会保障待遇水平，具有很高的透明度。因此，社会保障待遇水平与个人的劳动贡献程度有着直接关联，而强制储蓄模式有利于激发劳动者的就业积极性和储蓄积极性，激励劳动者在劳动期间最大程度地发挥自己的劳动技能，做出最大的劳动贡献。

（5）养老金待遇采取缴费确定模式。强制储蓄模式实施的主要项目是养老金制度，待遇发放上实行缴费确定模式，即政府不事先对养老金待遇水平做出承诺，养老金水平是根据个体实际缴费额度及累计受益进行计发，政府仅强调企业和个体参与缴费及社会保障基金投资运营。

实行这种模式的国家大多是新兴工业化国家或经济欠发达的发展中国家，其中最具代表性的是新加坡的中央公积金（central provident fund）制度和智利的完全个人账户基金制度。

2. 强制储蓄模式的实施原则

强制储蓄模式强调的是自立性原则。从其典型代表新加坡和智利的发展来看，共同的特点是，建立该模式时经济发展水平相对落后。如新加坡的中央公积金制度建立时，正值二战结束后新加坡摆脱殖民统治，走上了独立发展之路。20 世纪 50 年代，新加坡

---

① 郑功成．社会保障概论．上海：复旦大学出版社，2005.

② 邓大松．社会保障概论．北京：高等教育出版社，2019.

缺乏足够的经济实力和社会资源，国民工资水平普遍低下，无法实行社会统筹的保险制度。因此，新加坡政府只能从民情实际出发，明确提出社会保障依靠自立的理念。由于当时新加坡无力提供过高水平的社会保障，同时，由于过分强调社会福利会在一定程度上减弱人们通过努力工作获得更多收入的动力，因此，强调实行自立保障、自存自用的中央公积金制度被推上了历史舞台，但新加坡中央公积金制度强调企业和个人共同缴费。智利的强制储蓄模式也具有自立性特点，但强调完全由个人承担缴费责任，且追求完全的市场化运营和管理资金等。强制储蓄模式在一定程度上淡化了社会保障领域中的政府角色，没有发挥风险分担、资金互济的功能，社会保障基金几乎全部由个人储蓄构成，国家财政只承担对弱势群体的社会救助兜底保障以及管理等职责。

3.3.5 不同社会保障制度模式的共同点

各国社会保障制度模式虽然各有不同，但也存在一些不受社会制度和经济发展水平的局限的共性点，具体如下。

1. 立法先行

以社会保障立法为基石，是指各国在社会保障实践过程中均建立了社会保障领域的法律。从各国社会保障制度建立和实施过程看，都是通过立法将社会保险的各项政策措施法制化，在此基础上构建起社会保障制度体系。在国际领域颁布了社会保障的国际立法。如国际劳工组织于 1919 年起颁布了《国际劳工宪章》等一系列文件，从国际范围内提出了针对某些社会保障问题的基本原则和主要规定，世界各国也相继出台了社会保障法律法规，如英国的《国民保险法》《国民救助法》，德国的《疾病保险法》《工伤事故保险法》《老年、伤残和遗属保险法》《失业保险法》，美国的《社会保障法》，日本的《国民健康保险法》《养老保险法》等。

2. 普遍同步实施社会救助兜底项目

社会救助是各个国家社会保障制度体系中不可缺少的组成部分，对社会保障制度体系的完善起到了重要的补充作用。福利国家模式下的社会救助项目主要包括在社会福利范围内，且其待遇水平很高。社会保险模式国家把社会救助作为重要制度补充，对弱势群体进行保障是政府的重要责任之一。实行强制储蓄模式的国家，对于贫困人口和个人账户不能覆盖的群体也实行社会救助政策，这是该模式下政府的重要社会保障责任之一。

3. 促进就业成为国家宏观经济发展和调控的重要目标

各国都把经济增长、抑制通货膨胀、促进就业、维持国际收支平衡等作为宏观经济发展和调控的重要目标。各国政府都把扩大就业、改善民生当作社会治理的重中之重。在经济运行过程中，政府时时监测就业和失业状况，失业率是国民经济运行的先行指标。当失业率过高时，及时采取调控措施，刺激经济增长，控制全社会的失业率，并通过社会保障制度保障失业人员的基本生活。

4. 政府承担角色特殊

社会保障制度建设和实施过程中，政府承担着重要责任。建立社会保障制度的国家，政府在社会保障制度运行中担当不可缺少的角色。政府向立法机关提出社会保障立法建议，实行社会保障制度的具体实现形式，推动社会保障事业的发展。政府直接参与社会保障事业的管理，设立专门从事社会保障工作的经办机构，协调社会各方面共同推动社会保障事业。此外，政府还承担着筹集社会保障基金，组织社会保障基金运营，以及实现社会保障基金的保值增值等责任。从社会保障制度体系来看，政府还对社会保险的发放承担最终的兜底责任，以及对弱势群体的社会救助和社会福利供给责任等。

本章小结

1. 社会保障制度体系的基本内涵。社会保障制度体系是国家依法建立起来的保障国民生活、维护社会稳定、促进和谐发展的系统，是各种具体制度安排在排列次序、配置格局、集聚状态、联系方式及其相互作用机理方面的分布和组合，主要强调由社会保险、社会救助、社会福利、军人社会保障及补充保障等具体机制共同编织而成的社会“安全网”。

2. 社会保障制度体系建设的基本要求和目标。社会保障制度体系建设的基本要求包括功能性要求、公平性要求、可持续性要求及经济性要求四个方面；目标包括完整性、协调性及层次性三个方面。

3. 社会保障制度体系的基本内容。从世界大多数国家的情况来看社会保障制度体系通常包括社会保障制度与补充社会保障制度两大类。一般而言，一国或地区完备的社会保障制度体系包括社会保险制度、社会救助制度、社会福利制度、军人社会保障制度及补充保障制度等。

4. 社会保障制度的主要模式。基于世界社会保障制度发展历程，结合各国实施社会保障制度的责任主体、社会保障覆盖范围、保障水平以及筹资与运作方式等特点，社会保障制度发展大致可以归纳为四种主要模式，包括社会保险模式、国家保险模式、福利国家模式和强制储蓄模式。

关键术语

社会保障制度体系　social security institution system
社会保险　social insurance
国家保险　national security
社会福利　social welfare
中央公积金　central provident fund
社会救助　social assistance

复习思考题

1. 阐述社会保障制度体系建设的基本要求与目标。

2. 一国或地区社会保障制度体系的完备性表现在哪些方面?

3. 比较不同社会保障制度模式的差异性，为何一国在不同历史时期或不同国家会有不同的制度模式选择?

阅读材料

新加坡中央公积金制度何以成功

新加坡中央公积金制度是一项全面的社会保障储蓄计划，是新加坡社会保障制度的基石，其设立的目的是通过终身收入、医疗融资和住房融资，让新加坡人对其退休生活获得安全感。

新加坡中央公积金制度于1955年7月1日建立。人们把每月收入的一部分存入公积金账户，以增加退休储蓄。1968年，新加坡政府推出了公共住房计划，允许人们用中央公积金储蓄来支付建屋发展局建设的组屋的抵押贷款，该计划提高了人们的住房支付能力。1984年，新加坡中央公积金局建立医疗储蓄账户。该账户的用途是帮助中央公积金会员以及他们的家人支付一定的住院费用。1990年健保双全计划作为一项医疗保险计划被推出，帮助会员支付长期疾病和严重疾病的相关费用。

1986年新加坡政府通过了一项投资计划，会员们可以将其普通账户储蓄用于投资，经过不断完善和发展，该项投资计划演变成了今天的中央公积金投资计划。1987年新加坡政府推出了最低数额计划，该计划帮助会员们将其储蓄分散在退休后的所有年份里，而非一次性支取。2009年，新加坡政府推出了中央公积金终身年金计划，该计划是对最低数额计划的补充，它提供了一个终身的支付流，以确保中央公积金会员的储蓄足以覆盖他们的整个退休生活。

资料来源：蔡真，池浩珲．新加坡中央公积金制度何以成功：兼论中国住房公积金制度的困境．金融评论，2021 (2).

中国慈善事业发展：成效、问题与制度完善

自2016年《中华人民共和国慈善法》（以下简称《慈善法》）实施以来，我国的慈善事业获得了较大的发展。但是，我国慈善事业总体发展滞后的局面并未从根本上改变。我国慈善事业发展的滞后性集中表现在以下四个方面：一是依法认定和新增的慈善组织发展缓慢。一方面，在全国社会组织中，认定为慈善组织的占比严重偏低，截至2020年8月21日，全国民政部登记认定为慈善组织的只有7 596个（其中基金会5 060个），不到全国社会团体的1%；另一方面，新增慈善组织数量在逐年减少。二是慈善资源动员能力依然有限。2015年全国慈善捐赠总额为1 108.57亿元，2016年增长到1 295.26亿元，2017年增长到1 499.85亿元，2018年下降为1 439.15亿元，2019年

为 1 509.44 亿元，总体上，我国慈善事业所筹集的款物占 GDP 的比重为 0.14%～0.15%；人均捐赠额虽然从 2015 年的 81.69 元增长到 2019 年的 107.81 元，但占居民人均可支配收入额的比重为 0.34%、占居民人均消费支出额的比重不到 0.5%，并且这是就捐赠总额所计算的结果，如果扣除占 3/4 的企业捐赠，个人捐赠更低。三是应急协调能力有限，缺乏枢纽型慈善组织。新冠疫情的暴发一度激发了社会各界的慈善热情，但疫情防控初期，个别地区、个别慈善组织暴露出了信息披露不足、款物处置迟缓、协调机制缺乏等问题。四是慈善领域的失范现象时有发生。有的慈善组织信息公开不足；多头募捐、欺诈募捐及募捐财物"跑、冒、滴、漏"等现象屡见不鲜，强行摊派募捐现象仍有发生。

我国慈善事业发展滞后的现状，揭示了《慈善法》确立的宗旨并未在实践中得到全面贯彻落实，问题症结主要包括：一是《慈善法》落实不到位，配套政策支持措施不到位，促进力度还不够大；二是行政部门缺乏有效协调，监管不足与监管过度并存；三是相关制度跟不上慈善事业发展实践的需要；四是慈善组织发育缓慢，行业生态并未形成。

资料来源：郑功成．中国慈善事业发展：成效、问题与制度完善．中共中央党校（国家行政学院学报），2020（6）.

多层次社会保障体系建设

纵观全球社会保障发展史，社会保障均经历了从非正式制度向正式制度转变，从政府不介入向政府介入转变，从为当权者服务到为全社会可持续发展服务转变，从单一的社会政策向多层次社会保障体系以及和其他经济政策、社会政策协同发展转变，这些重大转变是社会保障制度不断改革创新完善的需要，更是社会治理不断迈进现代化的重要标志。目前，我国经济新常态的特征日趋明显，社会风险加速聚集和扩散，因此，作为民生"安全网"、社会"稳定器"的社会保障体系建设在国家治理中的地位日益显现，各项任务更加繁重。

党的十九大报告明确提出，要"全面建成覆盖全民、城乡统筹、权责清晰、保障适度、可持续的多层次社会保障体系"，这一目标任务的核心要义是"全面建成"与"多层次"。因为从小康社会向现代化国家迈进，必然要以全面建成中国特色社会保障体系为重要依托，而全面建成中国特色社会保障体系又以是否建成了合理的多层次社会保障体系为条件。走多层次的发展道路是各国社会保障发展的基本取向，发达国家早已进入整体布局与实践的阶段，部分发展中国家亦在布局和实践之中。在发达国家，多层次社会保障体系建设早已进入政府与市场及社会责任边界清晰、社会保障项目结构层次与功能定位分明、各方积极性得到有效调动的成熟状态，对我国构建多层次社会保障体系具有重要的借鉴价值。

资料来源：郑功成．多层次社会保障体系建设：现状评估与政策思路．社会保障评论，2019（1）；林义，刘斌，刘耘礽．社会治理现代化视角下的多层次社会保障体系构建．西北大学学报（哲学社会科学版），2020（5）.

第4章

社会保障法制系统

党的二十大报告指出，“我们要坚持走中国特色社会主义法治道路，建设中国特色社会主义法治体系、建设社会主义法治国家”。长期以来，立法先行是世界各国社会保障事业发展的普遍规律，同样是中国特色社会保障法制体系的基本原则。建立一个健全的社会保障法制体系是一个艰巨、复杂且庞大的立法工程，需要有完善的社会主义市场经济体制及一定的社会经济发展程度作为立法基础。改革开放以来，在中国共产党的领导下，中国国民经济持续高速增长，综合国力极大提升，中国已经从发展不足、供应短缺的落后农业国转变为物质丰裕、民生日益富足的工业化国家，正在向共同富裕的社会主义现代化强国迈进。与此同时，中国共产党在前期社会保险立法经验的基础上，经过长时期艰辛探索，已经推动适应计划经济体制的传统制度安排转型为适应市场经济体制与社会发展进步的系统化社会保障法制体系。尤其是党的十八大以来，《社会保险法》《社会救助暂行办法》《慈善法》等相继出台，一些重要领域已经实现了有法可依、执法水平不断提高，在缓解社会矛盾、发展社会经济、展现社会主义制度优越性及实现共同富裕等方面发挥着举足轻重的作用。

学习要点

1. 了解国内外社会保障法的历史演进历程
2. 掌握社会保障法的法理关系
3. 理解社会保障争议处理法律制度的主要内容
4. 明确中国社会保障法制完善与未来挑战

4.1　社会保障法的演进

4.1.1　国外社会保障法的形成与发展

1. 社会保障法的萌芽：英国《济贫法》

英国是世界上最早进行工业化革命的国家。早在14—15世纪，英国封建主义制度逐渐瓦解，资本主义开始萌芽，部分工厂建立了支付工资的雇佣关系。14世纪中期，针对无产阶级劳动者的贫困问题，英国政府开始实施济贫制度，解决那些居无定所劳动者的生活问题。1388年，英国政府颁布法令，为贫困劳动者提供生活救助。1531年，英皇亨利八世颁布法令，规定地方官吏对其辖区内亟待救济的老弱贫民予以调查登记，发给执照，允许其在管辖范围内自由行乞。1536年，英皇颁布法令，建立了一项由政府主办的公共救济计划，责令各教区负责供养住满3年不能工作的贫民。1563年，国会采取措施通过法令，设置了济贫税，规定每户人家应依其财产收入按周缴税以救济贫民。1597年，英皇又颁布法令，通过设立济贫院，收容不能工作的贫民，并从法律上规定了父母和子女由彼此赡养和抚养的义务。1601年，伊丽莎白女皇将此前所有涉及济贫的法律法规编撰补充成法典，即形成世界社会保障发展史上赫赫有名的《伊丽莎白济贫法》（旧《济贫法》），该法典规定，教区对辖区内没有亲属供养的贫困者赋有救济责任。旧《济贫法》遵循的基本原则是，让那些没有工作能力的人，如孤儿、无人赡养的老人和身体残疾的人，得到救济或赡养。

此后，英国又在这部法律的基础上，颁布了一系列相关的法律。1662年，斯图亚特王朝颁布《住所法》，其规定贫民在其所在教区居住满1年的，有权获得教区救济。1782年，英国政府规定，年老及丧失劳动力的人必须集中起来接受救济，对具有劳动能力的人仍采用把原材料发给他们，让他们在家做工的办法进行救济。1795年，伯克郡济贫官员在斯品汉姆兰村开会，决定向收入低于公认最低生活标准的工人提供补助，允许他们在家得到救济。① 此后，这一制度在英国各郡广泛得到采用，成为缓和阶级矛盾的重要措施。1834年，英国议会通过《济贫法修正案》（Poor Law Amendment Act），这是1601年以后最重要的济贫法，称为新《济贫法》。② 该法取消了家内救济，停止向济贫院以外的贫民发放救济金，改为受救济者必须是被收容在济贫院中从事苦役的贫民。新《济贫法》为英国资本主义经济发展提供了大量一无所有的劳动力。

2. 社会保障法的突破：德国社会保险法

德国是世界上最早创建社会保险法（the social insurance act）的国家。19世纪中后

---

① 丁建定．试论英国济贫法制度的功能．学海，2013（1）.

② 和春雷．社会保障制度的国际比较．北京：法律出版社，2001.

期，伴随着资本主义经济的不断发展，资产阶级与无产阶级之间的矛盾不断激化，社会各界普遍认为，仅采取镇压工人运动的方式并不足以成事，国家应该关注劳动者的福祉。在此背景下，1881 年 11 月，德皇下诏实施社会保险制度，其目的是“为后代留下一个崭新且持久的内部和平，给予贫困者较多的保护与慷慨”[①]，史称《黄金诏书》。19 世纪 80 年代，德国相继出台《疾病保险法》《工伤事故保险法》《老年、残疾与遗属保险法》三大法案，三部法律不仅奠定了现代社会保险法律制度的基础，还衍生了相应的社会保险法理，即“通过社会政策，运用商业保险之保险技术，求得收入再分配，保障劳动者的基本生活”[②]。从总体上看，19 世纪末德国社会保险法的颁布是德国内外部经济、社会及文化条件作用的综合结果。

3. 社会保障法的发展：美国社会保障法

1929—1933 年，美国发生了严重的经济危机，股市剧烈波动、失业率迅速上升、民众生活艰难，尤其是失业群体的生活更是雪上加霜。[③] 为了应对如此严重的经济危机所引起的社会危机，1935 年美国罗斯福总统签署了一项历史性的法案——《社会保障法》，“社会保障”一词由此发端。美国社会保障法逐渐发展为由若干法案组成的一个庞大体系，涉及范围非常广泛，不仅扩展了社会保障的覆盖范围，增加了福利项目的种类，提高了福利水平，而且执行该法律的机构也获得了重要的发展。[④] 美国长期以来推崇个人主义，实行反对政府干预的自由市场经济，造成了美国社会保障法制体系建设的保守性和滞后性。

阅读材料 4－1　美国社会保障法的基本内容及特征

4. 社会保障法的完善：日本社会保障法

19 世纪下半叶，明治维新之后的日本开始步入资本主义发展阶段。日本社会保障制度的发展分为“救贫与公共扶助”“社会保险的发展”“社会保障的登场”几个阶段。[⑤] 日本社会保障制度起源于 1874 年实施的恤济制度，作为一般性、基本性的公共扶助制度，对于被救济者的范围、救济内容及程序、救济方法等方面均进行了系统规定。与多数国家社会保障制度构建的历史脉络大致相似，日本社会保障制度萌芽于社会救济，但因其缺乏权利性和救济性，与现代意义上的社会保障制度内涵相去甚远。

从时间脉络上看，依据社会保障制度的发展轨迹，日本社会保障法的实施主要经历了以下几个阶段：(1) 社会保障制度的准备阶段（1922—1944 年）：出台《社会保险法》《救济法》《国民健康保险法》《厚生年金保险法》等法律；(2) 战后日本社会保障制度的形成阶段（1945—1957 年）：颁布《身体障害者福祉法》《生活保障法》《社会福祉事业

---

① 郭明政．社会保险之改革与展望．重庆：翰芦图书出版有限公司，2006.

② 郑尚元，扈春海．社会保险总论．北京：清华大学出版社，2018.

③ 和雷春．社会保障制度的国际比较．北京：法律出版社，2001.

④ 杨冠琼．当代美国社会保障制度．北京：法律出版社，2001.

⑤ 荒木诚之．社会保障法．东京：青林书院，1988.

法》等法律；（3）社会保障制度的充实阶段（1958—1980 年）：相继实施《国民年金法》《老人福祉法》《母子福祉法》《雇佣保险法》等法律，标志着日本社会保障制度的逐渐形成；（4）社会保障制度的改革和调整阶段（1981—2013 年）：对《老人保健法》《精神保健法》《国民年金法》等法律进行了调整，并对《国民健康保险法》《国民年金法》具体实施内容进行改革，以适应经济、社会和人口结构转变的需要。① 20 世纪 20 年代开始，日本启动社会保险法建设逐渐形成了较为完善的社会保障法制体系。至今已成为社会保障制度较为完善的国家。但伴随着经济发展放缓、人口老龄化、低生育率等社会问题的出现，日本社会保障支付压力逐渐增加，社会保障法制建设面临诸多挑战。

5. 社会保障法的补充：国际劳工组织社会保障公约

1952 年，国际劳工组织颁布《社会安全最低基准公约》，正式将社会安全制度纳入国际劳工基准范畴，为缓解由于劳动关系造成的社会问题奠定了基础。同年，国际劳工组织通过《社会保障最低标准公约》，所涉及的保障内容包括医疗照护、疾病津贴、失业津贴、老龄津贴、工伤津贴、家庭津贴、生育津贴、残疾津贴、遗属津贴等各项社会保障项目。② 国际劳工组织提供的公约事实上只是提供了一个最低标准的参考，是保障劳工社会保障权益的基本要求。事实上，发达国家，尤其是北欧等福利国家，社会保障水平远远高于公约的基本要求。伴随着经济全球化的深入发展，发展中国家的社会保障制度不断完善。将国际社会保障立法同本国社会保障立法相结合，有助于实现保障居民社会保障权益与促进经济社会发展共赢。

4.1.2 中国社会保障法的产生与发展

在封建社会时期，生产力水平较低、抵御自然灾害的能力较弱，救灾救荒成为历朝历代执政者的重要政务。一般而言，对于救荒，主要分为消极救荒论和积极救荒论。所谓消极救荒论，主要是指自然灾害来临时的实际应对方法，包括赈济、调粟、养恤、除害等内容；积极救荒论，即预防灾荒的政策和具体举措，包括重农、仓储、水利和林垦等。③ 严格意义上讲，虽然中国古代先人提出了丰富的社会保障思想，采取了具体可行的措施，但均是统治者出于稳定社会统治的目的而为之，并不属于现代意义上的社会保障制度。

1. 民国时期社会法思潮的兴起与社会保障制度的萌芽

20 世纪 30 年代，中国法学界开始探索社会法问题，例如胡长清、黄佑昌、陆季番等学者提倡的社会法思潮包含了社会保障法的内涵，为中国近代社会保障制度的萌芽和发展奠定了理论基础。

---

① 郑尚元．社会保障法．北京：高等教育出版社，2019.

② 林嘉．社会保障法的理念、实践与创新．北京：中国人民大学出版社，2002.

③ 邓云特．中国救荒史．北京：商务印书馆，2011.

早在民国初期，便有建立社会保险制度的倡议。四川盐工保险成为中国近代最早的社会保险实践。1943 年，社会部为安定盐工生活，曾在川北各监区设置盐工保险社，并颁布《川北区各盐工保险暂行办法》，这成为我国近代社会保险制度的雏形。1947 年，民国政府颁布《中华民国宪法》，将社会安全列为基本国策之一，同时将社会保险作为保障社会安全的主要内容。其中，《中华民国宪法》第 155 条规定："国家为谋社会福利，应实施社会保险制度，人民之老弱病残，无力生活，及受非常灾害者，国家应予以适当之扶助与救济。"第 156 条规定："国家为奠定民族生存发展之基础，应保护母性，并实施妇女儿童福利政策。"第 157 条规定："国家为增进民族健康，应普遍推行卫生保健事业及公医制度。"上述规定蕴含了丰富的社会保障思想，是中国社会保障法制的萌芽。然而，《中华民国宪法》中关于社会保障的规定一直处于政策层面，并未付诸实施。

2. 中华人民共和国社会保障制度的形成与发展

（1）改革开放前我国的社会保障立法。新中国成立后，中国共产党开启了新中国法治建设的新纪元。例如为解决历史遗留的严重失业问题，政务院于 1950 年颁布了《关于救济失业工人的指示》，劳动部发布了《救济失业工人暂行办法》。后者以"减轻失业工人生活困难并帮助其逐渐就业转业"为诉求，实行以工代赈为主，并兼采生产自救、专业训练、帮助回乡生产及发放救济金等办法救济失业工人。1951 年，政务院出台的《劳动保险条例》规定符合法定适用范围的企业、单位职工的劳动保险费应由企业或资方负担，并在工伤、残废时期享受带薪公费医疗。这是中国历史上第一部系统的、对职工的生、老、病、死、残等情况都做了具体规定的社会保障法规，为中国社会保障法制体系的形成奠定了基础。《劳动保险条例》于 1953 年、1956 年进行了修正，扩大了适用范围，提高了劳动保险待遇标准。1956 年，政府通过了《高级农业生产合作社示范章程》，建立了农村五保供养制度，成为农村重要的社会保障制度，为保障农村弱势群体的基本生活奠定了基础。

（2）改革开放后我国的社会保障立法。改革开放后，在中国共产党的领导下，我国开启了社会保障立法的新高潮。综合看来，改革开放以来社会保障立法工作可以分为三个阶段：

1）快速发展阶段（1978—2003 年）。在中国共产党的领导下，这一时期的社会保障立法在新的起点上快速发展。1986 年，《中华人民共和国国民经济和社会发展第七个五年计划》第一次在政府文件中设立"社会保障事业"专章，并指出"七五"期间要有步骤地建立具有中国特色的社会主义的社会保障制度雏形；与此同时，要建立健全的社会保险制度，进一步发展社会福利事业，继续做好优抚、救济工作，从而指明了我国社会保障事业的发展方向和主要任务，有力地推动了相关立法工作的广泛、深入进行。为了适应经济体制改革，1991 年，国务院颁布的《关于企业职工养老保险制度改革的决定》指出，我国要逐步建立基本养老保险、企业补充养老保险、个人储蓄性养老保险相结合的制度。1995 年，《关于深化企业职工养老保险制

阅读材料 4－2　改革开放后中国社会保险立法的基本原则

度改革的通知》确定了社会统筹和个人账户相结合的养老保险制度改革方案。此外，1996年颁布的《企业职工工伤保险试行办法》将工伤保险制度独立出来，2003年颁布的《工伤保险条例》对工伤保险进行了全面调整与规范。

在加强社会保险立法工作的同时，党和政府也很重视加强和完善对社会弱势群体合法权益保障的立法。例如，1990年颁布了《残疾人保障法》，此后又陆续颁布了《未成年人保护法》（1991年）、《妇女权益保障法》（1992年）、《老年人权益保障法》（1996年）、《预防未成年人犯罪法》（1999年）等，保护弱势群体的合法权益。在此过程中，国务院还颁布了《农村五保供养工作条例》（1994年）、《城市居民最低生活保障条例》（1999年）、《关于实施农村医疗救助的意见》（2003年）、《城市生活无着的流浪乞讨人员救助管理办法》（2003年）等，进一步完善了社会救助制度。

2）稳定发展阶段（2004—2009年）。2004年3月，“社会保障”一词首次写入《中华人民共和国宪法修正案》，标志着我国真正进入社会保障的法制建设时期。同年8月发布的《军人抚恤优待条例》强调保障军人的抚恤优待与国民经济发展相适应。2007年通过的《残疾人就业条例》规定，采取集体就业和分散就业相结合的办法推动残疾人顺利就业，保障残疾人劳动权利。2007年通过的《劳动合同法》要求，必须将社会保险与劳动保护、劳动条件和职业危害防护等内容作为劳动合同必备条款加以约定。此外，《廉租住房保障办法》（2007年）、《社会保险业务档案管理规定（试行）》（2009年）等规范性文件对规范社会保险业务、解决城市低收入家庭的住房困难等问题予以关注。

3）调整完善阶段（2010年至今）。2010年，我国出台了《社会保险法》，将基本养老保险、基本医疗保险、工伤保险、失业保险、生育保险一起纳入法制体系。与此同时，社会求助立法也在不断完善和健全，例如《自然灾害救助条例》（2010年）、《社会救助暂行办法》（2014年）、《关于进一步健全特困人员救助供养制度的意见》（2016年）等；为进一步保障和改善残疾人民生、帮助残疾人和全国人民共建共享全面小康社会，国务院先后发布了《残疾人教育条例》（2017年）、《残疾人预防和残疾人康复条例》（2017年）；为规范和保护慈善活动参与者的合法权益，制定了《关于促进慈善事业健康发展的指导意见》（2014年）、《慈善法》（2016年），推动了中国慈善事业进入法制化轨道。我国社会保障主要立法成果如表4-1所示。

阅读材料4-3 中国社会保障法律法规成果的简要评价

表4-1 中国社会保障主要立法成果

种类	法律法规名称	颁布年份
社会保险法	《劳动保险条例》	1951
	《关于工人退休、退职的暂行办法》	1978
	《关于老干部离职休养的暂行规定》	1980
	《国营企业职工待业保险暂行规定》	1986
	《国有企业职工待业保险规定》	1993
	《劳动法》	1994

续表

种类	法律法规名称	颁布年份
社会保险法	《失业保险条例》	1999
	《社会保险费征缴暂行条例》	1999
	《工伤保险条例》	2003
	《社会保险法》	2010
社会救助与慈善法	《城市居民最低生活保障条例》	1999
	《城市生活无着的流浪乞讨人员救助管理办法》	2003
	《法律援助条例》	2003
	《农村五保供养工作条例》	2006
	《自然灾害救助条例》	2010
	《社会救助暂行办法》	2014
	《慈善法》	2016
社会补偿法	《大中型水利水电工程建设征地补偿和移民安置条例》	2006
社会福利法（特殊群体）	《关于现役军官退休处理的暂行规定》	1958
	《革命烈士褒扬条例》	1980
	《残疾人保障法》	1990
	《未成年人保护法》	1991
	《妇女权益保障法》	1992
	《老年人权益保障法》	1996
	《军人抚恤优待条例》	2004
	《烈士褒扬条例》	2011
	《退役士兵安置条例》	2011
其他	《住房公积金管理条例》	1999

4.2　社会保障法的基础问题与法理关系

随着人类科学技术的不断进步，社会保障法律制度作为社会经济发展的“安全网”和“稳定器”，发挥着越来越重要的作用。从世界范围内看，各国均通过社会保障立法的方式建立和完善相应的社会保障制度，以确保制度的稳定性与持续性。

4.2.1　社会保障法的概念和特征

1. 社会保障法的概念

社会保障法（the social security law）与社会保障在概念的内涵与外延上均存在较大

差异。虽然社会保障制度体系作为一种客观的社会现实存在并不以社会保障法为前提，但规范化的社会保障制度体系却是社会保障制度与立法科学建构的结果。从概念规范角度看，社会保障法是指以建立与维持各种社会保障措施为目的，调整社会保障关系及与之相关的其他社会关系的具有典型社会法属性的法律规范的总称。从概念外延上，社会保障法可以分为广义的社会保障法和狭义的社会保障法。广义的社会保障法是指所有调整社会保障关系的规范性法律文件，而狭义的社会保障法则指形式上与社会保障内容相关的规范性法律文件。

2. 社会保障法的特征

(1) 社会性。社会性是社会保障法最为重要的特征之一，主要包括主体的广泛性、义务的社会性和目的的公平性三个方面。所谓主体的广泛性，是指社会保障覆盖每一位社会成员，无论其行业、部门、单位性质以及是否有职业，只要生存发生困难，符合社会保障基本条件的成员就有权利享受社会保障法规定的待遇；所谓义务的社会性，是指社会保障资金由国家、企业和个人合理分担，三方共同承担保证社会保障制度健康运行的义务；所谓目的的公平性，是指通过全社会的共同努力以保障社会成员基本生存权的实现，从而及时有效地预防和化解社会危机，稳定社会秩序，实现社会和谐稳定和健康发展。

(2) 强制性。市场机制存在逆向选择风险，使得市场无法成为解决老弱病残等社会风险的主要手段，这也决定了政府必须通过立法手段强制实施社会保障制度。政府通过立法手段可以强制法定范围内的所有人参与到以社会保险为核心的社会保障制度中，避免市场机制中的逆向选择风险问题。因此，通过立法对社会保障制度予以强制性规范，有关各方当事人必须严格遵守、强制执行，不能任意选择。

(3) 协调性。社会保障制度建立的目的是帮助那些陷入困境的特殊群体抵御自身无法克服的社会风险，实质是促进社会协调均衡发展，实现社会公平正义与最大化提升社会福祉的目标。从技术层面看，这一协调性特征要求在社会保障立法过程中处理好公平与效率之间的关系，科学、协调设置社会保障法律关系主体之间的权利与义务，同时也要实现制度运行过程中强制性规范与非强制性规范、实体法与程序法的协调统一。

(4) 公平性。公平的社会保障制度要求社会成员在收益分配、生活状况方面公平合理，实现机会公平、过程公平、结果公平。机会公平要求在遵循权利平等的基础上，任何符合社会保障制度规定的社会成员都能够被强制性纳入社会保障制度范畴，做到起点公平。过程公平要求对任何遭受意外灾害而陷入困境的社会成员给予及时救助，使他们有能力重新参与社会公平竞争。结果公平要求正视市场经济条件下不同成员之间的社会资本存在必然差距这一客观事实，科学区分社会不同群体可能面临的社会风险，采取多元化救助方式，帮助社会成员切实有效地解决现实问题。因此，公平应该成为社会保障制度立法的核心价值，否则，无益于社会保障制度的可持续发展。

(5) 多样性。社会保障法并非一个独立的法律部门，而是同一类法律法规组成的有机法律体系，属于一个法律门类。在社会保障法中，不同领域甚至同一领域的法律制度，如社会保险领域的法律制度，其法律规范的名称、法律关系、法律功能和价值都会有很大的不同。如果从社会保障法乃至社会安全网构建角度看，每个领域的社会保障法制度的出台都是织密社会安全网的过程。这一过程中，有的立法成果体现为法律，有的则体现为法规，这种形式与内容的灵活性和多样性决定了社会保障法的多样性特征。

知识链接 4-1

《社会保险法》体现了弹性原则

所谓弹性原则，一是社会保险制度不能成为固化社会等级、妨碍社会流动的因素；二是社会保险制度要为个体的自由选择留有空间；三是社会保险制度要平衡好经济政策和社会政策的关系，一项好的经济政策就是社会政策，一项好的社会政策也是经济政策。

2010 年 10 月 28 日，我国《社会保险法》正式颁布。《社会保险法》突出体现了以下几个“更”字：一是覆盖人群更广。《社会保险法》规定的各项社会保险覆盖人群不仅有城镇就业的劳动者，还包括城镇居民、农民工群体和农村居民，在制度上初步实现了广覆盖。二是统筹层次更高。《社会保险法》规定，基本养老保险逐步实现全国统筹，其他社会保险逐步实现省级统筹，使得制度的统一性和整合性更高，社会保险经办的操作更简化。三是政府责任更凸显。《社会保险法》强化了政府责任，尤其是政府的财政支持力度和支付责任，使社会保险制度的国家福利特征更加明显。四是转移接续更方便。《社会保险法》对基本养老保险、基本医疗保险的转移接续办法规定更明确，增强了社会保险的“便携性”，也为制度弹性留下了足够空间。

资料来源：韩克庆．《社会保险法》体现了弹性原则．社会科学，2011（11）．

4.2.2　社会保障法调整对象的特点

1. 主体的确定性

社会保障是一项复杂、综合、系统的社会工程，其实质是一种政府主导下的行政行为。如果没有政府机构的组织参与，社会保障工作将难以开展，社会保障关系也将无从谈起。政府、被授权或受托行使具体社会保障职能的有关机构是社会保障制度的组织者、参与者与最终责任的承担者，对社会保障事务实行统一集中管理。我国确定由人力资源社会保障部、国家医保局、民政部以及其他相关部门共同作为社会保障行政主管部门。

2. 客体的层次性

社会保障是国家或政府对初次分配可能造成社会财富占有不合理的结果，以宏观调控者的身份实现国民收入再分配，建立起以国家财政分配和社会保障制度为核心内容的收入再分配体系，对那些因故陷入生活困难或面临生存危机的社会成员给予生活保障，以保证其基本生活状态的制度设置。美国心理学家亚伯拉罕·马斯洛（Abraham

Maslow）在《动机与人格》一书中提到著名的需求层次理论，将人类的基本需要从低级到高级依次分为生理需要、安全需要、归属和爱的需要、尊重的需要和自我实现的需要五类，并且认为这五类需要之间存在递进关系。[①] 现阶段社会保障主要提供以财产给付为主要形式的物质帮助，随着社会发展与人类需求层次的不断提高必将有所调整，其中，文化生活、精神生活以及幸福指数等方面也会被纳入社会保障法律制度体系中，呈现出多样性、层次性和全面性等基本特征。

3. 权利与义务的对等性

社会保障是国家或政府对社会成员承担的确保其基本生活水平的一种社会责任，在社会成员遇到社会问题、生活处于困境时，国家有义务向其提供基本物质生活保障的一套带有明显社会福利色彩的制度安排。同时，社会保障也是一种经济分配形式，通过立法对国民收入进行分配与再分配。在社会保障制度安排上，社会保障关系双方主体之间必须共同承担社会保障所需资金的筹集义务，才能享受社会保障待遇的权利，这一点在社会保险制度中尤为明显。当然，并非所有的社会保障制度均需要坚持权利与义务的对等性，例如，社会救助和军人优抚对相关群体采取权利与义务的非对等恰恰是社会福利的重要体现。社会福利作为增进群众福利、改善国民物质文化生活的一种社会制度，与社会经济发展水平呈正相关性，随着社会经济发展水平的提高，国民付费的义务与享受保障待遇的权利之间的关系逐渐弱化。

4.2.3 社会保障法的基本原则

1. 有条件的社会共同责任原则

在现代社会环境中，诸如伤残、失业、破产、年老等多方面风险会导致社会成员丧失工作能力、失去收入来源或生活陷入困境，单单依靠个人无法承担结果，需要全社会成员共同承担，达成对全体社会成员的共同保障，维护正常社会秩序，促进社会的发展与进步。因此，社会保障法必须遵循有条件的社会共同责任原则，即通过强制性立法建立社会共同责任机制，使社会风险在一定程度上由社会成员共同承担，通过对部分社会成员的特别保护，达到对全体社会成员的共同保障。

2. 社会保障水平与经济发展相适应原则

世界各国的社会保障制度均随着经济社会的发展呈现出社会保障覆盖对象由窄到宽、社会保障项目由少到多、社会保障待遇由低到高的发展趋势。例如，1883 年德国《疾病保险法》的保障对象仅为工商业者和手工业者，直到 1957 年，农民才被纳入社会保险覆盖范围；1950 年美国通过立法确定了养老保险待遇标准，1950—1998 年，根据美国经济发展水平，养老保险待遇先后修改了 32 次。这充分说明，社会保障立法确定的社会保障

---

① 亚伯拉罕·马斯洛．动机与人格．北京：华夏出版社，1987.

对象、项目与待遇水平，均受到本国经济发展水平的影响。社会保障待遇水平并不是越高越好，要与本国社会发展阶段和经济发展水平相适应，既能保障公民的基本生活，又能促进国民经济的健康发展。

3. 社会保障制度与本国国情相结合原则

纵观世界各国的社会保障制度，均是从本国国情出发制定社会保障法律和相应社会保障措施。例如，美国国会通过的联邦统一立法规定的保障项目和保障标准适用于全国，但允许各州通过立法增加保障内容。① 中国是世界上最大的发展中国家，要在这样一个拥有 14 亿多人口的大国中建立与社会主义市场经济体制相适应的社会保障制度，不仅需要借鉴和吸收国际社会的经验教训，而且必须从本国国情出发，总结我国在社会保障法制建设过程中的经验，通过不断改革创新，建立具有中国特色的社会保障法律制度体系。

4. 公平与效率协调发展原则

公平与效率是社会保障制度的价值基石，科学、合理协调二者之间的关系是社会保障立法的基本原则之一。从发达国家社会保障制度的历史演进看，伴随着福利国家制度的推行，社会保障对于经济发展的负面效应逐渐凸显出来，由于福利国家社会保障的项目较多，待遇标准较高，滋生社会成员对福利的依赖性，产生“养懒汉”的现象。除此之外，福利国家制度还导致社会保险与津贴标准过高，提高了企业产品成本，进而影响国家对外竞争力，导致资金外移、科技人员流失等一系列问题。因此，在强调保障社会成员基本生活的前提下，必须加大社会成员对社会保障资金的供给份额，坚持社会保障待遇获取与缴费水平相统一的原则，激发劳动者缴费积极性，在保障社会成员，尤其是弱势群体基本生活的同时，促进经济社会的可持续发展。

4.2.4　社会保障法的法理关系

1. 宪法

目前，世界上大多数国家的宪法中均有关于社会保障内容的相关条款规定。《中华人民共和国宪法》是我国的根本大法，具有最高法律效力，任何法律、法规等规范性文件均不得与宪法相违背。我国宪法第十四条、第三十三条、第四十四条和第四十五条规定了与社会保障相关的内容。第十四条第四款规定：“国家建立健全同经济发展水平相适应的社会保障制度。”为社会保障制度立法提供了基本的原则性指引。第三十三条第三款规定：“国家尊重和保障人权。”为社会保障制度立法提供了根本性的法律保障。第四十四条规定：“国家依照法律规定实行企业事业组织的职工和国家机关工作人员的退休制度。退休人员的生活受到国家和社会的保障。”第四十五条规定：“中华人民共和国公民在年老、疾病或者丧失劳动能力的情况下，有从国家和社会获得物质帮助的权利。国家发展

---

① 黎建飞．社会保障法．北京：中国人民大学出版社，2015.

为公民享受这些权利所需要的社会保险、社会救济和医疗卫生事业。国家和社会保障残废军人的生活，抚恤烈士家属，优待军人家属。国家和社会帮助安排盲、聋、哑和其他有残疾的公民的劳动、生活和教育。”

2. 法律

法律可以分为广义上的法律和狭义上的法律。广义上的法律是包括狭义上的法律在内的所有具有法律效力的规范性法律文件，而狭义上的法律则仅指拥有立法权的国家权力机构即全国人大及其常委会依照立法程序制定的规范性法律文件。目前，我国还没有专门以社会保障法命名的法律，但关于社会保障内容的法律却数不胜数。主要包括《劳动法》《未成年人保护法》《妇女权益保障法》《残疾人保障法》《老年人权益保障法》《义务教育法》，以及典型意义上的社会保险类法律，例如《社会保险法》《军人保险法》等基本法，均有针对不同群体而进行的或全部、或部分社会保障内容的条款规定。除此之外，与社会保障密切相关的其他法律，如民法、刑法、行政法以及三大诉讼法等，为保证社会保障法的正常运行发挥重要作用。

3. 行政法规或部门规章

行政法规是由国家最高行政机关即国务院制定的规范性法律文件。涉及社会保障法内容的有《城镇职工基本医疗保险条例》《社会保险费征缴暂行条例》《工伤保险条例》《自然灾害救助条例》《全国社会保障基金条例》《失业保险条例》《城市居民最低生活保障条例》《军人抚恤优待条例》等。部门规章是指由国务院所属的各部门、委员会在法定职权范围内制定和发布的调整部门管理事项的规范性法律文件，包括《社会保险基金先行支付暂行办法》《社会保险个人权益记录管理办法》《社会福利机构管理暂行办法》《城镇企业职工基本养老保险关系转移接续暂行办法》等。从我国有关社会保障规范性法律文件的发布数量看，以规章形式发布的最多，是我国社会保障法最为重要的来源之一。

4. 地方性法规和地方性规章

《中华人民共和国立法法》（以下简称《立法法》）第八十条规定：“省、自治区、直辖市的人民代表大会及其常务委员会根据本行政区域的具体情况和实际需要，在不同宪法、法律、行政法规相抵触的前提下，可以制定地方性法规。”地方性法规不具有全国性效力，只能在地方区域内发生法律效力。该表现形式的社会保障法如《广东省社会养老保险条例》《内蒙古自治区城镇职工基本养老保险条例》《济南市城镇企业职工基本养老保险条例》等。《立法法》第九十三条第一款规定：“省、自治区、直辖市和设区的市、自治州的人民政府，可以根据法律、行政法规和本省、自治区、直辖市的地方性法规，制定规章。”地方性规章形式的社会保障法如《海南省从业人员医疗保险条例实施细则》《深圳经济特区社会养老保险条例实施细则》《天津市城镇企业职工养老保险条例实施细则》等。

5. 国际公约

国际公约是指有关政治、经济、文化、技术等方面的国际多边条约。公约通常为开放性的，非缔约国可以在公约生效前或生效后的任何时候加入。我国已经缔结和参加了大量的包含社会保障内容的国际公约，包括《世界人权宣言》《经济、社会及文化权利国际公约》《残疾人权利公约》，以及国际劳工组织《生育保护公约》《社会保障最低标准公约》《残疾、老年、遗属补助公约》等。

知识链接 4-2

社会保障国际合作的重要意义

滥觞于20世纪初且方兴未艾的社会保障国际合作具有不容忽视的重要价值。尤其是在全球大部分海外劳工的社会保障权益仍在不同程度受损且越来越多的国家开始关注劳动者境外社会保障权益的背景下，社会保障国际合作的重要性日渐凸显。

社会保障国际合作是全球各国维护海外劳工社会保障权益的有效途径。不过，国家之间开展社会保障国际合作要具备四个基本条件：首先，双方互有适量的劳工往来；其次，双方的社会保障制度相对完善；再次，双方具备相应的财力和行政管理能力；最后，双方具有相互合作的意愿与动力。通过合理的制度安排，社会保障国际合作不仅可以解决海外劳工面临的社会保障双重缴费、社会保障双重缺失以及社会保障待遇支付障碍等问题，而且有利于提升原籍国跨国企业的国际竞争力、维持社会保障基金的财务平衡以及减少人才的流失，还有助于东道国促进外籍劳工正规就业、打击非法劳工以及减少低收入国家的社会倾销，进而实现海外劳工、原籍国和东道国三方共赢的局面。

资料来源：谢勇才．论社会保障国际合作的实现条件及其重要意义．东岳论丛，2018（2）.

4.3　社会保障争议处理法律制度

4.3.1　概述

由于社会保障法律关系的复杂性，社会保障争议的类型比较多样，加大了社会保障争议制度整合的难度。广义的社会保障争议，既包括社会保险争议、社会救助争议、社会优抚争议、社会福利争议，又包括社会保障基金管理争议、社会保障行政争议。狭义的社会保障争议可能是对当事人的限制，特指社会保障权益人作为一方当事人的争议，可能是社会保险争议，也可能是社会救助争议，但不包括社会保障基金管理争议。

1. 社会保障争议的特征

社会保障争议是指社会保障关系的当事人之间发生的、以社会保障权利与义务以及社会保障权益为内容的社会纠纷。换言之，因社会保障制度的实施而产生的争议即为社会保障争议。社会保障争议具有如下特征：

（1）社会保障争议主体的多元性。社会保障权益往往不是在两个主体之间落实，而是在极为多元的主体之间搭建。以基本养老保险为例，有作为缴费主体的企业、劳动者，有作为补贴主体的政府部门，有作为资金持有主体的养老保险基金管理者，有作为养老保险费征缴、待遇发放主体的经办机构，有作为享受待遇主体的受益人，倘若发生争议，其主体多元性较为明显。

（2）社会保障争议内容的复杂性。社会保障制度具有系统性，社会保障争议主体具有多元性，社会保障争议的内容则势必牵一发而动全身，这意味着社会保障争议的内容具有复杂性。

（3）社会保障争议效果的集体性。社会保障争议的内容具有集体性，这意味着社会保障争议表现为个别争议，但实为集体争议。

2. 社会保障争议的分类

根据不同的标准对社会保障争议进行不同的分类。

（1）根据社会保障项目不同，社会保障争议可以分为社会保险争议、社会救助争议、社会优抚争议等。其中，社会保险争议又可以分为基本养老保险争议、基本医疗保险争议、失业保险争议、工伤保险争议、生育保险争议等。

（2）根据争议的主体不同，社会保障争议可以分为缴费主体与受益人之间的社会保障争议、经办机构与缴费主体之间的社会保障争议、经办机构与受益人之间的社会保障争议，以及经办机构之间的社会保障争议。按照争议的主体对社会保障争议进行分类是社会保障争议主体多元性的表现。但是，由于社会保障争议的整体性，以主体划分的争议往往造成对完整争议的分割。

（3）根据处理的渠道不同，社会保障争议可以分为社会保障劳动争议、社会保障行政争议等。

4. 3. 2　社会保障争议处理法律制度的内容

1. 社会保障劳动争议处理制度

社会保障劳动争议是用人单位和劳动者之间因社会保障权益而发生的争议。在我国，社会保障劳动争议是一种特殊的劳动争议。

（1）社会保障劳动争议调解仲裁制度。社会保障劳动争议调解仲裁制度主要包括以下几个方面：1）社会保障劳动争议调解仲裁的范围。根据我国《劳动争议调解仲裁法》的规定，劳动者与用人单位之间因社会保险、福利发生的争议以及因工伤医疗费发生的争议属于劳动争议调解仲裁的范围。2）社会保障劳动争议调解仲裁的程序。发生社会保障劳动争议，劳动者可以与用人单位协商，也可以请工会或者第三方共同与用人单位协商，达成和解协议。当事人不愿意协商、协商不成或者达成和解协议后不履行的，可以向调解组织申请调解；不愿调解、调解不成或者达成调解协议不履行的，可以向劳动争议仲裁委员会申请仲裁；对仲裁裁决不服的，除法律另有规定外，可以向人民法院提起诉讼。3）社会保障劳动争议仲裁裁决的效力。社会保障劳动争议仲裁裁决按照效力可分为终局裁决和非终局裁决。终局裁决是指仲裁机构在案件审理终结时对当事人提交的全部实体争议所作的、裁决书自作出之日起发生法律效力的裁决。而非终局裁决则在裁决作出一定时间内允许当事人向人民法院提起诉讼。用人单位和劳动者之间因追索工伤医疗费，不超过当地月最低工资标准十二个月金额的争议仲裁裁决、因执行国家的劳动标准在社会保险等方面发生争议的仲裁裁决均为终局裁决。

（2）社会保障劳动争议诉讼制度。社会保障劳动争议诉讼制度是通过诉讼程序处理用人单位和劳动者之间的社会保障劳动争议的制度。社会保障劳动争议诉讼的受理案件范围包括两种，一种是当劳动者与用人单位或其团体之间发生关于劳动权利和劳动义务的纠纷时，如果通过调解和仲裁纠纷无法得到解决，可以向人民法院提起诉讼。另一种是经过仲裁裁决而当事人不服的社会保障劳动争议，根据我国《劳动争议调解仲裁法》的规定，超过当地月最低工资标准十二个月金额的工伤医疗费争议以及非因执行国家的劳动标准而发生的社会保险、福利等方面的争议，可以向人民法院提起诉讼。随着社会保障政策的不断推广和社会保障立法的不断深入，用人单位和劳动者之间的社会保障争议日趋复杂，种类也日益繁多，如果不能通过劳动争议调解仲裁程序进行救济，则应当直接进入诉讼程序。然而，有些社会保障纠纷虽属于用人单位和劳动者之间的纠纷，但在适用民事诉讼程序上没有争议，在实体法律上没有规定，这在我国现今的司法体制中客观上造成了诉讼救济的困难。

2. 社会保障行政争议处理制度

社会保障行政争议是指社会保障经办机构在依照法律法规以及有关规定经办社会保障事务过程中，与公民、法人或者其他组织之间发生的争议，公民、法人或者其他组织认为社会保障经办机构的具体行为侵犯其合法权益的，可以向社会保障经办机构或者归口主管行政部门申请社会保障行政争议处理。因此，社会保障行政争议处理是把社会保障争议作为行政纠纷来处理，应当说，在社会保障争议的多元化主体中，社会保障经办机构处于枢纽地位，其行为也具有公法性质，把社会保障行政争议作为特殊的行政纠纷来处理是比较合理的。目前来看，我国还没有专门的社会保障行政争议处理立法，2001 年劳动和社会保障部印发的《社会保险行政争议处理办法》是重要的社会保障行政争议处理规范。

（1）社会保险争议行政复查制度。行政复查的前提并不是争议，而是公民、法人或者其他组织的异议，复查申请旨在让社会保险经办机构了解异议之存在，然后通过社会保险经办机构去发现和解决问题。1）行政复查的范围。其包括认为社会保障经办机构未按规定审查社会保险缴费基数、对社会保障经办机构就核定其社会保险待遇标准有异议以及认为社会保障经办机构未依法为其调整社会保险待遇等。2）公民、法人或者其他组织认为如果上述某一具体行政行为侵犯其合法权益，可以自知道该具体行政行为之日起六十日内向经办机构申请行政复查。申请行政复查一般以书面形式提出，也可以口头提出。3）行政复查的中止和效力。申请人在社会保障经办机构复查该具体行政行为期间，向行政部门申请行政复议的，经办机构的复查程序终止。社会保障经办机构复查期间，行政复议的申请期限中止，复查期限不计入行政复议申请期限。

（2）社会保险争议行政复议制度。社会保险争议行政复议是社会保险行政争议处理的核心制度，也是整个社会保障争议处理制度（social security dispute resolution system）的支柱和典型。加强社会保险争议行政复议制度建设和机构建设是社会保障法律完善的重要目标。社会保险争议行政复议制度的流程包括行政复议的范围，行政复议的申请，行政复议的受理，行政复议的审理及行政复议的终止、决定和效力等。

（3）社会保障争议行政诉讼制度。社会保障争议经过行政复查、行政复议之后也有可能进入行政诉讼程序。社会保障争议很早就纳入行政诉讼程序，如我国《行政诉讼法》规定公民、法人或其他组织认为行政机关没有依法发给抚恤金而提起的诉讼属于行政诉讼。社会保障争议在纳入行政诉讼之受案范围的情况下，当事人的权益可直接通过行政诉讼得到救济。

4.3.3 社会保障争议处理法律制度的不足与完善

我国社会保障制度的法律化程度较低，社会对社会保障争议处理法律制度的需求还未充分挖掘，以致社会保障争议处理法律制度的自我整合意识比较弱。目前而言，我国既没有专门的社会保障争议处理法律，也没有专门的社会保障争议处理机构。社会保障争议处理法律制度被分解为劳动争议和行政纠纷，社会保障争议处理机构分散在劳动争议仲裁机构、民事诉讼机构、行政诉讼机构当中。

（1）按照劳动争议处理社会保障争议的不足。劳动者与用人单位之间发生的社会保障争议，按照劳动争议处理。根据我国《劳动法》规定，用人单位和劳动者必须依法参加社会保险，缴纳社会保险费。用人单位基于劳动关系为劳动者缴纳各项社会保险费，当劳动者就社会保险权益与用人单位发生纠纷时，按照劳动争议来处理和解决。我国《劳动争议调解仲裁法》将用人单位和劳动者因社会保险、福利发生的争议纳入受案范围。我国《工伤保险条例》将劳动者与用人单位发生的工伤待遇方面的争议，按照处理劳动争议的有关规定处理。如此适用法律，造成了社会保障争议的割裂，以及法律适用上的错位。具体表现为：1）主体缺失。劳动争议是劳动者与用人单位之间的争议，而社会保障争议的主体还包括社会保险经办机构，适用劳动争议处理相关法律解决社会保障争议则忽视了社会保险经办机构的存在。2）法律性质的颠倒。劳动争议本质上是私法争议，而社会保障争议在本质上是公法争议。

（2）按照行政争议处理社会保障争议的不足。公民、法人或者其他组织与社会保险经办机构、管理机构及受托机构之间发生的社会保险争议，城市居民与民政部门之间发生的最低生活保障争议，按照行政争议处理和解决。然而，国家通过社会保障立法，约定给予公民各种社会保障给付，公民只要符合法定条件就可享受保障利益，发生争议时，国家及其受托单位对争议内容不享有做出专属判断的优势地位，个人有权提出主张而不处于无条件领受的劣势地位。这种特殊性决定了在社会保障领域无论是职权设置还是程序规定都应以社会保障权威为出发点，而行政诉讼中审查和关注的是具体行政行为的合法性，而不是社会保障利益是否得到实现。从程序上看，社会保障领域的集体争议非常普遍，但现行行政争议处理程序只有共同诉讼的相关规定，并没有共同行政复议的相关规定，绝大多数行政争议都要先执行行政复议程序，只能采取个案解决的方式，对大面积、普遍性的拖欠社会保险费、挪用社会保险基金等案件，现行程序效率较为低下。

(3) 我国社会保障争议处理法律制度的完善。重塑我国社会保障争议处理法律制度是完善我国社会保障法制的重要内容。虽然我们可以在社会保障争议处理法律制度的具体细节上不断完善，但我国仍要考虑从根本上重构我国社会保障争议处理法律制度。在宏观上，至少有两个目标的价值追求：1）充分认识到社会保障争议的独立性，制定统一的社会保障争议处理法，不能使社会保障争议在撕裂状态下分散在劳动争议处理法和行政争议处理法中，而应该制定一部社会保障争议处理法。2）充分认识到社会保障争议的专业性，成立专门的社会保障争议法院或法庭来审理社会保障争议。社会保障争议应该由专门的机构进行审理，通过强调各相关主体参与争议处理，实现私法争议事项和公法争议事项的一体处理，实现司法机构和行政机构的协调配合。

4.4 中国社会保障法制完善与未来挑战

改革开放以来，尤其是20世纪90年代以来，我国政府颁布了一系列与社会保障相关的法律法规，取得一系列立法成果。然而，我国在社会保障法制方面仍然存在诸多问题。

4.4.1 法制完善与空白填补

德国于1883年颁布了《疾病保险法》、日本于1992年颁布了《国民健康保险法》，我国医疗保险领域就只有《社会保险法》第三章“基本医疗保险”中所规定的10个条文，作为社会保险最为重要的组成部分，基本养老保险和基本医疗保险影响力较大，覆盖人数最多。虽然我国制度构建方面或多或少都有相应的法律法规，但其法律适用性、可操作性较差，无法在日益严峻的人口老龄化背景下满足日益增长的养老及医疗服务需求。[①]

在社会救助领域，1998年就列入立法规划的社会救助法（the social assistance law）最终未能及时出台。城乡低保制度、农村五保供养制度皆依行政法规进行，但法规颁布之后一直未予修订。我国社会救助制度的最大问题在于法制化进程缓慢，部分地区人民法院开始受理社会救助行政诉讼案件，但实体法依据之粗糙性决定了这类案件很难胜诉；个别依法举报事件引起重视，恰恰不是依据社会救助类法规，而是依据廉政政策、党纪党规做出处理，社会救助领域的法制建设任重而道远。至于未成年人、老年人、残疾人权益保障法领域，我国将当事人所有权益合并于一体。严格意义上讲，这类法律并非单纯的社会保障法，有些属于相应的社会保障行政给付立法，有些属于民法、刑法等法律

① 封进．中国城镇职工社会保险制度的参与激励．经济研究，2013（7）．

制度的范畴。因此，应该重点对社会保障类法律法规进行归纳、总结与分类，建立系统化专门法律规范体系。

在立法填补领域，社会补偿法是社会保障法的重要分支。然而，这一概念在我国尚未使用，立法仍处于空白地带。德国《社会法典》第一篇第五条规定："基于国家整体对于特别牺牲之补偿或基于照顾法上的原则而生之其他理由，人民就其所遭受之健康损害，对下列事项拥有请求权：（1）用以维持、改善以及恢复期健康与工作能力之必然性措施；（2）适当之经济照顾；（3）受害者之遗属亦得请求适当之经济照顾。"① 社会补偿法是社会保险、社会救助及其他社会福利给付的补充部分，主要包括犯罪受害人补偿、药害补偿、战争及军事演习受害补偿以及土地补偿等方面，其他相关制度无法取代。

养老服务领域同样尚未启动立法程序，无相关法制构建。第七次人口普查数据显示，截至2020年，我国60岁及以上老年人口规模约为2.64亿。② 我国现处于人口老龄化深入发展阶段，但是，对于开办社会化养老服务机构，国家并未制定相应的准入标准、资质条件以及监管措施，而被养老者或其监护人与养老服务机构之间仍处于民事契约阶段，且这种契约因内容复杂、涉及老年人生命健康与人身安全以及服务全过程，当事人之契约必然无法全部覆盖。此外，人口高龄化带来的患慢性病常态化、失能常态化成为人口老龄化新特征。长期照护问题逐渐超出家庭承受范围，社会化照护、社会保险支持成为发达国家在该领域几十年法制构建与探索的成功经验。③ 必须将上述领域纳入社会保障立法视野，成为社会保障法制系统的重要构成部分，以保障我国老年群体基本生活与生命安全。

儿童福利立法及其法制构建基本处于空白。虽然我国早已颁布实施了《未成年人保护法》，但立法重心在于未成年人人身安全、健康以及人格保护，多数属于消极性的防御条款。我国虽然也有一些儿童福利内容，例如身高1.2米以下儿童乘坐火车可以免票、1.2～1.5米的儿童半票乘车、婴儿坐飞机可以免票、部分场馆免费向未成年人开放等，这些本可以成为法制规范的内容，但现实中或脱法运行、或福利正在丢失。儿童是国家的未来，是一个民族最大的福利和财富。应构建相应的儿童福利立法，通过积极的行政给付和社会力量搭建儿童幸福成长的社会"安全网"。

4.4.2 社会变迁、时代难题与社会保障法制未来

社会保障法制的形成如同渔民织网，只有经过宏观架构，微观细心织造之后，社会"安全网"才能形成。社会保障法制建设，需要循序渐进，先急后缓，既要参酌欧洲、日本等的社会保障立法经验与成果，亦要考量中国国情，建立具有中国特色的社会保障法制体系。伴随着经济社会转型与时代变迁，社会保障问题不断演化，既需要构建完善的社会保障"安全网"，又要解决时代变迁过程中不断出现的新问题。

---

① 钟秉正．社会法之理论与应用（一）．台北：元照出版公司，2018.

② 国家统计局．第七次全国人口普查主要数据情况．（2021-05-11）．中国政府网．

③ 戴卫东．长期护理保险：中国养老保障的理性选择．人口学刊，2016（2）.

1. 人口老龄化与失能老年人长期护理保险法制建设

进入21世纪以来，伴随经济转型和社会转轨的双重深入，中国人口结构发生剧烈而深刻的转变，其中，人口老龄化无疑是人口结构转变过程中最为显著的特征之一。与此同时，高龄化以及由此产生的失能常态化、慢性病常态化成为人口老龄化的新特征。预计到2050年，我国失能老年人口将超过2亿人，届时将面临一系列长期照护难题。[①] 在长期护理保险法制领域，政府一直致力于推动长期护理保险制度顶层设计与地区试点实施。2016年6月，人力资源社会保障部印发《关于开展长期护理保险制度试点的指导意见》，明确提出开展长期护理保险制度试点工作的原则性要求，将河北省承德市等15个城市作为试点城市，标志着国家层面推进全民长期护理保险制度建设与发展的启动。2020年9月，国家医保局、财政部发布《关于扩大长期护理保险制度试点的指导意见》，新增了天津市、山西省晋城市等14个城市加入试点。二十大报告进一步指出，建立长期护理保险制度。随着长期护理保险制度试点范围的扩大，构建包括制度、服务和兜底救助等多元一体的长期照护体系是亟待解决的关键问题。

2. “三孩”政策落地、育儿津贴与社会保障法制建设

20世纪70年代中期计划生育政策开始实施，80年代后逐渐形成“独生子女”政策。2015年，国家放开“二孩”政策。2021年，《关于优化生育政策促进人口长期均衡发展的决定》指出，为进一步优化生育政策，实施一对夫妻可以生育三个子女政策及配套支持措施。同年，全国人大常委会会议表决通过了《关于修改〈中华人民共和国人口与计划生育法〉的决定》，国家提倡适龄婚育、优生优育，一对夫妻可以生育三个子女。国家生育政策的放开受到中国人口生育率低与人口老龄化带来的巨大经济社会负担的影响。然而，如何提高育龄妇女生育率不仅涉及个人层面，同样涉及社会层面。西方国家在构建养育幼儿福利制度方面的经验值得借鉴。国家应当重新审视有关妇女及儿童等特殊群体相关法规，尽快将其纳入法律规范，积极发挥生育保险的作用，提高生育津贴和育儿福利，进而有助于遏止我国低生育率问题。

3. 灵活就业人员与社会保障法制建设

进入21世纪以后，传统劳动关系，即工作时间和职场相对固定的工厂化时代的劳动关系比例逐渐降低。近年来，由于共享经济、互联网经济及自媒体经济的发展，弹性工作所占比例越来越高。我国《劳动合同法》规定，在同一用人单位一般平均每日工作时间不超过4小时，每周工作时间累计不超过24小时的工作为非全日制工作，这部分人员的社会保障尚未进入实践操作阶段，但这部分工作人员存在未来养老、职业灾害补偿及疾病医疗给付问题，应该将其纳入社会保险的覆盖范围。任何国家的社会保险构建均是从覆盖职业劳动者开始，之后扩展到其他群体。例如医疗保险一般从职业人群之疾病医疗给付扩展到全民医保。市场经济发达的国家由职业劳动年金保险逐渐扩展

---

① 胡宏伟，李延宇，张澜．中国老年长期护理服务需求评估与预测．中国人口科学，2015（2）．

到国民年金保险，实现了国民年金的全覆盖。因此，系统梳理灵活就业人员工作类型，制定灵活就业人员与新型就业人员的社会保险参保规范，是下一步政府需要关注的关键问题。

知识链接 4-3

全国政协委员郑鈜：建议完善灵活就业人员的社会保障制度

据国家统计局数据，截至 2021 年底中国灵活就业人员已达 2 亿人，网络主播、视频制作者、文案写手、外卖小哥、快递员等灵活就业新形式在社会中也越来越流行。全国政协委员、西华大学副校长郑鈜关注到这一现象，但他同时也发现，灵活就业人员社会福利往往偏低，一些法律法规已不适应目前这种发展趋势。

在郑鈜看来，完善灵活就业人员的社会保障机制，是促进就业和提高灵活就业人员获得感、幸福感的有效途径。首先，他建议进一步完善灵活就业人员的社会保障制度，加快取消对灵活就业人员参与工伤保险、生育保险等社会保障的限制。其次，应当及时修订有关灵活就业人员社会保障的法律法规，包括《社会保险法》《劳动合同法》《劳务派遣暂行规定》等。最后，提升对灵活就业人员服务和管理平台建设，建立高效的灵活就业人员服务和管理新模式、新平台。

资料来源：全国政协委员郑鈜：建议完善灵活就业人员的社会保障制度.（2022-03-10）. 百家号.

4. 相对贫困与社会保障法制建设

贫困问题是社会保障法制建设需要解决的核心问题。相对贫困，是指在特定的社会生产方式和生活方式下，依靠个人或家庭的劳动力所得或其他合法收入虽能维持其食物保障，但无法满足在当地条件下被认为是最基本的其他生活需求的状态。世界银行在《1981 年世界发展报告》中指出，当某些人、某些家庭或某些群体没有足够的资源去获取他们那个社会公认的、一般都能享受到的饮食、生活条件、舒适和参加某些活动的机会，就是处于贫困状态。[①] 2021 年 2 月 25 日，全国脱贫攻坚总结表彰大会在北京人民大会堂隆重举行。经过多年的持续奋斗，我国如期完成了新时代脱贫攻坚目标任务，现行标准下农村贫困人口全部脱贫，贫困县全部摘帽。在此背景下，防止弱势群体的脱贫返贫，构建相对贫困的长效救助机制成为下一阶段需要解决的关键问题。

5. 人工智能升级、失业率攀升与社会保障法制建设

近年来，科技发展日新月异，人工智能的发展将改变社会。从人工智能的发展来看，首先是机器人替代工人的现象正向深度发展。伴随机器使用率的提高，劳动者获取就业机会的可能性下降、失业率不断上升、收入差距进一步扩大。因此，构建公平、合理的社会再分配政策，保障人民生活水平，积极通过社会福利应对社会发展的负效应，是社

① 邓伟志．社会学辞典．上海：上海辞书出版社，2009.

会保障法制建设的重要使命。

本章小结

1. 从世界范围内看，社会保障法的发展历程包括：英国《济贫法》是社会保障法的萌芽、德国社会保险法是社会保障法的突破、美国社会保障法是社会保障法的发展、日本社会保障法是社会保障法的完善、国际劳工组织社会保障公约是社会保障法的补充。新中国成立后，在中国共产党的领导下，我国社会保障立法迅猛发展，社会保障法制系统初步形成，伴随经济社会的变迁，社会保障立法仍然任重而道远。

2. 社会保障法具有社会性、强制性、协调性、公平性与多样性等特征；社会保障法的调整对象包括主体的确定性、客体的层次性、权利与义务的对等性；社会保障法的基本原则包括有条件的社会共同责任原则、社会保障水平与经济发展相适应原则、社会保障制度与本国国情相结合原则和公平与效率协调发展原则；社会保障法的法理关系包括宪法、法律、行政法规或部门规章、地方性法规和地方性规章、国际公约等。

3. 社会保障争议处理法律制度包括社会保障劳动争议处理制度和社会保障行政争议处理制度。我国社会保障争议处理法律制度存在一些问题，需要在社会保障法制系统逐渐完善背景下制定具体可行的实施路径。

4. 我国在社会救助、养老服务及儿童福利等领域的立法亟待完善。伴随社会变迁，长期护理、“三孩”政策、灵活就业人员及相对贫困等不断出现的新问题亟待引起立法重视。

关键术语

新《济贫法》　Poor Law Amendment Act

社会保障法　the social security law

社会保险法　the social insurance act

社会救助法　the social assistance law

社会保障争议处理制度　social security dispute resolution system

复习思考题

1. 什么是社会保障法？
2. 社会保障法的调整对象包括哪些？
3. 社会保障法的法理关系主要有哪些？
4. 社会保障争议处理法律制度的主要内容有哪些？
5. 中国社会保障立法未来存在哪些挑战？如何完善？

阅读材料

完善社会保障法治　推动实现共同富裕

习近平总书记指出，“共同富裕是社会主义的本质要求，是人民群众的共同期盼。我们推动经济社会发展，归根结底是要实现全体人民共同富裕”。实现共同富裕是一个长期的历史过程，需要采取有力措施稳步迈进。2021 年中央经济工作会议指出，“实现共同富裕目标，首先要通过全国人民共同奋斗把‘蛋糕’做大做好，然后通过合理的制度安排把‘蛋糕’切好分好”。完善社会保障法治对实现共同富裕意义重大。

第一，社会保障是反贫困的重要制度安排。社会保障制度通过社会救助，尤其是最低生活保障、医疗救助、临时救助等制度保障公民的基本生活需要；通过养老、医疗、工伤、失业、生育等保险制度，帮助公民克服年老、疾病、工伤、失业、生育等带来的风险，避免公民因风险发生而陷入贫困，这是推进共同富裕的重要保障。

第二，社会保障是国民收入再分配的重要途径。社会救助通过政府财政支出，直接对救助对象施予救助，是国民收入再分配的典型形式。社会保险贯彻社会连带理念，通过社会保险的缴费分担和待遇支付机制，实现社会共济。国家通过各种社会保险财政补贴，包括对地区之间社会保障基金的调剂，也是国民收入再分配的重要形式。

第三，社会保障是促进人民精神生活共同富裕的重要前提。社会保障制度通过为公民提供各项基本保障和公共服务，有利于公民实现体面生活，稳定生活预期，减轻或消除对未来风险的顾虑，更好地满足各方面的需求。此外，社会保障制度蕴含的互助共济、公平正义、尊老爱幼、帮扶弱者等精神也是社会主义核心价值观的重要体现和滋养路径。

因此，通过法治完善社会保障制度，对于推进实现共同富裕具有重要意义，这也是我国法治建设的重要课题。

资料来源：谢增毅．完善社会保障法治 推动实现共同富裕．中国社会科学报，2022 (5).

新《慈善法》五大看点

中华民族历来有扶危济困、乐善好施的传统美德。我国《慈善法》自 2016 年施行以来，在保护慈善参与者权益、规范慈善活动等方面发挥了重要作用。与此同时，慈善领域也出现了一些新情况新问题，需要更完善的法治护航。2023 年 12 月 29 日，十四届全国人大常委会第七次会议表决通过《关于修改〈慈善法〉的决定》，新《慈善法》将自 2024 年 9 月 5 日起施行，其中有哪些看点？

看点一：充分发挥各级政府统筹协调作用

此次慈善法新增规定，县级以上人民政府应当统筹、协调、督促和指导有关部门在各自职责范围内做好慈善事业的扶持发展和规范管理工作。

中国社会科学院法学研究所副研究员栗燕杰认为，慈善工作涉及领域多、范围广，需要各级政府有关部门合力推进。此次修改有利于各部门相互协作、形成合力。

看点二：规范慈善组织募捐成本

规范慈善组织募捐成本是此次修改的一大亮点。

清华大学公共管理学院数字公益研究中心主任邓国胜介绍，法条中所指的募捐成本，大致为慈善组织在开展募捐活动过程中产生的物资采购、宣传推广、活动组织等费用。

“慈善组织开展募捐活动的过程中必然会产生一些费用，但少数慈善组织的募捐成本过高，这将导致挤占真正用于慈善项目的资金，使得慈善资金的使用效率降低。”邓国胜表示，以立法形式对募捐成本进行规范很有必要。

看点三：加大对相关责任人员的处罚力度

慈善组织存在私分、挪用、截留或者侵占慈善财产等违法行为的，新《慈善法》除对该慈善组织进行处罚外，还加大了对相关责任人员的处罚力度，情节严重的，禁止直接负责的主管人员和其他直接责任人员一至五年内担任慈善组织的管理人员。

看点四：建立健全个人求助网络服务平台监管制度

中国社会保障学会慈善分会副秘书长陈斌表示，近年来，个人求助网络服务平台发展迅速，在筹款总额等方面表现亮眼，在帮助大病患者筹集医疗费用中发挥了积极作用，但实践中也存在一些乱象。

新《慈善法》规定，个人因疾病等原因导致家庭经济困难，向社会发布求助信息的，求助人和信息发布人应当对信息真实性负责，不得通过虚构、隐瞒事实等方式骗取救助。从事个人求助网络服务的平台应当经国务院民政部门指定，对通过其发布的求助信息真实性进行查验，并及时、全面向社会公开相关信息。具体管理办法由国务院民政部门会同网信、工业和信息化等部门另行制定。

看点五：强化具有公开募捐资格的慈善组织在合作募捐中的责任

近年来，不具有公开募捐资格的组织或者个人与具有公开募捐资格的慈善组织合作开展公开募捐的现象越来越多。

“新《慈善法》进一步明确具有公开募捐资格的慈善组织的主体责任，明确要求其加强对合作方的前期审核、过程监督、财务管理等，这对于维护慈善事业的社会公信力有积极促进作用。”中国慈善联合会副秘书长张晓青表示。

资料来源：新修改的慈善法五大看点.（2023-12-29）. 新华网.

第5章

社会保障基金管理系统

2000年，经党中央批准，国务院设立全国社会保障基金，用于将来我国人口老龄化阶段的养老保险等社会保障项目支出的调剂和补充。社会保障基金成立十几年来，规模不断扩大，投资运营表现良好，并不断深度参与社会保障改革发展，不仅极大地充实了我国社会保障基金总量，而且对促进社会保障制度的可持续发展发挥着重要的“压舱石”作用。在中国共产党的领导下，全国社会保障基金走过了不平凡的发展历程，始终伴随着政府、市场、社会利益关系的深刻调整，完整反映了一项社会政策从无到有、从有到优的演进过程。

2019年9月，财政部、人力资源社会保障部、国务院国资委等联合召开了全面划转部分国有资本充实社会保障基金工作任务部署会。根据会议部署，2019年全面推行将中央和地方国有及国有控股大中型企业和金融机构的10%国有股权，划转至社会保障基金会和地方相关承接主体，并作为财务投资者，依照规定享有收益权等权利。划转工作明确了时间表：中央层面，具备条件的企业于2019年底前基本完成，确有难度的企业可于2020年底前完成，中央行政事业单位所办企业待集中统一监管改革完成后予以划转；地方层面，于2020年底前基本完成划转工作。党和政府不断扩充社会保障基金，以缓解人口老龄化带来的社会保障基金给付压力，保障城乡居民的社会保障需求。为此，党的二十大报告明确要求健全社保基金保值增值和安全监管体系。

学习要点

1. 了解社会保障基金的概念与特征
2. 了解社会保障基金的分类
3. 全面掌握社会保障基金管理内容
4. 重点把握社会保障基金管理制度

5.1 概　述

5.1.1 社会保障基金的概念与特征

1. 社会保障基金的概念

基金一般是指具有专门用途的资金，而社会保障基金（social security fund）则是指专门用于社会保障事业的资金。郑功成认为，社会保障基金是指国家和社会从已有的社会财富中提存、积累，用于援助或补偿社会保障对象的基金。[①] 根据国际劳工组织的《社会保障最低标准公约》，社会保障基金的具体内容涉及医疗、疾病、失业、工伤、老龄、家庭、残疾、生育、遗属等九个方面的基金。考虑到各种社会保障基金的共同效益目标，社会保障基金可以理解为：国家和社会根据有关法律法规和政策的相关规定，从已有的社会财富中提存、积累，用于援助或补偿社会保障对象的基金，是确立社会保障制度并能够解决特定社会问题的物质基础。一般而言，社会保障基金包括社会保险基金、社会救助基金、社会福利基金、社会优抚基金等。社会保障基金的基本表现形态为货币基金。

2. 社会保障基金的特征

（1）国家法定性。社会保障基金由国家通过法律法规明确设立，严格按照法律的规定筹集、运营、管理和使用。从社会保障基金的筹集角度看，筹集标准与比例、对象与范围、筹集方式等都由特定的法律法规强制规定，并由特定组织来执行；从社会保障基金的运营角度看，政府对其投资对象、范围、渠道以及投资回报率都有明确规定，其运营只能在法律允许的范围内进行；从国际经验看，很多发达国家均将社会保障基金纳入国家财政预算范畴，并通过实施特殊的预算管理来规范社会保障基金的运行。因此，社会保障基金的筹集、运营、管理和使用均受到国家法律法规的规范与限制，任何单位和个人均无选择和更改的权利。

（2）专款专用性。社会保障基金的使用不能偏离社会保障事业，应以满足社会成员的社会保障需求为出发点，而非基金运作本身。由于有法律的强制性规定，其使用的范围和标准都具有专款专用性，在实践中不得以任何形式挪作他用或混合使用。例如五项社会保险基金应当分别核算和使用；住房公积金是企业和职工缴存的长期住房储蓄金，只能用于与住房有关的支出，不能用于养老或者医疗，不能与社会保险基金混合使用。在特定重大社会救助基金中，专款专用同样是捐款者的希望与要求。

（3）统筹互济性。社会保障基金中的社会保险基金主要是由用人单位和劳动者缴纳社会保险费，为遇到社会风险的劳动者提供经济补偿，这是用人单位和劳动者的法定义务。社会保障基金的统筹互济性实现了劳动者之间、劳动者与非劳动者之间的互助共济。

---

① 郑功成．社会保障概论．上海：复旦大学出版社，2005.

一方面，互助共济性体现在基金的分配与使用主要根据不同社会群体甚至个人的实际需要，不完全与其来源对应或者挂钩，也不与个人对社会保障基金做出的贡献完全挂钩。社会保障基金主要用于那些最需要帮助的人，而不是平均分配。另一方面，社会保障基金在全社会统一用于被保障对象，同时各项社会保障基金可以在统筹基金中相互调节，具有统筹共济的属性。

（4）长期积累性。在完全积累制或部分积累制情况下，由于在社会保障缴费和社会保障基金支出之间有一个较长的时间差，因此要求社会保障基金管理机构能够利用社会保障基金进行投资组合管理，在动态经济条件下实现社会保障基金的安全营运、有效投资和保值增值，从而在实现社会保障制度、资本市场与国民经济的互动协调发展的基础上，使社会劳动者因社会保障基金的积累而受益，进一步增进社会保障制度的福利性。①

5.1.2 社会保障基金的性质与功能

1. 社会保障基金的性质

（1）社会保障基金的分配属性。从宏观角度看，社会保障基金属于国民收入的一部分，它涉及国民收入的初次分配和再分配过程，是在这两次分配过程中形成的一种消费性社会后备基金。从社会保障基金的分配属性看，由于社会保障是国民收入再分配的重要手段，因此社会保障基金的再分配属性比较突出。在初次分配环节中，社会保障缴费的高低影响企业和个人的初次分配结果，进而影响效率与公平；在再分配环节中，国家依据法定条件以及各项社会保障项目对象来提供相应的经济补偿和福利，更加侧重公平。

（2）社会保障基金的劳动属性。社会保障基金的劳动属性回答了社会保障基金是来自“必要劳动”还是“剩余劳动”所创造的价值这一问题。从微观角度看，社会保障基金具有“必要劳动”和“剩余劳动”的双重属性。“必要劳动”是指劳动者为了维持自己以及家庭生活所需要的劳动，包括劳动者在具有劳动力以及丧失劳动力时，维持生存所需要的生活资料价值，即社会保障基金的缴费环节；“剩余劳动”是指超过劳动者维持劳动力生产和再生产需要的劳动，包括社会保障基金的投资运营所获得的收益、国家各级财政直接对社会保障项目的拨款和物质生产部门的剩余劳动创造的价值，即社会保障基金的投资环节。

（3）社会保障基金的用途属性。国民收入可以分为积累基金与消费基金。积累基金是国民收入中用作追加的生产资金部分，包括扩大再生产基金、非生产性基本建设基金和社会后备基金；消费基金是指国民收入中用来满足劳动者个人消费以及社会公共消费的那部分基金，由劳动者为自己劳动所创造的必要产品价值和为社会劳动所创造的一部分剩余价值组成。从用途属性看，社会保障基金属于国民收入中的消费基金，而非积累基金。例如社会保险中的各个项目基金基本上属于个人消费基金，尤其是基本养老保险和基本医疗保险中的个人账户基金、职工住房公积金等。对于部分社会救助基金、社会

---

① 孙建勇．社会保障基金监管．北京：中国劳动社会保障出版社，2005.

福利基金，则具有集体消费和个人消费的双重属性。

2. 社会保障基金的功能

（1）社会稳定的“减震器”。社会成员面临老、弱、病、残、孕及丧失劳动能力等社会风险，在任何时代和任何社会制度下都是普遍存在的客观现象。在现代社会，随着生产的高度社会化和分工协作的发展，风险因素更是日益增多，危害程度也在逐渐加剧。当众多的劳动者因各类风险和收入损失而陷入生活困境，得不到及时解决时，就会成为社会的不安定因素。因此，对遭遇劳动风险的劳动者及其家庭提供经济补偿，保障其基本生活，有利于消除这种不安定因素，减少社会动荡，维护社会稳定。

（2）劳动力再生产的重要保证。社会保障制度是劳动者顺利进行再生产的重要保证，社会保障基金使这种保证得以落实。当劳动者因遭遇疾病、伤残、失业等风险而失去劳动收入时，劳动力再生产过程就会陷入不正常的状态。所以，建立社会保障基金的目的是当劳动者在遭遇上述风险时，可以获得必要的经济补偿和生活保障，帮助劳动者尽快走出困境、维持基本生活，进而保证社会再生产的顺利进行。例如医疗保险所提供的医药费补贴和医疗服务，有助于患病和受伤的劳动者早日恢复健康，重返工作岗位。

（3）收入分配差距的调节手段。市场经济条件下，在初次分配环节中，受教育水平、劳动效率、社会机遇等方面的差异可能造成社会劳动者的收入水平存在较大差距。劳动能力较弱或家庭负担较重的劳动者，生活比较困难，在遭遇社会风险时，陷入生活困境的概率往往较高。尽管社会保障基金的筹集是向不同群体按照不同比例收取的，高收入者缴纳的费用高，低收入者缴纳的费用低，但在再分配环节中并不以缴费高低为标准。社会保障通过法律手段强制征收社会保障基金，再按照社会公平原则分配给收入较低或失去生活来源的劳动者，一定程度上调节了劳动者的收入差距，有利于实现社会公平分配、促进社会公平。

（4）经济发展和社会文明进步的物质保障。社会保障基金对经济发展的促进作用主要体现在以下几个方面：第一，经济发展需要稳定的社会环境，通过社会保障基金的筹集和给付，对劳动者的收入水平进行调节，对其基本生活提供多方面保障，避免了一部分劳动者因生活陷入困境而产生社会对抗情绪，缓和了社会矛盾，为经济发展创造了稳定的社会环境。第二，社会保障基金通过对劳动者的多方面保障直接促进了经济发展，如社会保险既是劳动力资源高效配置的关键机制，又是促进劳动者身体、心理及技能素质提高的重要保障机制。第三，社会保障基金是一种社会互助共济的经济形式，体现了互助合作、同舟共济的思想。社会保障制度的权利与义务对等原则，要求公民先尽义务、后享权利，有利于处理好个人利益与社会利益、眼前利益与长远利益之间的关系，对于增强公民的社会责任感具有积极的现实意义。

（5）金融市场良性运行的“助推器”。社会保障基金对国家金融市场发展起到了重要的促进作用。首先，从世界范围内看，社会保障基金占国内生产总值比例较高的国家，通常具有规模较大、效率较高的金融市场。社会保障基金的积累和储蓄，以及投资、运营、保值增值活动对于金融市场的稳定提出了更高的要求。其次，社会保障基金进入金融市场，一方面能够为金融市场良性运行提供充足资金，满足金融市场的有序运转；另一方面，作为长期计划基金，社会保障基金能够有效增加金融市场总供给，扩大金融市场规模。特别是在完全积累制和部分积累制下，大量存续期较长的社会保障基金涌入市场，能刺激和满足金融市场上筹资主体的基金需求。

5.1.3 社会保障基金的分类

1. 按用途分类

社会保障基金按用途可以分为社会保险基金、社会救助基金、社会福利基金和社会优抚基金。社会保障基金按用途分类的具体内容如图 5－1 所示。

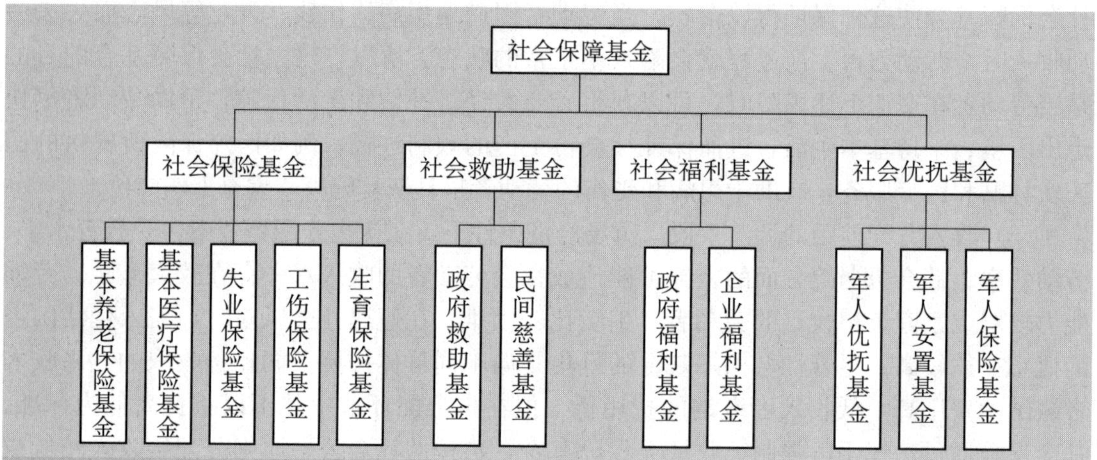

图 5－1 社会保障基金按用途分类

2. 按来源分类

（1）财政性社会保障基金。财政性社会保障基金来源于国家税收，通过财政预算和财政拨款的形式，体现国家在社会保障方面的主体责任，包括社会救助、公务员保险、军人社会保障、官办福利事业以及对社会保险基金的补贴等。社会保障基金是否属于财政性社会保障基金，要看社会保障制度与财政制度的结合程度。现阶段，中国社会保障基金尽管由税务部门负责征收，但运行方面多在财政系统之外。

（2）保险性社会保障基金。保险性社会保障基金主要来自用人单位和劳动者个人缴纳的社会保险费，有时也会有国家财政的少量投入，体现国家、企业和个人三方对社会保险成本的分摊。社会保险基金通常以工资为基础，根据一定的费率或税率计算来确定。有些国家将社会保险基金纳入国家财政范畴，按照财政资金的管理模式进行管理，这使得社会保险基金丧失了其基本特性。有些国家将社会保险基金独立运行，可以由政府社会保险部门管理，也可以建立专门的基金组织或委托融资机构负责管理，如新加坡专门建立中央公积金局，智利将养老保险基金交给符合一定条件的私营基金公司管理。

（3）福利性社会保障基金。福利性社会保障基金是一种混合型社会保障基金，基金来源多样化，其中包括财政拨款、服务收费、社会捐赠和发行福利彩票等。正因为这种混合性，在多数情况下，由社会福利机构负责管理福利性社会保障基金并实施福利项目，而有些福利项目则由政府直接管理并负责实施，一些民办福利机构接受政府财政拨款补助的同时实行自我管理。

3. 按基金所有权分类

（1）公共基金。公共基金为公共所有，其基金来源包括财政拨款、按法律规定由雇主或雇员缴纳的社会保险费（税）、社会捐赠、国际赠款等。例如我国社会保障基金中的全国社会保障基金、基本养老保险基金和基本医疗保险基金中的社会统筹部分、社会救助基金、社会福利基金等。

（2）个人基金。个人基金是归个人所有的非财政性社会基金，按照法律法规缴纳进入个人账户并用于专门用途，个人不得随意提取或支配。个人基金的来源以雇主与雇员缴费为主，或有财政拨款。例如我国基本养老保险基金和基本医疗保险基金的个人账户及住房公积金等从产权性质上均归个人所有。

（3）机构基金。机构基金的所有权为集体所有，来源于雇主与雇员缴费，对符合条件的职工给予补贴，是用人单位为职工建立的福利性社会保障基金。

5.2　社会保障基金管理内容

5.2.1　社会保障基金筹集管理

1. 社会保障基金筹集原则

（1）强制筹资原则。在社会保障基金筹集中，遵循强制筹资原则是为了确保社会保障制度的稳定性。以法律约束各方的权利和义务，雇主和雇员必须依法按时缴纳社会保险费，如果缴费主体不遵守法律规定，没有按时足额缴纳保险费用，属于违法行为。

（2）最低成本原则。社会保障基金在筹集过程中必然产生各类成本和费用。与其他类型基金不同，社会保障基金建立的目的是确保社会成员在遭遇失业、医疗、工伤、生育、养老等社会风险时，为其提供物质帮助，保障其基本生活。因此，要尽量降低基金筹集过程中所产生的各种费用，将所筹集到的基金尽可能用于帮助社会成员分散风险，提高筹资效率，避免不必要的浪费。

（3）收支平衡原则。社会保障基金筹集遵循的收支平衡原则包括横向平衡和纵向平衡。所谓横向平衡，是指当年或近几年之内某个社会保障项目所提取的基金总和应与其所需支付的费用总和保持平衡；所谓纵向平衡，是指某个社会保障项目的被保险人在投保期间提取的基金总和，包括本息及投资收益，应与其在享受该项保险待遇期间所需支付的费用总和保持平衡。

（4）共同出资原则。共同出资是指社会保障基金的来源是由国家财政、用人单位、劳动者和社会共同承担。国家通过财政拨款和税收减免等方式进行直接或间接出资；劳动者必须在劳动期间从工资和收入中拿出一部分进行投保，才具有享受社会保障待遇的资格；用人单位为其职工缴纳社会保险费，负担一部分社会保障基金；社会通过捐款等方式对社会保障基金提供支持。不同主体的承担方式不同，共同出资构成了社会保障基金。

2. 社会保障基金筹集模式

（1）现收现付制（pay as you go）。现收现付制模式是指由社会保险机构按以支定收的原则筹资，即由雇主和雇员（或全部由雇主）按工资总额的一定比例缴纳保险费（税）。它是各国所有社会保险险种所采用的传统筹资模式。现收现付制社会保障基金筹集模式下，国家按社会统筹的方式筹集资金，按社会互济的原则在社会成员间进行再分配，由于基金积累很少甚至没有积累，养老金水平不能根据雇员在职期间缴费及其投资收益确定，因此，一般采取确定给付方式。该模式的优点是：收支关系简单明晰，没有基金积累带来的资金贬值风险及保值增值压力；缺点是：理论上容易受到人口结构的冲击，会伴随人口老龄化的加剧而产生过重的负担，费（税）率波动较大，并且养老金的代际转移会使得权利与义务关系模糊，容易激发代际矛盾。

（2）完全积累制（fully-funded system）。完全积累制模式是指从职工参加工作起，按照工资总额的一定比例或固定数额由雇主和雇员（或只有一方）缴纳保险费计入个人账户，作为长期储存积累增值的基金。其所有权归个人，按照基金领取的条件，一次性领取或按月按用途领取。完全积累制下的社会保障基金筹集模式，既可以采用确定缴费方式，也可以采用确定给付方式。当采取确定缴费方式时，雇主和雇员通常以工资总额的一定比例或固定数额定期缴费，计入个人账户，并交基金管理机构进行管理，缴费和基金投资收益计入个人账户，给付期开始后通过领取社会保障金实现退休之后的生活保障。当采取确定给付方式时，通常根据预先承诺水平，采用保险精算原理确定缴费水平。该模式的优点是：积累的养老金可以预防人口老龄化冲击，参保者的权利与义务关系较为明确；缺点是：固定的费率标准难以适应经济的发展变化，且基金存在贬值风险，保值增值压力大。

（3）部分积累制（partly-funded system）。部分积累制是指根据收支平衡原则确定社会保险费率，当期筹集的社会保障基金一部分用于支付当期社会保障金，另一部分进入劳动者个人账户进行基金积累，综合体现了横向平衡和纵向平衡的原则。改革初期，我国基本养老保险制度的“以支定收，略有结余”原则就是这种模式。[①] 社会统筹和个人账户相结合的部分积累制是一种创新模式，从理论上看，社会统筹体现公平，个人账户体现效率，因此，这是公平与效率相结合的模式。与完全积累制和现收现付制两种模式相比，该模式既保持了现收现付制下的代际收入再分配功能，又能通过个人账户的部分资金积累，降低现收现付制下当代人的负担与完全积累制下货币贬值的风险和资金保值增值的压力。

---

① 孙群．社会保障基金管理．北京：北京师范大学出版社，2019.

3. 社会保障基金筹集渠道

（1）国家财政支持。国家对社会保障基金的财政支持主要分为两大类：直接支持和间接支持。直接支持是指国家通过财政拨款或者承担社会保障管理费用提供的支持，财政拨款又分为事先拨款与事后拨款。事先拨款通常纳入财政预算，根据社会保障事业发展规划等预先向相关部门拨付资金；事后拨款往往是在社会保障基金入不敷出时，国家财政扮演最终支持者的角色，弥补社会保障基金的缺口。间接支持是指国家通过税收优惠或让利的方式对社会保障基金提供支持。例如国家对社会保障基金进行税收优惠，允许企业和个人税前缴纳社会保险费，对享受到的社会保障待遇不征收税费以及对社会保障基金投资给予利率优惠。

（2）企业或雇主缴费或纳税。企业或雇主缴费或纳税是社会保障基金的重要来源。企业按职工工资总额的一定比例缴纳社会保险费，本质上可以看作是员工工资的一部分，也是企业人工成本支出的重要组成部分。

（3）个人缴费。社会保障制度要求劳动者承担缴费义务，个人按照法定比例缴纳一定数额的保险费成为被保险人，在发生危险事故后，有资格获得给付和享受社保待遇。同时，个人在享受有关社会福利与社会服务时需要承担有限的缴费义务，有利于减轻国家财政负担，实现社会互济功能。

（4）社会筹资。社会筹资是社会保障基金的补充渠道，主要包括社会捐赠和发行福利彩票。社会捐赠具有自愿特征，采用直接筹款、义卖等方式，由慈善机构运作，对需要帮助的特定对象或特定事件进行募捐具有社会保障用途的资金或实物。

（5）其他渠道。除上述渠道外，社会保障基金来源还包括基金的投资收益、滞纳金和罚金收入、减持国有股份、国有资产的变现、发行国债以及国际援助等。减持国有股份是指向社会公众及证券投资基金等公共投资者转让上市公司国有股份的行为，国有股份包括国家股份和国有法人份股，减持国有份股筹集的基金交由全国社会保障基金理事会管理。

5.2.2　社会保障基金投资管理

1. 社会保障基金投资原则

（1）安全性原则。安全性原则是社会保障基金投资遵循的首要原则。为了确保社会保险机构有足够的偿还能力，社会保障基金的投资运营必须遵守安全性原则。投资风险与收益呈正相关，高风险高收益、低风险低收益。社会保障基金的投资要做到安全第一，在保证收回本金的同时，能够获得预期的收益，不能一味地为了追求利益最大化而忽视投资风险的存在。因此，必须加强对投资风险的监测与防范，制定严格的标准并按照程序进行基金投资运营。

（2）收益性原则。收益性原则是在遵循安全性原则的前提下，在可接受的风险范围内实现投资的最大回报，实现基金保值增值的目的。只有当社会保障基金的投资收益水平等于或高于通货膨胀水平时，才能实现社会保障基金的保值增值。因此，不能仅仅为了确保社会保障基金安全而只考虑低风险的投资渠道和工具，否则，稳健投资的结果可能会带来基金贬值风险。因此，要实现社会保障基金的保值增值，应在遵循安全性原则的基础上提高收益率，选取合适的投资工具，这就注定了社会保障基金要在安全性与收益性二者之间寻求平衡。

（3）流动性原则。流动性原则要求社会保障基金的投资要在不发生损失或资产转让成本低于资金拆借成本的条件下便于融通、变现、周转，随时备有一定数量的基金或活期存款，能够及时足额地为社会保障基金的支付提供保证。社会保障基金的投资是为了更好地实现给付，因此，要遵循流动性原则，满足社会保障基金的给付需要，避免造成社会保障基金给付危机。

（4）分散性原则。分散性原则要求社会保障基金的投资组合应分散化或多元化，即“不把鸡蛋放在同一个篮子里”。1952 年，哈里・马科维茨（Harry Markowitz）提出了著名的投资组合理论，通过构建数学模型说明把不同收益形式的投资资产混合构成投资组合，能减弱其面临的波动性，即风险，从而在风险可控情况下实现预期投资回报率。安全性原则、收益性原则和流动性原则要求社会保障基金投资时要遵循分散性原则，根据具体社会保障基金的特点和性质，实现资产配置的多元化。

（5）公益性原则。公益性原则是指社会保障基金投资要和国家与政府的政策目标相一致，能带来和增进社会公众福祉和利益。在社会保障基金投资中，以投资的安全性和收益性为前提，也要考虑到社会效益，如对建设低成本住房、养老设施、卫生基础设施等方面的投资。这些投资在很多情况下无法以货币形式充分反映投资的回报水平，但可能对国家的长期经济增长做出贡献，进而改善社会保障基金的财务状况。因此，政府应考虑对具有公益性质的社会保障基金投资项目在投资前期予以适当补贴。

知识链接 5-1

全国社保基金投资理念与策略亟需重大调整

10 多年来，虽然社保理事会的投资运营制度框架和投资政策为全国社保基金这只“储备型”养老基金的增值保值做出了贡献，但是，在社保理事会“改制”、增加运营“缴费型”养老基金和完善治理结构的关键时刻，有必要对这只长期的“储备型”养老基金的投资理念和投资策略进行战略性调整，建立起一套属于自己的、适合国情的、走向未来的投资理念。站在历史新起点，对“长期主义”投资理念、“主动主义”投资战略重新审视并给予确认是十分必要的。

具体来看，主要从以下五个方面入手。第一，树立“长期主义”的投资理念，以适应“无限期”养老基金储备的投资目标；第二，确立“主动主义”的投资战略，这是实施“长期主义”投资理念的关键；第三，运用大类资产比例实施监管，全面放开投资品种；第四，扩大投资范围，为实施“主动主义”创造条件；第五，逐渐扩大境外投资比例，适时实行全球资产配置。

资料来源：郑秉文．全国社保基金投资理念与策略亟需重大调整．中国财政，2017（19）．

2. 社会保障基金投资工具与模式

(1) 社会保障基金投资工具。

1) 银行存款。银行存款是一种风险较小、流动性高、收益率较低及操作简单的投资工具。银行储蓄存款有活期、一年期、五年期等不同类别，利率从低到高有所不同。对于定期存款来说，若未到期提前支取会导致利息受损，例如我国规定定期存款未到期支取，则按活期存款利率计算支取部分利息。

2) 债券。债券是发行人依照法定程序发行，并约定一定期限内偿本付息的一种有价证券，收益稳定、投资风险较小。按照发行主体不同，债券可以分为国债、地方债券、金融债券、公司债券和国际债券等。国债又称国家公债，是国家以其信用为基础向社会筹集资金所形成的债权债务关系的一种金融工具。我国国债有凭证式国债、记账式国债和无记名国债等。地方债券是地方政府为支持辖区经济发展和建设而筹措资金发行的债券，一般是以当地政府的税收能力作为还本付息的担保，信誉仅次于国家债券。金融债券的法定主体是银行和非银行金融机构。由于金融机构在国家经济中的特殊地位，政府对其运营有严格的监管，违约风险相对较小、安全性较高。公司债券是公司依照法定程序发行的，约定在一定期限内还本付息的有价证券。公司债券具有不免税、有固定发行面值、在交易所上市等特征，通常由评信机构给予信用评定。国际债券是一国政府、金融机构、工商机构或组织为筹措和融通资金，在国外金融市场上发行的以外国货币为面值的债券。国际债券的重要特征是发行者和投资者属于不同的国家，筹集资金来源于国外金融市场。

3) 股票。股票是股份公司在筹集资本时向出资人公开或私下发行的，用以证明出资人的股本身份和权利，并根据持有人所持有的股份数享有权益和承担义务的凭证。根据投资主体的不同，可以分为国家股、法人股、内部职工股和社会公众个人股；按照股东权益和风险大小，可以分为普通股、优先股以及普通和优先混合股；按照认购股票投资者身份和上市地点不同，可以分为境内上市内资股、境内上市外资股和境外上市外资股等。一般情况下，投资股票的收益越高，风险也就越高。

4) 贷款。社会保障基金可以投资于住房贷款、个人贷款及工商业贷款等各类贷款。住房贷款是社会保障基金的重要投资渠道，既能实现投资效益，又能促进住房保障目标的实现。其中，最为主要的是住房抵押贷款，因为抵押贷款的违约率低，收益率相对较高。很多国家把社会保障基金用于住房抵押贷款，公众可通过贷款购买住房。

5) 共同基金。共同基金又称投资基金、合作基金，由众多投资者自愿将不同的出资份额汇集起来，交由专家管理投资，所得收益由投资者按照比例分享的一种信托投资工具。共同基金的投资领域可以是股票、债券，也可以是实业、期货等，具有专家理财、组合投资、规避风险、流通性强、收益稳健等优势。按照基金的筹集方式和来源，共同基金可以分为公募基金和私募基金，公募基金以公开发行证券募集资金方式设立，私募基金以非公开发行方式募集资金。根据共同基金的主要投资工具，可以分为货币市场基金和证券投资基金。

6）衍生金融工具。目前广泛使用的衍生金融工具主要分为以下三类：第一类是为套期保值、减少或转移金融利率或汇率波动风险而创新的金融工具，例如浮动利率债券、浮动利率贷款、利率上下限保险、金融期货、利率调换等；第二类是为了增加金融资产的流动性、降低融资成本而创新的金融工具，例如贷款股权对换交易、股权贷款等；第三类是为扩大投资者进行产业投资的机会而创新的金融工具，如可转换为股票的贷款、可转换为股票的债券等。

7）风险投资。根据美国风险投资协会的定义，风险投资是由职业金融家投入到新兴的、迅速发展的、具有巨大竞争潜力的企业中的一种权益资本。风险投资主要是向有发展潜力的私营企业，特别是向开发高新技术或促使其产业化的中小企业提供股权资本，通过股权转让交易来收回投资并获取投资收益。股票投资的对象是成熟的上市公司，而风险投资的对象是计算机、互联网、生物工程、基因工程等领域处于起步或成长阶段的高科技产业，投资期限通常在 3 年以上，投资方式一般为期权投资，并且通常不会将风险资本一次全部投入到风险企业，而是随着企业成长分期分批注入资金。

8）私募股权投资。私募股权投资是指通过私募形式对私有企业进行权益性投资，并在交易实施过程中考虑将来的退出机制，包括通过上市、并购或管理层回购等方式出售持股获利。在资金筹集上，私募股权投资主要通过非公开面向少数投资者筹集，销售和赎回都是基金管理主体私下与投资者协商进行。作为一种新兴的高风险投资，私募股权投资具有期限长、金额大、风险高、回报高、流动性差等特点。

9）不动产投资。不投产投资主要是指房地产投资，还包括对公共基础设施建设的投资，如水电、能源、交通等。房地产投资既包括通过建设、购买等手段获得房地产后的增值收益，还包括持有期间的租金收益等。与证券相比，不动产投资规模大、周期长、流动性差，对宏观经济形势的变化较为敏感，交易成本高，需要具有一定的资产评估经验。

阅读材料 5-1 社会保障基金投资决策过程

（2）社会保障基金投资模式。

1）集中投资模式。在集中投资模式下，由政府或政府授权的公营机构集中运营社会保障基金，社会保障基金高度集中且具有垄断性，运作高效、成本低廉，可以避免大量私营管理机构参与而引起恶性竞争。始于 1955 年的新加坡中央公积金制度是实行集中投资模式的典型。新加坡中央公积金局负责统一管理中央公积金，包括缴费收付、账户管理、养老金支付以及中央公积金的投资。中央公积金局实行董事会领导下的总经理负责制，独立于政府财政。中央公积金局确定投资策略后，由新加坡金融管理局和新加坡政府投资有限公司负责具体的投资事宜，新加坡金融管理局负责中央公积金对国债和银行存款的投资管理，新加坡政府投资有限公司负责中央公积金对本土的住房、基础设施建设及海外资产的投资管理。近年来，中央公积金局不断放宽投资策略，允许成员进行多元化的积极投资。[1] 目前新加坡中央公积金投资运营包括中央公积金局的集中投资与成员

---

① 胡秋明，袁中美．社会养老保险个人账户基金管理模式探析：基于新加坡中央公积金和香港强积金制度的比较分析．投资研究，2011（3）.

个人投资，从实际运营来看，前者占比高达80%以上，仍然具有明显的集中投资特征。

2）分散竞争投资模式。在分散竞争下，政府根据法律规范的资格条件确定多家符合条件的私营机构运营社会保障基金，各机构之间可以开展竞争。分散竞争投资模式增加了基金投资运营主体，投资人可以有多重选择。以我国香港地区的强制性公积金（mandatory provident fund）计划的运作为例，根据《强制性公积金计划条例》，香港地区所有雇主、雇员要为18～65岁雇员供款，成立投资基金以满足退休之需。雇主、雇员各自分担比例不低于雇员月薪的5%，采用个人账户形式完全积累，实行市场化投资运营。强制性公积金计划有三种类型：一是雇主营办计划，由只受雇于同一名雇主以及该雇主关联公司的雇员加入，适合规模较大的雇主；二是集成信托计划，任何雇主、雇员、自雇人员及在其他计划中持有权益的人员均可参加，适合中小型雇主；三是行业计划，参保人在同一行业流动就业时无须转换参保关系，专为流动性高的行业设计。强制性公积金计划要求香港地区所有雇主必须将雇员薪酬的全部或部分划出，另加上雇员自己从薪酬中划出的部分资金，由符合资格的私人托管机构进行资产管理，允许雇员在不同托管机构开设强制性公积金账户，还可以变更账户投资种类。

知识链接5-2

养老基金ESG投资理念

ESG投资理念近年来在美国、加拿大、日本等国家的养老基金运作中被积极运用，该理念对推动养老基金可持续发展和经济绿色转型发挥了一定作用。ESG投资理念的内涵为：投资者在投资决策中通过观测企业在环境保护、社会责任、公司治理方面的绩效而非财务绩效，评估自身的投资行为以及投资对象在履行社会职责、遵循可持续发展等方面所作出的贡献。ESG三大核心要素如下：

（1）环境（environment）。毫无疑问，一个对环保作出卓越贡献的公司值得被投资。环境分析需要研究各种因素，以正面和负面的方式说明公司业务和发展对环境的影响。

（2）社会（social）。社会包括了与民众及社会相关的元素，侧重于对人权的保护。社会责任因素主要研究和分析的主题包括：员工待遇、薪酬和福利、员工安全政策等。

（3）公司治理（governance）。公司治理部分涉及董事会和公司监督、股东友好及以管理为中心的态度。ESG投资者可以分析企业管理层和董事会如何与不同的利益相关者建立联系、如何经营企业，以及企业激励措施是否与企业的成功相一致。

资料来源：郑秉文，李辰，庞茜．养老基金ESG投资的理论、实践与趋势．经济研究参考，2022（3）．

5.2.3 社会保障基金给付管理

1. 社会保障基金给付原则

（1）统一性原则。为了实现社会公平，在社会保障基金给付时应当遵循统一性原则，严格按照国家的法律法规和政策统一执行。统一性原则要求在社会保障基金给付时，应当制定明确的给付条件和标准，严格审核相关材料真实性、合理性，确保将社会保障基金切实给付到符合条件的被保险人或其亲属手中，杜绝徇私舞弊，实现制度面前人人平等。需要注意的是，人人平等不等同于人人平均，统一性原则并不意味着所有被保险人应获得完全相同的社会保障待遇。例如失业津贴的高低与被保险人缴费的年限有关，缴费年限越长，获得的失业津贴越高。

（2）适度性原则。在社会保障基金给付时，应当维持合理的给付水平，既保障被保险人的基本生活，又不能超越社会生产力发展水平和社会保障基金的承受能力。适度性原则要求社会保障基金给付待遇不能过高，也不能过低。

（3）发展性原则。社会保障基金的待遇给付应当是发展性的，即伴随经济环境和社会环境的不断变化，社会保障基金的给付水平应结合具体情况进行适度调整，实行社会保障待遇水平与经济发展水平相适应原则。国民经济发展速度越快，社会保障的经济实力就越强，对劳动者的基本生活保障能力也就越强。与此同时，物价上涨必然导致社会保障基金待遇贬值，因此在社会保障基金给付时必须考虑通货膨胀因素的影响。

2. 社会保障基金给付模式

（1）待遇确定型模式（defined benefit）。待遇确定型模式是指事先为劳动者确定一个退休后的生活水平标准，根据该标准计算替代率，根据替代率来确定支付养老金标准，再结合相关影响因素进行测算来确定养老保险费的征缴比例。这种模式是以支定收的模式，维持的是短期内的横向平衡，一般没有结余。这种模式通常是和现收现付制模式联系在一起的。待遇确定型模式具有以下三个特点：1）遵循以支定收的原则，根据承诺的给付水平，通过一套复杂的精算方式计算出当期社会保障支付总额，再以此为基础征收养老保险费（税）；2）养老保险方案的实施主体（企业或雇主）承担投资风险，如果上一年度养老保险基金收入大于支出或者经办机构的投资收益率高，雇主可以少缴费（税），甚至暂时不用缴费（税），反之，雇主则应该多缴费（税）以弥补计划出现的亏损；3）基金统一管理，将统筹到的资金存入一个公共账户，统一进行管理。待遇确定型模式的优点是有利于保障劳动者的基本生活，增强了企业凝聚力；缺点是基金主办方的压力较大，基金精算和管理较为复杂，不利于劳动力市场的合理流动。

（2）缴费确定型模式（defined contribution）。缴费确定型模式是结合未来的养老负担、基金的保值增值、通货膨胀率、企业的合理负担、现行劳动力市场和工资水平等因素，经过预测，确定一个相当长时期内比较稳定的缴费比例或标准，然后按照这个缴费比例来筹集养老保险基金，并完全或部分地存入劳动者个人账户，同时允许这部分基金有实际或名义的投资回报率。这种模式实质上是“以收定支”的模式，维持的是长期内的纵向平衡，通常和完全积累制或部分积累制联系在一起。该模式具有以下三个特点：1）实施较容易，管理成本较低，会计处理比较简单；2）建立个人养老金账户，对劳动力流动的障碍相对较小，有利于劳动力资源的合理流动，不承担将来确定金额的养老金义务，投资风险由参与者自己承担；3）养老金安全性较高，个人账户的建立使职工个人的养老金不受企业倒闭的影响。缴费确定型模式的优点是权利与义务相对等，具有较强的灵活性与便携性，有利于减轻国家和企业的资金给付负担；缺点是老年人退休之后的待遇不确定，容易造成退休之后无法保障基本生活的情况。

（3）混合型模式。混合型模式是指兼具待遇确定型模式和缴费确定型模式两种模式特征的社会保障计划。待遇确定型模式和缴费确定型模式各有优劣，待遇确定型模式因待遇水平确定受到雇员与工会的青睐，缴费确定型模式因企业和财政负担较小、操作简单受到雇主和企业的青睐。计划发起人和参与人希望在这两种模式之间寻求平衡，因此，自20世纪90年代以来，混合型模式逐渐兴起。混合型模式的种类非常丰富，常见的有现金余额计划、保底补偿计划、目标待遇计划和待遇混合计划等。混合型模式的缺点是计划较为复杂，不同混合型模式在缴费、投资运作、账户、领取等方面存在显著差异。除此之外，混合型模式的发展和创新给政府在社会保障计划方面的监管提出了更高的要求，增加了监管难度。

3. 社会保障基金给付水平

（1）适度社会保障水平。适度社会保障水平是指社会保障制度在保证公民一定的经济生活水平基础上，对国际经济发展起到积极的促进作用。适度社会保障水平受到多种因素的影响，从供给角度看，包括国民生产总值、居民收入和储蓄、财政收入、国有资产、社会保障基金等；从需求角度看，包括人口总量结构、社会保障项目、风险与自然灾害、经济周期等。适度社会保障水平具有以下三方面的作用：对于劳动者而言，能够提高工作积极性，有利于人力资源的优化配置；对于企业而言，社会保障负担趋于适度，能够提高市场竞争力；对于国家而言，能够为经济稳定发展创造必要的生活环境，促进国民经济的发展和社会进步。

（2）超度社会保障水平。超度社会保障水平是指社会保障水平超过适度水平的上下限。世界各国社会保障的发展现状与趋势表明，社会保障水平超出上限是面临的主要问题。因此，将超度社会保障水平的含义缩小为社会保障水平超过适度水平的上限。从世界范围内看，20世纪70年代后，英国、德国、法国和美国等主要工业化国家开始出现社会保障水平超度问题，从总体上看，造成这一现象的主要原因包括社会保障项目过多、保障水平过高、失业率较高及人口老龄化问题严重等。[①] 超度社会保障水平的严重后果是不断加大政府财政赤字，进而影响国民经济的运行，除了导致政府财政赤字外，还可能抬高企业成本，影响企业市场竞争力，降低劳动者的工作积极性，阻碍社会发展。

5.2.4　社会保障基金监督管理

1. 社会保障基金监管原则

（1）独立性原则。监管机构依照法律法规独立行使行政监管权力，不受其他任何单位和个人的干预，以确保监管的严肃性、强制性、权威性和有效性。缺少独立性，基金

---

① 孙树菡．社会保险．北京：中国人民大学出版社，2008.

监管主体可能有失公正，或者难以发现或不愿公开基金中的问题或错误。独立性原则要求监管机构对经办机构和运营机构进行监管时，应尽量减少政治干预和影响，保持相对独立性。监管人员不得参与经办机构、运营机构的管理运营活动，如有利害关系和亲属关系，应予回避。监管机构与监管对象在划清职责界限、互不干涉的原则下与相关机构密切合作，独立性与协作性并不矛盾。

（2）公正性原则。监管机构在履行监管职能时，应以法律法规为准绳，以客观事实为依据，综合运用行政、经济和法律手段，对经办机构、运营机构的违规违纪行为予以监督检查。监管机构要保持客观、公正、公开的原则，提高执法的透明度，对监管的主体、对象、目的、手段和程序进行统一规范，使被监管者充分了解自己的权利和义务，自觉依照法律管理社会保障基金。监管机构的行为应当符合法律法规的约束，不能违法执法。

（3）科学性原则。监管机构必须建立严密的监管法规体系和科学规范的监管指标体系，包括监督组织体系、监督方式体系、法律体系、管理运营预警体系及风险监测体系等，适应金融业发展和变革的情况，运用先进的科学技术，不断提高监管的质量和效率，推动基金监管水平不断提高。

2. 社会保障基金监管内容

（1）对社会保障基金征缴的监管。对社会保障基金征缴的监管主要包括对征缴机构行为的监管和缴费单位行为的监管。对征缴机构行为的监管，是指征缴机构是否按规定的项目和标准及时足额地征缴社会保险费。对缴费单位行为的监管，是指缴费单位或个人是否按规定缴纳社会保险费，其中包括有无隐瞒工资总额，造成少缴或漏缴的情况；缴费单位有无故意拖欠或拒缴社会保险费的情况；有无将应缴的社会保险费截留，用于单位其他开支的情况。

（2）对社会保障基金给付的监管。对社会保障基金给付的监管包括对待遇发放机构行为和参保单位与个人行为的监管。对待遇发放机构行为的监管，是指发放机构是否任意扩大基金开支范围和标准，用基金支付待遇；是否依法及时足额地支付社会保险金，有无拖欠、截留的问题；社会保险金支付是否按规定编制预算、计划，调剂金的分配、使用是否合理合法，资金的调度和用款计划是否按规定的程序报批和审核；有无虚列支出、转移资金和挤占挪用等损害侵蚀社会保障基金的问题；内部控制制度是否健全，内部管理是否形成相互制约、相互监督机制，业务结算中是否出现计算差错，造成多付或重复支付。对参保单位与个人行为的监管，是指领取社会保险金的人员是否已参加社会保险并符合享受的条件；参保人是否有骗取社会保险金的情况；参保单位是否有多报离退休人数或死亡不报、冒领社会保险金的行为。

（3）对社会保障基金投资的监管。社会保障基金的监管主体由人力资源社会保障部、财政部、中国证监会、中国人民银行、审计署等组成。这些部门主要依据《全国社会保障基金投资管理暂行办法》《企业年金试行办法》《企业年金基金管理试行办法》对社会保障基金管理服务机构准入和退出、投资工具的选择、投资数量、投资方法、风险准备金提取比例及风险准备金的管理、信息披露等社会保障基金投资运营的全过程及营运效益进行监管，发现问题并及时纠正。社会保障基金投资监管采取的主要措施包括对社会保障基金投资管理机构进行资格认定、设置社会保障基金投资工具和比例限制、实施最低相对收益率担保、建立完备的信息披露与报告制度、发挥中介服务机构的监督作用等。

3. 社会保障基金监管方式

（1）现场监管。现场监管是指监管机构对被监管单位社会保障基金管理情况实施的实地检查。按照现场监管进行的时间间隔，可以分为定期监管和不定期监管。按照现场监管检查内容，可以分为全面检查和专项检查。全面检查是对有关机构的相关业务、管理运营和财务状况进行检查。专项检查是对某一业务或某一方面某项具体问题进行的检查，或者对按照《社会保险基金监督举报工作管理办法》的规定受理的举报案件进行查处。现场监管是监管机构实施有效监管的主要方法，也是社会保障基金监管过程的重要组成部分。现场监管是监管机构派人到被监管单位对基金管理水平、基金资产质量、基金收益水平、基金流动性等进行的全面检查或专项检查。监管机构通过检查比较详尽地掌握有关基金运作的控制程序和相关信息，对其业务经营合规状况、内部控制和管理水平以及基金流动性、安全性与收益性进行深入细致的了解，发现一些财务报表和业务资料中很难发现的隐蔽性问题，并对有关机构的资产财务状况和遵守法规政策情况作出客观的评价。

（2）非现场监管。非现场监管是指监管机构对被监管单位报送的社会保障基金管理有关数据资料进行的检查、分析。非现场监管分为常规监管和专项监管。常规监管通过被监管单位按监管机构的要求定期报送有关数据进行；专项监管通过被监管单位按监管机构的要求报送专项数据进行。非现场监管是现场监管的基础，也是基金监管的重要方式之一。监管机构通过报表分析，对经办机构和有关机构管理运营基金的活动进行全面、动态的监控，了解基金管理的状况、存在的问题和风险因素，发现异常情况及时采取防范和纠正措施；通过对有关报表和报告的综合研究，分析基金管理运营的轨迹和趋势，为制定切实有效的基金政策和监管措施提供依据。实施非现场监管的技术要求包括建立规范统一的数据库、依托“金保工程”网络和建立满足需求的应用系统等。

4. 社会保障基金监管模式

（1）审慎监管模式。审慎监管是在确保安全和收益最大化的前提下，允许投资管理主体在投资决策方面拥有较大自主权，监管机构重点关注投资决策过程是否全面科学周密，有利于合理配置资产，实现收益最大化。审慎监管模式对基金进行监管的主要目的是控制系统性风险。监管机构不对基金资产的具体安排做任何数量化的规定，但要求投资管理人的任何一个投资行为都要像一个审慎人对待自己资产一样考虑各种风险因素。审慎监管的特点是监管机构较少干预基金的日常活动，强调基金管理者的自律和风险防范，注重市场的监管角色和力量，以严格的法律约束为保障，适用条件高，多被发达国家所采用。审慎监管的优点是：一方面，监管法规、机构均超脱于投保人之外，能更严格、公平、有效地发挥其监管作用；另一方面，重视立法管理，使监管手段更具严肃性与公平性。审慎监管模式的不足在于法律手段相对稳定，不利于灵活处理问题。除此之外，政府的作用仅限于监督检查，政府的功能相对弱化，若信息披露制度不完善或法律有空白，很容易给基金管理公司带来可乘之机，做出有损于投保人的行为。

（2）严格监管模式。严格监管又称限量监管，在严格监管中，监管机构独立性强，权力较大，除了要求基金达到最低的审慎监管要求外，还对基金的结构、运作和绩效等具体方面进行限量监管，预先配置好各种资产在总资产中的比例后，按照既定比例投入基金。监管机构根据这些规定，通过现场与非现场监管方式密切监控基金的日常运营。严格监管模式的特点包括：监管机构独立性强，对基金的结构、运作和绩效等方面进行严格的限制性规定，采取严格的信息披露制度，实施最低收益原则。这一模式主要被大陆法系国家和发展中国家所采用。严格监管模式的优势是有利于充分发挥政府的功能，根据实际情况迅速采取有效措施，灵活处理问题，推进基金的起步与成长壮大，同时对发挥基金在支持国家金融发展和经济建设方面的积极作用有重要帮助。严格监管模式的不足是不利于发挥基金经办机构的主动性与创造性，使基金管理公司不能及时根据市场经济要求做出最有利于投保人的投资组合，不利于培养高素质、高水平的养老保险基金管理人才及养老保险投资专家队伍，容易滋生腐败和官僚作风。

5.3 社会保障基金管理制度

5.3.1 社会保障基金财务管理制度

1. 社会保险基金财务管理法规

1999 年，我国财政部、劳动和社会保障部共同颁布《社会保险基金财务制度》，明确了社会保险基金对象、财务管理目标与具体方法，对社会保险基金的筹集、支付与结余、资产与负债进行了明确规定。2017 年，为进一步规范社会保险基金财务管理行为，加强基金收支的监督管理，根据《中华人民共和国社会保险法》《中华人民共和国预算法》《中华人民共和国劳动法》等相关法律法规，财政部会同人力资源社会保障部、国家卫生计生委对《社会保险基金财务制度》进行了修订，2018 年 1 月 1 日起正式施行。《关于加强社会保险基金财务管理有关问题的通知》《关于印发新型农村合作医疗基金财务制度的通知》《关于印发〈新型农村社会养老保险基金财务管理暂行办法〉的通知》《关于机关事业单位基本养老保险基金管理有关问题的通知》同时废止。

2022 年，《社会保险法》在《社会保险基金财务制度》基础上对社会保险基金财务管理进行了概括性规定。根据《社会保险法》第六十四条的规定，社会保险基金包括基本养老保险基金、基本医疗保险基金、工伤保险基金、失业保险基金和生育保险基金。除基本医疗保基金与生育保险基金合并建账及核算外，其他各项社会保险基金按照社会保险险种分别建账，分账核算，执行国家统一的会计制度。社会保险基金专款专用，任何组织和个人不得侵占或者挪用。第六十五条规定：“社会保险基金通过预算实现收支平衡。县级以上人民政府在社会保险基金出现支付不足时，给予补贴。”第六十八规定：“社会保险基金存入财政专户，具体管理办法由国务院规定。”

2. 社会保险基金财务管理内容

（1）社会保险基金预算管理制度。社会保险基金预算管理是指社会保险基金经办机构根据社会保险制度实施计划和任务编制的、经法定程序审批的基金财务收支计划，反映了社会保险事业发展计划的规模和方向，是社会保险基金财务工作的基本依据，是国家财政预算的组成部分。社会保险基金预算包括以现金收支为基础的财务收支预算、以经营成果为核心的盈利预测、以固定资产购建和对外投资为主要内容的投资预算，其中财务收支预算是基金预算的核心内容。

（2）社会保险基金会计核算制度。社会保险基金会计核算制度是以社会保险基金为会计主体，以货币为计量单位，运用专门的方法对基金的收入、支出、结存及资金运用等进行全面、完整、连续的核算和监督的一项专门会计核算制度。在我国，社会保险基金会计是会计的一个新领域，是整个会计体系的重要组成部分。社会经济的发展和社会保险制度的改革不断地扩展会计服务领域。在原有计划经济“企业保险”制度下，职工的劳动保险全部由国家和企业包办，并由企业负责具体实施，劳动保险资金运营属于企业资金运营的一部分，劳动保险的会计属于企业会计处理的一部分，没有独立的劳动保险会计。

（3）社会保险基金财务决算制度。社会保险基金财务决算是财务管理的主要内容，是指在会计期间结束时，将当年社会保险基金管理运营结果和财务状况经过加工整理，通过编制财务报告反映出来。社会各部门根据社会保险基金经办机构提供的财务报告，对基金的运营和社会保险制度的实施情况进行分析、评价，财政部门进行审核、批复，为政府决策提供可靠的依据。财务信息披露是会计体现其职能的一个重要环节，社会保险基金作为一项与社会息息相关的经济活动，通过财务信息披露，接受社会各阶层的监督。

5.3.2　社会保障基金会计管理制度

1. 社会保障基金会计概述

社会保障基金会计是指为了提高社会保障基金的运营效益，运用会计学的基本原理和方法，对各种社会保障基金及其运动进行反映和监督的一门专业会计。作为一项会计活动，社会保障基金会计的目的是通过发挥会计的反映、监督等职能，最大限度地提高社会保障基金的运营效益，满足广大劳动者的社会保障需求。社会保障基金会计的对象是社会保险经办机构管理的社会保险基金及其运营。社会保险基金专款专用、专户管理，与社会保险经办机构自身活动的管理经费相分离，社会保险基金会计与社会保险经办机构自身的会计活动也要区别开来，以准确地反映社会保险基金的运营状况并对其实施有效的监督。

2. 社会保险基金会计科目

我国社会保险基金会计科目现有五大类 34 个会计科目，如表 5－1 所示。

表 5-1 社会保险基金会计科目编号与名称

序号	科目编号	科目名称	备注
一、资产类			
1	1001	库存现金	
2	1002	收入户存款	
3	1003	财政专户存款	
4	1004	支出户存款	
5	1005	国库存款	
6	1101	暂付款	
7	1201	债券投资	
8	1202	委托投资	企业职工、城乡居民、机关事业单位基本养老保险基金（省级）专用科目
二、负债类			
9	2001	暂收款	
10	2101	借入款项	
三、净资产类			
11	3001	一般基金结余	
12	3101	风险基金结余	提取风险基金的新型农村合作医疗基金专用科目
13	3201	储备金结余	工伤保险基金专用科目
四、收入类			
14	4001	社会保险费收入	
15	4101	财政补贴收入	
16	4102	集体补助收入	城乡居民基本养老保险基金专用科目
17	4201	利息收入	
18	4202	委托投资收益	企业职工、城乡居民、机关事业单位基本养老保险基金专用科目
19	4301	转移收入	
20	4401	上级补助收入	
21	4402	下级上解收入	
22	4501	其他收入	
23	4601	待转社会保险费收入	职工基本医疗保险基金专用科目
24	4602	待转利息收入	职工基本医疗保险基金专用科目

续表

序号	科目编号	科目名称	备注
五、支出类			
25	5001	社会保险待遇支出	
26	5101	大病保险支出	职工、城乡居民基本医疗保险基金专用科目
27	5102	劳动能力鉴定支出	工伤保险基金专用科目
28	5103	工伤预防费用支出	工伤保险基金专用科目
29	5104	稳定岗位补贴支出	失业保险基金专用科目
30	5105	技能提升补贴支出	失业保险基金专用科目
31	5201	转移支出	
32	5301	上解上级支出	
33	5302	补助下级支出	
34	5401	其他支出	

3. 社会保障基金财务报表

社会保障基金资产负债表示例如表5－2所示。

阅读材料5－2 我国基本养老保险与基本医疗保险制度覆盖面与基金收支结余情况

5.3.3 社会保障基金统计管理制度

阅读材料5－3 我国失业、工伤保险制度覆盖面与基金收支结余情况

社会保障基金统计是指运用科学方法，从数量上反映社会保障基金运行过程的基本情况，揭示其内在规律的工作。社会保障基金统计是社会保障统计的主要内容。面对我国社会保障制度快速发展变化的现实，我们应该采用科学的统计方法和统计工具，全面、及时、动态地把握社会保障工作在具体时间、地点、条件下的发展水平、速度、规模、比例关系、结构和效益，揭示其发展过程、发展趋势及发展规律，为政府制定社会保障规划和政策提供依据。

社会保障基金统计包括以下三个步骤：第一，统计数据收集。统计数据收集可以分为原始数据调查与次级资料收集两类。原始数据是第一手数据，可以采用抽样调查、普查和统计报表方式获得。次级资料主要是从已有的文献资料中获得，是其他人或机构获得并完成对原始数据调查后公开发表的数据。第二，统计数据处理。获得数据资料后，如果不对数据进行处理，这些零散的、无序的数据就不具有描述功能，因此必须对数据进行处理，才能反映总体情况。数据的处理包括筛选、分类、汇总、存储等环节，每一环节均可以采用一些具体的统计方法。第三，统计数据分析。社会保障基金统计数据分析可以运用多种统计方法，比如平均分析、对比分析、分组分析、比率分析，从而了解其变化、判断其趋势等。

表 5-2 2022 年社会保障基金资产负债表

会社基 01 表

编制单位：全国社会保障基金理事会　　2022 年 12 月 31 日　　单位：人民币元

项目	2021 年 12 月 31 日	2022 年 12 月 31 日	项目	2021 年 12 月 31 日	2022 年 12 月 31 日
基金资产：			**基金负债：**		
银行存款	53 981 103 484.71	71 087 206 962.50	应付证券清算款	18 669 134 964.90	29 983 836 323.97
结算备付金	5 964 919 779.26	5 080 010 525.50	交易性金融负债	—	—
存出保证金	385 032 279.30	465 299 570.26	衍生金融负债	107 200 323.64	851 914 557.55
交易性金融资产	1 663 943 635 305.64	1 493 974 774 338.47	融资回购	238 750 796 841.35	241 783 565 670.34
衍生金融资产	95 404 571.37	186 590 777.62	应付交易费用	194 379 339.16	166 064 670.06
融券回购	47 675 418 326.56	64 583 927 444.59	应付管理人报酬	1 498 662 694.43	1 448 219 610.97
应收证券清算款	6 409 150 834.92	16 703 195 568.05	应付托管费	469 842 760.56	223 781 203.37
应收利息	31 784 331 855.99	27 470 372 895.63	应交税费	—	—
应收股利	133 394 580.91	162 220 607.32	应付利息	109 724 214.89	142 062 690.37
应收退税款	157 610 658.77	194 078 055.11	应付款项	8 118 518 854.02	—
其他金融资产	19 582 702 000.00	22 699 953 053.82	其他负债	51 387 643 697.17	7 306 895 370.69
以摊余成本计量的金融资产	974 045 530 262.87	972 331 410 870.81	**基金负债合计**	**319 305 903 690.12**	**281 906 340 097.32**
长期股权投资	215 446 315 910.75	207 749 236 260.86	**基金权益：**		
其他资产	45 318 432.59	833 036 482.28	全国社保基金	2 596 092 508 492.65	2 522 450 712 535.38
			个人账户基金	102 424 303 979.81	67 959 458 275.06
			基金公积	11 627 871 155.61	3 934 642 340.73
			报表折算差额	−9 800 719 034.55	7 270 160 164.33
			基金权益合计	2 700 343 964 593.52	2 601 614 973 315.50
基金资产总计	**3 019 649 868 283.64**	**2 883 521 313 412.82**	**基金负债和权益总计**	**3 019 649 868 283.64**	**2 883 521 313 412.82**

资料来源：全国社会保障基金理事会社保基金年度报告(2022 年度).(2023-09-28). 全国社会保障基金理事会网站.

5.3.4　社会保险基金精算制度

1. 社会保险基金精算概述

精算是以概率论和数理统计为基础，综合运用人口学、社会学和经济学等相关学科的知识，对风险事件进行评价，对各种财务保障方案未来的收支和财务状况进行评估，以使各类财务保障方案能够稳定运行的数量工具。社会保险基金精算是对各种社会保险计划的风险状况、损失规律、成本及债务水平、长短期财务状况和偿付能力等进行分析，以保证整个社会保险制度能够稳定、正常运行的数量分析方法。社会保险基金精算是社会保险制度稳定运行和健康发展的重要技术保证。社会保险基金精算在社会保险基金管理中的重要作用主要体现在两个方面：一是确定基金缴费率；二是分析基金偿付能力。

2. 社会保险基金费率厘定

(1) 养老保险基金费率厘定。

现收现付制养老保险模式下，基金收支平衡模型可以表示为：

当期养老保险基金缴费收入＝当期养老保险基金发放支出　(5-1)

假定养老保险基金缴费按照在职职工工资的一定比例缴纳，则该比例为缴费率。当期养老保险基金缴费收入与当期养老保险基金发放支出分别为：

当期养老保险基金缴费收入＝缴费率×在职职工平均工资×缴费职工人数　(5-2)

当期养老保险基金发放支出＝退休职工人数×平均养老保险基金　(5-3)

那么，将公式（5-2）、公式（5-3）代入公式（5-1），可以得到：

$$缴费率=\frac{平均养老保险基金}{在职职工平均工资}\times\frac{退休职工人数}{缴费职工人数}$$

平均养老保险基金与在职职工平均工资之比称为平均替代率，退休职工人数与缴费职工人数之比称为抚养比，那么，缴费率可以表示为：

缴费率＝平均替代率×抚养比

在现收现付制养老保险模式下，缴费率取决于平均替代率和抚养比。平均替代率越高，缴费率越高；抚养比越高，缴费率越高。用数学模型可以表达为：

$$C=\frac{Q}{W}\times\frac{\sum_{b}^{d-1}x_t}{\sum_{a}^{b-1}x_t}$$

式中，C 为缴费率；Q 为退休职工平均养老保险基金；W 为在职职工平均工资；x_t 表示当年满 t 岁职工的人数；a 表示就业年龄；b 表示退休年龄；d 表示死亡年龄；$\sum_{b}^{d-1} x_t$ 表示退休职工人数；$\sum_{a}^{b-1} x_t$ 表示在职职工人数。

完全积累制养老保险模式下，基金收支平衡模型可以表示为：

提取的基金总额＋积累期间的投资收益＝养老保险基金给付数额

假定：m 为投保人的投保年限或工作年限；n 为投保人退休后养老保险基金的支付年限；W 为投保人开始工作的年工资总额；Q 为投保人年度养老保险基金给付额；C 为投保期间不变的养老保险缴费率；k 为投保人工资的年平均增长率；i 为已提取基金的年平均增值率；M 为投保人退休时积累的基金总额。基金的提取过程如下：

第一年，投保人缴纳的基本保费为 WC，该年提取的基金到退休时的数额增额为 $WC(1+i)^{m-1}$；

第二年，考虑工资的变动情况，投保人缴纳保费为 $W(1+k)C$，该年提取的基金到退休时的数额增额为 $W(1+k)C(1+i)^{m-2}$；

第三年，该年提取的基金到退休时的数额增额为 $W(1+k)^2C(1+i)^{m-3}$；

…………

第 $m-1$ 年，退休前一年，该年提取的基金到退休时的数额增额为 $W(1+k)^{m-2}C(1+i)^1$；

第 m 年，该年提取的基金数额为 $W(1+k)^{m-1}C(1+i)^0$。

将历年提取的基金数额加总，投保人退休时积累的基金总额为：

$$\begin{aligned}M &= WC(1+i)^{m-1}+W(1+k)C(1+i)^{m-2}+W(1+k)^2C(1+i)^{m-3}\\&\quad+\cdots+W(1+k)^{m-2}C(1+i)^1+W(1+k)^{m-1}C(1+i)^0\\&=WC\left[\frac{(1+i)^m-(1+k)^m}{(i-k)}\right]\end{aligned}$$

知识链接 5－3

建立健全社会保险精算制度

精算是保险经营管理的核心技术，任何保险制度都离不开精算，社会保险也不例外。因此，我国迫切需要建立健全有效的精算制度。建议适时修改《社会保险法》，将精算平衡原则写入该法，并且进一步具体化，形成一整套完整的精算制度。这套精算制度至少需要包括以下精算工作任务及其规范：一是制度设计的精算事务，包括新制度创设、制度转换、制度整合和重大政策调整等，通过寻求损失分布、确定筹资模式，进行政策模拟；二是筹资分析，包括费基、费率、财政补助和缴费人群及变化趋势分析，尤其要注意社会保险“系统老龄化”趋势分析；三是基金支付分析，包括给付对象、给付额和相关费用的趋势分析；四是结余分析，包括结余量和结余原因分析，以及结余规模适度性分析；五是在当前社会保险制度转换时期，高度重视历史遗留问题，对于趸缴保费、各种补缴行为等，按照权责发生制原则，合理利用、核算相关保费收入，适时引进责任准备金制度。

资料来源：何文炯．建立健全社会保险精算制度．中国社会保障，2017（4）.

（2）医疗保险基金费率厘定。

医疗保险基金的收入包括两个部分：一是职工和单位缴纳的医疗保险费及其投资收益；二是国家的财政补贴，包括国家对各类医疗机构的直接或间接收入。

医疗保险基金的支出包括三部分：一是医疗补偿费，是补偿被保险人因疾病而发生的医疗费用；二是管理费用；三是风险储备金。

医疗补偿费用 C 表示；医疗保险费用 p 表示；管理费用和风险储备金通常按照医疗保险费的一定比例提取，提取比例为 r_1 和 r_2 。则

$$p = C + pr_1 + pr_2$$
$$= \frac{C}{1-(r_1+r_2)}$$

若职工工资为 w，则医疗保险缴费率为：

$$p' = \frac{p}{w} = \frac{\frac{C}{w}}{1-(r_1+r_2)}$$

（3）失业保险基金费率厘定。

失业保险基金的收入来自单位与职工缴费、财政补贴和基金利息，以单位和职工缴费为主；失业保险基金的支出以失业保险金为主。失业保险金支出额的主要影响因素是失业率，同时还受到失业保险金平均支付额与平均支付时间的影响。

失业保险基金支出额＝参保人数×失业率×失业保险金平均支付额×平均支付时间

在失业保险基金收支平衡的情况下，失业保险缴费率为：

$$失业保险缴费率 = \frac{失业保险基金支出额}{参保人数 \times 职工平均工资}$$
$$= \frac{失业率 \times 失业保险金平均支付额 \times 平均支付时间}{职工平均工资}$$

（4）工伤保险基金费率厘定。

工伤保险基金支出包括三个部分：一是医疗给付支出，涵盖医疗费用支出和医疗期间生活补贴支出；二是一次性伤残（死亡）给付支出；三是定期伤残年金给付支出。

医疗给付支出＝医疗费用支出＋医疗期间生活补贴支出

医疗费用支出＝参保人数×工伤事故发生概率×工伤者平均医疗费用

医疗期间生活补贴支出＝参保人数×工伤事故发生概率×工伤者平均津贴给付额

一次性伤残(死亡)给付支出＝参保人数×工伤事故发生概率×伤残(死亡)给付标准

定期伤残年金给付支出＝领取者人数×定期伤残年金给付水平

$$工伤保险缴费率=\frac{医疗给付支出+一次性伤残(死亡)给付支出+定期伤残年金给付支出}{参保人数\times职工平均工资}$$

(5) 生育保险基金费率厘定。

生育保险基金支出包括两个部分：一是生育医疗费用；二是生育补贴。

生育医疗费用＝育龄女职工人数×生育率×平均生育医疗费用

生育补贴＝育龄女职工人数×生育率×补贴平均月数×补贴平均金额

$$生育保险缴费率=\frac{生育医疗费用+生育补贴}{参保人数\times职工平均工资}$$

本章小结

1. 社会保障基金是国家根据有关法律法规和政策的规定，从已有的社会财富中提取积累而建立起来的法定的、收支平衡的、专款专用的基金，是社会保障制度得以确立及解决特定社会问题的物质基础，在社会保障制度的执行过程中扮演着重要的作用。

2. 社会保障基金的特征包括：国家法定性、专款专用性、统筹互济性、长期积累性；社会保障基金的性质包括：分配属性、劳动属性、用途属性；社会保障基金的功能包括：社会稳定的“减震器”、劳动力再生产的重要保证、收入分配差距的调节手段、经济发展与社会文明进步的物质保障、金融市场良性运行的“助推器”。社会保障基金按照用途分类包括：社会保险基金、社会救助基金、社会福利基金和社会优抚基金等。

3. 社会保障基金管理内容包括四个环节：基金筹集、基金投资、基金给付、基金监管；社会保障基金管理制度包括社会保障基金财务管理、会计管理、统计管理、精算制度四项。

关键术语

社会保障基金　social security fund

现收现付制　pay as you go

完全积累制　fully-funded system

部分积累制　partly-funded system

强制性公积金　mandatory provident fund

待遇确定型模式　defined benefit

缴费确定型模式　defined contribution

复习思考题

1. 为什么要加强社会保障基金管理？
2. 为了确保社会保障基金的安全，可以采取哪些措施？
3. 养老保险基金入市受哪些因素影响？一旦养老保险基金入市，会产生什么影响？
4. 我国社会保障基金监管中存在哪些问题？应当如何改进？

阅读材料

养老保险全国统筹正式启动：退休老人放宽心

养老保险全国统筹一直以来都是老百姓最为关心的民生问题之一。事实上，为了确保我国养老金的按时足额发放，我国政府一直致力于养老金从县级至全国范畴内的逐级统筹。目前我国已经实现了养老保险的省级统筹，为养老保险的全国统筹打下了坚实的基础。

有人担心：实现全国统筹后，中央对地方的养老补助力度会减少吗？答案是不会。

从历史上看，2018—2021年，我国养老金跨省调剂达到6 000多亿元，但2021年一年的调剂规模就达到了2 100多亿元。从2022年开始，全国养老金统筹制度正式实施后，在全国范畴内对各地区之间养老金进行当期余额调剂，养老金支付能力将进一步强化。

此外，财政部数据显示，当期全国社保基金滚存结余达到4.8万亿元以上，可支付月数超过14个月。这意味着无论是当前还是今后，养老金按时足额支付都有完备的保障，退休老人大可放心。

资料来源：养老保险全国统筹正式启动：退休老人放宽心.(2022-02-27). 网易新闻.

"十三五"时期全国社会保障基金事业发展取得显著成绩

"十三五"时期，国内外形势发生深刻复杂变化，全国社会保障基金事业发展面临诸多前所未有的挑战。在以习近平同志为核心的党中央坚强领导下，社保基金会党组坚持以习近平新时代中国特色社会主义思想为指导，团结带领全体干部职工自觉增强"四个意识"，坚定"四个自信"，做到"两个维护"，坚持稳中求进工作总基调，全面贯彻新发展理念，认真落实高质量发展要求，忠实履行确保基金安全和保值增值主体责任，推动全国社会保障基金事业取得长足发展。

社保基金规模不断扩大，战略储备功能更加彰显

"十三五"时期中央财政资金净拨入累计2 150亿元，全国社保基金投资收益累计6 857亿元，基金规模从期初的15 083亿元增加到24 591亿元，年均增长率达到10.27%，基金积累步伐明显加快。与此同时，积极服务大局、服务实体经济，支持国家发展战略，在涉及国计民生产业、国家重大项目等方面的直接投资累计超过1 300多亿元，充分彰显社保基金的政治属性。

管理范围大幅拓展，多样化资产管理的优势更加明显

“十三五”时期，社保基金会管理的资金类别，已由单一管理作为战略储备的全国社保基金发展成全国社保基金、受托地方养老基金、划转中央企业股权三类资产多样化管理的格局。社保基金会管理的资产总规模从期初的17 968亿元跃升至52 535亿元，年均增长率达到23.93%，是机构成立以来管理规模增长最快的时期。

投资管理能力进一步提升，基金投资取得良好业绩

面对严峻复杂的国内外经济和市场形势，牢牢把握专业化、市场化方向，坚持长期投资、价值投资、责任投资的理念不动摇。通过增加境内股票投资额度、扩大实业投资规模、加强项目的投后管理、优化境外投资结构等措施，抓住了市场机遇，降低了投资风险，取得了较好投资收益。“十三五”时期，全国社保基金累计投资收益额6 857亿元，年均投资收益率7.58%，比同期通货膨胀率高出5.36个百分点，大幅超过“十三五”规划预定的收益目标。

资料来源：“十三五”期间全国社会保障基金事业发展取得显著成绩.(2021-11-16).全国社会保障基金理事会.

养老金中央调剂超7 000亿元：四省受益超百亿元

养老金中央调剂制度实施后，各省份养老金的净上缴情况是区域经济发展、人口老龄化程度、人口流动与增长的深刻映照。

财政部发布的2020年中央调剂基金年度预算显示，当年中央调剂基金预计达到7 398.23亿元，比上一年执行数增加了1 095.23亿元，增幅达到17.4%。

由于省际养老保险基金不平衡问题靠省级统筹难以解决，需要进一步提高统筹层次，因此于2018年7月起，养老保险基金中央调剂制度开始实施。其中，部分省份上缴的基金额大于得到的拨付额，成为净贡献省份；得到的拨付额大于上缴额，成为净受益省份。

根据2020年的预算，有7个省份是净贡献省份，21个省份以及新疆生产建设兵团是净受益省份，还有3个省份持平。除了7个净贡献省份，贵州、云南和西藏这三个省份持平，它们也是人口出生率较高、老龄化程度较低、领退休金人口比例较低的省份。此外，还有21个省份以及新疆生产建设兵团是净受益的，其中有4个省份的净受益超过了100亿元，分别是辽宁、黑龙江、湖北和吉林。

净受益省份总体呈现老龄化程度较高、年轻人口外流、养老金收不抵支的情况，东北地区尤为典型。数据显示，辽宁净受益最多，达到555.58亿元，黑龙江净受益485.56亿元，吉林净受益145.19亿元。

资料来源：养老金中央调剂超7 000亿：四省受益超百亿.(2020-06-23).网易新闻.

第6章

养老保险

我国养老保险历经多个发展阶段，至今形成了包括基本养老保险、企业补充养老保险和个人储蓄性养老保险为主的多层次、多支柱养老保险体系。党的十八大以来，我国养老保险体系建设取得重大成就，形成世界上覆盖人群最多的养老保险制度。与此同时，养老保险待遇也有了明显提高。2022 年 1 月起，按照党中央、国务院决策部署，实施养老保险全国统筹。党的二十大报告提出，要完善基本养老保险全国统筹制度。2022 年 11 月，人力资源社会保障部、财政部、国家税务总局、中国银保监会、中国证监会联合发布《个人养老金实施办法》，个人养老金制度进入实质化落地阶段。个人养老金作为“第三支柱”，其初衷在于满足人民群众多层次多样化养老保险需求，促进社会保障事业高质量发展、可持续发展。个人养老金制度是基本养老保险制度的有益补充，参与者将有更大的自由度和选择权，能够更好地保障老年生活需要。相对于基本养老保险制度，企业年金和职业年金制度、商业养老保险制度和个人储蓄性养老保险制度目前发展较为缓慢，须尽快补齐短板。

学习要点

1. 了解养老保险的产生和发展
2. 掌握养老保险模式
3. 重点把握我国基本养老保险制度的主要内容
4. 深刻理解我国基本养老保险制度存在的问题及发展

6.1 概　述

6.1.1 养老保险的概念和特征

1. 概念

养老保险（endowment insurance）是国家和社会根据相关法律法规，为解决劳动者在达到国家规定的解除劳动义务的劳动年龄界限，或因年老丧失劳动能力退出劳动岗位后的基本生活而建立的一种社会保险制度，是社会保险制度的核心内容和重要险种之一。①

具体而言，养老保险的内涵包括以下三个方面：首先，养老保险是在法定范围内的老年人完全或基本退出社会劳动后才自动发生作用的。这里所说的“完全”是以劳动者与生产资料的脱离为特征的，“基本”指的是参加生产活动已不再成为其主要社会内容。需要说明的是，法定的年龄界限（各国有不同的标准）是切实可行的衡量标准。其次，养老保险的目的是增强劳动者抵御老年风险的能力，保障老年人的基本生活需求，在劳动者退出劳动岗位后为其提供相应的收入保障。最后，养老保险以社会保险为手段来达到保障的目的。②

2. 特征

养老保险具有强制性、普遍性、对应性和社会性等特征。③

（1）强制性。强制性是社会养老保险的首要特征，意指通过法律形式加以规范和强制，是一种体现政府意志的制度安排。一方面，它是社会养老保险区别于商业保险的重要标志，决定了社会养老保险的管理组织者必须是政府，政府在养老保险领域的突出作用和重要性与政府在其他保险市场（如汽车保险、意外保险）上有限的作用形成了鲜明对比。另一方面，使符合条件的公民都参加养老保险，从而保证保险的规模效应。参保人数越多，费用负担越低、制度越易推行、互济性越强，越有利于养老金的收支平衡和制度的可持续发展。

（2）普遍性。社会养老保险的保障对象具有普遍性的特征。由于进入老年是不可避免的人生规律，这就决定了任何人想要安享晚年，都需要相应的养老保险，人们对养老保险的普遍需求，正是源于老年风险的普遍性。相对于失业、疾病、伤残等不确定事件而言，老年风险是一个确定的、可以清晰预见的、大多都会遇到的事件。

---

① 余桔云．养老保险：理论与政策．2版．上海：复旦大学出版社，2021；张蕊．社会保障学概论．西安：西安交通大学出版社，2021.

② 吕学静．现代社会保障概论．北京：首都经济贸易大学出版社，2021.

③ 余桔云．养老保险：理论与政策．2版．上海：复旦大学出版社，2021.

（3）对应性。养老保险的对应性，指的是养老保险权利与义务相对应，想要享受养老权利，必须履行缴费义务。但它不同于个人报酬对等原则，一般而言，养老金收益水平通常与个人退休前的平均工资正相关。一些国家的养老金收益水平直接和养老保险贡献成正比（养老保险贡献和个人退休前的工资水平成正比）。还有一些国家的养老金收益通常由两部分组成：一部分是基本养老金，基本上和个人缴纳的养老保险贡献无关，仅仅为所有老年人提供最低生活保障；另一部分则与个人以往的工资水平相关。

（4）社会性。养老保险的社会性具体表现在：它是以国家为主体组织实施，养老金在一定范围内进行统筹调剂并实行社会化管理，以及在全社会实行统一的社会保险制度，以此实现国家主导的实现收入分配公平、稳定社会经济发展的目的。可见，养老保险主要体现国家的再分配功能，是一项重要的社会政策。按照政事分开的原则，政府委托或设立机构管理养老保险实务和基金。要建立独立于企业、事业单位的养老保险制度，就必须对养老金实行社会化开发，并依托社区开展退休人员的管理服务工作。

6.1.2　养老保险的产生和发展

实现老有所养一直是人们关心的问题。从养老资源供给看，人类社会存在三种基本的养老方式，即家庭养老、社会养老和自我养老。[①] 从原始社会到封建社会，养老问题都是在部落或家庭中解决，有了一定数量的强壮后代就可以保证自己的老年生活，由此形成了“养儿防老”“人丁兴旺”的传统思想。但随着社会化大生产的到来，养老从家庭保障走向了社会保障。[②]

19 世纪中后期，德国工人运动和社会民主运动日益高涨，德国政府试图通过养老保障及其他社会福利措施来平息工人运动，分别于 1883 年、1884 年、1889 年先后颁布了《疾病保险法》、《工伤事故保险法》和《老年、残疾与遗属保险法》，建立了社会保险法的基本思想和原则，确立了面向产业工人的养老保险制度。这三部法律形成了现代世界上第一个比较完整的社会保险法律体系。继德国之后，欧洲大多数国家在 19 世纪末和 20 世纪初相继建立了各自的养老保险制度。此外，其他地区的工业化国家，如新西兰、澳大利亚、美国、新加坡、日本等也先后建立起社会化的养老保险制度。1935 年，美国国会通过的以解决老年和失业问题为主题的《社会保障法》，常被视为现代社会保障制度发展的标志。而广大发展中国家的社会保障制度则起步较晚，大部分国家在二战后才逐步建立起不同层次的养老保险制度。根据美国劳动保障署统计，到 2006 年，全球有 173 个国家建立了社会保障制度，其中有 170 个国家建立了针对老年人的社会保障制度。[③]

---

① 穆光宗．中国传统养老方式的变革和展望．中国人民大学学报，2000（5）.

② 吕学静．现代社会保障概论．北京：首都经济贸易大学出版社，2021.

③ 余桔云．养老保险：理论与政策．2 版．上海：复旦大学出版社，2021.

6.1.3 养老保险的相关理论

养老保险的理论基础包括政治理论和效率理论两大部分①，其中，典型的政治理论有多数理性投票理论、时间集中的政治斗争理论、纳税人保护理论，以及个人短见和父爱主义理论；效率理论按照阐述问题的角度不同分为诱导性退休提高效率理论、退休保险理论、人力资本投资收益理论，以及生命周期理论与代际交叠模型等理论。本章重点介绍个人短见和父爱主义理论、人力资本投资收益理论、生命周期理论与代际交叠模型。

1. 个人短见和父爱主义理论

该理论认为大多数人年轻时目光短浅，没有储蓄足够的钱以维持他们老年的生活，因此需要有一个养老保险体系关心他们。针对该理论又有两种解释：第一种解释（没有远见的浪费）认为，人们年轻时缺乏远见，几乎不进行储蓄。造成这种短视的原因有：人们缺乏必要的信息判断他们退休时的需求；人们不愿意面对将来变老的事实，从而不能做出有效的长期决策；人们在年轻时对未来考虑甚少，从而在决策时短视。因此，政府像父亲般关心他们，并强迫他们工作时储蓄足够的钱也许是一种理想的选择。第二种解释（理性浪费）则认为，父辈在年轻时是有远见的，他们不仅考虑到了将来退休时的需求，也能预测到下一代人对他们退休需求的反应。他们预期社会能在他们老年陷入困境时帮助他们，即使这种困境是他们自己造成的。意识到这一点的年轻人不会为老年进行储蓄，因为年轻人知道将来他们年老时，社会也不会对他们的贫困坐视不管。在这两种解释下，因为年轻人过多消费，经济均不会达到帕累托最优状态。实现帕累托最优的一个办法就是强迫人们在年轻时储蓄并在他们年老时返还给他们，从而说明了养老保险的强制性。

2. 人力资本投资收益理论

该理论试图说明养老金是老年人对年轻一代进行人力资本投资的收益。养老金数额即是他们早年的投资所产生的收益。假定每代人的生活分为三个时期，第一个时期进行其自身的人力资本投资（如接受教育等），第二个时期工作，第三个时期退休。每一代人在工作时期要拿出收入的一部分用于下一代人的人力资本投资，同时还要支付上一代人给予他们的人力资本投资而产生的利息（第一代工作人口除外）。因此，每一代人对养老保险体系的贡献都由两部分组成：一是以工资税的形式对上一代人给予他们的人力资本投资产生的利息的支付；二是对下一代人的人力资本投资。同时，引入个人账户，假定每代人个人账户中的所得是按照他在工作时对下一代人的投资而定的，并分两种情况进一步说明：第一种情况假设个体人力资本投资的收益率大于具有相同风险的其他投资的市场收益率，则个体的人力资本投资决策是自愿的，而对上一代人的利息支付（以工资

① 刘芳，欧阳令南．养老保险制度理论的分析．上海经济研究，2002（8）；张蕊．社会保障学概论．西安：西安交通大学出版社，2021.

税的形式）是强制性的；第二种情况假设个体人力资本投资的收益率小于具有相同风险的其他投资的市场收益率，则对上一代人投资的利息支付和对下一代人的人力资本投资支出都是强制性的。在这两种情况下，每一代人都能够以养老金的形式收到来自下一代人的支付。

3. 生命周期理论与代际交叠模型

生命周期理论的中心是以个人或家庭的消费行为研究为基础，用边际效用分析来说明一个理性的消费者以符合理性人的方式消费自己的收入，以实现消费的最佳配置，最终实现效用的最大化。该理论认为，养老金的出现是为了方便人们的储蓄活动，即通过养老金的缴纳与退休金的支取，来代替以往人们的储蓄行为。所以养老金的缴纳与受益应反映人们为保持老年收入的储蓄倾向。按照这一理论，在理想状态下，有着完善的劳动市场和资本市场，没有税收、没有不确定性，那么，人们缴纳的养老金就被看成人们为保证自己退休阶段收入而进行储蓄的一种实现形式。代际交叠模型认为，在任何一个时期都生活着不同代的人，每代人在其生命的不同时期都和不同代的人进行交易。在任何时间点，老年人在工作期间的储蓄的资本与年轻人提供的劳动相结合生产产品，劳动和资本的报酬均为其边际产品，老年人同时消费其资本收益和现有财富（假设不存在遗赠动机），然后他们死亡并退出该模型。年轻人将劳动收入分为消费和储蓄两部分，他们将储蓄带入下一个时期。如此，周而复始。这一模型为养老保险的现收现付财务制度提供了基本依据。

阅读材料 6－1　养老保险相关的政治理论与效率理论

6.2　养老保险模式[①]

6.2.1　养老保险责任承担模式

根据养老保险的责任承担模式，可将养老保险模式划分为政府负责型、个人负责型、责任分担型、混合责任型等。

1. 政府负责型

政府负责型是指由政府直接负责的养老保险制度，通常以国民年金的形式存在。在该模式下，企业与个人承担社会保障的纳税义务，政府通过预算为国民提供养老金。该模式着重强调政府责任，养老金发放对象包括所有老年人，普遍性中体现出公平性。但该模式容易受到老龄化的冲击，引发政府财政危机。

---

① 余桔云．养老保险：理论与政策．2 版．上海：复旦大学出版社，2021；张蕊．社会保障学概论．西安：西安交通大学出版社，2021.

实行政府负责的养老保险制度的国家主要是福利国家，本国公民达到退休年龄一般就能享受养老保险待遇，而与其是否参与社会劳动和是否缴付养老保险无关。此外，曾经盛行一时的国家统筹型养老保险制度对养老保险实行国家级统筹，国家财政充当经济后盾，并通过法律确立公民的基本权利，养老金全部由政府承担，个人不需要缴纳保险费，这也属于政府负责型的养老保险模式。

2. 个人负责型

个人负责型的养老保险模式是指在制度化的保障机制中，养老金完全由个人负责。20 世纪 80 年代，智利开始推行养老金私有化改革。智利通过立法规定劳动者参与养老保险制度，政府与雇主均不承担缴费责任，而是由劳动者个人完全负责，缴纳的保险费全部计入个人账户，并通过市场机制实现有偿运营，赚取的收益充入个人账户中。待劳动者退休后，从自己的账户中领取养老金用于养老。事实上，该模式在实践中只是激励个人为自己储蓄一笔养老金，强调个人对自己负责，脱离了政府责任，缺乏公共性。因此该模式没有风险分散及互助共济的功能。

3. 责任分担型

责任分担型是指由政府、企业或雇主、个人等多元主体共同承担养老保险责任，有利于养老风险的分散，使其更具有社会性、统筹性、互济性。该模式下的养老保险模式在多数国家中被普遍采用，具体实践由政府、企业或雇主、个人三方承担。该模式能够实现养老保险资金筹集的多元化，体现出权利与义务的统一性，更有利于养老保险制度的长期发展。

4. 混合责任型

一些国家在基本采取责任分担型养老保险模式的同时，注意到既需要增进国民的老年福利，又需要让个人责任适当回归，从而出现了多层次养老保险体系。例如，日本既有政府负责的水平较低的国民年金保险，又有责任分担型的职业年金保险；中国过去针对公务员采用的是政府负责型养老保险模式，而企业职工采用责任分担型养老保险模式。

6.2.2 养老保险财务模式

养老保险是社会保障制度体系中最大的开支项目，社会保险乃至整个社会保障制度的财政状况在很大程度上依赖于养老保险制度的财政状况是否良好。因此，各国均对养老保险的财务模式予以高度重视。养老保险财务模式主要有现收现付制模式、完全积累制模式和部分积累制模式三种。具体参见第 5 章“社会保障基金财务模式”的相关内容。

1997 年 7 月，我国颁布了《关于建立统一的企业职工基本养老保险制度的决定》，标志着中国养老保险制度从完全的现收现付制向社会统筹（social pooling）与个人账户（individual account）结合的部分积累制转轨。其中，社会统筹部分实行现收现付制，个人账户实行完全积累制（见图 6-1）。改革的初衷是希望能够结合两种制度的长处来应对老龄化问题。但是，部分积累制在实行过程中遭遇了巨大的挑战，由于该决定规定由社会统筹基金来消化制度转轨成本，导致社会统筹基金收不抵支，各级政府只好挪用个人账户基金来保证当期养老金发放，造成了个人账户“空账”等问题。

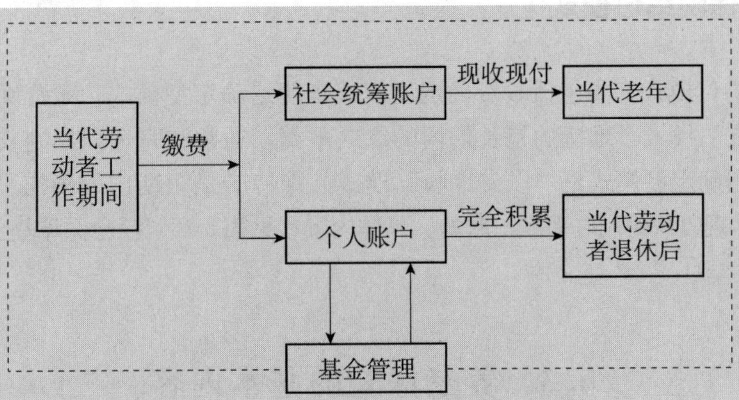

图 6-1　部分积累制的养老保险财务模式

6.2.3　养老保险基金运行模式

养老保险基金运行模式，指的是养老保险基金筹集后的管理方式，主要有社会统筹模式、个人账户模式、统账结合模式。

1. 社会统筹模式

社会统筹模式是指养老保险基金全部进入社会统筹账户，由相关部门根据当年或一个周期内的社会需要统筹规划考虑养老保险基金的使用问题。该模式体现了高度的社会化特征，能够最大限度地发挥社会保险互助共济和风险分担功能。但该模式一般没有或只有很少的结余，容易受到人口结构变化的影响。多数情况下，社会统筹模式与现收现付制的财务模式相联系。

2. 个人账户模式

个人账户模式是指养老保险费全部计入个人账户，当劳动者离开劳动力市场后，按照个人账户积累的金额（包括本金和收益）领取自己的养老金。该模式对劳动者能起到激励作用，但无法实现互助共济和风险分担功能，且养老金存在贬值风险。在实践中，该模式通常与完全积累制的财务模式相联系。

3. 统账结合模式

统账结合模式是指将社会统筹与个人账户同时使用的模式，不同国家有不同的制度安排。如美国实行老遗残保障和职业年金个人账户相结合的模式，英国实行国民年金和职业年金个人账户相结合的模式。中国养老金由政府、企业和个人三方承担，个人缴纳的养老金全部计入个人账户，其余的进行社会统筹。社会统筹部分实行现收现付制，用于支付已退休人员的养老金，个人账户部分实现储蓄功能。

6.2.4 养老保险给付模式

养老保险给付模式主要包括缴费确定型模式和待遇确定型模式。缴费确定型模式实质上是“以收定支”模式，维持的是长期内的纵向平衡，通常和完全积累制或部分积累制联系在一起。待遇确定型模式是“以支定收”模式，维持的是短期内的横向平衡，一般没有结余，通常是和现收现付制联系在一起的。具体内容参见第5章“社会保障基金给付模式”的相关内容。

6.3 养老保险的基本内容

6.3.1 养老保险覆盖范围

养老保险保障的是养老权，养老权作为公民因年老不能工作时享有的生存权，是一种普遍权利，每个公民都应平等享有。养老风险毫无疑问是劳动者最具普遍性的风险，这就决定了养老保险的覆盖范围应该是最广的，应包括尽可能多的劳动者。

养老保险的覆盖范围不是一成不变的，它可以根据社会经济发展的阶段进行动态调整。随着经济社会的发展、国家财力的增强，各国尽力扩大养老保险的覆盖范围，直至覆盖全体社会公民，由“广覆盖”到“全覆盖”，使社会所有成员能享受到养老权这一基本权利，这是各国正在践行的终极目标，也是基本人权的要求。①

6.3.2 养老保险基金筹集

在人口老龄化的影响下，1994年世界银行提出“三支柱”养老金模式（three-pillar pension model），以应对养老金财务平衡问题。“三支柱”养老金模式在许多国家得到了推广和应用，由于不同支柱对应的基金筹集渠道不同，各国的养老金来源得到扩充。

第一支柱——强制性的公共养老金计划，由政府通过税收融资，强制实施，一般采用现收现付制，通过代际转移为老年人提供一定水平的长寿保险。公共养老金的基金筹集主要以工资税，或以个人与企业共同缴费，或以一般财政收入为来源。国家一般都规定缴费工资的上限和下限，雇员工资低于规定下限的部分免缴，高于上限的部分也不征缴，同时不作为计发养老金的基数。公共养老金模式大都采用现收现付制或者现收现付制基础上的部分积累制，表现在两代人（在职工作者与退休者）的关系上是一种代际赡

① 余桔云．养老保险：理论与政策．2版．上海：复旦大学出版社，2021.

养关系，即在职工作者以工资税或者其他税收形式缴费形成养老金，支付退休者养老金。

第二支柱——强制性的完全积累养老金计划，将个人退休金待遇水平与在职时的缴费相联系，以减少人们对第一支柱的依赖。职业年金的基金筹集可分为个人缴费型和个人不缴费型。无论哪种形式，企业或雇主都要负担缴费（雇主一般负担一半以上），不同的是个人缴费情况。许多国家实行的是个人缴费的职业年金计划（个人一般负担缴费的33.3%～50%）。本质上，职业年金是职工工资的延期支付，这种延期支付的目的是为未来的退休养老做准备，以避免养老保险不足时带来的生活水平下降等问题。在有的国家，职业年金计划是自愿的，如美国、德国、日本、比利时、卢森堡等。

第三支柱——自愿性的个人储蓄养老金计划，强调自由支配的灵活性和自愿性，政府适当为这种计划提供税收优惠。目前，个人储蓄养老金计划还远不如前两个计划那样普遍。随着养老金制度改革，养老金模式中的第二支柱、第三支柱的作用将越来越重要。①

知识链接6-1

世界银行养老金改革观点的重要变化：从“三支柱”到“五支柱”

2005年，世界银行出版了《21世纪的老年收入保障：养老金制度改革国际比较》，该书被誉为世界银行参与养老金研究工作的又一个里程碑。这本书提出了一个重要思想，即它扩展了“三支柱”的思想，提出了“五支柱”的概念和建议。五支柱分别为：提供最低保障水平的非缴费型国民养老金（“零支柱”）；与本人收入水平挂钩的国家立法强制的缴费型养老保险（“第一支柱”）；企业补充养老保险（“第二支柱”）；个人自愿的养老储蓄或购买的商业保险（“第三支柱”）；家庭养老（“第四支柱”）。该书反映了世界银行养老金改革观点发生的两个重大变化：一是进一步关注基本收入保障对相对弱势的老年群体的作用，二是进一步强调强制性养老金制度内外的所有支柱均应通过市场手段的运用以期达到为个人烫平消费的作用。同时，该书也提出了社会保障制度改革的四个政策目标，即充足性、可负担性、可持续性、稳健性。

资料来源：http：//www.aisixiang.com/data/10999.html.

6.3.3 养老保险支付条件

被保险人只有达到规定的退休年龄和缴纳保险费的期限，才有领取养老金的资格。通常各国普遍规定两个基本要求：（1）缴费满15年；（2）达到政府规定的退休年龄。养老金数额原则上与参保人的劳动工资、缴纳时间长短相挂钩。如参保人死亡，其家属可得到一定比例的养老金。通常年满65岁者即可领取养老金。在某些条件下，年满60岁

① 2022年4月，国务院办公厅发布《关于推动个人养老金发展的意见》指出，为了健全多层次、多支柱养老保险体系，鼓励城镇职工和城乡居民的基本养老保险参保人参加个人养老金制度。

或 63 岁即可领取养老金。例如，德国规定享受养老金的最低条件为：年满 63 岁、参保 35 年，或者年满 65 岁、参保 15 年。

随着经济社会的发展，人口预期寿命普遍提高，人口的高龄化将增加养老金支付年限，同时人口老龄化加剧，使得老龄人口比重上升，养老保险的支付能力受到双重挑战。在此背景下，很多国家都提高了退休年龄，例如澳大利亚决定在 2017—2023 年将退休年龄从 65 岁提高到 67 岁；荷兰从 2009 年开始用 2 年时间将领取养老金年龄从 65 岁提高到 67 岁。同时，男性和女性退休年龄趋同成为一种趋势。近些年来，澳大利亚、比利时、葡萄牙等国家正在逐步调整女性退休年龄，以使男性和女性退休年龄逐步统一。男性和女性退休年龄差从 2004 年的 3.55 岁缩小到 2016 年的 2.81 岁。①

6.3.4 养老保险待遇支付

1. 养老保险待遇的支付标准

按照养老保险金的给付标准是否与劳动者工作期间的收入水平相关，可将养老保险待遇的支付标准划分为普遍生活保障模式（universal life security model）和收入关联模式（income related model）。

普遍生活保障模式强调对所有老年人都提供养老保险，养老保险金的标准是统一均等的，水平高低与消费水平有关，与老年人是否是工薪阶层劳动者、退休前工资收入高低、职业是否稳定等没有关系，一般是保障基本生活水平。普遍生活保障模式的养老保险制度生存的基石是政府财政的有力支持。普遍生活保障模式的思想可追溯到 1942 年的《贝弗里奇报告》，今天福利国家所实施的普遍生活保障模式的养老保险正是依据这项报告中提出的普遍性原则建立起来的。

收入关联模式强调社会保险费一般由雇主、个人和国家三方共同负担，社会保险的缴费额度和养老保险金的给付标准都与劳动者退休前的工资收入有关。由于这是一种与收入水平相关的制度模式，所以也就自然而然地将非工薪阶层（如农民）排除在这种模式的养老保险制度之外。与普遍生活保障模式相比，收入关联模式更强调权利与义务的平衡。

2. 养老金待遇支付中的收入因素

在收入关联模式中，各国对公共养老金计划的待遇支付大都根据过去工资收入情况确定，即养老金待遇与退休者在职时某一时期内的收入水平挂钩，这个时间段一般有两种，一种是按收入最好的 10 年或 20 年时间段来计算，另一种是根据工作期间最高收入来计算，如退休前的工资。然而，随着养老金缺口不断扩大，许多国家纷纷修改了养老金待遇计算方式，已有多个国家将计算养老金待遇的资格年限延长。其中，芬兰、荷兰、波兰、葡萄牙、斯洛伐克、瑞典等将养老金待遇基准收入年限延长到了整个工作期间。

---

① 余桔云．养老保险：理论与政策．2 版．上海：复旦大学出版社，2021.

在实施收入关联模式的国家中，已有多个国家按照工作期间平均收入计算养老金待遇。

3. 养老金调整指数中的物价因素

从20世纪90年代开始，各国逐渐将之前根据收入调整养老金的政策，改革为根据收入和物价变动情况共同进行调整，或者根据物价变动进行调整。早在1985年，法国就将公共养老金计划的待遇改为根据物价进行调整，1996年将职业年金计划的待遇改为根据物价进行调整。芬兰、波兰、葡萄牙等则将养老金待遇根据收入进行调整，改为根据物价和工资增长率共同进行调整，芬兰和波兰还进一步改变了工资和物价在养老金调整中的权重。美国、加拿大、英国等也都根据生活费变动指数、消费价格指数或价格变动对养老金待遇进行调整。

4. 养老金待遇支付标准与预期寿命相关联

人口预期寿命增加对于养老金体系提出了挑战：一是老年人终生领取养老金总值增加；二是如果没有额外资金投入，养老金替代率将难以保持原有水平。因此，一些国家将人口的预期寿命引入了养老金计算或者调整政策中。例如，德国的公共养老金计划中，如果人口预期寿命增加、人口抚养比增加，就会相应调低养老金待遇。毫无疑问，降低养老金待遇以应对更长的预期寿命将改善公共养老金计划的财务稳定性和可持续性。而为了追求与原来相同的养老金待遇，部分劳动者可能不得不推迟退休，从而对劳动力市场产生影响。①

6.4 中国的基本养老保险制度

中国的基本养老保险制度包括城镇职工基本养老保险制度和城乡居民基本养老保险制度，本节对基本养老保险制度的发展历程和基本政策进行介绍梳理。

6.4.1 城镇职工基本养老保险制度的发展历程②

根据养老保险账户的运营模式，可将我国城镇职工基本养老保险制度的发展历程划分为三个阶段。

1. 社会统筹阶段

1986年4月12日，全国人大六届四次会议通过了《国民经济和社会发展第七个五年计划》，明确提出要“逐步建立健全社会保险制度”，“全民所有制单位要逐步推行职工退休费用社会统筹的办法，根据以支定收、略有结余的原则，统一提取退休基金，调剂使

① 余桔云．养老保险：理论与政策．2版．上海：复旦大学出版社，2021.

② 张蕊．社会保障学概论．西安：西安交通大学出版社，2021.

用”。同年7月，国务院颁布了《国营企业实行劳动合同制暂行规定》，决定在国营企业中一律实行劳动合同制。劳动合同制规定工人的基本养老保险费用实行社会统筹，即由企业和工人共同负担，只有当退休金收不抵支时才由国家财政给予补贴。1986—1988年，国务院批准了邮电、铁路等5个部门实行养老保险行业统筹。1991年，国务院颁布了《关于企业职工养老保险制度改革的决定》，全面调整了职工基本养老保险的内容。其内容主要包括：首次提出了构建基本养老保险、个人储蓄性养老保险及企业补充养老保险相结合的多层次养老保险体系；规定养老保险费用由国家、企业和个人三方共同负担；实行社会统筹和部分积累制相结合的筹资模式；统筹层次由县市起步，逐步向省级过渡，最终实现全国统筹；由劳动部门负责管理企业职工的养老保险工作。

2. 统账结合阶段

1993年11月，党的十四届三中全会通过《中共中央关于建立社会主义市场经济体制若干问题的决定》，明确指出在社会主义市场经济体制下要实行社会统筹与个人账户相结合的基金筹集模式，标志着中国养老保险模式开启了从“国家保险型”向“社会保险型”的转变。1995年国务院颁发了《关于深化企业职工养老保险制度改革的通知》，颁布了社会统筹与个人账户相结合模式的具体实施办法。1997年国务院颁布了《关于建立统一的企业职工基本养老保险制度的决定》，统一了养老金缴费费率和计发办法。同时，建立了养老金个人账户，扩大了基本养老保险制度的覆盖范围。到1999年末，全国绝大多数省、自治区、直辖市都按照统一的“统账结合”养老金制度运行，实现了城镇职工基本养老保险在制度层面的统一。但改革前“老人”的养老保险金以及“中人”改革前工作年限的个人账户资金存在缺口，导致制度改革的转轨成本居高不下，使得现实中的个人账户难以做实，个人账户空账运营。

3. 分账管理阶段

为了解决个人账户空账运营问题，2000年国务院下发《关于完善城镇社会保障体系的试点方案》的通知，实行社会统筹账户和个人账户的分账管理，职工缴纳的保险费全部计入个人账户，要求做实个人账户。2001年7月，辽宁省开始做实个人账户的试点改革，2004年推广到黑龙江省和吉林省。2005年，在总结东北三省试点经验的基础上，国务院颁布《关于完善企业职工基本养老保险制度的决定》，明确规定从2006年起个人账户规模由本人缴费工资的11%调整为8%，并将试点经验向全国推开。

知识链接6-2

以国有资产充实养老保险基金的历史原因

在计划经济体制向市场经济体制的转轨过程中，养老保险契约形式完成了从企业养老契约向社会养老契约的转变，在养老保险制度转轨之后，必须要保证职工在旧契约下积累的养老保险权益在新契约下的连续性，即“老人”和“中人”的个人账户应该得到充实。由于在计划经济时期，职工养老保险权益积累是以低工资形式隐性缴费进行，并转化为发展所必需的国有资产，因此，国有资产对养老契约变更成本负债，这也是国有资产充实养老保险基金的首要原因。利用国有资产充实养老保险基金具有福利增进效应，可以避免增税、发行国债、提高缴费率等解决养老金缺口常规方式在动态效率经济中的福利困境，但由于福利增进效应受到国有资产保值增值能力以及资本边际收益率与经济增长率之差大小的影响，所以政府提高国有资产经营管理水平，对于利用国有资产充实养老保险基金，实现福利增进效应，具有重要意义。

资料来源：金刚．国有资产充实养老保险基金研究．经济体制改革，2009（6）.

6.4.2 城镇职工基本养老保险制度的基本政策[①]

1. 筹资政策

（1）缴费主体。凡属于城镇职工基本养老保险覆盖范围内的单位，都应当向养老保险事业管理中心办理单位和在职人员的基本养老保险登记手续；新设立的单位应当在设立之日起1个月内办理基本养老保险登记手续。

（2）缴费办法。养老保险事业管理中心办理基本养老保险登记手续时，应当为单位设立基本养老保险编码，为在职人员设立个人养老保险账户，并核发《养老保险手册》。[②]在职人员应当缴纳的基本养老保险费，由单位在其每月工资中代扣。

（3）缴费基数。缴费基数分为单位缴费基数和个人缴费基数。单位缴费基数是经有关部门核定的上一年度单位职工工资总额。个人（城镇各类企业职工）缴费基数是经有关部门核定的上一年度本人月平均工资。但个人缴费基数有上下限，上限为统筹地区职工月平均工资的300%，下限为统筹地区职工月平均工资的60%。若职工月平均工资低于统筹地区职工月平均工资的60%，则以统筹地区职工月平均工资的60%作为缴费基数；若职工月平均工资高于统筹地区职工月平均工资的300%，则以统筹地区职工月平均工资的300%作为缴费基数。城镇个体工商户和灵活就业人员，则以统筹地区上一年度在岗职工的平均工资作为个人缴费基数。

（4）缴费比例。根据《关于建立统一的企业职工基本养老保险制度的决定》，企业缴纳基本养老保险费的比例，一般不得超过缴费基数的20%（包括划入个人账户的部分，2006年1月1日起，企业缴费不再划入个人账户）。根据《降低社会保险费率综合方案》，自2019年5月1日起，城镇职工基本养老保险单位缴费比例降至16%。[③] 根据《关于完善企业职工基本养老保险制度的决定》，个人缴费比例统一为8%。自由职业人员、城镇

---

① 余桔云．养老保险：理论与政策．2版．上海：复旦大学出版社，2021.

② 在职人员的个人养老保险账户终生不变；《养老保险手册》记录在职人员设立个人账户以前的连续工龄和设立个人账户后记入个人账户中的储蓄额，作为退休时计发养老金的依据；在职人员变动工作单位时，《养老保险手册》随同本人转移。

③ 各省、自治区、直辖市及新疆生产建设兵团养老保险单位缴费比例高于16%的，可降至16%；低于16%的，要研究并提出过渡办法。各省具体调整或过渡方案于2019年4月15日前报人力资源社会保障部、财政部备案。

个体工商户参加基本养老保险，将缴费基数统一为当地上一年度在岗职工平均工资，缴费比例为20%，其中8%划入个人账户。

2. 待遇给付政策

（1）给付条件。《社会保险法》第十六条第一款规定：“参加基本养老保险的个人，达到法定退休年龄时累计缴费满十五年的，按月领取基本养老金。”对不符合法定条件而办理退休手续的职工，社会保险机构有权拒付养老金。我国目前法定的企业职工退休年龄是：男性年满60周岁，女性工人年满50周岁，女性干部年满55周岁；从事井下、高温、高空、特别繁重的体力劳动或其他有害身体健康工作的，男性年满55周岁，女性年满45周岁；因病或非因工致残，由医院证明并经劳动鉴定委员会确认完全丧失劳动能力的，男性年满50周岁，女性年满45周岁。①

（2）现行计发办法。目前，我国基本养老金的替代率，即退休人员的平均养老金占同一年度同一地区在职职工的平均工资收入的比重为58.5%左右。我国原来采用现收现付制模式来筹集养老保险基金，现在已经转化为部分积累制的统账结合的基金筹集模式，这就不可避免地要处理两种模式的转轨过渡问题。为此，根据《关于建立统一的企业职工基本养老保险制度的决定》和《关于完善企业职工基本养老保险制度的决定》，对“新人”“老人”“中人”规定了不同的给付办法。②

“老人”养老金＝旧制度的退休金＋调整养老金；

“新人”月基本养老金＝基础养老金＋个人账户养老金；

“中人”月基本养老金＝基础养老金＋个人账户养老金＋过渡性养老金。③

其中，“中人”月基本养老金的计算方式如下：

第一步：

基础养老金＝(参保人员退休时全省上年度在岗职工月平均工资＋本人指数化月平均缴费工资)÷2×缴费年限×1%＝[全省上年度在岗职工月平均工资×(1＋本人平均缴费指数)]÷2×缴费年限×1%。其中：

1）在岗职工月平均工资是指包括机关、事业单位和企业在内的全部在岗职工月工资收入的平均值。

2）本人指数化月平均缴费工资＝参保人员退休时全省上年度在岗职工月平均工资×本人月平均缴费工资指数。其中，本人月平均缴费工资指数是指参保人员本人月平均缴费工资与上年度全省在岗职工月平均工资或职工月平均工资的比值。

第二步：

个人账户养老金＝参保人员退休时个人账户累计储存额÷计发月数。计发月数如表

---

① 按国家有关规定，提前退休的范围仅限定为：国务院确定的111个“优化资本结构”试点城市的国有破产工业企业中距法定退休年龄不足5年的职工；3年内有压锭任务的国有纺织企业中，符合规定条件的纺纱、织布工种的挡车工。

② “新人”是指在新制度下参加工作的参保人员；“中人”是指在原制度下参加工作，将在新制度下退休的参保人员；“老人”是指在原制度下退休的参保人员。

③ 由于“中人”在建立个人账户之前的工作时间没有个人账户的积累，所以过渡性养老金就是对“中人”个人账户积累不足的补偿。

6-1 所示。

表6-1　个人账户养老金计发月数表

退休年龄	计发月数	退休年龄	计发月数
40	233	56	164
41	230	57	158
42	226	58	152
43	223	59	145
44	220	60	139
45	216	61	132
46	212	62	125
47	207	63	117
48	204	64	109
49	199	65	101
50	195	66	93
51	190	67	84
52	185	68	75
53	180	69	65
54	175	70	56
55	170	……	……

第三步：

过渡性养老金＝本人指数化月平均缴费工资×统账结合前的缴费年限×1.2%。按以上公式计算过渡性养老金时，本人月平均缴费工资指数低于1的，按1计算。

（3）给付方式。基本养老金的发放从职工离退休月起开始，采取按月支付的方法，不得一次性结算。离退休人员死亡的从次月起停发基本养老金，其遗属可以按照国家有关规定领取丧葬补助金。基本养老金、过渡性养老金和补贴以及丧葬补助金由基本养老保险社会统筹基金支付。

阅读材料6-2　我国职工基本养老保险“中人”待遇案例

6.4.3　城乡居民基本养老保险制度的发展历程

中国农村养老保险制度的萌芽始于20世纪50年代，探索始于20世纪90年代。2009年开展新型农村社会养老保险制度试点，2011年开展城镇居民社会养老保险（简称城居保）制度试点，2014年将两项制度整合为城乡居民基本养老保险制度，实行基础养老金与个人账户相结合的模式。①

① 张蕊．社会保障学概论．西安：西安交通大学出版社，2021.

1. 农村养老保险制度的萌芽、探索与发展[①]

（1）萌芽阶段（1954—1985年）。1954年《中华人民共和国宪法》规定：中华人民共和国公民在年老、疾病或者丧失劳动能力的时候，有从国家和社会获得物质帮助的权利。国家举办社会保险、社会救济和群众卫生事业，并且逐步扩大这些设施，以保证劳动者享受这种权利。1956年，国家颁布了《1956到1967年全国农业发展纲要（草案）》，同年一届人大三次会议通过了《高级农业生产合作社示范章程》，两个文件都明确规定，农业生产合作社对于生活没有依靠的老、弱、孤、寡、残的社员，要做到保吃、保穿、保烧（燃料）、保教（儿童和少年）、保葬（老年），简称“五保”。从此，农村五保供养制度就载入了中国的史册，并成为农村地区至今仍存在的一项长期的社会保障政策。

（2）探索与发展阶段（1986—2002年）。1986年，民政部和国务院有关部委召开了“全国农村基层生活保障工作座谈会”，会议从实际情况出发，确定了农村社会保障建设的主要任务：贫困地区以搞好社会救济和扶贫为主；在农村经济发展中等地区以完善五保供养制度、兴办福利工厂、建立敬老院为主；在农村经济发达和较发达地区，主要任务是建设以社区（乡、镇、村）为单位的农村社会养老保险。1990年，国务院明确了农村社会养老保险制度建设的主管部门为民政部。1991年，由民政部选择一批有条件的地区，开展县级农村社会养老保险制度的试点工作。同年，民政部制定了《县级农村社会养老保险基本方案（试行）》（以下简称《基本方案》），于1992年1月3日正式颁布实施。《基本方案》是中国历史上首个专门针对农民制定的正式社会保险法规。自此，我国真正开始了建立农村社会养老保险制度的探索。《基本方案》确定了农村社会养老保险制度建设的一些基本原则：一是养老保障水平以保障农村老人基本生活为标准；二是坚持“个人缴纳为主，集体补助为辅，国家予以政策扶持”，自助为主、互济为辅的筹资原则[②]；三是坚持农村务农、务工、经商等各类人员社会养老保险制度一体化的方向；四是坚持由点到面、逐步发展的原则。在国家的强力推动下，传统农村社会养老保险在各地得到推广，参保人数不断上升，传统农村社会养老保险得到了进一步发展。但自1996年以来，我国银行利率持续下调，对传统农村社会养老保险造成了很大压力。1998年以后，国家对农村社会养老保险进行了改革整顿。到1999年底，尽管全国76%的乡、镇开展了农村社会养老保险工作，但参保的农民仅有6 000多万人，只占农村人口的8%左右。到2002年底，传统农村社会养老保险的参保人数已缩减了一半，覆盖面也比较低，除了少数富裕地区外，其他地区基本处于停滞状态。

2. 从新型农村社会养老保险制度到城乡居民基本养老保险制度

2002年，党的十六大报告提出，有条件的地区要“探索建立农村养老、医疗保险和最低生活保障制度”。党的十七大报告又进一步提出了“建立覆盖城乡居民的社会保障体系”的战略构想，要探索建立适合中国国情、具有中国特色的农村社会保障制度。

---

① 余桔云．养老保险：理论与政策．2版．上海：复旦大学出版社，2021.

② 其中，集体补助资金主要由乡镇企业利润和集体积累进行保障，国家政策扶持主要体现在对乡镇企业支付的集体补助允许税前列支的税收优惠上。

党的十六大以后，全国各地开始了新型农村社会养老保险制度的试点工作，很多地方通过加大政府引导和财政支持，创新农村社会养老保险模式，扩大覆盖范围，在试点探索中积累了许多有益经验。在新型农村社会养老保险制度的试点过程中，形成了几个具有地方特色的新型农村社会养老保险制度模式，如北京模式、中山模式、宝鸡模式等。

2008 年，党的十七届三中全会再次提出，“贯彻广覆盖、保基本、多层次、可持续原则，加快健全农村社会保障体系。按照个人缴费、集体补助、政府补贴相结合的要求，建立新型农村社会养老保险制度。创造条件探索城乡养老保险制度有效衔接办法。做好被征地农民社会保障，发展农村老龄服务等”。2009 年，国务院印发了《关于开展新型农村社会养老保险试点的指导意见》，决定从 2009 年起开展新型农村社会养老保险（简称新农保）试点工作，试点地区为全国 10%的县（市、区、旗），以后逐步扩大试点范围，到 2020 年之前基本实现对农村适龄居民的全覆盖。2010 年第十一届全国人民代表大会常务委员会第十七次会议通过了《社会保险法》。《社会保险法》第二十条第二款规定：“新型农村社会养老保险实行个人缴费、集体补助和政府补贴相结合。”第二十一条第一款规定：“新型农村社会养老保险待遇由基础养老金和个人账户养老金组成。”这为新农保的健康发展提供了法律保障，有利于新农保的法制化、规范化和程序化。

2014 年，国务院颁布了《关于建立统一的城乡居民基本养老保险制度的意见》，提出“十二五”末在全国基本实现新农保与城居保制度的合并实施，并与职工基本养老保险制度相衔接。2020 年前，全面建成公平、统一、规范的城乡居民基本养老保险制度。这标志着我国迈出了建立城乡统一的基本养老保险制度的第一步。2014 年，人力资源社会保障部、财政部印发的《城乡养老保险制度衔接暂行办法》规定，参加城镇职工基本养老保险和城乡居民基本养老保险的人员，达到城镇职工基本养老保险法定退休年龄后，城镇职工基本养老保险缴费年限满 15 年（含延长缴费至 15 年）的，可以申请从城乡居民基本养老保险转入城镇职工基本养老保险，按照城镇职工基本养老保险办法计发相应待遇；城镇职工基本养老保险缴费年限不足 15 年的，可以申请从城镇职工基本养老保险转入城乡居民基本养老保险，待达到城乡居民基本养老保险规定的领取条件时，按照城乡居民基本养老保险办法计发相应待遇。

阅读材料 6-3 “新农保”的基本政策

6.4.4 城乡居民基本养老保险制度的基本政策

1. 参保主体

参保主体是指年满 16 周岁（不含在校学生），非国家机关和事业单位工作人员及不属于城镇职工基本养老保险制度覆盖范围的城乡居民，可以在户籍地参加城乡居民基本养老保险。

2. 个人缴费标准

城乡居民基本养老保险的缴费标准目前设为每年 100 元、200 元、300 元、400 元、

500 元、600 元、700 元、800 元、900 元、1 000 元、1 500 元、2 000 元共 12 个档次，省（区、市）人民政府可以根据实际情况增设缴费档次，最高缴费档次标准原则上不超过当地灵活就业人员参加职工基本养老保险的年缴费额，并报人力资源社会保障部备案。人力资源社会保障部会同财政部依据城乡居民收入增长等情况适时调整缴费档次标准。参保人自主选择缴费档次，多缴多得。

3. 政府补贴

政府对符合领取城乡居民基本养老保险待遇条件的参保人全额支付基础养老金，其中，中央财政对中西部地区按中央确定的基础养老金标准给予全额补助，对东部地区给予 50%的补助。地方人民政府应当对参保人缴费给予补贴；对选择最低档次标准缴费的，补贴标准不低于每人每年 30 元；对选择较高档次标准缴费的，适当增加补贴金额；对选择 500 元及以上档次标准缴费的，补贴标准不低于每人每年 60 元，具体标准和办法由省（区、市）人民政府确定。对重度残疾人等缴费困难群体，地方人民政府为其代缴部分或全部最低标准的养老保险费。

4. 基金管理

将新农保基金和城居保基金合并为城乡居民基本养老保险基金，纳入社会保障基金财政专户，实行收支两条线管理，单独记账、独立核算，逐步推进城乡居民基本养老保险基金省级管理。

5. 转移接续与制度衔接

参加城乡居民基本养老保险的人员，在缴费期间户籍迁移、需要跨地区转移城乡居民基本养老保险关系的，可在迁入地申请转移基本养老保险关系，一次性转移个人账户全部储存额，并按迁入地规定继续参保缴费，缴费年限累计计算；已经按规定领取城乡居民基本养老保险待遇的，无论户籍是否迁移，其基本养老保险关系不转移。

城乡居民基本养老保险制度与城镇职工基本养老保险、优抚安置、城乡居民最低生活保障、农村五保供养等社会保障制度以及农村部分计划生育家庭奖励扶助制度的衔接，按有关规定执行。

6.5 中国基本养老保险制度的问题与发展

6.5.1 中国基本养老保险制度存在的问题

1. 城镇职工基本养老保险隐性债务与转轨成本

基本养老保险制度向已退休和尚未退休人员作出的未来养老金承诺所对应的债务，

即隐性债务（implicit pension debt）。[①] 在现收现付制下，参保者在参加基本养老保险期间的缴费被用于已退休人员的养老金发放，他们因缴费积累了退休后获得养老金的权益，这一权益将由未来一代的缴费兑现。制度对已退休人员和已积累了养老金权益尚未退休人员的养老金承诺的现值就是制度的隐性债务。我国传统的基本养老保险制度采取现收现付制的财务模式，在人口老龄化加剧背景下难以维系日益增长的养老金支出规模，因而转向了统账结合模式，这意味着现在工作的一代人不仅要为自己积累养老金，还要承担上一代人的养老责任。在旧制度的基础上建立新制度，即产生了制度转轨成本，需要对“老人”和“中人”实际偿还债务。

按照人力资源社会保障部的统计，新制度实施时已经退休并参保的“老人”数量达几千万人，在新制度实施前参加工作的“中人”约有上亿人。“老人”没有任何积累，需要社会统筹基金支付其全部养老金；“中人”需要社会统筹基金支付部分过渡性养老金，两者相加所形成的历史欠账达数万亿元。如此巨额的养老金债务由现有劳动者承担，不可避免地使缴费率偏高，我国规定的养老保险缴费率达到 28%，2019 年调整后达到 24%，远高于国际通行的 20%左右的水平，并且在部分老工业基地，由于退休职工比例较大，缴费率还进一步提高。巨大的养老金支付压力使养老金难以积累，由此形成了形式上的个人账户制度，而实质上依然是现收现付制，因为现收的记入个人账户的资金同时也用作社会保障的支出，而个人账户中的资金只是账面上的。[②] 个人账户建立的初衷是激励职工和居民参保，但实际中个人账户的“多缴多得”并没有产生预期的激励效果。

2. 基本养老保险全国统筹尚未完成[③]

截至 2020 年底，我国 31 个省份和新疆生产建设兵团的城镇职工基本养老保险基金管理均实现省级统收统支，均衡了省内各地基金负担。2022 年 1 月，我国开始实施城镇职工基本养老保险全国统筹。虽然全国统筹已经开始实施，但离真正实现还有相当一段时间。在这期间，基本养老保险依然存在统筹层次不足导致的基本养老保险缴费率和养老金待遇不统一、分散决策和分散管理等问题。目前还存在部分行业、地区统筹的现象，各统筹单位为满足本地的基本养老保险需求，造成各地缴费率差距极大。比如，老工业基地基本养老保险金的支付压力大，所以对现有的缴费企业提高缴费率。2018 年，吉林省企业的基本养老保险缴费率高达 20%，深圳的企业只按员工个人工资的 11%缴纳。由此形成了强者更强、弱者更弱的局面。另外，基本养老金的领取水平也存在较大差距。在基本养老保险尚未实现全国统筹的背景下，这一规定实际上不利于劳动力的正常合理流动，由此带来的后果可能是：由于退休后基本养老金的差异，职工可能会流向平均工资水平高的统筹地区，而实际上职工所贡献的统筹基金水平可能较低。而对于正常流动的劳动力，社会平均工资水平高的地区可能不接纳来自其他地区劳动者的基本养老保险关系，从而造成了对劳动者利益的侵害。

---

① 王晓军．社会保险精算管理：理论、模型与应用．北京：科学出版社，2011.

② 吕学静．现代社会保障概论．北京：首都经济贸易大学出版社，2021.

③ 同②.

3. 基本养老保险基金管理不善[①]

首先，我国现有的基本养老保险基金的投资渠道狭窄，基金的保值增值不容乐观。很多人认为，将基本养老保险基金存入银行或购买国债似乎就可以高枕无忧了，但从历年的银行存款利率和通货膨胀率的对比中可以发现，基本养老保险基金受到通货膨胀的巨大侵蚀，已出现隐性贬值。同样，将基本养老保险基金单纯投资于国债亦难以实现其保值增值的目的。因为目前我国国债利率是被动地跟着银行利率浮动的，这种做法虽然使国债利率高于同期银行存款利率，但不具有指数调节机制。其次，社会保障基金挪用现象严重。目前，全国社会保障基金理事会管理全国社会保障基金；以县、市为统筹单位的城乡居民基本养老保险基金则分散在 2 000 多个社会保障管理局中。也就是说，基本养老保险基金的管理主要还是依靠政府部门分散管理，这不但增加了管理的难度，降低了管理的效率，也使各基金的平均规模过小，投资风险和经营成本增加。而且，由于基本养老保险基金管理机构没有明确与政府分离，所以政府行为时常会影响基本养老保险基金管理。再次，信息披露制度不健全，基金管理透明度低，缺乏监督，加上内控薄弱，这就导致了基本养老保险基金被挤占、挪用。在有些情况下，挪用并不是欺骗或贪污，而是将基本养老保险基金用在了地方政府开支的其他方面，诸如支付政府工作人员的工资，但这违反了关于禁止基金用于一般预算支出的规定。最后，基本养老保险基金管理费偏高、平均回报率太低的问题较突出。据不完全统计，各地养老保险基金管理机构从基金中提取的管理费率为 2%～6%，平均为 4%。若将基本养老保险基金委托专门的基金管理公司，则管理费率将降低到 1%左右，大大减少了运作管理成本，同时还有利于基本养老保险基金的监管，有利于提高操作透明度。另外，由于目前基本养老保险基金的操作管理者能力有限，且投资对象单一、资产组合缺乏科学性，通常平均投资回报扣除管理费后所剩无几，并且还要面对残酷的通货膨胀压力。

4. 基本养老保险 “双轨制”[②]

近年来，养老金“并轨”正式进入实质性启动阶段，但机关事业单位和企业之间基本养老保险收入差距问题并没有明显改善。第一，两者对于养老金计算基数的认定方式截然不同。机关事业单位的退休金主要包括按在职人员工资的一定比例计发的基本退休金、部分与在职人员等额或按比例的津补贴，以及有关福利待遇。因此，退休时职位级别（以及与此挂钩的薪酬水平）的高低，对退休金数额就有非常大的影响。[③] 相比之下，企业职工的养老金计发办法中则没有类似的操作空间，个人账户金额仅与在职期间的积累有关，即便是基础养老金部分也不与个人退休前工资直接挂钩，而是参考当地社会平均工资水平。计发办法本身决定了企业职工无法通过调整退休前工资水平的方式获取更多养老金。第二，两者养老金替代率差距十分明显。尽管企业职工养老金发放的绝对数

---

① 余桔云．养老保险：理论与政策．2 版．上海：复旦大学出版社，2021.

② 金赟．养老保险双轨制历史沿革与改革路径研究．浙江学刊，2015（1）.

③ 机关事业单位对临近退休职工的级别调整有较大自由度，可以通过提升职位级别来提高退休金的计数基础。

额自2005年起逐年上调，但其实际替代率却一直下降。根据《中国统计年鉴》及人力资源社会保障部的公开数据，企业职工养老金对当期社会平均工资的替代率由2000年的74.2%下降至2012年的43.3%。而按2006年颁布的《关于机关事业单位离退休人员计发离退休费等问题的实施办法》规定，工作年限满35年的按90%计发。综合考虑机关事业单位离退休人员的基本退休金，以及津补贴、有关福利待遇，一般认为其替代率高达80%～90%。第三，两者的实际待遇水平动态调整机制存在很大差异。企业职工在退休后享受的基础养老金，其上调幅度由国家规定（近几年基本在10%左右），个人账户养老金的增值幅度一般参考存款利率水平，若再考虑通货膨胀因素，那么事实上的保值增值就很成问题。机关事业单位离退休人员退休金则采取“现付”方式，主要参考退休时职位级别与在职员工津补贴、福利待遇水平进行调整，由财政统一拨款，各地标准不一且调整的自由度、不透明度高，难以进行有效约束。

知识链接6-3

我国养老保险“双轨制”的制度起源

新中国成立后，政府首先对机关事业单位的工资作出规定，从基本保留新中国成立前遗留的供给制逐步向单一的工资制过渡。养老方面，1951年先确立了企业职工的制度，1955年才规范了国家机关工作人员的退休问题。1956年国家初步建立了以按劳分配为基础的职务等级工资制度，之后于1958年统一了机关事业单位和企业职工的养老保险制度。1977年之后，由于之前许多达到退休年龄的人员并未得到妥善安置，国家首先调整了机关事业单位的退休养老制度。1985年机关事业单位等级工资制向以职务工资为主的结构工资制转变。1993年实行职务级别工资制与职务（岗位）等级工资制并行。2006年改为职级工资制与岗位绩效工资制并行。在这些变革中，虽然机关事业单位养老保险的计算基础（工资）有了变化，但养老保险“双轨制”却随着企业职工基本养老保险制度的不断完善而逐步定型下来。

资料来源：郭磊，潘锦棠．养老保险“双轨制”的起源与改革．探索与争鸣，2015（5）.

6.5.2　中国基本养老保险制度的发展

1. 完善多支柱养老保险体系

目前，我国已经构建起世界上规模最大的基本养老保险体系，截至2020年底，全国基本养老保险参保人数为9.99亿，基本养老保险体系正在不断完善。至2022年，基本养老金已经实现连续18年上涨。尽管我国养老保障水平在逐步提高，但基本养老保险制度可持续发展仍面临诸多挑战。总体架构上，我国正在建立完善由基本养老保险、企业补充养老保险、个人储蓄性养老保险和商业养老保险共同参与的“三支柱”养老保险体系，但实际运行中，“三支柱”的发展目前存在较为严重的不平衡现象，作为“第一支柱”的基本养老保险“一枝独大”，“第二支柱”和“第三支柱”都较小。例如，作为“第二支柱”的企业年金、职业年金制度初步建立并且在逐步完善，目前已经覆盖 5 800 多万人。但是，我国企业年金制度中的税优比例较低，企业缴费比例为 5%，个人为 4%，均低于国际平均水平；同时，企业年金规模虽然逐年扩大，但年金的投资市场尚不成熟和稳定，回报率不尽如人意，投资限制也比较多。数据显示，2019 年上半年，企业年金加权平均收益率为 4.1%，与一般的银行理财收益不相上下。这些都限制了企业年金覆盖率的提升。另外，作为“第三支柱”的个人储蓄性养老保险和商业养老保险，目前在整个养老保险体系中的占比几乎可以忽略不计，未来具有巨大的发展潜力。

2019 年，中央经济工作会议再次强调发挥市场作用，增强多层次多样化供给能力，给企业年金、职业年金、个人储蓄性养老保险、商业养老保险打开了扩大规模、向社会经济生活纵深渗透和发展的政策空间。党的十九届五中全会提出，要“健全多层次社会保障体系，全面推进健康中国建设，实施积极应对人口老龄化国家战略”。我国基本养老保险体系正从“一条腿”走向“多条腿”的发展新道路。

2. 适度延迟退休年龄

随着人口老龄化加剧，较低的退休年龄难以应对日益增大的养老金缺口。根据第七次全国人口普查的调查结果，2010—2020 年，65 岁及以上人口在我国总人口中的占比从 8.87%升至 13.50%。人口老龄化的加剧导致退休人员与在职人员人数的比例显著提高，致使当期的养老金支出增加，基本养老保险制度抚养比不断提高，这对基本养老保险财政压力产生直接影响。而老年人数量和比例的提升会减少社会中劳动人口所占的比重，社会中缴纳基本养老保险的人口比例下降，影响基本养老保险账户的收入。另外，我国人均预期寿命在新中国成立之初是 40 岁左右，到 2019 年已经提高到 77.3 岁，城镇居民人均预期寿命更高，已经超过了 80 岁。人口老龄化向深度发展，出现人口高龄化，80 岁以上的老年人口比重逐渐上升。在人口高龄化时代到来之前，青年人缴费和老年人领取养老金的现收现付制养老保险模式可以保持养老金供需平衡，但进入高龄化社会后，现收现付制养老保险模式将出现“不可均衡风险”①。我国现行法定退休年龄是男性 60 周岁，女性工人 50 周岁，女性干部 55 周岁。从国际上来看，延迟退休年龄是世界各国应对人口老龄化甚至高龄化的普遍做法。近几十年来，多数国家都不同程度地提高了退休年龄，目前世界主要经济体的退休年龄普遍都在 65 岁以上。随着人口老龄化的不断上升和基本养老金缺口的逐渐增大，适度延迟退休可以有效缓解基本养老金的压力，同时延迟高龄养老“不可均衡风险”发生时点，为国民经济健康发展创造条件。

3. 进一步推进基本养老保险的全国统筹

2018 年，国务院实施了基金中央调剂制度，适度均衡了省际基本养老保险基金负担，迈出了全国统筹的第一步。2018—2021 年，中央共跨省调剂资金 6 000 多亿元，其中 2021 年跨省调剂的规模达到 2 100 多亿元，确保了困难省份基本养老金按时足额发放。

---

① 穆怀中．不可均衡风险与全国社会保障基金的养老水平．财政研究，2020（6）．

2022年，我国开始实施城镇职工基本养老保险全国统筹。一是在全国范围内对地区间基本养老保险基金当期余缺进行调剂；二是建立中央和地方政府的支出责任分担机制，中央对基本养老保险的补助力度不会减小，保持稳定性和连续性；三是通过加强对基本养老保险政策、基金管理、经办服务、信息系统等方面的统一管理，进一步提升整体保障能力。基本养老保险全国统筹最终落地，对基本养老保险制度具有里程碑意义，将打破地区之间的利益壁垒，有利于消除基本养老保险待遇流动的羁绊，也让无须办理转移接续成为可能。然而，此次全国统筹，各省份是分批次加入的，全国统一政策经办标准（包括数据、技术和业务等）还需要一段比较长的时间，必须加大推进力度，早日实现真正统筹。

4. 优化基本养老保险基金管理投资

提高我国基本养老保险基金效率和持续性，已经成为化解新时代基本养老金支付危机的重大挑战。由于基本养老金政策和制度限制，以及人口老龄化、通货膨胀的影响，我国基本养老保险基金保值增值效果趋弱与刚性支出扩张的矛盾越来越突出，基本养老金制度面临巨大的收不抵支压力和阶段性贬值风险。随着资本市场的发展，我国基本养老保险基金投资范围有所扩大，但出于安全性的考虑，基本养老金大都存入银行或购买国债，其收益相对较低。投资渠道单一，加上通货膨胀，进一步使得基本养老保险基金收益率下降。[①] 未来，随着投资运营的不断完善，可参考全国社会保障基金的投资模式，逐渐增加实业投资、企业债券投资等投资工具的比例，减少银行存款和国债的比例，从而把基本养老保险基金投资的重心从保值向增值方向转移。与此同时，金融创新可以开发出更多高效的投资工具，为基本养老保险基金投资提供更多的可选工具，推动多元化投资的发展。在全国统筹的背景下，实现全国基本养老保险基金的统一管理和运营，不但可以节省管理成本、提高管理专业性，还能提高投资基数，有利于开发更加多元化的投资渠道，争取更大收益，同时能避免由于监管不力导致的基本养老保险基金被挪用、贪污等问题，一定程度上有利于保障基本养老保险基金的安全性。[②]

5. 继续深化改革基本养老保险“双轨制”

2015年，国务院印发了《关于机关事业单位工作人员养老保险制度改革的决定》，标志着基本养老保险制度双轨制结束，基本养老金“并轨”正式进入实质性启动阶段。2015年，山东、上海等地陆续公布了当地的基本养老金并轨实施意见和办法，明确了个人缴费工资基数。事实上，“双轨制”在世界上是一种常态，大多数发达国家和发展中国家都采取了某种形式的“双轨制”，即公职人员和普通民众的基本养老保险制度或补充养老保险制度存在差异。我国基本养老保险制度“双轨制”中的问题的关键并不在于“双轨制”本身，而是机关事业单位和企业之间养老保险收入的差距，这种差异并没有随着我国经济体制转型后企业工资制度和养老制度的变化而变化，反倒使收入差距扩大。

---

① 杨晶．我国基本养老保险基金保值增值的问题与对策．当代经济管理，2018（11）．

② 余桔云．养老保险：理论与政策．2版．上海：复旦大学出版社，2021．

2002—2013年，我国机关事业单位的职工的工资相当于企业职工的1～1.2倍，而机关事业单位职工基本养老金相当于企业职工基本养老金的1.4～1.8倍，基本养老金差距相对比较大。《关于机关事业单位工作人员养老保险制度改革的决定》颁布实施后，机关事业单位开始与企业一样实行社会统筹与个人账户相结合的基本养老保险制度模式，实行同样的缴费和支付公式。但是老问题依然存在：一是“双轨制”并没有消除，因为“统筹账户”两部门还是分开的，并没有“并轨”。二是两部门的基本养老金差距仍然存在。虽然机关事业单位的职工基本养老保险工资替代率会有所下降，但机关事业单位基本养老保险制度中有一个能保证的“职业年金”（单位按本单位工资总额的8%缴费，个人按本人缴费工资的4%缴费）来弥补损失，两部门基本养老金收入差距并没有太大的改变。[①] 因此，关于两部门基本养老金分配公平问题仍有待解决。初次分配即工资收入，是计算基本养老保险的依据，在基本养老保险“双轨制”改革的同时，须建立两部门工资收入的平衡机制，为基本养老保险的合理收入差距打下基础。

本章小结

1. 养老保险是国家和社会根据相关法律法规，为解决劳动者在达到国家规定的解除劳动义务的劳动年龄界限，或因年老丧失劳动能力退出劳动岗位后的基本生活而建立的一种社会保险制度。

2. 养老保险责任承担模式有政府负责型、个人负责型、责任分担型、混合责任型，养老保险财务模式有现收现付制模式、完全积累制模式和部分积累制模式，养老保险基金运行模式有社会统筹模式、个人账户模式、统账结合模式，养老保险给付模式包括缴费确定型模式和待遇确定型模式。

3. 养老保险保障养老权，这决定了其覆盖范围是最广的，应尽可能包括更多的劳动者。被保险人必须达到规定的退休年龄和缴纳保险费期限，才能领取养老金。养老保险待遇支付标准分为普遍生活保障模式和收入关联模式。

4. 基本养老保险、企业补充养老保险、个人储蓄性养老保险和商业养老保险构成了“三支柱”养老保险体系。

5. 我国的基本养老保险制度包括城镇职工基本养老保险制度和城乡居民基本养老保险制度。

6. 我国基本养老保险制度存在的主要问题有：隐性债务高、转轨成本大、统筹层次不足、基本养老保险基金管理不善、基本养老保险“双轨制”等。

关键术语

养老保险　endowment insurance

社会统筹　social pooling

---

① 郭磊，潘锦棠．养老保险“双轨制”的起源与改革．探索与争鸣，2015（5）．

个人账户 individual account
隐性债务 implicit pension debt
"三支柱"养老保险体系 three-pillar pension model
普遍生活保障模式 universal life security model
收入关联模式 income related model

复习思考题

1. 养老保险区别于其他社会保险的特征是什么？
2. 养老保险责任分担模式有哪几种？
3. 我国养老保险转向统账结合模式的原因是什么？
4. 养老保险制度的转轨成本是什么？
5. 城镇职工基本养老保险制度经历了哪些改革？
6. 目前我国基本养老保险制度存在哪些问题？未来的发展方向是什么？
7. "三支柱"养老保险体系的现状如何？该体系如何完善？

阅读材料

加大国资划转力度 弥补养老金缺口

划转部分国有资本充实社保基金是弥补基本养老保险基金缺口和应对人口老龄化的重要举措。全国政协委员、中国社科院世界社保研究中心主任郑秉文提到，中央层面国有资本划转完成至今正好一年多，2021 年分红业已完成，根据公开发布的《关于 2021 年中央国有资本经营预算的说明》大体测算，2021 年中央层面划转的国有资本分红在 200 亿元左右。考虑到划转规模与未来养老金实际需要存在很大差距，应进一步充实和扩大全国社保基金储备规模。

一、尽快探索优化国有股权合理分红机制。对充实全国社保基金而言，200 亿元的分红仅占 1.68 万亿元国有股权的 1.2%，建议综合施策，尽快优化国有股权合理分红机制。例如，将划转国有股权转变为年分红收益率 4%～8%的优先股，在"双碳"目标指引下，适当提高资源型和高排放企业的收取比例等。

二、研究进一步划转的可行性。考虑到目前划转规模和分红太少的情况，建议研究加快划转速度、提升划转比例、减少豁免划转范围的可行性。

三、提高国有资产划转的透明度。《国务院关于 2020 年度国有资产管理情况的综合报告》显示，截至 2020 年底，国有企业（不含金融企业）资产总额为 268.5 万亿元，国有资本权益为 76 万亿元。国有资本充实社保基金既涉及国有资产管理又涉及民生工程，因此应提高其透明度，让国资划转成为透明账、明白账。

四、置换非上市与上市股权。除上市的中央金融企业以外，其余划转的国有资本几乎均为非上市的集团股。全国社保基金在投资运营时，面临着流动性较低、缺乏市场化定价以及中小股东权益保障不力等问题。绝大多数集团虽未整体上市，但旗下不乏上市的子公司，建议今后通过资本运作将集团层面的股权下沉到上市公司，逐渐将非上市公司股权的账面资产置换为上市公司股权。

五、尽快出台国有资本运作管理办法。在中央层面，股权划转已完成，股权分红已开始，对于如何加强管理和提高回报率，《国务院关于印发划转部分国有资本充实社保基金实施方案的通知》要求中央和地方层面的承接主体接受考核和监督，这就需要承接主体打造形成股权管理、资产管理和资本运营三个环节的完整链条，当好“养命钱”的“红色管家”。为完善管理方式和提高管理效率，建议尽快落实上述通知提出的制定国有资本运作管理办法的要求。

资料来源：张曦文．郑秉文委员：加大国资划转力度 弥补养老金缺口．中国财经报，2022-03-08.

公共养老储备基金管理运作的国际经验

伴随着各国公共养老储备基金（public pension reserve funds，PPRFs）逐步建立并扩大，长期大量资金积累与保值增值压力成为国际社会面临的共性问题。截至2020年末，已经有超过17个OECD国家建立了PPRFs，平均资产规模占GDP比重超过15%。其中，PPRFs占GDP比重最高的为韩国，比值为34.2%；卢森堡位居第二，为30.8%；瑞典与日本位居第三和第四，分别为29.4%和28.8%。起初，国际上针对PPRFs管理的模式较为单一，只是单纯地将基金管理纳入养老金储备范畴，借由金融机构完成具体管理活动。后期，随着金融体制改革进程的加快，各国不断对PPRFs管理模式进行深入探讨，这对我国养老金资产运作与投资管理将产生显著影响。

在PPRFs增值方面，挪威、新西兰、法国主要采取投资活动，完成PPRFs保值增值活动。例如，挪威政府会根据PPRFs规模开展具体投资活动，包括股权、固定资产收益和不动产三大类。2018—2020年，挪威已新增五个新兴市场，进一步获准对中国、智利、南非等10个国家进行PPRFs投资，极大提高了PPRFs增值率与保值率。新西兰PPRFs则采取投资基础设施、能源、不动产、国有企业与其他信贷机构方式实现增值。法国将PPRFs作为管理实体，允许多种类型的投资主体进入金融市场，进而实现投资的保值增值。通过这一方式，法国可以有效地应对人口老龄化带来的各种挑战，增加PPRFs的累计收益额度，使得PPRFs可以在长期内保持相对平稳状态。

资料来源：朴宪，苏锋．公共养老储备基金管理运作：国际经验借鉴与中国策略选择．经济体制改革，2021（6）.

谨防“养老地产”骗局

2022年5月18日上午，住房城乡建设部召开全系统打击整治养老诈骗专项行动推进视频会议。会议指出，全系统要聚焦“整治商品住房销售中以养老名义进行虚假宣传等涉诈问题隐患，以及违规在城市街面张贴养老产品宣传广告的行为”两项整治任务。近年来，养老骗局频现，侧面反映出人们日益迫切的养老需求。中国民政部数据显示，“十四五”期间，中国60岁及以上老年人口总量将突破3亿，进入中度老龄化阶段，而如何养老成了亟待解决的大问题。

房地产养老诈骗套路，包括商品住房销售中以“老年社区”“老年公寓”“养老基地”“养老山庄”等“养老”名义进行虚假宣传、诱骗老年人购买等，也包括打着“以房养老”等旗号，诱骗老年人抵押自己的房屋，再借助诉讼、仲裁、公证或者暴力、威胁以及其他手段非法占有老年人房屋。

正规的“以房养老”是指，老年人把住房抵押和终身的养老年金保险相结合的创新型商业养老保险。简单来说，老年人把房子抵押给保险公司，保险公司按约定给老年人支付养老金直至身故，老年人身故后，保险公司对房屋进行清算。目前，仅有幸福人寿、人保寿险两家公司开展了“以房养老”业务，推出的产品分别为“房来宝”和“安居乐”老年人住房反向抵押养老保险。这是一种保险产品，而不是投资、理财产品。但“以房养老保险”被口口相传为“以房养老”，从而使人们对此产生曲解。

中国政法大学民商经济法学院王雷提示，老年人在涉及相关保险项目时，应当注意，在“以房养老”相关合同书上签名、按指印时要慎重，应寻求专业人士帮助辨析合同内容，透过合同迷雾识别、抵制套路贷（套路贷下的借款合同通常会约定远高于商业银行贷款的利息）；对于低风险甚至无风险、高收益的养老投资项目，要提高警惕，理解其商业逻辑。

资料来源：严打“养老地产”伪装者．（2022－05－20）．中国质量新闻网．

第7章

医疗保险与生育保险

医疗保险关系到国计民生，如何使广大劳动者病有所医、医有所保，一直是我国关心的重大民生问题。从1949年到1978年，我国职工医疗保障制度主体部分是与当时计划经济相适应的公费医疗制度和劳保医疗制度，在广大农村地区，政府建立了风险共担、互助共济的农村合作医疗制度。1978年改革开放后，随着我国经济体制的变革，基于计划经济和集体经济建立的公费医疗制度、劳保医疗制度和农村合作医疗制度均不再适用。政府分别于1998年、2003年、2007年开始探索试点以城镇职工基本医疗保险制度、新型农村合作医疗制度，以及城镇居民基本医疗保险制度三项制度为主体的基本医疗保险制度，并于2016年整合新型农村合作医疗制度和城镇居民基本医疗保险制度为城乡居民基本医疗保险制度，以实现全民医保覆盖为目标。2021年，十三届全国人大四次会议要求，在“十四五”期间，全面推进健康中国建设，提高全体国民的身体素质和健康水平。党的二十大报告强调，“扩大医疗保险覆盖面，健全基本养老、基本医疗保险筹资和待遇调整机制，推动基本医疗保险、失业保险、工伤保险省级统筹”。“促进多层次医疗保障有序衔接，完善大病保险和医疗救助制度，落实异地就医结算，建立长期护理保险制度，积极发展商业医疗保险”。

我国在摸索中发展中国特色医疗保障制度，至今已建成了世界最大的医疗保障网，惠及13.9亿城乡居民。这充分体现了社会主义市场经济体制的优越性，能够保障居民的医疗可及性、医保公平性和医保制度可持续性。

学习要点

1. 了解医疗保险的概念
2. 掌握医疗保险的四种类型
3. 深入理解中国医疗保险制度的内容和发展
4. 了解生育保险的发展历史
5. 了解中国生育保障制度的内容、生育保险与医疗保险合并的探索

7.1　医疗保险概述

7.1.1　医疗保险的概念

从医疗保险（medical insurance）的内涵来看，可分为狭义的医疗保险和广义的医疗保险。狭义的医疗保险是指补偿疾病带来的医疗费用的保险。广义的医疗保险通常在国际上被称为“健康保险”①。健康保险不仅补偿参保人因病带来的直接医疗费用（门诊费、住院费、药品费、检查费等），还补偿因病无法工作产生的间接经济损失（误工费等），此外还包括对分娩、残疾、死亡的经济补偿，以及疾病预防和健康维护相关费用。

7.1.2　医疗保险的发展历程

医疗保险起源于欧洲，欧洲工业革命推动了医疗保险制度的产生和发展。现代医疗保险制度诞生于德国。1883 年德国俾斯麦政府颁布了世界上第一部社会保险法——《疾病保险法》。许多欧洲国家紧随其后，开始实施医疗保险制度。1922 年，日本通过了亚洲第一部医疗保险法——《国民健康保险法》。第二次世界大战后，亚洲其他国家和非洲等发展中国家纷纷建立了医疗保险制度。纵观世界医疗保险的发展历程，可以将医疗保险的发展历程分为萌芽、创立、发展、改革与完善四个阶段。

1. 医疗保险的萌芽阶段

17 世纪初到 19 世纪 80 年代是医疗保险的萌芽时期。工业革命初期，工业处于手工业阶段，特别是西欧一些国家的机器制造工业迅速发展，使产业工人相对集中。这些产业工人的生产条件和生活环境十分恶劣，对工人的身体健康造成很大危害，经常有工人因为疾病而死亡。为了防范工业化过程中因恶劣环境产生的疾病风险，减轻医疗支出带来的经济负担，许多工人自发地组成了一种具有合作性质的互助组织，由该组织来筹集互助资金，并为患病的组织成员在接受医疗服务时提供资助，帮助他们渡过难关。此时产业工人、互助组织和医疗服务提供者之间构成了一个简单的医疗保险系统，也是最早的医疗保险系统。② 在此系统中，没有雇主和政府的参与，仅仅是被保险人、保险机构以及医疗服务提供者之间的相互制约。英国的友谊会、德国的辅助金库都是这种互助组织。这种组织形式一直沿用到 19 世纪中后期，这期间自发性的医疗互助组织规模越来越大，组织性越来越强，医生、雇主和政府都逐渐加入进来，雇主为雇员承担部分医疗费用，逐渐形成了雇主、雇员、医生、政府共同参与的医疗互助组织。这些早期互助组织为医疗保险的产生奠定了基础，医疗保险逐渐进入创立阶段。

---

① 莫里西．健康保险：第 2 版．北京：中国金融出版社，2018.

② 卢祖洵．医疗保险学．4 版．北京：人民卫生出版社，2017.

2. 医疗保险的创立阶段

19 世纪 80 年代至 20 世纪 40 年代是医疗保险的创立阶段。19 世纪末，自发性的互助组织已经覆盖了一半以上的欧洲人口，逐渐渗透到了各个行业中，并由政府出面将其纳入社会保障，医疗保险就是其中一项重要内容。

德国是世界上最早实施社会医疗保险制度的国家。1883 年，德国俾斯麦政府颁布实施了《疾病保险法》，这是世界上第一部疾病保险法，也是第一部社会保障性质的医疗保险法。该法规定，全体从事工业性经济活动、工资少于一定限额的工人，一律实行强制性疾病保险；建立独立于医疗服务机构之外的基金组织，专项负责医疗保险基金的筹集、管理和待遇支付；医疗保险基金缴纳由雇主和雇员共同承担，缴费额按收入的一定比例确定，其中雇主承担保费的 1/3，雇员承担保费的 2/3；参保人因疾病导致的医疗费用支出，由医疗保险基金给予补偿，支付一定范围内的医疗费用。《疾病保险法》的颁布，标志着政府正式介入全体居民的健康保障，尤其是在基本医疗和预防保健领域，现代医疗保险系统逐渐形成。在该系统中，主要包含保险机构、被保险人、医疗服务提供者和政府四个部门。

德国颁布法案后不久，欧洲其他国家也纷纷效仿，颁布了相关法律，建立起医疗保险制度。例如英国、瑞典、意大利、荷兰和法国等国家都相继颁布法律，实施了医疗保险制度。

知识链接 7-1

世界首个医疗保险法：《疾病保险法》

1883 年德国颁布了《疾病保险法》，建立了世界上最早的医疗保险制度。此后德国保险制度不断完善，涵盖了社会生活的方方面面，成为德国社会不可或缺的部分。

德国以“福利国家”著称于世。《德意志联邦共和国基本法》规定：“德国是一个民主的、社会的联邦国家。”这里所说的“社会的”就具有社会福利的意思，国家有责任保证人民在遇到各种社会风险（如年老、疾病、失业、工伤）时不至于在经济上陷入困境，为此德国制定了一系列法律政策并提供必要的社会服务和设施。

经过一百多年的努力，德国已经建立起了一个相当完善的社会保险制度。这一制度已被世界上不少国家所效仿。德国社会保险体系的核心为社会保险。社会保险是法律规定的义务性保险，包括医疗保险、养老保险、失业保险和事故保险四个项目。

德国是世界上最先实行社会保险的国家。在 19 世纪 80 年代，在日益高涨的工人运动的压力下，德国俾斯麦政府创办了一系列社会保险。1883 年首先创立医疗保险，接着事故保险（1884 年）和养老保险（1889 年）也相继创立。又过了几十年，德国增设了失业保险（1927 年）。二战以后，社会保险制度得到完善，保险范围继续扩大，保险待遇明显改善，特别是退休职工的养老金改为动态增长，养老金的数额不再一成不变，而是与生活费用的增加和工资的增长挂钩。

资料来源：世界首个医疗保险法：疾病保险法．(2014-04-10)．慧择保险网．

在欧洲国家的影响下，其他国家也相继出台了医疗保险相关法案。1908年，美国成立了国民保健委员会，并于1915年在21个州实施了对工伤患者和职业病工人的经济补偿，这种补偿给付标志着医疗保险和医疗服务的制度化。日本是亚洲第一个实施医疗保险制度的国家。1922年，日本颁布了《国民健康保险法》，该法案于1927年正式实施。1912年苏联建立了针对劳动者的免费医疗制度。在这个制度下，医疗服务机构全部国有化，国家负责医疗卫生服务事业，并直接向劳动者提供免费医疗服务，以体现社会主义制度的优越性。这种将医保筹资和医疗服务融合在一起的健康保险制度，是一种新的卫生体制模式。这种模式被很多社会主义国家借鉴，也对英国、瑞典等资本主义国家产生了一定影响。这一时期医疗保险的保障对象多数仅限于劳动者及其家属，还没有形成系统的医疗保险体系。

3. 医疗保险的发展阶段

20世纪40年代至70年代末是医疗保险的发展阶段。第二次世界大战之后，各国纷纷建立起医疗保险，有些国家已经将医疗保险的覆盖范围扩大到全体居民。1948年，英国正式颁布《国家卫生服务法》，宣布建立国家医疗服务体系（national health service，NHS）。这标志着英国由原来的社会健康保险制度转变为国家医疗服务体系，社会福利作为一项社会责任被确立下来。随后十多年间，许多国家效仿英国，建立了国家医疗服务体系，医疗保险进入迅猛发展阶段。1955年，新加坡建立了以家庭医疗账户为主的储蓄型中央公积金制度。1961年，日本全面修改了《国民健康保险法》，实行了全民保险。1965年，美国分别实施了专门针对65岁以上老人及其他残障人员的医疗照顾制度（medicare），以及针对低收入人群的医疗救助制度（medicaid）。同时，国际劳工组织也为推动各国医疗保险制度的建设和实施作出了不懈努力，制定和颁布了多个与医疗保险相关的国际劳工公约，如1969年颁布的《医疗和疾病津贴公约》，这些公约为各国制定医疗保险制度提供了相关依据和指导。

到20世纪70年代，已经有80多个国家建立了医疗保险，其中多半是工业化国家，这些国家医疗保险的覆盖率达到90%左右。由此可见，这一阶段的医疗保险不仅形式多样，还进一步扩大了覆盖范围，提高了医疗保障待遇水平，逐步形成了较为完善的医疗保险制度。医疗待遇水平的提高，得益于医疗技术的进步和社会经济的迅速发展，但这也意味着医疗保险基金支出的增加和医疗费用的上涨。医疗保险基金支出的持续增长是这一阶段医疗保险发展中的突出特征之一，为医疗保险制度的可持续发展埋下隐患，因此不少国家开始实施医疗保险制度改革。

4. 医疗保险的改革与完善阶段

20世纪70年代末至今，是医疗保险的改革与完善阶段。整个世界的社会保险制度面临着严峻的挑战，各国医疗保险制度出现了医疗费用增长过快、医疗保险基金收支不平衡的情况。与此同时，随着经济与社会的不断发展，经济体制转轨变型、失业人数增加、人口老龄化等问题不断涌现，如何减轻和消除贫困成了各国政府的主要难题，迫切需要建立完善的社会保险制度来保障民生和稳定社会，从而促进经济发展。双重挑战下，尤其是随着经济危机席卷全球，各国经济陷入滞胀和萧条之中，于是它们纷纷开始对医疗保险制度进行不同程度的改革，目的都是提高医疗卫生资源的利用效率、节约医疗保险基金的支出。采取的措施主要包括扩大缴费基数、提高医疗保险缴费率、加强医保基金监管等，同时加强需方控制和供方控制来节约医疗费用支出，以缓解医保基金收支不平衡的压力。

7.2 医疗保险类型①

医疗保险类型一般是指在医疗保险制度实施过程中经过不断的经验积累、发现和抽象出的规律，是对医疗保险制度的高度归纳和概括。从医疗保险基金的筹集、管理和偿付的角度来看，医疗保险类型主要分为国家医疗保险、社会医疗保险、商业医疗保险、储蓄医疗保险。这四种类型的代表国家分别为英国、德国、美国、新加坡等，不同国家的国情不同，四种医疗保险的发展历史、主要内容、特征和利弊也存在差异。

7.2.1 国家医疗保险

国家医疗保险（national medical insurance）又称国家卫生服务，是指由政府直接举办医疗保险事业，通过征税筹措医疗保险基金，采取财政预算拨款的形式将医疗保险基金有计划地拨给有关部门或直接拨给医疗服务提供方，医疗保险参保对象基本不需要支付费用就可获得医疗服务的一种医疗保险。

这种保险类型的主要特征是：（1）医疗保险基金主要来源于政府税收，能够通过国家预算筹集到大量资金且来源稳定。（2）政府直接参与医疗服务机构的建设，确保医生在全国各个地区均匀分布，并由地方政府负责规划和分配预算经费，费用主要用于医院建设和日常行政支出。（3）医疗保险覆盖全体国民。医疗服务基本为免费或低收费服务，主要体现社会分配的公平性与福利性。（4）医疗卫生资源配置、医疗服务价格等几乎都依赖政府计划来控制。实施这类保险的代表国家主要有英国、加拿大、瑞典、爱尔兰、丹麦等福利国家。其中英国是最早实行全民医疗保健制度的国家，也是国家医疗保险类型最典型的国家。

早期英国的国家医疗服务体系基本上都由国家管理，卫生资源的筹集与分配、卫生人力的开发与管理、医疗服务的提供等都由国家集中统一管理，英国的医疗保险制度强调公平原则。1911 年，英国正式颁布《健康保险法》，规定所有工薪阶层都应参加医疗保险，在指定医院免费就医。这一法案一直实行到 20 世纪 30 年代末。1948 年的《国家卫生服务法》和 1964 年的《国家卫生保健法》规定，全国医院实行国有化，凡英国国

---

① 蔡仁华．国际医疗保险制度模式比较研究：上．中国医院管理，1997（1）；蔡仁华．国际医疗保险制度模式比较研究：下．中国医院管理，1997（2）．

民，无论其财产多少，均可得到公立医院的免费卫生服务，并可享受除一般治疗之外的住院护理和公共卫生服务等。

英国公共卫生服务经费主要来源包括：第一，政府预算拨款，这是英国公共卫生服务经费最主要的来源；第二，国家公共卫生服务收入部分来源于雇主缴纳的医疗保险费及部分收费服务的收入；第三，极少部分来自患者的自付医疗支出，如挂号费、门诊处方费等；第四，其他来源，如资产售卖。公共卫生服务经费的分配由专门的工作组实施，财政部代表参与，具体由中央政府层层下放到各地社区卫生局，分配额受到各地区人口总数、健康状况、卫生需求等指标的影响。

虽然英国的医疗保险类型能够通过政府的力量，调节公共卫生服务供需状况和卫生资源的配置方向，提高公共卫生服务的公平性，有效控制医疗费用上涨，但仍存在一定的局限性：由于医院公有化和政府计划调节造成了效率低下，计划很难得到及时的调整和更新，无法准确反映国民的医疗需求变化；公立医院的薪资固定，医院和医生服务的积极性不高，供需矛盾突出，可能导致患者无法得到妥善的照顾；医疗保险基金筹资渠道单一，政府财政负担较重。为此，英国分别在2000年和2010年发布了《国家医疗服务体系：投资改革计划书》和《公平与卓越：解放国民健康服务》，实施对公立医院的改革，以提高公立医院的工作效率和医疗质量，取得了很好的成效。英国的医疗保险类型被其他工业国家，尤其是北欧福利国家争相效仿，先后建立起“普遍保障”的福利制度。

7.2.2 社会医疗保险

任何保险都带有社会属性，社会医疗保险（social medical insurance）是通过国家立法强制实施的一种医疗保险，其医疗保险基金采用多渠道集资形式，主要由雇主和雇员共同缴纳，按工资薪酬和个人收入的一定比例筹集，政府酌情给予补贴。参保者及其家属因患病、受伤或生育需要治疗时，由社会医疗保险机构提供医疗服务或为医疗服务支付费用。

社会医疗保险的主要特征是：(1) 基本原则是“以支定收，以收定支”，一般希望当年就达到收支平衡。社会医疗保险对患病参保人的医疗费用补偿一般规定：起付线，即医疗费用超过一定数额后方可报销；报销比例，即报销医疗费用的一定百分比；封顶线，即最高报销额度。此外，社会医疗保险还遵循强制性、互济性和补偿性原则。(2) 资金统筹、互助共济、现收现付，实质上是个人收入的再分配，由高收入人群向低收入人群转移，健康人群向患病人群转移，发病率低的地区向发病率高的地区转移，企业向家庭转移，实现社会统筹，保障居民普遍享有医疗保险。(3) 权利与义务对等。雇主为雇员缴纳医疗保险费，雇员个人也要缴纳，国家一般予以适当补贴或不承担费用。(4) 社会医疗保险与就业和收入相关联，保障的人群从职工逐渐扩大到全体社会居民，强调的是社会的团结与平等。(5) 设立社会化管理的医疗保险机构作为“第三方支付”机构，代表参保人统一管理医疗保险基金，并按规定向基于参保人提供医疗服务的医疗机构支付医疗费用和其他待遇，待遇水平根据医疗保险基金的支付能力确定。

社会医疗保险主要有两种类型：社会统筹型和统账结合型。前者的代表国家主要有德国、韩国、日本、法国等，其中德国是最早实行社会医疗保险制度的国家，也是最具有代表性的国家。后者如我国1998年实行的城镇职工基本医疗保险制度。

德国的社会医疗保险主要由两部分构成：法定医疗保险和私人医疗保险。法定医疗保险参保对象包括三类：一是法定参保人，主要包括有收入但每月税前收入低于最低工资标准的雇员及雇主，退休、失业、自雇人员和大学生等；二是自愿参保人；三是连带参保人，主要是指法定参保人的配偶和子女。私人医疗保险的参保对象主要是根据法律或者申请免除在基本保险义务之外的人，如公务员、法官、军人等。

德国的医疗保险基金筹集主要来源于雇主和雇员的缴费，由于实行分散管理模式，全国并无统一的医疗保险费率。医疗保险费率由各医疗保险经办机构根据收支预算自行确定，报监督机关审批后实施。2011年德国的法定医疗保险费率为15.5%，雇主和雇员分别承担7.3%和8.2%。

在德国社会医疗保险类型下，对医疗机构费用支付的最大特点是“第三方支付”，即参保人在发生医疗支出后，除了个人自付部分，其他费用支出由社会医疗保险经办机构与医疗机构直接结算。在具体执行中，主要包括对医疗服务供给方的支付和对医疗服务需求方的支付。其中对医疗服务供给方的支付是由疾病基金会同医院协会协商确定收费标准、服务范围、医护人员工资；对医疗服务需求方的支付主要包括疾病补助、医疗补助和供养亲属医疗补助三类。

德国的社会医疗保险仍面临很多问题，主要有：一是人口老龄化带来的护理问题、创伤事故及与环境相关的疾病问题等；二是对疾病预防重视不够，人们不愿意拿出过多的钱用于健康管理；三是医疗费用增长过快，甚至可能存在医疗提供者诱导需求、医疗服务滥用等问题，给医保基金支出带来较大负担；四是不同社会保险组织之间仍存在负担水平和待遇水平的差异问题。自20世纪70年代起，德国已经实施了多次医疗改革，政府陆续制定了一些控制费用的法律，主要措施是限制医生工资的增长幅度、限制药品费用的增长、提高医疗费用自付比例、控制医院的设备支出、拓宽医疗保险费用的筹集渠道等，取得了一定成效。

7.2.3 商业医疗保险

商业医疗保险（commercial/private medical insurance）一般与社会医疗保险相对应，又称为市场医疗保险，是按照市场法则自由经营，医疗保险作为一种商品在市场上自愿进行交易，主要通过市场机制来筹集费用和提供服务。商业医疗保险的卖方一般是私人保险公司，买方既可以是企业也可以是个人。保险公司提供多种名目的单项保险和综合保险，居民自愿参加，有钱的享受高保额的产品，没钱的选择低保额的产品，60%以上的医疗服务由居民直接支付，政府不干预。这种模式下，政府财政负担减轻，保险体制灵活，能充分发挥市场机制的作用，有利于提高效率。

商业医疗保险的主要特征是：一是社会居民自愿选择参保，共同分担由于疾病、意外造成的经济损失；二是保险人和投保人签订合同，缔结契约关系，双方履行权利和义务；三是医疗保险作为一种特殊商品在市场上进行售卖，其供求关系由市场调节；四是商业医疗保险机构大多为营利机构，但也有少量非营利机构。如美国的蓝盾计划（Blue Shield Plan）和蓝十字计划（Blue Cross Plan），在这两项计划中医疗保险费用的来源主要是雇主和雇员缴纳的保险费，医疗费用一般不用病人分担，蓝盾会按照事先划定的上限将常规医疗费用支付给医生；需要住院的，蓝十字协会再根据参保人医疗状况向医院支付住院费用。①

美国是实施商业医疗保险的典型代表，也是发达国家中唯一没有建立覆盖全民的医疗保险制度的国家，美国医疗保险由两部分构成。一部分属于政府提供的公共医疗保险，主要包括：（1）医疗照顾计划；（2）医疗救助计划；（3）州儿童医疗保险计划；（4）工伤补偿保险和军人医疗计划；（5）少数群体免费医疗。这部分是仅针对65岁以上老人、残疾人和儿童设立的补缺型医疗保障措施。另一部分是商业保险机构提供的医疗保险，主要包括：（1）非营利性商业医疗保险；（2）营利性商业医疗保险；（3）管理型医疗保险。这部分覆盖了较多居民。2008年美国医疗保险的覆盖率已达到85%，其中商业医疗保险占比高达66.7%，很明显，美国实行的是以商业医疗保险为主导的医疗保障制度。

1. 非营利性商业医疗保险

蓝盾和蓝十字协会是美国最大的两家非营利性医疗保险机构。1932年美国加州推出了一项社区保险计划，参加该计划的医院将为加入该计划的用户提供医疗服务，用户只需向该计划缴纳预付金，这就是蓝十字计划，主要承保长期住院及特别医疗服务费用。20世纪30年代后，针对医生服务的预付费计划也出现了，就是蓝盾计划。“双蓝计划”标志着美国现代医疗保险制度的创立，此后商业医疗保险机构开始大规模进入医疗保险市场，私营医疗保险制度进入繁荣时期。

2. 营利性商业医疗保险

在美国，营利性商业医疗保险公司众多，包括综合性保险公司和专业性健康保险公司，大多采用费用分摊的“共保险”办法，以降低投保费率。商业健康保险主要包括团体健康保险、补充健康保险和个人健康保险等，其中费用昂贵的项目往往单独核算。

3. 管理型医疗保险

20世纪60年代，美国出现了一些新型的管理型医疗保险机构，典型代表有健康维持组织（health maintenance organization，HMO）、优先提供者组织（preferred provider organization，PPO）等。HMO不同于传统的商业性医疗保险机构，它们提供的医疗保障不是偿付保险金或作为第三方医疗服务费，而是以自有的医院和医生直接向病人提供医疗服务。参保者按照会员制的方式定期缴纳会费，会员费是HMO的筹资来源。PPO在服务供给上采用直接提供方式，在费用支付上按人头定额总付，代表的是参保人的利益，能够就医疗服务收费与医院或医生进行议价，具有较强的议价能力，因此PPO的保费较低。2008年，管理型医疗保险在美国健康保险市场中的份额已超过60%。

---

① 朱铭来，陈妍，王梦雯．美国医疗保障制度改革述评．保险研究，2010（11）.

美国的商业医疗保险有利于医疗机构、患者、医疗保险公司形成良好的信任关系；有利于降低美国病人的住院率和转诊量；加强了美国医疗机构之间的竞争，推动各个医疗机构快速发展；商业医疗保险使居民和医疗人员更加注重初级卫生保健和疾病预防工作。但美国的医疗保险制度还具有一定的局限性：医疗负担过重，市场机制下的医疗保险机构之间竞争激烈，在全国范围内难以实行统一有效的卫生费用控制措施，导致整个国家医疗费用迅速增长；医疗保险难以保证社会公平，尽管美国实施了公共医疗保险，但仍有较大比例的儿童和低收入人群在医疗保险大门外。针对医疗费用居高不下和医保没有全民覆盖的问题，美国政府和私营保险机构引进以管理型医疗保险为核心的控费举措，不断完善和改革整个医疗保障体系。

知识链接 7-2

美国医疗改革的新动向：健康维护组织

健康维护组织（HMO）是医疗保健单位和保险公司的结合体，提供一系列预先规定的医疗保健服务，费用由参加注册人员事先预交，在提供医疗服务后，不需另外缴费。预交费用因年龄、性别、过去病史及集体加入的人数的多少而不同。

HMO与许多医疗保健单位及医生签约，或拥有自己的医院和医生，对参加本系统的每一个人提供医疗及保健服务。凡选择HMO的个人，必须首先选定一个该HMO认可的全科医生，病人通过他认定的全科医生得到各种必要的医疗保健服务。如果全科医生认为病人的病情需要看专科，则由全科医生来决定转诊。HMO鼓励提高效益。在过去，医院和医生只是在提供医疗服务后按价收取服务费用。而现在，在HMO系统内，医院和医生每月从HMO收到按注册病人数来计算的费用，选择这一医院和医生的注册人数越多，医院和医生得到的预支款也越多。这时，如果病人来看病越少，成本越低，医院和医生得到的利润也就越多。因此，医院和医生就会努力加强保健工作，降低患病率及就诊率。许多HMO对医疗质量及效益特别好的医院和医生还会给予奖金奖励。

全科医生是HMO计划的关键，在HMO系统中，他们充当把关者的角色。他们管理、协调和提供医疗保健，把需要转诊的病人介绍给专科医生，同时特别重视提供保健服务。只有在全科医生认为确实必要时，病人才能接受特殊医疗服务、住院或外科手术。参加HMO的人，只能在本HMO系统内接受各种医疗服务，除非急诊或者本HMO内没有这一专科，病人才能在本HMO系统外接受医疗服务（费用由本HMO支付）。这样就可最大限度地减少对各种医疗服务的滥用。

资料来源：左石．美国医疗改革的新动向：健康维护组织（HMO）．中华医院管理杂志，1995（12）．

7.2.4 储蓄医疗保险

储蓄医疗保险（health savings account medical insurance）是强制储蓄保险的一种形

式，指的是根据法律规定面向全体公民设立保险储蓄，根据不同的年龄确定不同的缴费率，强制劳方或劳资双方缴费，以雇员的名义、以家庭为单位建立医疗储蓄基金，并逐步积累，用于支付日后患病所需的医疗费用。

储蓄医疗保险的主要特征是纵向积累、强制储蓄。国家医疗保险、社会医疗保险和商业医疗保险都是横向筹资，即通过参保人群的统筹共济来分担疾病风险，而储蓄医疗保险则是以家庭为单位的纵向筹资，储蓄一定的基金，累积延续使用，缓解疾病风险。横向筹资一般为现收现付制，没有积累，纵向筹资则可以逐步积累，具有独特优势：（1）有利于提高个人责任感。医保基金来源于个人收入的纵向积累，强调的是病人对费用的分担，能够抑制个人对医疗服务的过度使用，尽可能地减少浪费。（2）可以更好地解决人口老龄化带来的医疗卫生服务的筹资问题。随着老年人口的比重增加、医疗费用负担加重，国家医疗保险、社会医疗保险和商业医疗保险这类第三方支付的医疗保险制度，都难以解决青年人和老年人之间的代际转移问题。强制储蓄保险能够消除这种弊端，它要求每个有收入的公民为其终身的医疗卫生服务需要而储蓄，每一代人都要解决自身的医疗保健需要，避免老一代人的医疗费用转移到年轻一代人的身上。（3）储蓄医疗保险的管理效率较高。这是因为医疗保险基金全部存在个人账户中，每个居民都可以看到自己的资金使用情况，有利于对医疗保险基金的控制和监督。

新加坡是储蓄医疗保险的典型代表，国家通过立法，强制建立以个人储蓄为主的医疗保健制度，政府以补贴形式分担部分费用，公民对自己的健康负责。新加坡的医疗保险制度分为三个层次，即保健储蓄（medisave）计划、医保双全（medishield）计划、保健基金（medifund）计划。

1. 保健储蓄计划

这项计划的原型是 18 世纪英国工业革命时期的职业保障基金，它是立法强制的一项以个人储蓄为主的公积金制度，雇员和雇主共同缴纳保费，并以职工个人名义存入公积金，用于将来退休和医疗消费等。1955 年，新加坡设立中央公积金，保健储蓄是其中一个组成部分，后来逐渐演变为多样化和综合性的社会保障储蓄计划。保健储蓄计划的做法可以概括为：（1）差别费率。在保健储蓄缴费率方面，35 岁以下的雇员缴纳工资的 6%，35～44 岁的雇员缴纳工资的 7%，45 岁以上的雇员缴纳工资的 8%。（2）总额封顶。保健储蓄金由雇员和雇主分摊，可免缴个人收入所得税，并设有缴费上限，避免储蓄余额过多。（3）保值增值。法律规定，保健储蓄基金可以获得平均利息率，最低利率为 2.5%。（4）最低限额。投保人在退休前提取保健储蓄金支付住院费用有一定的限额。设置限额的目的是确保投保人在退休后患病时有足够的储蓄金支付住院费。（5）余额继承。如果保健储蓄账户所有者去世，其保健储蓄余额将以现金形式转给他的家人，且不需缴纳遗产税。

2. 医保双全计划

保健储蓄计划对于患重病或慢性病的人来说可能仍然不够，为了弥补这一不足，新加坡于 1990 年制定了医保双全计划。医保双全计划是一项自愿性的大病保险计划，目的是帮助参保者支付大病或慢性病的费用，可以认为是保健储蓄计划的补充，带有社会统筹的性质。这项计划的资金由中央公积金局从参加这项计划的会员账户中按一定比例提取而来，实行社会统筹，调剂使用。引进社会保险机制，可以有效降低居民为了预防重病而过多储蓄。对于重病患者，保健储蓄计划先支付一定金额的医疗费用，剩余金额进入医保双全计划，由统筹基金支付 80%，投保者自付 20%。医保双全计划以保健储蓄计划为基础，强调个人责任的同时，发挥社会共济、风险共担的作用。

3. 保健基金计划

1993 年，新加坡建立保健基金，推出以帮助贫困国民支付医疗费用为目的的保健基金计划，一些特殊人群、贫困人口可以通过向基金会申请帮助，得到政府的政策倾斜。保健基金计划可以看作是，在保健储蓄计划和医保双全计划覆盖范围之外，为那些不能支付医疗费用的穷人提供的一个“安全网”。

总的来说，新加坡的储蓄医疗保险存在一定的局限性，主要体现在过分强调效率，忽视了公平。投保人之间不再有基金的横向流动和收入再分配，不存在互助共济和风险共担，对于收入较低或无收入群体来说，一旦个人账户资金储蓄不足，患病时可能出现没钱治病的问题。这种情况在医保双全计划和保健基金计划出台后得到了一定程度的缓解。

7.3 医疗保险筹资与支付方式

7.3.1 医疗保险基金筹资方式

根据各国医疗保险的特征，本节总结了医疗保险基金的四种筹资方式，分别是国家税收式、强制缴费式、自由投保式、储蓄账户式。

1. 国家税收式

国家税收式的基金筹资方式是指通过国家征税形式筹集医疗保险基金，然后由中央政府和地方政府通过各级财政预算拨款的方式给医疗服务供给方提供资金，国民基本不需要再另外缴费。这种缴费方式主要适用于国家医疗保险类型，所得资金用于为本国居民提供免费或低收费的医疗服务。

这种筹资方式的优点是：第一，筹资来源稳定，能够保证有效筹集到大量医保资金；第二，具有很强的互助共济能力，全体国民共担健康风险；第三，社会公平性高，全民享受、人人平等；第四，适合政府宏观调控，具有强计划性。

但这种方式存在一定缺陷：第一，过于重公平，忽略了效率。政府承担了大量的医疗费用，导致居民过度使用医疗资源，医疗服务提供方效率较低。第二，税收政策容易受到国家经济发展水平的影响。若国家经济波动较大，则税收政策容易被波及，导致政策灵活性较差。第三，保障形式单一。随着医疗费用不断增加，若要提高保障水平，则国家财政负担加重，若降低保障水平，则难以满足多层次的医疗保障需求。

2. 强制缴费式

强制缴费式又叫社会保险税式，指的是国家通过法律强制要求收入在一定范围内的居民及其雇主，按个人收入的一定比例缴纳保险费。这种缴费方式由多方筹资、共同管理，主要适用于社会医疗保险类型的国家。

这种方式的优点是：第一，筹资来源稳定，相对独立性较强，可以根据国民收入水平进行调节，灵活性较高；第二，社会共济能力较强，在法定范围的人群中进行风险共担；第三，社会公平性较高，权利和义务基本一致；第四，制度统一、运行集中，保险效率较高，管理成本较低；第五，设有专门的社会保险机构，有助于控制费用增长。

该方式的缺点包括：第一，对于非参保对象可能存在一定的不公平；第二，缴费方式为现收现付制，随着人口老龄化加重，代际矛盾日益突出；第三，不同社会保险组织之间存在着待遇水平差异，不同社会保险组织的对象之间存在一定不公平。

3. 自由投保式

自由投保式的基金筹资方式是指社会人群可自愿参保，可根据所需投保的项目和保障水平，确定缴纳的保险费用。这种缴费方式的特点是：政府干预少，主要由商业医疗保险机构管理，供需双方在保险市场上通过竞争机制调节，主要适用于实行商业医疗保险类型的国家。这种筹资方式要求国家的社会经济发展水平和个人收入水平较高，且具有高度发达的市场经济体系。

自由投保式的优点是：第一，具有较好的灵活性和多样性，能够适应社会多层次需要；第二，消费者选择自由度大，促进了医疗保险机构和医疗卫生服务机构之间的竞争；第三，商业医疗保险机构对医疗费用的控制、管理较强；第四，权利和义务基本对等；第五，国家财政负担较轻。

这种方式的缺点主要有：第一，资金来源不稳定，社会群众自愿投保，收入状况对资金筹集有较大的影响；第二，医疗保险覆盖范围较小，社会供给性较差，健康风险仅由参保的一小部分人群承担；第三，社会公平性较差，市场逆选择问题严重，低收入人群和高健康风险人群难以得到较好的医疗保障；第四，在多医疗机构经营的情况下，分散管理，效率低下；第五，传统商业医疗保险机构对医疗费用的控制能力较差。

4. 储蓄账户式

储蓄账户式的基金筹资方式是指国家通过法律规定，强制要求每个有工作的人储蓄医疗基金，建立个人医疗账户。该方式以家庭为单位，靠一代人或几代人的医疗储蓄来抵御疾病风险。与其他筹资方式通过横向筹资分担风险不同，储蓄账户式是通过纵向积累资金来分担风险。这种筹资方式要求国民收入水平较高，同时国民具有勤俭节约、善于储蓄的品质，主要适用于采用储蓄医疗保险类型的国家。

储蓄账户式的优点是：第一，用纵向积累代替横向积累，较好地解决了社会老龄化带来的代际矛盾问题；第二，提高了个人的费用意识和责任感，增强对医疗服务需求方的制约能力；第三，赋予参保人群一定的就医选择权，满足了消费者不同层次的医疗需求，促进了医疗机构之间的竞争；第四，政府财政负担较轻。

这种方式还具有一定的缺点：第一，社会公平度一般，个人的医疗保障水平与收入直接挂钩，低收入水平人群的保障较差；第二，缺乏社会共济能力，个人健康风险仅在家庭之间和个人生命周期内分担。

7.3.2 医疗保险费用支付方式

医疗保险承担医疗费用、抵御疾病风险的功能是通过支付被保险人的医疗费用来实现的，同时被保险人和医疗服务供方之间的支付关系仍然存在，因此医疗保险费用支付成为医疗保险制度运行的重要环节。医疗保险费用支付包括需方费用支付和供方费用支付。医疗保险需方费用支付方式是指被保险方在医疗保险过程中分担一部分医疗费用的办法。从被保险方角度来看，医疗保险需方费用支付方式主要包括起付线、报销比例和封顶线。其中起付线是指参保人享受医疗服务之后，先自付一定额度的医疗费用，超过这个额度标准的医疗费用才由医疗保险机构支付，这个自付额度称为起付线。报销比例是指医疗保险机构按一定比例承担医疗费用，剩余比例由参保人支付。封顶线即最高支付限额，医疗保险机构对参保人支付的医疗费用限定在一定额度内，超过部分由参保人自费或通过其他途径解决。在实际操作中，往往把上述三种支付方式结合起来使用，形成优势互补，以保障参保人对医疗服务的合理利用以及控制医疗费用的过快上涨。

医疗保险供方费用支付方式是指医疗保险机构作为第三方，代替被保险人向医疗服务供方支付医疗费用的方法，主要有四种类型：一是按服务项目付费（fee for service，FFS）；二是按服务人头付费（capitation）；三是按单元服务定额付费，如按疾病诊断相关分组（diagnosis related groups，DRG）付费；四是总额预算制（global budget，GB）。其中，按服务项目付费属于后付制，按服务人头付费、按单元服务定额付费和总额预算制属于预付制。

1. 按服务项目付费

按服务项目付费指的是在医疗保险过程中，对每一个医疗服务项目制定价格，根据参保人实际接受医疗服务项目的数量和价格计算医疗费用，然后由医疗保险机构向医疗服务供方支付医疗费用。按服务项目付费的特征是医院收入与服务项目数和服务质量呈正比，服务项目越多，项目质量越高，医院收入越高。

按服务项目付费具有一定的优点：第一，按服务项目付费可以激励医疗机构改善服务质量，调动医疗服务供方和医护人员的工作积极性。为了较好满足参保人的服务需求，医疗机构会不断改善服务条件、增加新的医疗设备、开展新的服务项目，医护人员也会不断提高自身业务能力，加强专业知识的学习和改善服务态度；第二，被保险人对医疗服务的选择性较大，对医疗服务的需求比较容易得到满足，能够及时地享受医疗服务；第三，按服务项目付费操作方法简单，所需配套条件少，服务项目都有相应的价格标准，医疗服务提供者可以在标准的收费系统下开展工作；第四，适用范围广泛，按服务项目付费符合一般的市场法则，便于医疗保险各方理解相关规则，因此按服务项目付费在医疗保险市场上的应用十分广泛。

按服务项目付费也存在缺陷：第一，按服务项目付费属于后付制类型，只能在事后对账单进行监督检查，这种方式容易造成供方诱导需求。医疗服务供方在收入的激励下，可能会利用治疗过程的信息不对称性，增加检查、药品、治疗等服务项目，将治疗成本的风险转嫁给被保险人和医疗保险机构。第二，由于医疗机构的专业性和权威性，病人和医疗保险机构都很少能够质疑医疗服务的项目数量以及就付费标准与供方讨价还价，因此按服务项目支付容易导致医疗服务的过度利用和医疗费用的过快增长。第三，由于医疗服务项目种类繁多，为了实施对医疗保险的有效管理，医疗保险机构还必须对医疗服务逐项进行审核、支付，因此工作量大，管理成本相对较高。

2. 按服务人头付费

按服务人头付费是指医疗保险机构按照服务协议规定的时间，根据医疗机构服务的医疗保险对象的人数和每个人的支付定额标准，预先支付一笔固定的费用给医疗机构，在此期间医疗机构提供的合同规定内的服务均不再另行收费。这种支付方式的特征是医疗机构的收入与医疗机构服务人数成正比，服务人头数越多，医院收入越高。

按服务人头付费的优势在于：第一，结算方便，为了减轻医疗机构将来的工作量，医疗机构开展预防工作，降低服务人群的发病率，加强成本控制；第二，有利于增强医疗机构的费用意识和经济责任，因为每一个人头的付费标准是固定的，这会促使医疗机构强化内部管理，控制过度供给行为；第三，按服务人头付费是一种预付制类型，与按服务项目付费不一样，这种付费方式将经济风险转嫁给医疗机构，是一种控费效果较好的医疗保险费用支付方式；第四，按服务人头付费的应用范围比较广泛。

这种付费方式的缺陷在于：第一，按服务人头付费管理成本较高，容易使医疗机构为削减服务成本而降低服务质量，可能会引发医患矛盾；第二，按服务人头付费实行定点医疗，限制了被保险方对医疗机构的选择，不利于医疗机构之间的竞争和医疗服务质量的保证，可能出现服务效率低下的问题；第三，按服务人头付费可能引发医疗机构的风险选择，即医疗服务供方可能只接受健康状况好或者病情较轻的人群。

3. 按单元服务定额付费

单元服务是指将医疗服务的过程按照特定的参数划分为相同的部分，每个部分为一个服务单元。比如按住院床日支付、按住院人次付费、按门诊人次付费、按住院床位付费、按疾病诊断相关分组付费。这里主要介绍按疾病诊断相关分组付费。

按疾病诊断相关分组付费是以病种为计量单位向医疗服务供方支付费用，也称为按疾病诊断分类预付制（diagnosis related groups prospective system，DRGs-PPS）。这种付费方法是根据统一的疾病诊断分类制定各病种的医保定额支付标准，并按该价格标准向医院一次性偿付。疾病诊断相关分组是根据国际疾病分类法，将住院病人按诊断分为若干组，每组又根据疾病的轻重程度及有无合并症、并发症分为几级。具体支付标准依据科学的测算方法，对每一组不同级别的疾病分别制定不同的价格。按疾病诊断相关分组付费主要在临床路径规范、治疗效果明确的疾病领域具有一定的优势。

按疾病诊断相关分组付费的优势在于：第一，这种付费方式是预付制的，有利于医疗保险机构加强对医保基金的预算与监管；第二，由于医疗服务供方控制被保险人每次住院的费用，激励了医院的内部协作，有利于医院加强成本控制，促使医院降低成本，缩短住院天数，优化诊疗路径，减少供方诱导支出，提高工作效率；第三，这种方式对管理水平要求较高，这将促进医疗服务供方和医疗保险机构加强科学管理，尤其是标准化管理，不断提高整个医疗保险系统的管理水平。

按疾病诊断相关分组付费方式存在一定缺陷：第一，由于病情的轻重和复杂程度与病种支付的标准成正比，医院为了获得更多收入可能会夸大病情，将病人分到更复杂或支付标准更高的诊断组；第二，医疗机构出于成本控制的需求，可能会减少对高新技术的应用，不利于医疗技术的快速发展；第三，对管理水平要求较高，因此其管理成本也较高，基础工作投入较多。

知识链接 7-3

医保 DRG 与 DIP 付费方式

推进住院医疗费用按疾病诊断相关分组（DRG）和按病种分值（diagnosis-intervention packet，DIP）支付，是国家医疗保障局成立之后，实现医保基金战略购买，提升医保支付效率，减少按服务项目付费时代的过度医疗，引导医疗机构提质、控费、增效，并增强参保人就医获得感的重要举措。DRG 和 DIP 本质上是按病种付费的不同技术形态表现，二者的付费内涵存在一定差异。

1. DRG 的内涵及付费机理

DRG 是按国际疾病诊断分类标准，根据病人的年龄、性别、住院天数、临床诊断、病症、手术与否、疾病严重程度、合并症与并发症、转归等因素将病例分入不同的诊断相关组，其核心思想是将具有临床过程同质、复杂程度相似、资源消耗相近的病例归为一组，同时通过相关标准测算出每个病组的权重，再根据医保基金预算测算出基础费率，医保对医疗机构的结算额等于所服务病组的总权重乘以基础费率。在 DRG 结算过程中，考虑到不同等级医疗机构的成本差异，医保会设定医疗机构等级系数或病组差异系数。

2. DIP 的内涵及付费机理

DIP 付费是将点数预算管理方法跟单病种相结合的一种付费方式，从中国 31 个城市自行实践创新到国家统一技术分组标准，又演化为独具特色的 DIP 付费模式。其主要做法是，通过国际疾病诊断分类标准对医疗机构诊断的病例进行病种分类，根据既往病例的历史费用数据制定病种分值表，确定每个病种的分值，再根据当年医保基金支出预算确定分值单价，医保对医疗机构的结算额为所服务病种的总分值乘以分值单价。为了合理补偿医疗机构间的成本差异，也会设置医疗机构成本系数或病种权重系数。

资料来源：廖藏宜，刘彬．医保 DRG 与 DIP 付费方式的差异比较．中国医院院长，2022（8）．

4. 总额预算制

总额预算制是由医疗机构单独，或医疗保险机构与医疗机构协商确定每个医疗机构由医疗保险机构支付医疗费用的年度预算总额。该预算总额主要参考医疗机构规模、医疗机构服务质量和服务地区人口密度以及人群死亡率、医疗机构是否是教学医院、医疗机构设施与设备情况、医疗机构上年度财政赤字或结余情况、通货膨胀等综合因素，一般一年调整一次。医疗机构的年度预算总额一旦确定，医疗机构的收入就不能随着服务量的增加而增加，而必须为参加医疗保险的病人提供规定的医疗服务。

总额预算制具有一定的优势：第一，能够很好地控制医疗费用总量，因为预算总额一旦确定，医院的收入无法随服务量的增长而增长，费用超支的风险将转移给医疗机构，这会促使医疗机构规范自己的医疗行为；第二，在收入总量得到控制的情况下，医疗机构更有动力采取有效措施进行费用控制，降低服务成本，促进合理的医疗资源配置，提高资源利用率，以获得较好的经济收益；第三，促使医疗机构从被动控制医疗费用转变为主动控制，大大提高了管理效率，节省了管理费用，同时也使医保费用的结算更加简单。

总额预算制的缺点在于：第一，对于医疗服务供方来说，从医疗保险机构得到的预算额度是固定的，收入固定之后可能会降低其提供服务的积极性和主动性，导致医疗服务质量下降；第二，医院收入不能随其服务量的增加而增加，这将影响医疗服务供方医疗技术的提高与提供医疗服务的积极性和主动性；第三，由于变动因素较多，制定科学合理的预付额度较为困难，预算过高会导致医保基金支出增长过快，预算过低可能会影响医疗机构的积极性，损害患者利益。

7.4　中国的基本医疗保险制度

中国的基本医疗保险制度最早要追溯到20世纪50年代初期，经过几十年的改革与探索，逐渐从传统的公费医疗制度和劳保医疗制度，发展到现行的基本医疗保险制度，建立起以城镇职工基本医疗保险制度、城镇居民基本医疗保险制度（简称城镇居民医保）和新型农村合作医疗制度（简称新农合）（2016后两者整合为城乡居民基本医疗保险制度）为主体，以企业补充医疗保险、商业健康保险、慈善捐赠、医疗互助等为补充，医疗救助制度兜底的多层次医疗保障体系（见图7-1）。[①]

阅读材料7-1　城镇职工与城乡居民基本医疗保险的参保人数及参保率（2002—2020年）

① 孙祁祥，朱俊生，郑伟，等．中国医疗保障制度改革：全民医保的三支柱框架．经济科学，2007（5）．

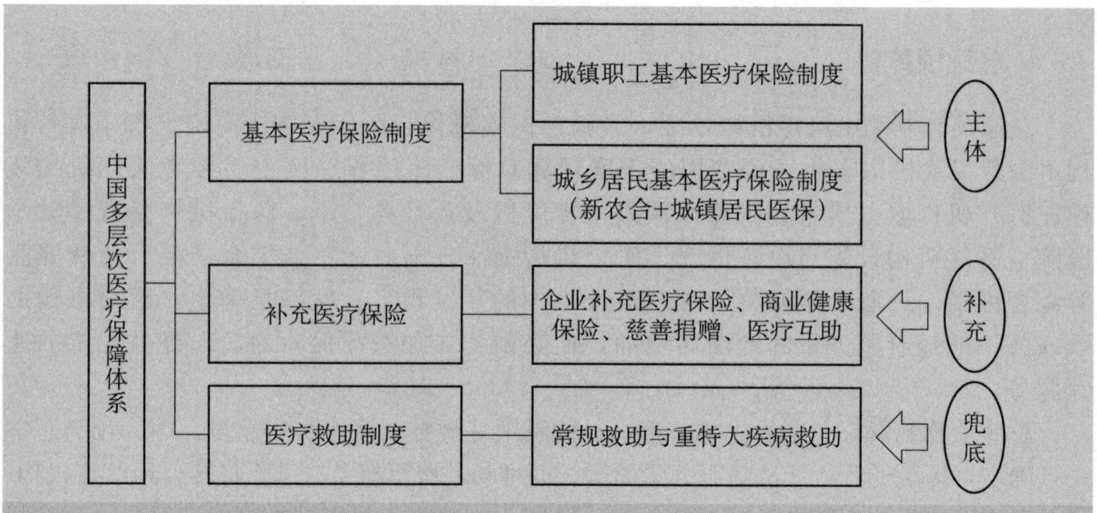

图 7-1　中国多层次医疗保障体系

本节重点阐述我国基本医疗保险制度的主体部分，即城镇职工基本医疗保险制度、城乡居民基本医疗保险制度的基本概况，补充医疗保险和医疗救助制度将在其他章节介绍。

7.4.1　城镇职工基本医疗保险制度

新中国成立不久，我国就建立了与当时计划经济体制相适应的职工医疗保障制度，主要包括两个部分：公费医疗制度和劳保医疗制度。[①]

公费医疗制度是由国家财政提供经费，通过医疗机构向机关事业单位、民主党派、高等学校学生等特定人群提供规定范围内免费或部分免费的医疗服务的一种医疗保障制度。劳保医疗制度的全称是劳动医疗保险制度，其主要目的是保护全国范围内的国营、私营、合作经营等企业职工的健康，对其因工伤、疾病或其他原因发生的医疗费用给予一定补助。公费医疗的经费来源于国家财政预算，劳保医疗的经费来源于企业的纯收入，两种制度基本覆盖了机关事业单位职工和企业职工的医疗支出。

随着社会主义市场经济体制的逐步建立和国有企业的深化改革，国家和企业的财政负担加重，医疗卫生资源浪费严重，公费医疗和劳保医疗制度矛盾日益突出，对传统的医疗保障制度进行改革成为必然趋势。

我国从20世纪80年代开始对医疗保险制度进行改革，1998年，国务院发布了《关于建立城镇职工基本医疗保险制度的决定》，标志着我国正式开始在全国范围内建立起覆盖全体城镇职工的基本医疗保险制度。该决定明确了医疗保险制度改革的目标、任务、基本原则和政策框架，奠定了未来统一的全国职工医保制度的基础。

---

① 郑功成．中国医疗保障制度改革与发展．中国人民大学学报，2020 (5).

1. 覆盖范围

根据该决定的要求，职工医保覆盖范围包括城镇所有用人单位，即企业（国有企业、集体企业、外商投资企业、私营企业等）、国家机关、事业单位、社会团体、民办非企业单位及其职工。乡镇企业及其职工、城镇个体经济组织业主及其从业人员是否参加基本医疗保险，由各省、自治区、直辖市人民政府决定。1999 年劳动和社会保障部出台《关于印发城镇职工医疗保险制度改革宣传提纲的通知》，进一步明确了职工医保的参保范围，既包括机关事业单位，也包括城镇各类企业；既包括国有企业，也包括非国有企业，特别是外商投资企业和私营企业。

2. 筹资机制

城镇职工医保基金坚持“以支定收、收支平衡、略有结余、现收现付”原则。由用人单位和职工共同缴纳，退休职工无须缴费，我国城镇职工医保基金的来源有征缴收入、财政补贴、利息收入和其他收入，以单位征缴和个人征缴为主体，单位缴纳比例为职工工资总额的 7%～9%（各地政策不同，缴纳比例也不同），个人缴纳 2%，该部分收入取决于工资和缴费基数。政府财政补贴占基金收入的比例逐年减少，从 2010 年的 2.3%降至 2017 年的 0.77%。总体来看，我国城镇职工医保筹资规模逐年提高，城镇职工医保在职职工人均缴费从 2009 年的 2 000 元增长至 2017 年的 5 240 元（见表 7－1）。

表 7－1　2009—2017 年城镇职工基本医疗保险筹资规模　　单位：元

年份	在职职工人均缴费	单位缴费	个人缴费
2009	2 000	1 591	409
2010	2 233	1 776	457
2011	2 555	2 014	541
2012	2 997	2 383	614
2013	3 384	2 692	692
2014	3 718	2 950	862
2015	4 223	3 257	967
2016	4 635	3 664	971
2017	5 240	4 135	1 105

资料来源：根据历年《全国医疗保障运行报告》数据整理。

3. 待遇水平

城镇职工医保基金坚持“按时、足额、合理偿付”原则。城镇职工医保基金由统筹基金和个人账户构成，城镇职工个人缴纳的基本医疗保险费全部计入个人账户，过去用人单位缴纳的基本医疗保险费分为两部分：一部分用于建立统筹基金，另一部分划入个人账户。2021 年国务院办公厅印发的《关于建立健全职工基本医疗保险门诊共济保障机制的指导意见》中改进了个人账户计入办法，在职职工的个人缴费仍计入个人账户，计入标准为个人缴费基数的2%，单位缴费全部计入统筹基金；退休人员个人账户原则上由统筹基金按定额划入，划入额度逐步调整到统筹地区当年基本养老金平均水平的2%左右。

统筹基金和个人账户按要求划定各自的支付范围，分别核算。其中，个人账户主要用于支付参保人员在定点医疗机构或定点零售药店发生的政策范围内自付费用。可以用于支付参保人员及其配偶、父母、子女在定点医疗机构就医发生的由个人负担的医疗费用，以及在定点零售药店购买药品、医疗器械、医用耗材发生的由个人负担的费用。个人账户不得用于公共卫生费用、体育健身或养生保健消费等不属于基本医疗保险保障范围的支出。统筹基金主要用于支付住院费用和门诊大病费用中个人账户不足支付的部分。医疗费用起付线以下的部分由个人支付或个人账户支付，起付线以上、封顶线以下的部分由统筹基金按报销比例支付。超过封顶线部分的医疗费用可以通过商业医疗保险等途径解决。

4. 基金管理和监督

城镇职工医保基金纳入财政专户管理，专款专用，不得挤占挪用。社会保险经办机构负责社会保险基金的筹集、管理和支付，并要求建立健全预决算制度、财务会计制度和内部审计制度。各级劳动保障和财政部门对社会保险基金进行监督管理；审计部门定期对社会保险基金收支和管理情况进行审计。统筹地区设立由政府有关部门的代表、用人单位代表、医疗机构代表、工会代表和有关专家参加的基本医疗保险基金监督组织，加强对基本医疗保险基金的社会监督。

在个人账户的管理和监督方面，要求建立对个人账户全流程动态管理机制，加强对个人账户使用、结算等环节的审核。强化对医疗行为和医疗费用的监管，严肃查处“挂床”住院、诱导住院等违法违规行为。建立医保基金安全防控机制，严厉打击欺诈骗保行为，确保城镇职工医保基金安全高效、合理使用。

7.4.2 城乡居民基本医疗保险制度①

阅读材料7－2　中国新型农村合作医疗制度概览

阅读材料7－3　中国城镇居民基本医疗保险制度概览

2003年和2007年我国相继建立了新型农村合作医疗制度和城镇居民基本医疗保险制度。为了推进医疗卫生体制改革，实现城乡居民医疗保障公平，增加社会福利效应，我国于2016年正式开始对二者进行整合。2016年，国务院印发《关于整合城乡居民基本医疗保险制度的意见》，提出整合范围应包括所有城镇居民基本医疗保险的应参保人员和所有新型农

① 胡祁．健康冲击、医疗保险与消费升级：基于中国居民基本医疗保险制度变迁．天津：南开大学，2021.

村合作医疗的应参合人员，以及无法参加职工医保但可以参加城乡居民医保的外出务工农民工或灵活就业人员。截至 2019 年底，全国 31 个省、直辖市、自治区均建立起统一的城乡居民基本医保制度。[①]

1. 覆盖范围统一

新农合主要保障农村居民，城镇居民医保主要保障城镇的非就业居民，整合后的城乡居民基本医保制度保障范围应该包括所有城乡居民。由于重复参保现象和参保方式差异等问题的存在，城乡居民基本医保的覆盖人群数并非原有两项制度覆盖人群的简单相加。根据统计数据计算，2015 年我国基本医疗保险参保率为 97.18%，两项制度整合后，2017 年我国基本医疗保险参保率为 96.11%，可见整合政策可能剔除了一部分重复参保的居民，导致参保率下降。根据《2022 年全国医疗保障事业发展统计公报》，截至 2022 年，我国基本医疗保险参保率稳定在 95%以上。

2. 筹资方式统一

新农合和城镇居民医保的筹资方式均实行个人缴费和财政补贴相结合的办法，并针对特殊人群实施倾斜性的补助政策。从 2011 年开始，两项制度的筹资标准基本趋于一致，到 2020 年城乡居民个人缴费标准达到每人每年 280 元，财政补助标准达到每人每年 550 元。个别存在财政困难和个人缴费标准差距较大的地区则采取差别缴费的办法，花费 2～3 年的过渡时间，依据缴费就低不就高的原则，最终实现人均筹资总额趋于一致。

3. 保障待遇统一

在收支平衡、保障水平适度的基础上，平衡城乡居民的医疗保障待遇，在两项制度开始整合后，要逐步统一保障范围和基金支付标准。在保障范围上，明确医保报销目录，优先稳定住院保障水平，适当兼顾门诊保障水平，完善门诊统筹。尚未实现门诊保障和实行门诊家庭账户的地区，要通过互助共济，逐步向门诊统筹实现平稳过渡。在基金支付标准上，明确待遇支付的边界范围，统一支付标准和保障待遇，大病医疗救助基金的支付标准控制在 75%左右，门诊费用的报销比例要达到 50%。实现保障待遇统一后，还要进一步缩小政策范围内的报销比与实际报销比之间的差距。根据国务院扶贫办的医疗保障数据，2016 年我国居民实际报销比为 57%，低于政策范围内的报销比。

由于两项制度的医保目录不同、统筹层次不同，实际医保待遇水平存在城乡差异和地区差异，对此有关部门采用待遇就高不就低的原则进行整合，差距过大的地区则采用多档缴费待遇进行过渡。

4. 医保目录统一

医保目录会影响居民的报销水平。两项制度整合后城乡居民医保的目录应该保持统

---

① 国家医疗保障局对十三届全国人大三次会议第 6358 号建议的答复．(2020－10－16)．国家医疗保障局网站．

一，并由国家统一制定，但各省可以依据城乡居民医保基金的承受能力和参保居民的医疗需求进行适当调整，做到医药种类基本齐全、结构基本合理。从现有的试点地区整合经验来看，基本都是按照医保目录就宽不就窄的原则进行统一，并且扩宽的医保目录并没有给医保基金带来很大冲击，主要还是增加了患者选择医疗药品和诊疗服务的机会，总体基金支出是可控的。

5. 定点管理统一

新农合和城镇居民医保定点医疗机构的数量和地区分布不一致。其中新农合的定点医疗机构大部分是村卫生室，主要分布在县级、乡镇和村街道等；城镇居民医保的定点医疗机构则大部分都是定点医院，主要分布在省级、市级和县镇，村里较少。

新农合和城镇居民医保的信息化管理程度也不一致。其中新农合统筹层次较低，信息化管理结算不容易实现，医保信息化程度要比城镇居民医保低，城镇居民医保已经基本实现了管理和结算服务的信息化，甚至在多地实施了即时结算，相关信息管理平台的操作已经较为成熟。

从目前已经实现整合地区的试点经验来看，在定点管理上普遍选择先统一定点范围和结算方式，再强调分级转诊。实践结果证明整合后居民的医疗资源选择范围得到显著扩大，尤其是农村居民的医疗服务利用效率有了很大提升。随着就医选择范围的扩大和定点医疗机构数量的增加，整合后急需实施分级转诊管理，以便合理控制患者的住院和门诊流向，避免发生医疗资源挤兑，由统筹地区管理机构负责定点医疗机构的监督。

6. 基金管理统一

新农合和城镇居民医保基金均实施专户管理和独立核算。两项制度整合后，城乡居民医保仍然沿用这一管理制度，按收支平衡的原则，合理控制城乡居民医保基金的使用，并建立严格的审计和监督机制，促进城乡居民医保基金平稳、安全、有效地发挥作用。

统一基金管理有助于增强基金抵御健康冲击的能力，避免发生系统性风险，因此需要进一步提高城乡居民医保的统筹层次，做实市级统筹、探索省级统筹，以便采取分级管理和统一调剂来调动经办机构进行基金管理的积极性。2021 年，国家医保局对十三届全国人大四次会议第 5722 号建议的答复中，提到我国城乡居民医保已经基本实现了市地级统筹，对已经实现全市统筹的地区要进一步巩固完善市级统筹，并进一步探索省级统筹，其中京津沪渝 4 个直辖市和海南省已经实现省级统筹，福建省探索建立了职工医保基金省级调剂金，采取事前调剂的办法。同时在统筹层次提高的过程中，也要重视基层政府在医保基金管理和监管方面的主体责任和意识。

城乡居民基本医保制度是我国深化医疗体制改革过程中的一项重大制度创新，能够在一定程度上消除城乡居民医疗费用差异，减轻城乡居民医疗负担，促进城乡医疗保障公平，在促进城乡经济发展中发挥着重要作用，具有十分重要的现实意义。

7.5　生育保险

7.5.1　概述

1. 生育保险的概念与特征

生育保险（maternity insurance）是由政府发起的，在女性职工因怀孕和分娩造成暂时性丧失劳动能力而中断正常工作时，对生育责任承担者给予收入补偿、医疗服务和生育休假的一种社会保险制度。生育保险主要具有以下特征：

（1）生育保险享受时间相对比较集中，一般是在育龄期。女性职工既要从事经济活动，又要承担生育子女的责任。国家通过立法从制度上保障女性职工在生育子女时，不会因此失业并得到相应补偿，以解除女性职工的后顾之忧。生育保险的待遇享受人群范围比较狭窄，生育津贴一般以女性职工原有收入水平为标准，享受生育医疗服务和产假的一般也是女性职工。

（2）生育保险提供的医疗服务以保健、咨询、产检和营养补充为主。生育期间不能劳动并不是由疾病、伤残引起的，而是正常的生理变化，这种收入中断是短暂的。所以生育保险的经济补偿和普通医疗保险有所区别。

（3）生育保险的目的是保障女性职工在生育期间的收入状况，以及保障下一代劳动力的身体素质。生育保险能弥补女性职工在生育期间的经济收入损失，有些地区还给予配偶一定假期照顾妻子，这些措施都为下一代的出生打下了良好的基础。可以说生育保险维持了女性劳动力的简单再生产，同时起到了劳动力扩大再生产的作用。

（4）生育保险实行产前与产后都应享受的原则。由于女性职工怀孕后，在临产前一段时间行动不便导致不能正常工作，分娩以后恢复期以及照顾婴儿没办法及时回到工作岗位，所以生育保险既照顾女性生育开始前的一段时间，也照顾女性生育后的一段时间，实行产前、产后都享受的原则。

（5）生育保险与医疗保险、疾病保险密切相关。产前检查、生育过程中的住院及手术等医疗服务、产后恢复等都与医疗保险密切联系。许多国家将生育保险与医疗保险、疾病保险这三种保险合称为健康保险。

2. 生育保险的发展历史

生育保险同其他社会保险一样，是随着经济的发展和社会的需要而产生的，是一定历史条件下的产物。生育保险是保障人类健康繁衍和确保劳动力扩大再生产的有效途径，因而一直受到各国的重视。早期生育保险制度是以 1883 年《疾病保险法》中关于生育保险的规定为代表，此后各国都把生育保险作为疾病保险的组成部分，同时通过立法来保障妇女权益。国际劳工组织于 1919 年通过了第一个关于妇女生育的公约《妇女产前产后就业公约》，1952 年制定了《保护妇女生育公约》。这两个公约并存，供成员国选择批准。两个公约均规定，适用范围内的妇女生育，产假至少为 12 周，产假期间发放现金津贴，以及提供一定的医疗服务，经费来自其他强制性的社会保险基金。

在全世界建立社会保障制度的 180 多个国家和地区中，大部分都包含生育保险的相关内容。

7.5.2 中国生育保险制度

中国现行生育保险制度的法律依据是 1994 年劳动部发布的《企业职工生育保险试行办法》，2010 年全国人大常委会第十七次会议通过的《社会保险法》，以及 2012 年发布的《女职工劳动保护特别规定》。其中《企业职工生育保险试行办法》标志着中国社会保障体系下的生育保险正式建立，全国有了统一的生育保险基金统筹办法，生育保险开始从企业保险走向社会保险。

1. 覆盖对象

《企业职工生育保险试行办法》规定生育保险覆盖对象为城镇企业及其职工。这里的职工主要是指机关、事业单位、社会团体以及企业的劳动合同制职工。《社会保险法》出台后，生育保险的适用对象不再局限于以正规方式就业的城镇女性劳动者，该法案重新明确了生育保险适用对象是职工及其未就业的配偶。新中国成立初期，生育保险曾覆盖“未就业配偶”，但这条规定之后不再被强调。《社会保险法》中这条规定被重新提及，而且进一步明确，“职工未就业配偶按照国家规定享受生育医疗费用待遇。所需资金从生育保险基金中支付”。根据《2022 年全国医疗保障事业发展统计公报》①，截至 2022 年底，生育保险参保人数 24 621 万人，比 2021 年底增加 870 万人，同比增长 3.7%。

2. 资金收支

《企业职工生育保险试行办法》规定生育保险根据“以支定收，收支基本平衡”的原则筹集资金，由企业按照其工资总额的一定比例向社会保险经办机构缴纳生育保险费，建立生育保险基金。生育保险费的提取比例由当地人民政府根据计划内生育人数和生育津贴、生育医疗费来确定，并根据费用支出情况适时调整，但最高不得超过工资总额的 1%。企业缴纳的生育保险费作为期间费用处理，列入企业管理费用。职工个人不缴纳生育保险费。

生育保险的基金支出主要包括生育津贴、生育医疗费、计划生育手术费等。《企业职工生育保险试行办法》规定女性职工生育按照法律法规的规定享受产假。产假期间的生育津贴按照本企业上年度职工月平均工资计发，由生育保险基金支付；女性职工生育的检查费、接生费、手术费、住院费和药费由生育保险基金支付；女性职工生育出院后，因生育引起疾病的医疗费，由生育保险基金支付；其他疾病的医疗费，按照医疗保险待遇的规定办理。根据《2022 年全国医疗保障事业发展统计公报》，2021 年生育保险基金

① 2022 年全国医疗保障事业发展统计公报.(2023-07-10).国家医疗保障局网站.

支出951.35亿元，同比增长4.8%。

3. 保险待遇

生育保险的具体待遇除了生育津贴，一般还包括医疗护理、生育补助、生育休假等。其中，生育补助是对生育保险对象及其发生的生育费用给予经济补助；生育休假包括产假、父育假和育儿假。截至2022年底，享受各项生育保险待遇1 769万人次，比上年增加448万人次，比上年增长34.0%。

2012年人力资源社会保障部起草了《生育保险办法（征求意见稿）》，公开向社会征求意见，意见稿规定职工所在的用人单位依法为其缴纳生育保险费的，职工可以按规定享受生育保险待遇，生育保险待遇包括产假、生育医疗费和生育津贴。关于产假的规定，《女职工劳动保护特别规定》将产假从原来的90天延长至98天，并规定产前可以休假15天，难产的女性增加15天，生育多胞胎的每多育一个婴儿可以增加产假15天。另外，女性职工怀孕未满4个月流产的，享受15天产假；怀孕满4个月流产的，享受42天产假。

7.6　中国生育保险与医疗保险合并

7.6.1　生育保险制度改革中存在的问题

中国生育保险制度从早期的低水平社会生育保险制度，发展为企业生育保险制度，经过长时期的改革探索，最终发展为现在的生育保险制度。[①] 现行生育保险制度为保障女性职工生育与就业权益起到了非常重要的作用，能够显著提升女性及其家庭的幸福感，促进我国社会经济的进步。同时，我国生育保险制度保障范围、待遇标准等方面还存在一些问题和不足。

1. 覆盖范围不足[②]

虽然多年的改革在很大程度上扩大了生育保险的覆盖范围，但距离确保每一位女性职工得到生育保障还有一定的差距。2009年人力资源社会保障部发布《关于妥善解决城镇居民生育医疗费用的通知》，要求各地将城镇居民基本医疗保险参保人员住院分娩发生的符合规定的医疗费用纳入城镇居民基本医疗保险基金支付范围。开展门诊统筹的地区，可将参保居民符合规定的产前检查费用纳入城镇居民基本医疗保险基金支付范围。这其实将居民的生育相关医疗费用纳入统筹基金的覆盖范围，在一定程度上保障了城镇非就业居民的生育待遇。从目前的立法来看，生育保险仅覆盖了机关、事业单位、社会团体以及企业的劳动合同制职工，但广大农村地区的女性、其他未就业的城镇女性居民、非婚生育的女性等均没有被覆盖在内。

---

① 潘锦棠．中国生育保险制度的历史与现状．人口研究，2003（2）.

② 杨燕绥，刘跃华．生育保险并入基本医疗保险的问题研究．中国人力资源社会保障，2016（12）.

2. 统筹层次较低

虽然我国的《社会保险法》已经提高了统筹层次，规定除了基本养老保险基金以外的其他社会保险基金逐步实行省级统筹，但并未提供切实可行的操作方案，因此我国大部分省市的生育保险基金还未做到市级统筹，仅停留在区县范围内，造成生育保险基金调剂功能较差，生育保险难以起到互助共济的作用。

3. 待遇较低

我国的生育保险待遇仍然较低。我国各地区经济发展水平不一，单位实际提供给女性职工的产假和生育津贴标准存在较大差异，缺乏公平性。为了扩大生育保险的覆盖范围和提高保障待遇，我国开始探索基本医疗保险和生育保险合并实施。

7.6.2 生育保险与医疗保险合并实施的探索

2015 年通过的《中共中央关于制定国民经济和社会发展第十三个五年计划的建议》提出，将生育保险和基本医疗保险合并实施。2017 年国务院办公厅发布的《关于印发生育保险和职工基本医疗保险合并实施试点方案的通知》，决定在河北邯郸等 12 个城市开展两项保险合并实施试点，这一文件出台标志着生育保险和基本医疗保险合并工作正式启动。2018 年国务院发布了《关于生育保险和职工基本医疗保险合并实施试点情况的总结报告》，报告对试点工作进行了总结评估，认为通过实施试点，生育保险覆盖面扩大、基金共济能力增强、监管水平提高、医疗保险经办服务水平提升、享受待遇更加便利，达到了预期目标，适于全国推开。

该项试点工作主要从以下几个方面展开探索并取得一定成效：（1）参保同步登记。这有利于扩大生育保险覆盖面。参加职工医保的在职职工同步参加生育保险，生育保险的覆盖面扩展到所有的城镇企业单位及其职工。（2）基金征缴和管理统一。将生育保险基金纳入职工基本医保基金，生育保险基金不再单独建账、核算，而是与职工基本医保基金合并编制预算，按照两项保险缴费比例之和确定新的费率。（3）医疗服务管理统一。两项保险合并实施后实行统一定点医疗服务管理。医疗保险经办机构与定点医疗机构签订相关医疗服务协议，协议中明确生育医疗服务有关要求和指标，保证生育医疗服务行为规范。（4）经办和信息服务统一。两项保险合并后，统一经办管理和整合信息系统，有利于提高参保、征缴等经办管理的效率，努力实现参保人员生育、医疗结算同窗口受理、一站式办理。[①]

2019 年，国务院发布《关于全面推进生育保险和职工基本医疗保险合并实施的意见》，宣布正式推进两项保险合并实施，实现参保同步登记、基金合并运行、征缴管理一致、监督管理统一、经办服务一体化。生育保险基金与职工基本医保基金合并运行，统筹层次保持一致，能够提高基金征缴效率和基金共济能力，有效缓解基金赤字问题。

---

① 王国军．生育险和医保合并将带来哪些变化．中国卫生，2017（4）．

本章小结

1. 人民健康一直以来都是社会经济平稳运行的基础。建设医疗保险制度的主要目的就是帮助人民抵御疾病带来的健康风险，为人民分摊由于意外、疾病、死亡带来的经济损失，确保所有人的医疗卫生服务公平和健康保障水平高效。为了维护社会安定以及家庭稳定，实现女性职工生育的社会价值，保障女性职工在怀孕和分娩期间的基本生活和营养需求，生育保险应运而生。

2. 从整个社会保障体系的大框架来看，医疗保险和生育保险都是其中重要组成部分。医疗保险主要有四种类型，分别是以英国为代表的国家医疗保险类型、以德国为代表的社会医疗保险类型、以美国为代表的商业医疗保险类型、以新加坡为代表的储蓄医疗保险类型。中国的医疗保险属于社会医疗保险类型。

3. 中国的基本医疗保险制度的主体部分是城镇职工基本医疗保险制度和城乡居民基本医疗保险制度（由新型农村合作医疗制度和城镇居民基本医疗保险制度整合而来）。职工医保的覆盖范围是城镇所有用人单位，城乡居民医保的覆盖范围则是所有的城乡居民。

4. 生育保险的主要特征包括：（1）生育保险享受时间相对比较集中。（2）生育保险提供的医疗服务以保健、咨询、产检和营养补充为主。（3）生育保险的目的是保障女性职工在生育期间的收入状况，以及保障下一代劳动力的身体素质。（4）生育保险实行产前与产后都应享受的原则。（5）生育保险与医疗保险、疾病保险密切相关。

5. 2019 年国务院发布《关于全面推进生育保险和职工基本医疗保险合并实施的意见》，宣布正式推进生育保险和职工医保合并实施。

关键术语

医疗保险　medical insurance
国家医疗服务体系　national health service，NHS
医疗照顾制度　medicare
医疗救助制度　medicaid
蓝盾计划　Blue Shield Plan
蓝十字计划　Blue Cross Plan
健康维持组织　health maintenance organization，HMO
优先提供者组织　preferred provider organization，PPO
按服务项目付费　fee for service，FFS
按服务人头付费　capitation
疾病诊断相关分组　diagnosis related group，DRG
总额预算制　global budget，GB

复习思考题

1. 医疗保险的概念是什么?

2. 医疗保险的发展历程是怎样的?

3. 医疗保险有哪些类型? 它们各自有什么特征?

4. 试简述中国城镇职工基本医疗保险制度的特点、覆盖范围、筹资机制和待遇水平。

5. 试简述中国城乡居民基本医疗保险制度的特点、覆盖范围、筹资机制和待遇水平。

6. 生育保险的概念与特征是什么?

7. 中国生育保险制度的内容和存在的问题是什么?

8. 中国生育保险和医疗保险合并需从哪些方面展开探索?

阅读材料

“70万一针救命药”纳入医保

2014年美国波士顿学院前棒球选手弗雷茨发起的ALS冰桶挑战,让“渐冻症”逐渐走进大众的视野。“渐冻症”通常情况下指的是肌萎缩侧索硬化症(amyotrophic lateral sclerosis, ALS),这是一种运动神经元受损的疾病,患者早期只有一些疲劳的症状,随后发展为全身肌肉萎缩、吞咽困难,就像被冰雪冻住一样,最终走向呼吸衰竭。

另外一种疾病与之相似,更多是在婴幼儿阶段发病,被称为脊髓性肌萎缩症(spinal muscular atrophy, SMA)。2001年8月,17个月大的小女孩艾莉亚(Arya)出现发育停滞、走路磕磕绊绊的情况,焦灼的父母带着她四处寻医,做了各种检查,最后神经科医生确诊艾莉亚患有SMA。

据估算,我国新生儿SMA患者每年新增1 200人,存量患者约3万人。2019年,全球首个SMA治疗药物诺西那生钠注射液在中国获批上市,但每针价格近70万元。2021年12月,在经过8轮谈判后,该药以每针3.3万元进入新版医保药品目录。2022年1月1日,多地患者用上了降价后的“救命药”,极大减轻了患者家庭的就医负担。

资料来源:70万一针降到3万3,天价救命药纳入医保的前后.(2021-12-18)知乎.

国家医保局正式挂牌!三医联动,看病费用会降吗?

2018年5月31日,国家医疗保障局正式挂牌。国家医保局将对切实加强政府医疗保障职能,统筹推进医疗、医保、医药“三医联动”改革,更好地服务我国经济社会发展大局产生重要影响。

国务院机构改革方案提出,将人力资源社会保障部的城镇职工和城镇居民基本医疗保险、生育保险职责,国家卫生健康委的新型农村合作医疗职责,国家发展改革委的药品和医疗服务价格管理职责,民政部的医疗救助职责进行整合,组建国家医保局,作为国务院直属机构。将三种基本医保统一到一个部门进行管理，业界期盼已久。专家普遍认为，这将有利于促进公平，让每个人都在同一制度下享受保障。

中国社会保障学会会长郑功成说："这一重大改革对医疗保障而言，具有划时代意义，我国医疗保障改革与制度建设将自此由部门分割、政策分割、经办分割、资源分割、信息分割的旧格局，进入统筹规划、集权管理、资源整合、信息一体、统一实施的新时代。"

南开大学卫生经济与医疗保障研究中心朱铭来教授认为，医保制度统一由医保局管理后，能改变医保分割管理的行政壁垒，消除多龙治水造成的职责不清、难以问责、信息不畅等问题，极大地增进未来医疗保障政策制定和实施的全局性、系统性、协调力和执行力，是促进政策公平、提高管理效率的重要举措。

资料来源：国家医保局正式挂牌！三医联动，看病费用会降吗？. 人民日报，2018-05-31.

杭州市"五险"变"四险"

2019年12月，杭州市医保局联合4部门下发《转发浙江省医疗保障局等4部门关于全面推进生育保险和职工基本医疗保险合并实施方案的通知》，自2020年1月1日起，杭州市将实现生育保险和职工基本医疗保险合并实施。合并后，职工的参保待遇发生了一系列变化：参加职工基本医疗保险同时需参加生育保险；生育保险基金并入职工基本医疗保险基金，仍由税务部门征收；生育保险各项待遇改由职工基本医疗保险基金支付。

对于合并后"五险一金"变"四险一金"是一种误解。生育保险没有取消，是管理层面上的两项保险合并实施。两险合并实施并不是两个险种合并为一个险种，而是合并经办管理，生育保险还是存在的，但缴费比例发生变动。按照用人单位参加生育保险和职工基本医疗保险的缴费比例之和确定新的职工基本医疗保险费率，个人不缴纳生育保险费。

生育津贴按照产假期限和生育时职工所在用人单位上年度职工月平均工资计发。2017年6月1日后计发生育津贴的产假期限：顺产、7个月以上的引产128天；剖宫产、助娩产143天；怀孕不满4个月流产的按15天计发；怀孕满4个月流产的按42天计发；妊娠3个月以上（含）、7个月以下引产的按51天计发。

资料来源：明年1月1日起，杭州"五险"变"四险"？生育险要取消？权威回应来了！(2019-12-21). 澎湃新闻.

第8章

失业保险

党的二十大报告提出，“就业是最基本的民生。强化就业优先政策，健全就业促进机制，促进高质量充分就业”。就业是最大的民生，充分就业是宏观经济调控的重要目标。失业保险对于解决失业人员基本生活需要、促进再就业发挥着重要的作用。新中国成立以来，党中央和国务院围绕就业工作提出了一系列新思想和新论断，为实现更高质量和更充分就业指明了方向。1986年国务院颁布《国营企业职工待业保险暂行规定》，对待业职工发放救济金。随着经济体制改革的深化，国有企业改革进程也逐渐加快，1999年国务院颁布《失业保险条例》，建立与现代国有企业相匹配的失业保险。为了完善失业保险的民生保障功能，更好地发挥失业保险降低失业、促进就业的作用，2017年人力资源社会保障部对《失业保险条例》进行修订，拓展失业保险覆盖范围和支出项目。新冠疫情期间，人力资源社会保障部联合多部门出台了多项失业保险扩围、稳岗补贴政策，缓解疫情冲击。

“十四五”时期，党中央和国务院提出实施就业优先战略，实现更高质量和更充分就业，使城镇职工失业率控制在5.5%以内。坚持以人民为中心的发展思想，实施就业优先战略，健全覆盖城乡的就业公共服务体系，推进失业保险向职工广覆盖，符合十九大报告中提出的“劳有所得”和“弱有所扶”民生福祉理念。

学习要点

1. 熟悉失业的概念与类型
2. 了解失业保险的目标与功能
3. 掌握失业保险的基本内容
4. 深刻理解中国失业保险制度面临的问题
5. 重点把握中国失业保险制度的发展方向

8.1 概　述

8.1.1 失业的概念及相关理论

1. 就业

就业者和失业者构成了劳动力市场上的活跃群体。一般用劳动参与率（labor force participation rate）反映一个国家或地区劳动力市场的活跃程度，它等于劳动力总数（就业者与失业者人数的总和）占劳动年龄人口总数的比重。

国家统计局指出，就业人员是指满足一定年龄要求，有劳动能力，为取得劳动报酬或经营收入而从事一定社会劳动的人员。[①] 一般而言，就业人员最低年龄要求是 16 周岁，最低的劳动时间是调查周内至少从事劳动 1 小时。就业人员包括由于学习、休假等原因在调查周内暂时处于未工作状态，但有工作单位或场所的人员；也包括由于临时停工放假、单位不景气放假等原因在调查周内暂时处于未工作状态，但不满 3 个月的人员。由此可见，一个人有工作但是因为休假、生病、天气等原因而暂时离开工作岗位也被认为是就业人员。在其他国家的统计体系中，就业人员还包括在家庭企业中每周工作最低 15 小时的无酬劳动者。

知识链接 8-1

中国劳动力就业状况

中国男性和女性劳动参与率都要高于世界平均水平。2020 年全球男性劳动参与率是 45.92%，女性是 39.17%；而中国男性劳动参与率是 61.82%，女性是 44.53%，可见中国劳动力市场活跃程度非常高。

中国城镇就业人员从 1952 年的 2 486 万人增长到 2021 年的 46 773 万人，增长了 17.8 倍。然而，随着生育率的下降，劳动年龄人口的数量（15～64 岁）从 2015 年开始已经连续 5 年下降。

中国劳动力市场的特殊性在于规模庞大的流动人口，这是由户籍制度改革的步伐滞后于城镇化和工业化所导致的。第七次全国人口普查数据显示，2020 年流动人口为 3.76 亿，比 2010 年增加了 69.73%，其中跨省流动人口为 1.25 亿，省内流动人口为 2.51 亿。相比城镇本地劳动者，流动人口的社会保险参保率更低，尤其是具有农业户籍的流动人口。他们面临更强的就业和生活状态不确定性，因而对于养老、医疗、失业

---

① 指标解释：就业和工资．(2019-12-02)．国家统计局网站．

等风险的保障需求更高。

资料来源：Larbor force，female（% of total labor force）.（2021-01）. World Bank Open Data；第七次全国人口普查公报（第七号）.（2021-05-11）. 国家统计局网站.

2. 失业

失业（unemployment）是与就业相对的概念，失业者是指当前没有工作，但在积极地寻找工作，并且有劳动能力和劳动意愿的群体。失业源于劳动力供给大于需求（见图8-1）。当劳动力供给等于需求时，劳动力市场处于出清状态（C），此时劳动力雇佣量为N^*，工资水平为W^*。当处于工资水平W时，劳动力供给（S）是N_2，劳动力需求（D）是N_1，劳动力供给大于需求，（N_2-N_1）成为失业人口。失业者占劳动力总数（就业者与失业者人数的总和）的比重为失业率（unemployment rate）。

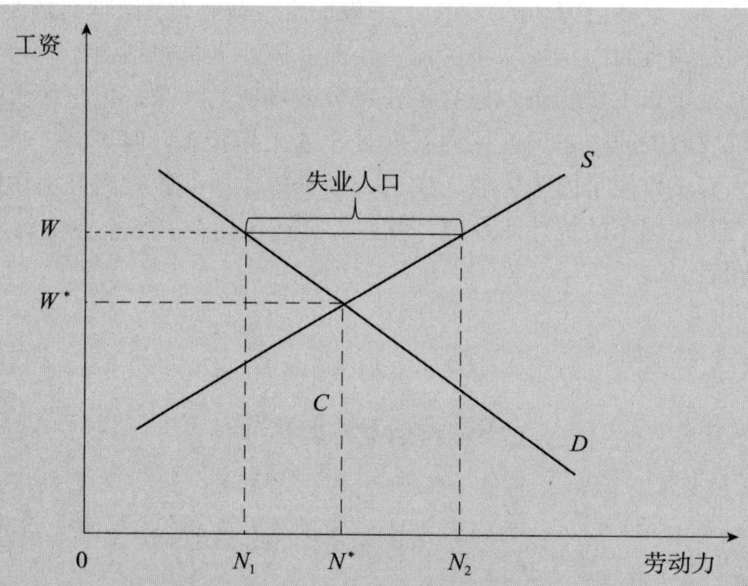

图8-1 失业的形成

3. 中国城镇失业状况

由于城乡二元户籍制度的影响，我国的失业统计以城镇登记失业人员为主，即有非农业户口，满足一定的劳动年龄要求（年满16周岁），没有工作，但有劳动能力和劳动意愿，并且在当地相关部门进行失业登记的人员。国家统计局每年公布城镇登记失业率（urban registered unemployment rate）（见表8-1）。可以发现，1978年以来，城镇登记失业率经历了下降—波动中上升—稳定的过程，改革开放之初城镇登记失业率最高达到5.4%，此后逐年下降至1985年的最低水平1.8%。1983—2000年，城镇登记失业率都维持在3.2%以下，从2001年开始上升至4.0%左右，此后逐渐稳定。2020年，受到新冠疫情冲击，城镇登记失业率在连续4年下降后又重新上升至4.2%。

表8-1 城镇登记失业率

年份	城镇登记失业率（%）	年份	城镇登记失业率（%）	年份	城镇登记失业率（%）
1978	5.3	1993	2.6	2008	4.2
1979	5.4	1994	2.8	2009	4.3
1980	4.9	1995	2.9	2010	4.1
1981	3.8	1996	3.0	2011	4.1
1982	3.2	1997	3.1	2012	4.1
1983	2.3	1998	3.1	2013	4.1
1984	1.9	1999	3.1	2014	4.1
1985	1.8	2000	3.1	2015	4.1
1986	2.0	2001	3.6	2016	4.0
1987	2.0	2002	4.0	2017	3.9
1988	2.0	2003	4.3	2018	3.8
1989	2.6	2004	4.2	2019	3.6
1990	2.5	2005	4.2	2020	4.2
1991	2.3	2006	4.1	2021	5.1
1992	2.3	2007	4.0	2022	5.5

资料来源：根据国家统计局年度数据整理。

随着经济的快速发展以及城镇化的推进，劳动力的乡城流动越来越频繁，城镇登记失业率难以全面地反映劳动力市场的就业民生状况。对此，国家统计局于2005年开始建立全国劳动力调查制度，每年开展2次调查。2009年，为了考察全球金融危机对我国经济的影响，建立了31个大城市月度劳动力调查制度。2016年，为了更加全面、准确、快速地反映我国劳动力市场变化，国家统计局将上述两项劳动力调查制度整合，建立了全国月度劳动力调查制度，调查范围覆盖全国所有地级市（州、盟），同时发布城镇调查失业率。[①] 2018年以来，城镇调查失业率的变动趋势如图8-2所示。可以看到，2018年1月以来城镇调查失业率为4.8%～6.2%，要比城镇登记失业率高1个百分点左右。而且16～24岁人口的失业率要比其他人群高4～10个百分点。世界银行数据显示，2020年印度失业率为8%，美国失业率为8.1%，英国失业率为4.5%，南非失业率为29.2%，俄罗斯失业率为5.6%，中国失业率为5%。[②] 中国劳动力市场的稳定得益于宏观经济调控政策的作用。

① 国家发展改革委副主任、国家统计局局长宁吉喆就发布城镇调查失业率有关问题答记者问.(2018-04-17).国家统计局网站.

② Unemployment, total (% of total labor force) (modeled ILO estimate). (2023-09). World Bank Open Data.

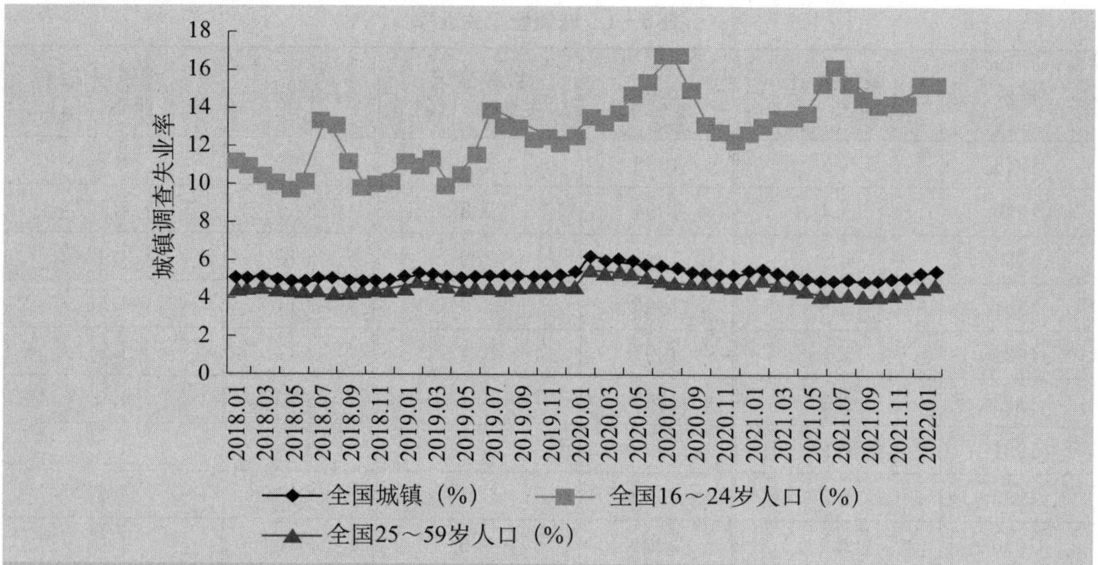

图 8－2　城镇调查失业率的变动趋势

资料来源：根据国家统计局年度数据整理。

4. 失业相关理论

可以用不同的理论来解释失业背后的形成机理。古典经济学家认为市场具有“无形的手”，可以自动调整供给和需求，从而解决失业问题，不需要政府干预。然而，马克思主义学者认为失业是资本主义固有的矛盾，源于资本私人占有和社会化大生产之间的矛盾，资本有机构成提高产生的剩余人口成为失业群体。① 20 世纪 30 年代初，经济危机使得经济停滞和通货膨胀同时出现（滞胀），市场经济中“无形的手”开始失灵。彼时，凯恩斯提出政府应当对宏观经济进行调控，刺激经济复苏，调控政策包括财政政策、货币政策和社会保障政策。② 与凯恩斯主义学派不同，供给学派认为失业源于劳动者技能水平不足，应当从教育、培训等方面提高劳动者的人力资本水平，从而解决失业问题。弗里德曼则提出了自然失业率——当劳动力市场完全处于自由竞争状态时，一切有劳动能力和劳动意愿的人们都会找到工作，而没有劳动能力且不被雇主所需要的人无论如何也找不到工作，此时劳动力市场处于一个均衡的就业水平，即与稳定的通货膨胀率相适应的自然就业水平，从而产生自然失业率。③ 关于失业率与经济变量之间的关系，菲利普斯（Phillips）提出了失业率-通货膨胀率的经典曲线——菲利普斯曲线，两者呈现此消彼长的关系。④ 经济上行时，通货膨胀率提高，失业率下降；经济下行时，通货膨胀率降低，失业率上升。奥肯提出了“奥肯法则”，认为失业率与经济增长率之间的比例关系大约是

---

① 郑功成．社会保障概论．上海：复旦大学出版社，2005.

② 凯恩斯．就业、利息与货币通论．北京：商务印书馆，2021.

③ 同①.

④ PHILLIPS A W. The Relation between unemployment and the rate of changes of money wage rates in the United Kingdom 1861—1957. Econometrica，1958，25（100）.

1：2.5，也就是说失业率每增加1个百分点，经济增长率会下降2.5个百分点。[①]

知识链接8-2

马克思失业理论与西方主流失业理论的比较

马克思的失业理论有着严密的逻辑内涵和关系：资本为了追求最大利润，通过剩余价值特别是相对剩余价值的生产，迫使资本主义社会产生大量的产业后备军。资本有机构成的提高，排挤出大量的失业工人。在资本积累过程中，社会分工、产业结构的调整对单个工人的剥削，资本结构的变化都是造成工人失业的直接原因。马克思失业理论深刻地揭示了资本主义社会失业的根源、失业的形成原因、造成失业的手段、失业的表现形式以及失业的社会后果。

西方主流失业理论着重分析了技术进步、劳动分工、工资高低及消费需求对失业的影响，指出经济增长是解决失业问题的主要途径。

两种理论在“失业”这个经济范畴的内涵上并无根本冲突和歧义，但在解决失业问题的途径上，两种理论产生了根本冲突。马克思失业理论要求从根源上解决资本无限地追求增殖而最大限度地进行剩余价值的生产，从而造成大量失业的问题。西方主流失业理论则倡导通过刺激需求、改变工资率等作为扩大就业的途径，认为解决失业问题的根本途径是促进经济增长。

资料来源：蒋南平，黄珣．马克思失业理论与西方主流失业理论：当代中国失业问题的解读．经济学家，2009（1）.

8.1.2 失业的类型

按照意愿来分，失业可以分成自愿性失业（voluntary unemployment）和非自愿性失业（involuntary unemployment）。自愿性失业是指劳动者由于薪酬不满意或者其他原因而主动放弃当前就业机会，但同时又没有找到新的就业岗位。非自愿性失业是指即便劳动者愿意接受当前的薪酬待遇和职位，仍然被动失去就业机会的情形。

按照失业原因来分，失业有四种类型：摩擦性失业、结构性失业、周期性失业和季节性失业。

摩擦性失业（frictional unemployment）是由于存在劳动力市场信息不对称，有职位空缺的雇主和寻找工作的劳动者之间不能及时匹配，而是需要一定时间才能实现劳动力的供需匹配，从而造成的暂时性失业。一般而言，摩擦性失业持续时间较短，影响的群体比较广泛，而且不可避免。一定程度的摩擦性失业有助于劳动力的供给和需求更好地匹配，从而促进劳动力的优化配置。针对摩擦性失业，政府可以通过构建劳动力市场信息交换平台来减少供需双方的信息不对称，加快劳动者和岗位的匹配。在互联网技术突

① OKUN A. Potential GNP：its measurement and significance. Washington：Brookings Institute，1969.

飞猛进的当今社会，摩擦性失业现象明显减少。

结构性失业（structural unemployment）是由劳动力供给和需求的结构性不匹配所致，这种不匹配可能与劳动者的技能、学历等相关，比如城市劳动力市场“大学生就业难”和“民工荒”现象同时存在。结构性失业的持续时间相对较长，因为劳动者技能和学历的获取需要一定的时间，而且结构性失业集中在确定群体上。针对结构性失业，政府可以提供就业技能培训，尤其是为长期失业者提供技能培训，同时提高人才培养模式与企业用工需求的适应性，缓解劳动力供需之间的结构性失衡。

周期性失业（cyclical unemployment）是由于需求不足而产生的失业，源自经济发展中总需求不足而无法为求职者创造足够的工作岗位。经济发展有四个周期：繁荣期、衰退期、萧条期、复苏期。失业随着经济发展周期呈现周期性变化。繁荣期失业率较低，衰退期失业率逐渐攀升，萧条期失业率维持在较高水平，复苏期时失业率下降。应对周期性失业，政府可以通过调整财政政策和货币政策来刺激经济。2008 年，为了应对全球金融危机，中国政府提出了进一步扩大内需、促进经济平稳增长的十项措施，到 2010 年底投资 4 万亿元，刺激经济增长、缓解周期性失业。

季节性失业（seasonal unemployment）是由于劳动力需求的季节性波动产生的失业，这种失业是有规律的，也是可预测的。比如采茶工，一般在春天清明前后工作，其他季节可能面临失业。为了应对季节性失业，劳动者可以多学一些技能，从而在其他季节找到相应的工作。季节性失业和周期性失业都有一定的时间趋势，但前者的时间周期更短，通常是一个季节，不会超过 1 年，而周期性失业则时间更长。季节性失业更容易预测，周期性失业很难预测，因为经济危机的到来一般难以捕捉。

8.1.3 失业保险的目标与功能

失业保险（unemployment insurance）是依据国家法律规定，由雇主和雇员共同缴费，并且由国家财政补贴共同负担的社会保险制度安排，为满足一定资格条件的失业者提供有期限的经济帮助，以解决其基本生活问题，同时给予失业者就业介绍、职业培训（job training）等帮助，促进失业者再就业。失业保险的主要目标是缓解劳动者失业的后顾之忧，一方面为非自愿性失业者提供经济补偿、物质帮助来解决失业时期的基本生活需要，另一方面通过就业介绍和职业培训来帮助失业者重新走上工作岗位。对整个社会而言，失业保险的目标是维持社会稳定，缩小贫富差距，促进劳动力供需匹配，发挥社会保障“稳定器”的作用。

具体而言，失业保险的功能主要有：第一，提供生活保障。提供生活保障是失业保险最基本的功能，主要通过向符合特定资格条件的失业者发放失业保险金的方式来实现。失业保险金的待遇水平与劳动者工资水平、地区生活水平等因素有关。第二，促进再就业。失业保险金的发放时间是有期限的，这与劳动者的工作年限有关。防止失业者因失去工作而陷入贫困的最好方式是促进再就业。因此，社会保险机构通常会组织职业培训和职业介绍来提高失业者再就业的概率。第三，优化劳动力供需匹配。失业在某种程度上为劳动力供给和需求重新配置提供了机会，用人单位通过解雇等方式来精简冗余的劳动力，而劳动者在失业过程中也可以重新寻找就业机会，促进劳动力供给和需求的优化配置。第四，调节贫富差距。通过为失业者提供物质帮助和经济补偿，调节高收入者和低收入者之间的收入差距，实现收入再分配，促进共同富裕。金双华和班福玉通过考察失业保险政策的累进性，发现失业保险金的待遇水平和领取率对收入再分配作用的发挥产生了关键作用。① 第五，维护社会稳定。当失业者数量越来越多，生活又得不到保障时，失业者群体内部就会产生不稳定因素，严重时还会出现骚乱，爆发社会矛盾和冲突。失业保险的存在使得失业者不至于因穷途末路而走上影响社会安全稳定的道路。第六，缓冲经济波动。20世纪30年代全球经济危机期间，美国总统罗斯福颁布了一系列政策对宏观经济进行调控，从而缓解经济危机对人民生活造成的影响。最为重要的干预政策是建立社会保障制度，为失业者、退休者、贫困人口提供物质帮助，以刺激总需求。失业保险对经济波动的缓冲体现在两个方面：在衰退期，失业率上升，领取失业保险金的人数增加，失业保险基金支出上升，在某种程度上通过增加总需求刺激经济复苏；在繁荣期，失业率下降，领取失业保险金的人数减少，失业保险基金支出下降，失业保险基金结余充足，抵御风险能力增强。

国际劳工组织对于失业保险制度的建立、发展与完善起到了积极的促进作用。1934年，国际劳工组织发布了《失业补贴公约》《失业补贴建议书》，对工业化国家普遍存在的失业问题提供了解决思路：为非自愿性失业者提供经济补助——失业津贴；1952年发布《社会保障最低标准公约》，完善了失业津贴标准计算办法；1988年发布《促进就业和失业保护公约》《促进就业和失业保护建议书》，在失业津贴的基础上完善就业服务，促进失业者再就业。②

知识链接8-3

失业保险的收入再分配作用

通过构建基于缴纳-领取路径的失业保险政策分析模式，运用平衡预算归宿法，测算各收入群体在失业保险制度作用下，其收入分布、基尼系数和累进性的变化情况。实证结果表明：近年来，无论是在全国层面还是在部分省市层面，基于缴纳-领取路径的失业保险政策都发挥着缩小收入差距的作用，有利于促进社会公平，但缴费环节对高低两端收入群体调节作用表现欠佳，进而抑制了领取环节的再分配作用。此外，通过对政策累进性的研究发现，失业保险金待遇水平和领取率对再分配效应的发挥起着至关重要的作用。因此，建议扩大失业保险的覆盖范围，调整失业保险的收支标准并提升立法监督水平，以充分发挥其收入再分配职能的优势。

资料来源：金双华，班福玉．失业保险制度对收入分配的影响：基于缴纳-领取路径的分析．中南财经政法大学学报，2021（5）．

---

① 金双华，班福玉．失业保险制度对收入分配的影响：基于缴纳-领取路径的分析．中南财经政法大学学报，2021（5）．

② 田大洲．中国积极的失业保险政策．北京：社会科学文献出版社，2018．

8.2 失业保险的基本内容

失业保险的基本内容包括失业保险的覆盖范围、失业保险基金的筹集、享受失业保险待遇的资格条件以及失业保险的待遇支付。失业保险的覆盖范围决定了失业保险受益人群的广度，基金的筹集决定了失业保险的物质基础，待遇的资格条件决定了哪些失业者可以享受失业保险待遇，待遇支付决定了失业者领取待遇的水平高低以及时间长短。

8.2.1 失业保险的覆盖范围

在市场经济体制下，每一个劳动者都面临着失业的风险，因此都应当纳入失业保险的覆盖范围，但从现实来看，在五种社会保险类型中，失业保险的覆盖范围是最窄的。从不同国家的社会保险发展历程来看，失业保险最初以覆盖稳定就业或在国有企业工作的劳动者为主，那些就业状态不稳定的自雇佣者、零工、家庭帮工、农业从业者都不属于失业保险参保覆盖范围，但他们面临更高的失业风险。

失业保险的完善伴随着失业保险覆盖范围的不断扩展，表现为更多类型的就业者被失业保险覆盖。就业类型按照单位所有制性质不同可以分成国有部门就业和非国有部门就业，按照就业形式不同可以分成正规就业和非正规就业。非正规就业是指没有正式雇佣关系（即无劳动合同）、就业性质处于模糊状态的就业类型。[①] 相比本地劳动者，外来务工人员更有可能进入非正规部门就业，就业保障无法落实。失业保险的完善伴随着覆盖范围的扩大，由最初的国有部门扩展到非国有部门，由正规就业群体扩展到非正规就业群体。

虽然失业保险覆盖范围不断扩大，但仍然有一部分劳动者未被失业保险覆盖。例如，美国规定微小企业的雇员、4 人以下且每年工作时间少于 20 周的非营利机构的雇员不在失业保险参保范围之内。日本的农林牧渔从业者可以自愿选择是否参与失业保险。此外，一些国家把工作时间未到最低标准的劳动者也纳入失业保险的覆盖范围，比如德国规定每周工作 18 小时以下的劳动者也可以享受失业保险待遇。

从不同国家的改革实践来看，失业保险制度可以是多层次的，这样的制度设计可以有效扩大失业保险的覆盖范围。比如强制性失业保险制度主要覆盖除自雇佣者、农业从业者和家庭帮工以外的所有劳动者，非强制性失业保险制度覆盖非正规就业群体。在多层次的失业保险制度方面，秘鲁实行非强制性的解雇金制度，提高失业者的待遇水平，但也会加剧劳动力市场的分割和社会不均等，而且一次性支付的解雇金加重了雇主的用工成本。此外，拉美和东亚的一些国家实行失业保险储蓄账户制度，将一次性支付的解雇金转变成分期支付的失业保险金，这种个人账户制的失业保险没有实现群体间失业风险的分散功能，难以起到收入再分配的效果。韩国和加拿大实行以促进就业为目标的就业

---

① 胡凤霞，姚先国．城镇居民非正规就业选择与劳动力市场分割：一个面板数据的实证分析．浙江大学学报（人文社会科学版），2011（2）.

保险制度，将近一半的参保者是非正规就业群体，他们也能享受就业促进政策。[①]

8.2.2　失业保险基金的筹集

失业保险基金是失业保险制度运行的物质基础。大多数国家的失业保险基金由国家、企业、个人三方共同负担。然而，不同国家在政府的失业保险基金筹集职责方面略有差异，有的国家在失业保险基金入不敷出的时候进行"财政兜底"，有的国家按照一定比例直接提供失业保险基金支持。例如，日本政府负担失业保险待遇支出的25%、就业安置支出的10%以及管理费用。失业保险基金筹集的方式有缴费和征税两种方式。大多数国家按照缴费方式筹集，即按工资的某个比例缴纳；而美国按照征税方式筹集。德国的失业保险政策规定，雇主缴纳工资总额的3.25%，政府负责失业保险基金赤字的"财政兜底"以及就业援助的费用；瑞士的失业保险是雇主和雇员都按照1.5%缴纳；俄罗斯的失业保险由雇主按照工资总额的2%缴纳，雇员不缴费；法国的失业保险政策规定，企业缴纳工资总额的4.08%，雇员缴纳收入的1.92%，政府负责综合方案的所有费用。[②]

失业保险基金的支出包括失业保险金（失业津贴）、配偶及子女津贴、技能培训费用、失业期间社会保险缴费以及管理费用等。在社会保险基金中，失业保险基金占比较小。以中国为例，2020年失业保险基金收入占社会保险基金总收入的1.26%，而城镇职工基本养老保险基金收入占社会保险基金总收入的58.77%；失业保险基金支出占社会保险基金总支出的2.68%，而城镇职工基本养老保险基金支出占社会保险基金总支出的65.26%。[③]

8.2.3　享受失业保险待遇的资格条件

与基本养老保险和基本医疗保险不同，享受失业保险待遇的资格条件更加复杂多样，有主观的，也有客观的。一般而言，享受失业保险待遇的资格条件主要有五个：（1）履行缴费义务。权利与义务相对等是社会保险制度最重要的特征，只有履行参保和缴费的义务，才能享受失业津贴、职业培训和就业介绍等权利。缴费义务有最低的期限要求，从几周到1年不等。（2）非自愿性失业。非自愿性失业是指失业者并不是自愿放弃现有工作岗位。跳槽、主动辞职等自愿性失业的个体，不具备享受失业保险待遇的资格。因本人过失、过错而被辞退或者解雇的劳动者，也不属于非自愿性失业。（3）未到退休年龄，有劳动能力。超过法定退休年龄失去工作的劳动者，不具有享受失业保险待遇的资格，因为他们属于基本养老保险待遇领取的对象。（4）在就业部门登记。失业者在失去工作之后应当到就业部门进行登记，并且办理相关手续，就业部门审核之后才能确定失业者是否具备享受失业保险待遇的资格条件。（5）有就业意愿。这个条件判断的难度最大。从其他国家的经验来看，失业者参加就业部门组织的职业培训、接受就业部门的职

---

① 郑秉文，张盈华．失业保险改革探索：兼论国际比较．北京：经济管理出版社，2021.

② 郑功成．社会保障概论．上海：复旦大学出版社，2005.

③ 根据国家统计局年度数据整理。

业介绍被视为具有就业意愿。如果失业者拒绝参加就业部门组织的职业培训，或者拒绝就业部门介绍的工作岗位，那么也将失去失业保险待遇的领取资格。一些国家还规定，拒绝适当的工作机会或者拒绝参加职业培训，失业保险金将被削减。

不同国家享受失业保险待遇的资格条件存在差异，有的国家条件较多，有的国家条件较少。美国享受失业保险待遇的资格条件有三个：（1）在就业部门登记；（2）具有工作能力；（3）正在积极寻找工作。英国享受失业保险待遇的资格条件有九个：（1）非自愿性失业；（2）每周工作不足16个小时；（3）可以随时就业；（4）正在积极找工作；（5）有工作能力；（6）未到退休年龄；（7）签订求职者协议，协议内容包括是否可以随时工作、寻找工作类型、为寻找工作而采取的行动、就业部门将提供的服务项目等；（8）在英国居住；（9）非全日制在校生。[①] 可以看到英国对于享受失业保险待遇的资格条件的规定更详细，也更具有弹性，尤其是每周最低工作时间的规定，将“未充分就业”的劳动者也纳入失业保险覆盖范围。这与该国人口结构有关，也与其福利国家的历史特征有关。法国享受失业保险待遇的资格条件有七个：（1）非自愿性失业；（2）未到退休年龄；（3）有劳动能力；（4）在就业协会登记；（5）正在积极寻找工作；（6）最近8个月内至少工作4个月；（7）非季节性失业。[②] 相比之下，法国享受失业保险待遇的资格条件的特别之处在于对最低工作时间的规定，并且排除了季节性失业。德国和日本的失业保险也对失业前的最低工作时间进行了规定，关于最低工作时间的规定体现了参保人对失业保险缴费义务的履行。

8.2.4 失业保险的待遇支付

失业保险的待遇支付包括两个方面，一是失业保险的待遇水平或给付标准，二是失业保险的支付期限——失业保险待遇的最长支付月数。待遇水平依据两个标准确立——保障基本生活和促进再就业。失业保险属于消极的劳动力市场政策，也就是说它的存在可能会使得劳动者不愿再找工作，从而陷入“失业陷阱”。因此，失业保险制度的设计应当规避“失去就业意愿”的负向激励。换言之，失业保险的待遇水平不能太高，如果失业保险的待遇水平超过了工资水平，那么从理性角度而言，劳动者就不愿意再寻找工作，也不会再就业。失业保险的支付期限不能太长，否则劳动者就会依赖失业保险，失去工作动力。

从一些国家的实践来看，失业保险的待遇水平有四个标准：失业者就业时的工资水平、社会平均工资水平、法定最低工资水平、最低生活保障水平。失业保险的待遇水平可以是一个区间，也可以是工资水平的某个比重。对于区间制，依据上述四个标准可以确定失业保险金的上限与下限。中国失业保险的待遇水平介于当地最低生活保障水平和城市居民最低工资水平之间。对于比率制，可以依据失业保险金占失业前工资水平的比重来计算替代率。替代率80%以上的国家有丹麦、列支敦士登、卢森堡、瑞典等，替代率在50%左右的国家有美国、加拿大、希腊、塞尔维亚、斯洛伐克、韩国等。英国对于不同年龄段的失业者规定了不同的待遇水平，年龄越大，待遇水平越高。

---

① 田大洲．中国积极的失业保险政策．北京：社会科学文献出版社，2018.

② 郑功成．社会保障概论．上海：复旦大学出版社，2005.

与养老保险、医疗保险等其他社会保险不同，失业保险的待遇领取并不是实时的，而是需要有一个等待期的。这就意味着失业者在就业部门登记之后，不能马上领取失业保险金，而是要经过一定时间的等待才能领取。一般而言，这个等待期是7天。如果在等待期内失业者重新找到了工作，那么就不需要领取失业保险金了。等待期的设置可以提高失业保险制度运行的效率，降低管理成本，也可以增强失业保险待遇领取资格的筛选，减少“骗保”“冒领”等行为。一般而言，季节性失业者的等待期更长，这与季节性失业的特征有关。因为一个失业者可能会出现多次失业，所以一些国家规定了两次领取失业保险金的最短间隔。

为了激励失业者重新走上工作岗位，失业保险制度一般会设置待遇领取的最长期限，瑞典是5个月，爱沙尼亚是6个月，俄罗斯是6～12个月，荷兰是12个月，罗马尼亚是18个月，匈牙利是24个月，西班牙是6～30个月。除了领取期限已满，还有其他一些失去失业保险待遇领取资格的情形：(1) 重新就业；(2) 服兵役；(3) 移居境外；(4) 退休；(5) 拒绝就业部门介绍的工作；(6) 拒绝参加就业部门的职业培训等。当然，在失业高峰期或者经济衰退期，一些国家还会延长失业保险的领取期限，以保障失业者的基本生活，并且提高失业者的再就业能力。

8.3 失业保险制度的分类

8.3.1 强制性失业保险制度

强制性失业保险制度（compulsory unemployment insurance system）是指国家通过立法强制实施的失业保险制度。它由政府直接管理或者委托一个机构负责管理。只要在失业保险覆盖范围内的用人单位和劳动者都必须依法参加失业保险，雇主和劳动者没有选择的自由。强制性失业保险制度可以提高失业保险制度的规范性和法治性，切实保障失业者的基本生活需要，解决劳动者的后顾之忧。目前，大多数国家采取这种失业保险模式，如美国、比利时、加拿大、韩国、意大利等。

莫滕森（Mortensen）提出的搜寻理论认为，失业保险金的存在会降低失业者的求职意愿，从而使得失业保险成为一种“消极”的劳动力市场政策，并不能发挥促进就业的作用。[①] 失业保险的“消极性”会导致“失业陷阱”，这是由于当失业保险替代率较高时，失业者获得的经济补偿与就业者的收入之间的差距较小，甚至无差异，这就导致失业者没有积极性去寻找工作，从而陷入持续失业的状态。例如芬兰，“慷慨”的失业福利制度使得芬兰成为“欧洲病人”，尤其是在失业率较高的情况下，政府财政负担与日俱增。[②]

---

① MORTENSEN D T. Job search, the duration of unemployment and the Phillips curve. American Economic Review, 1970 (60); MORTENSEN D T. Unemployment insurance and job search decisions. ILR Review, 1977, 30 (4).

② 李珍，王怡欢，张楚．中国失业保险制度改革方向：纳入社会救助：基于历史背景与功能定位的分析．社会保障研究，2020 (2).

“失业陷阱”可以采用劳动供给理论进行分析（见图 8-3）。

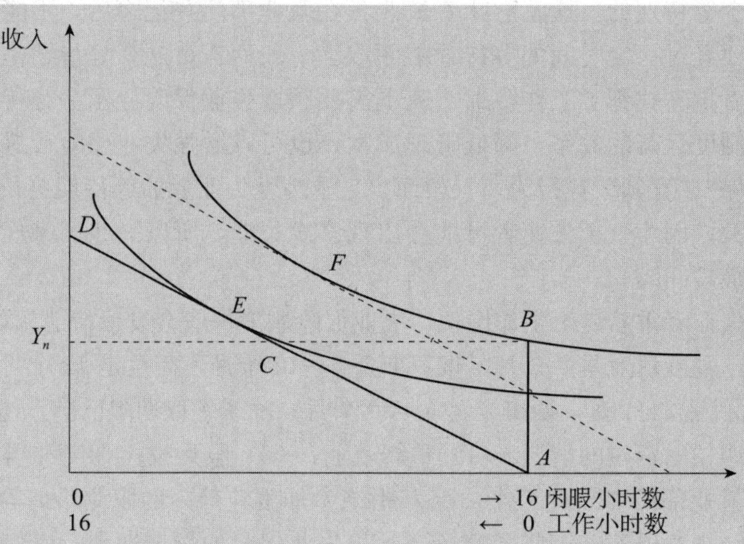

图 8-3 劳动供给理论

在图 8-3 中，失业者享受到的失业福利是 Y_n，假设失业保险的替代率是 100%，那么失业者工作时获得的工资为 Y_n。也就是说如果失业者重新就业，那么他享受到的福利会随着工资的减少而减少，他面临的预算约束线就是 $BACD$。如果他多工作 1 个小时，那么失业福利就会减少，净收入的增长为 0，失业者丧失重新就业的动力。因此，要将失业福利降至 Y_n 以下，从而避免“失业陷阱”。梁斌和冀慧基于时间使用数据，发现中国失业保险政策的就业促进效应存在关键性拐点——随着失业保险待遇水平提高，失业保险金对求职努力的促进作用逐渐降低，当失业保险金超过拐点时，就会抑制失业者的求职意愿。① 但中国目前的失业保险金水平仍处于拐点以下，因此失业保险政策发挥着显著的就业促进作用。

8.3.2 非强制性失业保险制度

非强制性失业保险制度允许用人单位和劳动者自由选择是否参保，一般由工会组织实施，由失业保险基金会负责管理，政府则负责制定政策、提供财政补贴。虽然非强制性失业保险制度降低了失业保险制度的法律支撑，但在某种程度上提高了雇主对于劳动者就业保障的灵活性。只采用非强制性失业保险制度的国家较少，只有丹麦。一些国家会将非强制性失业保险制度和强制性失业保险制度或者失业救济制度结合起来，共同为失业者提供保障。

也有国家将失业保险制度并入社会救助制度，从而对社会保障制度进行简化。例如芬兰在 2016 年取消失业保险制度，建立“全民基本收入计划”，国民无须满足条件即可获得政府提供的一笔基本收入，省去了失业登记、失业保险领取资格认定等复杂

---

① 梁斌，冀慧．失业保险如何影响求职努力?：来自“中国时间利用调查”的证据．经济研究，2020（3）.

环节。[①] 丁宁宁等人也曾提出通过社会救助制度为失业人员提供基本的生活保障。[②] 虽然将失业保险制度纳入社会救助制度有利于扩大失业保障覆盖范围，简化失业待遇领取程序，降低企业用工成本，但会加重财政负担，降低失业者就业积极性，从而引发“失业陷阱”等问题。

8.3.3 双重失业保险制度

除了强制性失业保险制度和非强制性失业保险制度之外，还有一种重要的失业保障制度是失业救济制度（unemployment compensation system），也叫失业救助制度，属于社会救助制度的范畴。失业救济一般先通过家计调查确定待遇资格，对于家庭收入低于某个水平的失业者所在家庭提供救济金。失业救济不需要失业者履行缴费义务，属于非缴费型失业保障制度。目前，中国香港地区、澳大利亚和新西兰等采取单一的失业救济制度。

失业保险和失业救济存在四个方面的差异：第一，筹资方式。失业保险采取雇主和劳动者共同缴费的方式，失业救济采取财政补贴的方式。第二，待遇资格。失业保险金的领取应当满足参保、缴费、工龄、非自愿性失业等条件，失业救济不需要参保和缴费，但家庭收入应当不超过某个水平。第三，待遇水平。失业保险的待遇水平与劳动者工资水平和最低工资有关，失业救济的待遇水平与最低生活标准有关。第四，享受期限。失业保险的待遇享受与缴费时间有关，失业救济的待遇享受与失业者家庭收入状况有关。概而言之，相比失业救济而言，失业保险制度规范性更强，保障待遇更高，但也存在保障范围覆盖不全等问题，需要失业救济加以补充，尤其是没有参加失业保险的低收入失业者，更需要失业救济来保障基本生活。

双重失业保险制度是指两种失业保险（保障）制度共同存在，比如瑞典采取非强制性失业保险制度和失业救济制度并用，德国、法国、英国、荷兰、西班牙等国家采取强制性失业保险制度和失业救济制度并用，日本采取强制性失业保险制度和非强制性失业保险制度并用。两种失业保险制度同时存在不仅可以扩大失业保障的覆盖范围，还可以强化失业保险制度的保障力度，提高失业保险制度的灵活性。

8.4 中国失业保险制度的发展历程与基本内容

8.4.1 中国失业保险制度的发展历程

1. 失业保险制度的建立

新中国成立后，中国实行计划经济体制，采取统包统配的就业制度。虽然统包统配的

---

① 李珍，王怡欢，张楚．中国失业保险制度改革方向：纳入社会救助：基于历史背景与功能定位的分析．社会保障研究，2020（2）.

② 丁宁宁，葛延风，董克用，等．中国城镇失业保障制度改革的回顾与前瞻．管理世界，2001（1）.

就业制度减轻了劳动者的压力，但会导致“人浮于事”，难以实现劳动力供给和需求的最优配置，也无法激励劳动者积极工作，经济系统的运行效率较低。统包统配的就业制度适应当时的经济体制，但增加了国家的社会保障负担，财政压力巨大。事实上，新中国成立初期，失业现象较为严重，1949年城镇职工失业率达到23.6%。[①] 然而，1951年颁布的《劳动保险条例》未将失业保障列入其中，只确定了老年、疾病、工伤和生育等保障项目。

改革开放之后，建立现代企业制度成为国有企业改革的重要目标，就业制度也相应做出了调整，开始出现“待业”现象，“待业保险”应运而生。“待业”意为“等待就业”，突出一种暂时的状态，含有浓重的计划经济色彩。为了增强企业活力，充分调动劳动者的积极性和创造性，保障劳动者的合法权益，1986年国务院颁布了《国营企业实行劳动合同制暂行规定》《国营企业招用工人暂行规定》《国营企业辞退违纪职工暂行规定》《国营企业职工待业保险暂行规定》，提出劳动合同制工人待业期间，按照国家规定领取待业救济金和医疗补助费。由此开始，统包统配的就业制度得到了相应调整，失业问题从“隐性”变为“显性”，失业保险制度初步建立。根据《国营企业职工待业保险暂行规定》，宣告破产企业的职工，濒临破产企业法定整顿期间被精减的职工，企业终止、解除劳动合同的职工以及企业辞退的职工均属于待业保险覆盖范围。待业救济金以职工离开企业前2年内本人月平均标准工资额为基数，工龄在5年及以上的，最多发放24个月的待业救济金，其中第1个月到第12个月，每月为本人标准工资的60%～75%，第13个月到第24个月，每月为本人标准工资的50%；工龄不足5年的，最多发放12个月的待业救济金，每月为本人标准工资的60%～75%。[②]

可以看到，失业保险制度建立初期，以覆盖国营企业职工为主，具有鲜明的时代特征。事实上，体制内的劳动者失业风险较低，还拥有失业保障，而体制外的劳动者就业不稳定且失业风险较高，却没有相应的保障措施，这就产生了巨大的群体间福利差距，也扩大了收入差距，不利于社会公平。

2. 失业保险制度的调整

随着经济体制改革的深化，国有企业改革进程逐渐加快，失业保险制度亦随之调整。1993年国务院颁布了《国有企业职工待业保险规定》，进一步扩大失业保险覆盖范围，除了《国营企业职工待业保险暂行规定》所属的四类职工外，又增加了三类职工：（1）按照国家有关规定被撤销或解散企业的职工；（2）按照国家有关规定停产整顿企业被精减的职工；（3）依照法律法规规定或者按照省、自治区、直辖市人民政府规定，享受待业保险的其他职工。[③] 待遇标准由原来的以工资为计算依据调整为以社会救济金为计算依据，发放标准相当于当地民政部规定的社会救济金额的120%～150%。在名称上，《国有企业职工待业保险规定》仍然沿用“待业保险”。1993年党的十四届三中全会通过了《中共中央关于建立社会主义市场经济体制若干问题的决定》，提出“建立多层次的社会

① 杨燕绥．社会保险法．北京：中国人民大学出版社，2000.

② 国营企业职工待业保险暂行规定．(1986-07-12). 中国改革数据库网站．

③ 国有企业职工待业保险规定．(1993-04-10). 中国会计视野网站．

保障体系，重点完善企业养老和失业保险制度，失业保险费由企业按职工工资总额一定比例统一缴纳”。由此开始，“失业”和“失业保险”逐渐替代“待业”和“待业保险”在法律法规和政策文件中使用。

随着国有企业改革的深化，下岗工人日渐增多，并且成为一个社会问题。为了帮助下岗工人再就业，中共中央、国务院于1998年发布《关于切实做好国有企业下岗职工基本生活保障和再就业工作的通知》，提出“建立再就业服务中心，保障国有企业下岗职工基本生活”。该文件将失业职工的再就业工作与基本生活保障放到同等地位，以妥善解决国有企业职工的下岗问题。

经济体制改革伴随着多种所有制形式同时出现，尤其是民营经济的出现使得体制外的劳动者也需要失业保险制度的保障。为了适应现代企业制度以及统一的劳动力市场建设需求，国务院于1999年颁布《失业保险条例》，失业保险制度正式确立。相比《国有企业职工待业保险规定》，《失业保险条例》的调整主要体现为：(1) 覆盖范围由原来的国有企业及其职工拓展到城镇所有企业事业单位及职工。(2) 明确雇主和职工缴费义务，城镇企业、事业单位按照本单位工资总额的2%缴纳失业保险费，用人单位职工按照本人工资的1%缴纳失业保险费。(3) 增加职业培训等待遇项目。具体而言，除了失业保险金之外，还有领取失业保险金期间的医疗补助金，领取失业保险金期间死亡的失业人员的丧葬补助金及其供养的配偶、直系亲属的抚恤金，领取失业保险金期间接受职业培训、职业介绍的补贴。

为了推动国有企业下岗职工基本生活保障制度向失业保险制度并轨，2000年国务院印发《关于完善城镇社会保障体系的试点方案》，提出“从2001年1月1日起，国有企业不再建立新的再就业服务中心，企业新的减员不再进入再就业服务中心，由企业依法与其解除劳动关系，凡所在单位参加了失业保险并依法足额缴费的，按规定享受失业保险待遇”。由此开始，失业人员的生活保障完全由失业保险承担。

为了进一步促进经济发展与扩大就业相协调，2007年颁布了《就业促进法》，提出“建立健全失业保险制度，依法确保失业人员的基本生活，并促进其实现就业”。2008年全球金融危机爆发，经济下行压力导致失业风险提高，为了发挥失业保险的“反经济周期”作用，政府启动援企稳岗政策，削减企业社保缴费。具体手段是利用失业保险基金向困难企业提供稳岗津贴，鼓励企业稳定就业岗位，降低劳动者失业风险。概而言之，失业保险制度调整阶段的主要贡献是扩大覆盖范围，拓展待遇项目，从而增强失业保险对于失业人员的经济保障和就业促进功能。

3. 失业保险制度的完善

2011年中国第一部《社会保险法》正式颁布，对失业保险的覆盖范围、缴费义务、待遇资格、领取标准以及关系转接等问题做出了规定。为了完善失业保险制度的民生保障功能，更好地发挥失业保险物质帮助、就业促进等方面的作用，2017年人力资源社会保障部发布《失业保险条例（修订草案征求意见稿）》，其中拓展了覆盖范围，从城镇企业、事业单位及职工拓展到中华人民共和国境内的企业、事业单位、社会团体、民办非企业单位、基金会、律师事务所、会计师事务所等组织及其职工，对于有雇员的个体工商户及其雇员，由省级人民政府根据当地实际情况决定参保政策。同时，增加了失业保险基金支出项目：(1) 领取失业保险金期间失业人员应当缴纳的基本养老保险费和基本医疗保险费；(2) 技能提升补贴；(3) 在上年失业保险基金滚存结余具备 12 个月以上支付能力的统筹地区，失业人员领取失业保险金期间可以享受职业培训补贴、职业技能鉴定补贴、创业补贴；(4) 稳定岗位补贴。

为了进一步发挥失业保险预防失业的功能，人力资源社会保障部于 2017 年发布《关于实施失业保险援企稳岗"护航行动"的通知》，于 2018 年发布《关于实施失业保险支持技能提升"展翅行动"的通知》，一方面通过发放稳岗补贴预防失业，另一方面通过在职培训提升劳动者技能水平来降低失业率。此外，失业保险在脱贫攻坚方面也发挥着重要的作用。2018 年，人力资源社会保障部、财政部联合发布《关于使用失业保险基金支持脱贫攻坚的通知》，通过以下三种方式助力脱贫攻坚：第一，提高深度贫困地区的失业保险金标准；第二，提高深度贫困地区企业的稳岗补贴标准；第三，放宽深度贫困地区参保职工的技能提升补贴申领条件。

随着失业保险制度的不断完善，参保人数不断增加，从 1994 年的 7 967.8 万人增加到 2022 年的 23 806.6 万人。年末领取失业保险金人数在 2003 年达到高峰 439.8 万人，此后在波动中下降，2022 年为 296.5 万人。失业保险基金收入在波动中上升，2014 年达到 1 379.8 亿元，此后下降至 2020 年的 951.5 亿元，2022 年上升至 1 596.1 亿元。失业保险基金支出呈现明显上升趋势，2019 年开始超过基金收入。截至 2022 年底，失业保险基金累计结余达到 2 890.8 亿元（见图 8-4）。

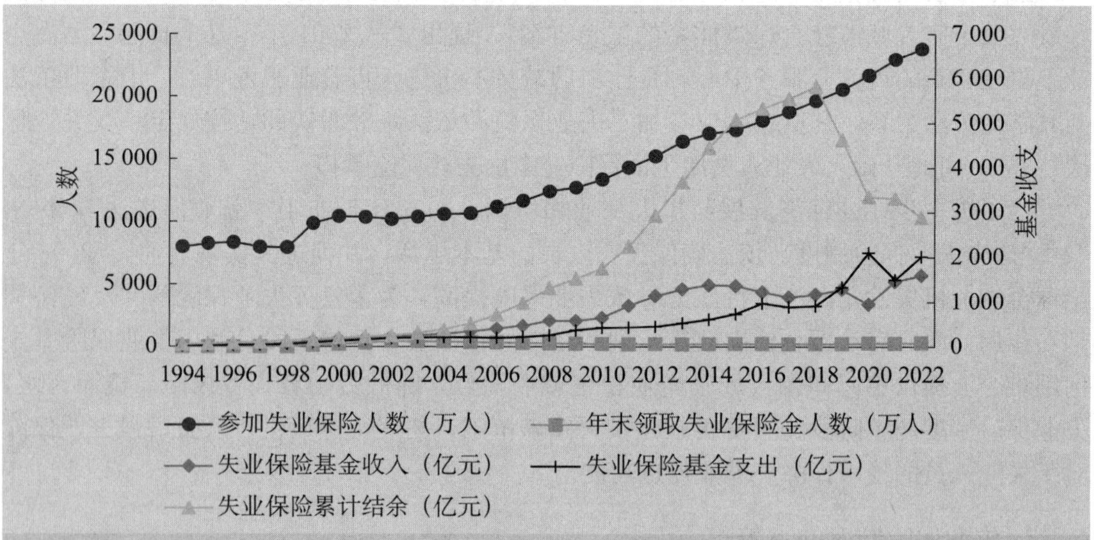

图 8-4 失业保险参保人数及基金收支变化

资料来源：根据国家统计局年度数据整理。

8.4.2 中国失业保险制度的基本内容

1. 覆盖范围

根据《失业保险条例》的规定，失业保险的目标是保障失业人员的基本生活、预防失业、促进就业。依据该条例，中华人民共和国境内的企业、事业单位、社会团体、民办非企业单位、基金会、律师事务所、会计师事务所等组织及其职工应当参加失业保险，并且缴纳失业保险费。失业人员依照规定享受失业保险待遇。省、自治区、直辖市人民政府根据当地实际情况来决定本行政区域内具有雇员的个体工商户及其雇员的失业保险参保问题。

随着经济社会的发展，失业问题呈现出周期性规律。因此，在特定时期，国家会对失业保险覆盖范围进行调整。例如为应对新冠疫情的影响，人力资源社会保障部和财政部等部门发布了一系列失业补贴政策，如《关于扩大失业保险保障范围的通知》《关于阶段性减免企业社会保险费的通知》等。

阅读材料8－1 我国应对新冠疫情的失业补助政策

2. 基金管理

根据《失业保险条例》的规定，失业保险基金由用人单位与职工缴纳的失业保险费、利息、财政补贴及其他资金构成。用人单位和职工分别按照本单位工资总额和本人工资的一定比例缴纳，合计不得超过2%，具体缴费比例由省、自治区、直辖市人民政府规定。失业保险基金应当存入财政部门在银行开设的社会保障基金财政专户，实行收支两条线管理。失业保险基金银行存款实行统一计息办法，对存入收入户和支出户的活期存款实行优惠利率，按三个月整存整取定期存款基准利率计息。失业保险基金在直辖市实行全市统筹，省、自治区可建立失业保险调剂金。当统筹地区失业保险基金出现赤字时，由失业保险调剂金调剂、地方财政补贴。2015年以来失业保险费率连续下降三次，总费率从3%下降到1%。

失业保险基金的支出项目有失业保险金，领取失业保险金期间失业人员应当缴纳的基本养老保险费和基本医疗保险费，技能提升补贴，领取失业保险金期间死亡的失业人员的丧葬补助金和其供养的配偶、直系亲属的抚恤金，稳定岗位补贴以及国务院规定或者批准的与失业保险有关的其他费用。在上年度失业保险基金滚存结余具备12个月以上支付能力的统筹地区，失业人员领取失业保险金期间可以享受职业培训补贴、职业技能鉴定补贴、创业补贴，具体标准和办法由人力资源社会保障部会同财政部规定。

3. 资格条件

根据《失业保险条例》，失业保险的待遇领取资格有五个方面：（1）按照规定参加失业保险，用人单位和职工本人已按照规定履行缴费义务满1年；（2）非因本人意愿中断就业，即非自愿性失业；（3）已办理失业登记，并有求职意愿。当失业人员在领取失业保险金期间有下列情形之一的，停止领取失业保险金，并同时停止享受其他失业保险待遇：（1）重新就业；（2）应征服兵役；（3）移居境外；（4）享受基本养老保险待遇；（5）无正当理由，拒不接受当地政府的职业介绍或职业培训。失业人员在领取失业保险金期间被判刑收监执行的，也中止领取失业保险金。失业人员应当凭失业登记证明和个人身份证明，到参保地社会保险经办机构办理领取失业保险待遇的手续。

4. 待遇支付

失业保险金由社会保险经办机构通过银行按月发放。失业保险的待遇水平与工作年限有关：失业人员失业前用人单位和本人按照规定累计缴费时间1～5年的，领取失业保险金的期限最长为12个月；累计缴费5～10年的，领取失业保险金的最长期限为18个月；累计缴费满10年以上的，领取失业保险金的期限最长为24个月。重新就业后，再次失业的，缴费时间也会重新计算。再次失业领取失业保险金的期限与前一次失业应当领取而尚未领取的失业保险金的期限合并计算，最长不超过24个月。

阅读材料8-2　2020年失业保险基金偿付能力的地区差异

失业保险金的标准在当地最低工资标准和城市居民最低生活保障标准之间，由省级人民政府确定。失业人员在领取失业保险金期间，以个人身份自愿参加基本养老保险。失业人员在领取失业保险待遇期间，参加职工基本医疗保险的可享受基本医疗保险待遇。失业人员缴纳的基本养老保险费和基本医疗保险费从失业保险基金中列支，个人不缴费。失业人员在领取失业保险金期间死亡的，参照当地在职职工标准，向遗属发放一次性丧葬补助金和抚恤金。我国失业保险待遇支付情况，可以通过失业保险基金的偿付能力来观测。

8.5　中国失业保险制度面临的问题与发展方向

8.5.1　中国失业保险制度面临的问题

经过几十年的改革探索，中国的失业保险制度逐渐完善，在保障失业者基本生活、促进再就业方面发挥着重要作用。从表8-2可以看到，1999年以来失业保险覆盖率经历了先降后升的变化，在2022年达到51.83%。失业保险基金收入从1999年的125.2亿元增长到2014年的1 379.8亿元，从2015年开始由于稳岗补贴、减税降费等原因缓慢下降至2020年的951.5亿元，之后2022年又升至1 596.1亿元。失业保险基金支出从1999年的91.6亿元增长到2022年的2 017.8亿元，由于新冠疫情导致失业人数剧增，失业保险待遇支出大幅增加。

表8-2　中国失业保险基本情况

年份	城镇就业人数（万人）	参保人数（万人）	覆盖率（%）	登记失业人数（万人）	待遇领取人数（万人）	受益率（%）	基金收入（亿元）	基金支出（亿元）
1999	22 412	9 852.0	43.96	575	109.0	18.96	125.2	91.6
2000	23 151	10 408.4	44.96	595	190.0	31.93	160.4	123.4
2001	24 123	10 354.6	42.92	681	312.5	45.89	187.3	156.6

续表

年份	城镇就业人数（万人）	参保人数（万人）	覆盖率（%）	登记失业人数（万人）	待遇领取人数（万人）	受益率（%）	基金收入（亿元）	基金支出（亿元）
2002	25 159	10 181.6	40.47	770	439.8	57.12	215.6	186.6
2003	26 230	10 372.9	39.55	800	414.9	51.86	249.5	199.8
2004	27 293	10 583.9	38.78	827	418.6	50.62	290.8	211.3
2005	28 389	10 647.7	37.51	839	362.3	43.18	340.3	206.9
2006	29 630	11 186.6	37.75	847	326.5	38.55	402.4	198.0
2007	30 953	11 644.6	37.62	830	286.1	34.47	471.7	217.7
2008	32 103	12 399.8	38.63	886	261.2	29.48	585.1	253.5
2009	33 322	12 715.5	38.16	921	235.3	25.55	580.4	366.8
2010	34 687	13 375.6	38.56	908	209.1	23.03	649.8	423.3
2011	36 003	14 317.1	39.77	922	197.0	21.37	923.1	432.8
2012	37 287	15 224.7	40.83	917	204.0	22.25	1138.9	450.6
2013	38 527	16 416.8	42.61	926	197.0	21.27	1 288.9	531.6
2014	39 703	17 042.6	42.93	952	207.2	21.76	1 379.8	614.7
2015	40 916	17 326.0	42.35	966	226.8	23.48	1 367.8	736.4
2016	42 051	18 088.8	43.02	982	230.4	23.46	1 228.9	976.1
2017	43 208	18 784.2	43.47	972	220.2	22.65	1 112.6	893.8
2018	44 292	19 643.5	44.35	974	223.1	22.91	1 171.1	915.3
2019	45 249	20 542.7	45.40	945	228.3	24.16	1 284.2	1 333.2
2020	46 271	21 689.5	46.87	1 160	270.0	23.28	951.5	2 103.0
2021	46 773	22 957.9	49.08	1 040	258.8	24.88	1 459.6	1 500.0
2022	45 931	23 806.6	51.83	1 203	296.5	24.65	1 596.1	2 017.8

注：受益率＝待遇领取人数÷登记失业人数。

然而，受到经济发展水平、人口结构、社会保障制度特征等因素的影响，中国的失业保险仍然面临以下五个方面的问题。

1. 失业保险覆盖范围有限

从表8　2可以看到，从1999年以来，失业保险覆盖率经历了先降后升的变动过程，在2005年达到最低点37.51％，这是由这段时期失业保险参保人数的上涨速度慢于城镇就业人数的上涨速度所致。尤其是受农村转移劳动力的影响，使得城镇就业人数快速上升。此后失业保险覆盖率逐渐上升，2022年为51.83％，显著低于城镇职工基本养老保险和基本医疗保险的覆盖率。覆盖范围有限会导致很多劳动者游离在失业保险制度之外，不利于就业民生问题的解决。近年来，新业态经济衍生出了众多新型的就业形式，比如网约车司机、外卖小哥、网络主播等，这不仅为经济增长注入了新的活力，也提供了大量灵活就业岗位。目前灵活就业人员已达 2 亿人。① 就业的灵活性增加了劳动关系认定的难度，并进一步影响了从业者的劳动权益保障。2020 年末，全国参加失业保险人数为 21 689.5 万人，同年享受失业保险待遇人数为 515 万人，仅较 2019 年增加 54 万人，失业风险更高的灵活就业人员几乎都不在失业保险制度覆盖范围之内。② 新业态就业人员参加失业保险的困难在于两个方面：一是劳动关系的确定；二是就业与失业状态的监测。由于新业态就业人员的劳动关系呈现“非传统型”“非标准化”“灵活多变”等特征，有的属于项目承包关系，有的属于多重劳动关系，有的属于自我雇佣关系，确定劳动关系的难度较大。有的新业态从业人员虽然劳动关系容易确定，但工作时间不固定，这就导致就业和失业的状态难以监测，给失业保险待遇资格审查带来了较大的难度。

2. 失业保险瞄准度有待提升

瞄准度可以用两个指标表示，参保失业率（unemployment rate of the insured）和失业受益率（unemployment benefit rate）。参保失业率是领取失业金人数占参保人数比重，失业受益率是失业保险金待遇领取人数占登记失业人数的比重。③ 由表 8-2 计算可得，2010 年以来参保失业率稳定在 1%左右，失业受益率则呈现先升后降的趋势，2010 年以来都在 25%以下。由此可见，无论是从参保失业率还是失业受益率来看，中国失业保险瞄准度都有待提高。失业保险主要覆盖就业稳定性较强的正规就业群体，他们失业的风险更低；而未被失业保险覆盖的群体，如灵活就业者、农民工，他们的失业风险更高，却不一定能享受失业保险的待遇，从而产生“失业保险悖论”。

3. 统筹层次较低

统筹层次反映了失业保险制度的公平性，可以分为横向和纵向两种类型。横向上的统筹涉及同一地区内不同保险项目的整合，由于中国的失业保险只覆盖城镇职工，只有一种类型，因此不涉及横向上的统筹。纵向上的统筹涉及风险共济和制度统一的范围大小，比如从县级统筹到市级统筹，再到省级统筹乃至全国统筹。社会保险制度建立初期以县级统筹为主，但目前失业保险制度尚未实现省级统筹，较低的统筹层次不仅降低了失业保险制度的公平性，也阻碍了劳动力的自由流动。

4. 待遇保障不充分

从表 8-3 来看，失业保险人均待遇是城市最低生活保障水平的 2 倍左右。相比城市居民人均可支配收入和城市最低生活保障水平人均待遇而言，失业保险人均待遇的增长速度是最快的，达到 9.5%。由于最低工资不是每年都调整，而且没有全国平均数据，因此无法比较失业保险人均待遇与最低工资的差距。但可以将失业保险人均待遇与城市居民收入水平进行比较，可以发现，2020 年失业保险人均待遇是城市居民人均可支配收

---

① 2021 年国民经济运行情况答记者问．(2022-01-17)．国家统计局网站．

② 专访郑功成：为 2 亿灵活就业人员织牢保障网．(2022-05-30)．中国社会保障学会网站．

③ 张盈华，张占力，郑秉文．新中国失业保险 70 年：历史变迁、问题分析与完善建议．社会保障研究，2019 (6)．

入的40%左右。由此可知，失业保险人均待遇与城市居民人均可支配收入水平之间尚存差距，仍然存在待遇保障不充分的问题。发达国家失业保险的替代率一般在50～80%，而中国失业保险的替代率不到20%。

表8-3　中国的失业保险待遇

年份	城市居民人均可支配收入（元/月）	城镇在岗职工平均工资（元/月）	城市最低生活保障水平人均待遇（元/月）	失业保险人均待遇（元/月）
2016	2 801	5 749	494.6	1 051
2017	3 033	6 343	540.6	1 111
2018	3 271	7 062	579.7	1 266
2019	3 530	7 782	624.0	1 393
2020	3 653	8 376	677.6	1 506
年均增速	6.9%	9.9%	8.2%	9.5%

资料来源：根据国家统计局年度数据整理。

由于最低工资没有全国数据，因此本章只计算了部分省份失业保险待遇水平和最低工资标准之间的差距。从表8-4可以看到，失业保险待遇水平大概是最低工资标准的80%，最低是天津，只有66.9%，最高是湖北，为86.1%。最低工资标准是保障劳动者基本生活的劳动力市场制度安排，失业保险金也是保障劳动者基本生活需要，因此，两者应该保持一致，否则可能出现保障不足的问题。

表8-4　部分省份失业保险待遇　单位：元/月

省份	最低工资标准	失业保险金
北京	2 200	1 870
天津	2 050	1 371
山西	1 700	1 340
辽宁	1 810	1 511
上海	2 480	1 757
安徽	1 550	1 283
江西	1 680	1 290
河南	1 900	1 472
湖北	1 750	1 506
广东	2 100	1 691
重庆	1 800	1 446
四川	1 780	1 375
宁夏	1 660	1 378

资料来源：根据《全国各地区最低工资标准情况》《人力资源和社会保障事业发展统计公报》整理；由于大部分省份没有公布失业保险金，因此只展示了13个省份的数据。

5. 就业服务内容不健全

《失业保险条例》规定失业保险基金支出项目包括失业保险金、医疗补助金、死亡的丧葬补助金及其供养的配偶、直系亲属的抚恤金、职业培训以及职业介绍补贴。然而，《失业保险条例》并未对就业服务的具体内容进行清晰界定，导致失业保险制度在发挥就业促进方面功能有限。“十四五”规划提出，加强基层公共就业创业服务平台建设，为劳动者和企业免费提供政策咨询、职业介绍、用工指导等服务；健全终身技能培训制度，持续大规模开展职业技能培训。因此，应当健全就业服务的内容，有效发挥失业保险的就业促进功能。此外，随着新业态经济的飞速发展，就业形式更加多样化，失业保险的就业服务内容也应当更加多元化，比如开展更多新业态创业培训与技能培训等。

8.5.2 中国失业保险制度的发展方向

相比基本养老保险和基本医疗保险，失业保险的覆盖范围更小，尤其是农村就业人员、非正规就业人员不在失业保险覆盖范围之内，导致这些就业人员呈现显性或者隐性失业时，基本生活难以保障。针对失业保险覆盖范围有限、失业保险瞄准度有待提升、统筹层次较低、待遇保障不充分、就业服务内容不健全等五个方面的问题，中国未来失业保险制度的发展方向包含以下内容。

1. 拓宽失业保险覆盖范围

中国的社会保险制度坚持“广覆盖、保基本、多层次、可持续”的方针。“广覆盖”是社会保险制度最基本的原则，对于失业保险制度而言，扩大覆盖面是制度发展的重要方向，也是世界各国失业保险制度发展的共同趋势。具体而言，可以通过“三步走”的方式扩大失业保险覆盖范围。首先，进一步完善失业保险制度法律基础，从制度层面解决“广覆盖”的问题。其次，将非正规就业人员和农业就业人员纳入失业保险参保范围，尤其是解决农民工的失业保险参保问题，扩大覆盖范围的同时也可以提高失业保险基金收入。最后，探索灵活就业人员参加失业保险的形式，提高地方政府在扩大灵活就业人员参加失业保险方面的自主权。2021 年，人力资源社会保障部、国家发展改革委、交通运输部等 8 部门联合印发《关于维护新就业形态劳动者劳动保障权益的指导意见》，并出台全国首个试点（广东省）新业态从业人员参加失业保险的政策。2021 年，广东省人力资源和社会保障厅等 3 个部门联合印发《广东省灵活就业人员参加失业保险办法（试行）》，规定广州等大湾区内地 9 市的新业态从业人员可自愿参加失业保险，符合条件即可享受失业保险待遇。其他省份也可以探索适应当地经济社会发展水平的新业态从业人员失业保险参保办法。

2. 提升失业保险瞄准度

具体而言，可以从两方面入手提高失业保险瞄准度，一是提高参保失业率，二是提高失业受益率，两者都依赖于失业保险金领取人数的增加。尤其对于失业风险较高的农民工群体和灵活就业人员群体，提高就业、失业状态监测准确度，提高失业保险制度的瞄准度。新冠疫情期间，人力资源社会保障部和财政部发布了《关于扩大失业保险保障范围的通知》，提出“对《失业保险条例》规定的参保单位招用、个人不缴费且连续工作满1年的失业农民工，及时发放一次性生活补助”，“与城镇职工同等参保缴费的失业农民工，按参保地规定发放失业保险金或失业补助金”。未来失业保险应当继续提升瞄准度，为高失业风险群体提供风险保障。

3. 提高统筹层次

2019年人力资源社会保障部、财政部、税务总局出台《关于失业保险基金省级统筹的指导意见》，提出失业保险省级统筹应当“坚持制度统一，分级管理”“坚持职责明晰，分步实施”“坚持统调结合，缺口分担”“坚持系统谋划，平稳衔接”。“十四五”规划提出，“推进失业保险、工伤保险向职业劳动者广覆盖，实现失业保险省级统筹”。失业保险省级统筹可以归纳为“六个统一”：统一失业保险政策、统一基金收支管理、统一基金预算管理、统一经办服务管理、统一责任分担机制以及统一激励约束机制。应当在提升统筹层次的过程中防范失业保险基金支付风险，促进失业保险制度持续健康发展。目前，吉林省、广东省、青海省、辽宁省等省份率先出台政策，结合本省实际推进失业保险省级统筹。

阅读材料8-3　部分省份推进失业保险省级统筹政策

4. 增强待遇保障力度

目前失业保险的待遇水平与城镇居民的收支水平之间尚存差距，是城镇居民人均可支配收入的约40%，是城镇居民人均消费支出的约60%，是城镇在岗职工平均工资的约18%。一些国家将失业保险待遇与领取人失业前的工资水平挂钩，替代率一般是50%～70%，最高可以达到90%。相比之下，中国20%左右的替代率显得偏低。待遇的提升依赖于失业保险基金收入的增加，在失业保险费率连续下降的背景下，只能通过做实缴费工资基数来提高失业保险缴费收入。同时，构建多层次的失业保障体系，通过失业保险与企业补充失业津贴相结合的形式提高失业人员的待遇保障水平。

5. 健全就业服务内容

失业保险功能具有双重性，一是通过经济补偿保障失业人员规定时间内的基本生活，二是通过就业服务促进失业人员再就业。就业服务的形式包括职业培训和岗位介绍，在促进就业方面作用有限。国外研究表明职业培训促进收入提升的效果是不显著的，原因在于预期收入较低的人更有可能参与培训计划，从而获得培训补贴。[1] 因此要将消极的就业服务转变为积极的就业服务，首先需要加强基层公共就业创业服务平台建设，构建劳

---

① ASHENFELTER O，LAYARD R，CARD D. Handbook of labor economics. Burlington：Elsevier Science Ltd，1999.

动力需求和供给信息交互的机制，畅通信息交流渠道。其次，加强企业实施的职业培训，并且对培训后雇佣失业者的企业进行补贴，激励失业者再就业。再次，开展新业态就业形式培训，通过灵活就业提高失业人员就业率，缓解失业保险基金负担。最后，加强失业预警和预防。构建就业数据实时共享平台，建立失业预警机制，同时对不稳定岗位进行防范，通过在职培训提高就业岗位稳定性。

本章小结

1. 失业是指当前没有工作，但在积极地寻找工作，并且有劳动能力和劳动意愿。按照失业原因，可以将失业分为摩擦性失业、结构性失业、周期性失业和季节性失业。

2. 失业保险的主要目标是缓解劳动者失业的后顾之忧，为非自愿性失业者提供经济补偿，促进失业人员再就业。失业保险的功能主要有提供生活保障、促进再就业、优化劳动力供需匹配、调节贫富差距以及维护社会稳定。

3. 失业保险的基本内容包括失业保险的覆盖范围、失业保险基金的筹集、享受失业保险待遇的资格条件以及失业保险待遇支付。覆盖范围决定了失业保险受益人群的广度，基金的筹集决定了失业保险的物质基础，资格条件决定了哪些人可以享受失业保险待遇，待遇支付包括给付标准和支付期限两个方面。

4. 中国失业保险制度面临的问题：失业保险覆盖范围有限、失业保险瞄准度有待提升、统筹层次较低、待遇保障不充分、就业服务内容不健全。

5. 中国失业保险制度的发展方向：拓宽失业保险覆盖范围；提升失业保险瞄准度；提高统筹层次；增强待遇保障力度；健全就业服务内容。

关键术语

失业　unemployment

劳动参与率　labor force participation rate

失业率　unemployment rate

城镇登记失业率　urban registered unemployment rate

强制性失业保险制度　compulsory unemployment insurance system

失业救济制度　unemployment compensation

非自愿性失业　involuntary unemployment

参保失业率　unemployment rate of the insured

失业受益率　unemployment benefit rate

职业培训　job training

复习思考题

1. 失业的四种类型有什么差异？

2. 如何理解失业保险的双重功能？
3. 享受失业保险待遇的资格条件有哪些？
4. 中国的失业保险制度经历了怎样的发展历程？
5. 中国失业保险制度的发展方向是什么？

阅读材料

“后疫情时代”失业保险基金的可持续性

受新冠疫情影响，我国经济发展遭到暂时性阻滞。2020年我国GDP较上年同期仅增长2.3%。大量企业受到疫情冲击，经营状况恶化，并且失业问题凸显。人力资源社会保障部等出台了一系列援企稳岗、保生活促就业的阶段性“免、减、缓、返、补、扩”政策。由此，新冠疫情下的失业问题、系列政策等可能会同时作用于失业保险基金收支两端，进而缩减基金结余。失业保险基金并非结余越多越好，作为大数法则最为典型的制度之一，失业保险基金收入与支出的平衡应该与经济周期密切关联。所以除了应对疫情冲击外，系列政策或许会起到促进失业保险基金周期性平衡的作用。那么，新冠疫情冲击后我国失业保险基金是否具有可持续性？其经济调节功能是否得以发挥？不同政策参数又如何影响基金周期性平衡？

通过构建我国失业保险基金精算模型，对新冠疫情冲击后失业保险基金的可持续性进行研究，并通过政策仿真研究不同政策参数对失业保险基金周期性平衡的影响，可以发现：第一，新冠疫情冲击后，2020—2035年我国失业保险基金当期缺口均在90亿元以上，其中2020年基金当期收不抵支问题突出，当期缺口为2 040.6亿元；第二，新冠疫情冲击后，2020—2025年，我国失业保险基金累计结余不断减少且消耗速度较快，若无其他政策干预，2025年累计结余将耗尽，虽然2026—2035年我国失业保险基金累计结余消耗速度能够控制在30%以内且逐渐降低，但累计缺口仍逐年扩张且年扩张规模和当年总规模均非常大；第三，参保率、费基占比和城镇登记失业率三项政策参数的复合和综合变化能够放大其对基金周期性平衡的调节效应。

对此，失业保险基金可以从以下四个方面进行改进：第一，适时提高失业保险费率。新冠疫情对我国经济的冲击完全消退后，可考虑适当提高失业保险费率，缓解基金支付压力。第二，继续扩大失业保险制度覆盖面。推进全民参保计划，将个体工商户、传统灵活就业人员、新业态从业人员全面纳入失业保险的覆盖范围，并提高征缴力度。第三，进一步夯实失业保险缴费基数。在社保费移交税务部门统一征收后，可考虑开征社会保险税，设立失业保险税目，以“金税三期”大数据的强大识别能力，让瞒报、少报、漏报缴费基数的行为无处遁逃。第四，加大“稳就业”和“保居民就业”力度。具体措施包括：减税降费稳定企业生产；增加失业保险稳岗补贴；加强失业人员职业技能培训；举办线上招聘会等。

资料来源：薛惠元，曹思远．后疫情时代失业保险基金可持续性与经济调节功能研究．保险研究，2021（2）．

辽宁省实施失业保险省级统筹

2022 年 1 月 1 日起，辽宁省全面启动实施失业保险省级统筹。为进一步明确省级统筹后省市政府的责任，确保失业保险待遇按时足额发放，推动基金平稳运行，辽宁省财政厅等部门出台办法，对缺口核定、分担比例、考核奖惩等作出详细规定。

首先，相关办法明确对失业保险基金全部支出实行缺口分担，支出主要包括失业保险金、基本医疗保险费、价格临时补贴等常规性待遇支出和稳岗返还、技能提升补贴等稳定就业支出。考虑辽宁省失业保险基金滚存结余支付能力，辽宁省还建立省市政府责任分担机制，设置 8∶2 和 6∶4 两档失业保险基金缺口分担比例。当辽宁省失业保险基金滚存结余预计能够弥补当期收支缺口时，为减轻各市负担，体现省级政府责任，当期缺口省和各市按 8∶2 分担。当辽宁省失业保险基金滚存结余预计不能弥补当期收支缺口时，当期缺口省和各市按 6∶4 分担。

为使相关工作有序推进，辽宁省还制定了相关考核奖惩政策，设置“优秀”“良好”“一般”“较差”4 个等级。对于考核结果为“优秀”的前三名城市，由失业保险基金分别对其给予年度激励补助 500 万元、400 万元、300 万元，用于弥补当期和未来失业保险基金缺口市级承担部分。对于考核结果为“较差”的城市，有相应的惩处规定。

资料来源：辽宁省全面启动实施失业保险省级统筹．(2022－01－18)．辽宁省人民政府网．

第9章

工伤保险

见义勇为是中华民族的传统美德，理应得到鼓励和支持，但我国目前还存在各地对见义勇为行为认定标准不一致、见义勇为者权益保障难等问题。2018 年 6 月 20 日最高人民法院发布第 18 批指导性案例，在指导案例 94 号中明确规定：职工见义勇为，为制止违法犯罪行为而受到伤害的，属于《工伤保险条例》第十五条第一款第二项规定的为维护公共利益受到伤害的情形，应当视同工伤。但将见义勇为行为纳入工伤保险范围仍有其现实困境。从弘扬社会正气、彰显法治公平角度考量，将见义勇为行为纳入工伤保险范围有其必然性。

学习要点

1. 了解工伤保险的概念
2. 掌握无责任补偿原则
3. 理解行业差别费率和浮动费率的意义
4. 了解工伤补偿的程序
5. 了解我国工伤保险制度的改革和发展

9.1 概　述

9.1.1 工伤与职业病

1. 工伤的概念

工伤（work-related injury）亦称职业伤害，指劳动者在从事职业活动或者与职业责任有关的活动时所遭受的事故伤害和职业病伤害以及因这两种情况所造成的死亡。

工伤是目前国际上通用的术语，它的概念随着社会经济与文明的发展而逐步变化。1921 年国际劳工大会将“工伤”定义为：“由于工作直接或间接引起的事故为工伤事故。”起初，工伤保险仅限于救治由于工业事故导致的伤残。1925 年只有 7 个国家规定职业病和上下班途中交通事故所造成的伤亡因与工作相关，也属于工伤。[①] 第十三届国际劳动统计会议明确提出，“雇佣事故指由雇佣引起或在雇佣过程中发生的事故（工业事故和上下班事故）”，“雇佣伤害指由雇佣事故导致的所有伤害和所有职业病”，从而使工伤的概念得到极大扩展。1964 年第 48 届国际劳工大会通过的《工伤事故病津贴建议书》又补充了相关规定：工伤补偿应将职业病和上下班交通事故包括在内。

2. 职业病的概念

职业病（occupational disease）是指劳动者在工作环境中由于毒物、不良气候条件、生物因素、不合理的劳动组织、卫生条件恶劣等职业性毒害引起的疾病。从广义上讲，职业病泛指一切因与生产性有害因素接触而引起的疾病。从狭义上讲，仅指国家用法律的形式规定的职业病。我国《职业病范围和职业病患者处理办法的规定》中规定，“职业病是指劳动者在生产劳动及其他职业活动中，接触职业性有害因素引起的疾病”。

虽然职业病是工伤的一种，但接受它却经历了漫长的过程。最早将职业病纳入工伤补偿范围的是 1906 年英国的《职业补偿法修正案》。1925 年，国际劳工大会把铅中毒、汞中毒和炭疽病感染划入职业病范围。由于职业病潜伏期所带来的保险给付期限和保险时效问题，导致职业病的诊断更加困难。因此，各国虽将职业病纳入工伤补偿范畴，却在事故通报程序、认定、管理、给付等诸多方面采取有别于一般工伤事故的做法，最终在工伤概念中形成工伤与职业病二元划分的状态。但从本质来说，工伤与职业病对劳动者造成的伤害没有什么区别，对两者进行区分尚无可能。[②]

知识链接 9-1

职业病每年致全球近 200 万人死亡

世界卫生组织与国际劳工组织联合发布的研究报告显示，与职业关联的疾病和工伤每年导致全球近 200 万人死亡，其中大多数人的死亡由呼吸系统和心血管疾病引发。此外，工时过长也是导致劳动者死亡的主要原因之一。报告指出，重视和预防职业病对劳动者健康造成的伤害已刻不容缓。

2021 年，世界卫生组织与国际劳工组织联合发布《与职业关联的疾病和工伤联合评估（2000 年至 2016 年）：全球监测报告》。报告指出，因非传染性职业关联疾病死亡的人数占总数的 81%，其中慢性阻塞性肺病导致 45 万人死亡，中风和心血管疾病分别导致 40 万人和 35 万人死亡；工伤导致 36 万人死亡，约占总数的 19%。全球每年有超

① 于欣华．工伤保险法论．北京：中国民主法制出版社，2011.
② 同①.

过3.7亿人因工作相关的意外受伤或生病。因职业安全和健康问题导致的经济损失占全球生产总值的4%。

报告还显示，有多达75万人的死亡与工时过长（每周工作时间55小时或以上）有关。据估计，2016年，每周至少工作55小时已经导致39.8万人死于中风、34.7万人死于心脏病。与每周工作35～40小时相比，每周工作超过55小时的人患中风的风险估计要高出35%，死于缺血性心脏病的风险要高出17%。

目前长时间工作的人数占全球总人口数的9%。报告指出，因过长时间工作导致的死亡，即人们常说的"过劳死"，也被列入职业病的范畴。

资料来源：职业病每年致全球近200万人死亡．(2021-09-23)．新华网．

9.1.2　工伤保险的概念

工伤保险（work-related injury insurance），又称职业伤害保险，是社会保险险种之一，是由国家和社会运用立法强制实施的，为在生产工作中或与工作有关的活动中，遭受事故伤害、患职业病的劳动者及其近亲属提供医疗救治、生活保障、经济补偿、医疗和职业康复等物质帮助的一项制度。

首先，工伤保险的对象是劳动者，即与用人单位存在劳动关系（包括事实劳动关系）的各种用工形式、各种用工期限的职工。

其次，工伤保险所针对的风险是工伤风险，即劳动者因工作原因而遭受意外伤害或患职业病的风险。这里强调的是只有工伤患者才可以享受工伤保险待遇。区分工伤和非因工患病、负伤、致残或致死有着重要的意义。虽然二者在结果上是一样的，但在成因上有很大的区别。前者是为工作作出的牺牲，后者则是因非工作原因造成的伤害或牺牲。所以，前者可以享受较高的工伤保险待遇，后者则只能按照一般疾病或伤残来享受医疗、伤残或者死亡保险待遇。

再次，暂时丧失劳动能力是指患病或者虽然因工致残，但经过治疗和康复劳动能力完全恢复的情况；永久丧失劳动能力则分为永久完全丧失劳动能力和永久部分丧失劳动能力两种情况，前者是指永久性的全残，后者则指永久性的部分残疾。

最后，物质补偿包括现金给付、医疗和康复服务；既包括具有赔偿性质的一次性伤残补助金，也包括具有保障性质的伤残津贴。我国现行《工伤保险条例》规定，实行工伤保险的目的是"保障因工作遭受事故伤害或者患职业病的职工获得医疗救治和经济补偿，促进工伤预防和职业康复，分散用人单位的工伤风险"。

9.1.3　工伤保险的原则和特点

1. 工伤保险的原则

（1）无责任补偿原则（compensation without negligence）。又称无过失补偿原则，它

是指劳动者在发生工伤事故时无论责任事故是否属于劳动者本人，受伤害的劳动者均应无条件地得到一定的经济补偿。无责任补偿原则是国际上普遍实行的原则，它切实保障了劳动者的利益。

强调无责任补偿原则，并不意味着对工伤事故所造成的一切后果不追究当事者的任何责任，相反，各国都建立了工伤事故报告制度，工伤事故发生后，必须对伤亡事故进行调查、登记、统计、报告和处理。主要程序包括对伤亡事故发生的原因进行调查分析，上报相关管理部门，对事故的直接责任人（包括领导和劳动者）给予行政或经济处罚。其目的是加强企业安全生产管理，减少事故的发生。一般这项工作由相关安全部门负责。

实行无责任补偿原则的意义在于：1）可以将待遇给付与责任追究分开，不能因为事故责任的追究与归属问题影响待遇给付的时间和额度。2）企业或雇主不用承担直接给付工伤补偿的责任，而是由掌握工伤保险基金的社会保险机构统一组织实施补偿，并由其直接对资格条件进行鉴定，而不必通过法律程序和法院的审裁。既可公正、及时保障受伤害者的利益，企业或雇主也可免除官司或诸多事务的干扰，有利于企业正常生产经营活动的进行。3）国家法规强制具有职业危险的企业依法参加工伤保险，且待遇的构成、支付方式、缴费标准与时间都是强制性的。4）实行无责任补偿有利于弄清事故的原因和责任，不至于因事故的责任与经济挂钩而致使相关人员隐瞒事故原因，推卸责任，使事故真相得不到披露，不利于防止类似事故的发生。

无责任补偿原则成立的理由是基于风险理论。风险理论认为，在大机器生产条件下，劳动者在生产的过程中遭遇工伤事故是不可避免的。人类有能力减少工伤事故，却没有能力避免工伤事故，即使在科学技术非常发达的今天也依然如此。我们甚至可以说，技术的进步和经济的发展在一定程度上放大了工伤事故发生的概率。无责任补偿原则之所以成立，是因为在一般情况下，没有人会认为发生工伤对自己有利。工伤会给本人和家人带来很大的痛苦，如果是致残或致死则更为悲痛。在这种情况下，如果紧紧抓着责任不放，也是不人道的。

（2）直接经济损失与间接经济损失相区别的原则。工伤保险能抵御的风险仅仅是经济上的不确定性损失，而不能承保身体的伤害，甚至失去生命及其带给人们的痛苦，工伤补偿主要是从维持劳动力再生产的角度对遭受工伤者的直接经济损失进行补偿。

直接经济损失是指职工发生工伤事故后个人所受的经济损失，与其第一职业标准工资收入相关，以及为消除伤害后果所需的必要开支。间接经济损失是指职工直接收入以外的其他经济性的损失，不列入工伤保险的经济补偿范畴。

（3）区别因工和非因工原则。在发放工伤保险待遇时，应确定因工和非因工负伤的界限。工伤保险的医疗康复、伤残补偿、死亡抚恤待遇均比其他社会保险项目水平要高，且不受年龄、性别、缴费期限的限制。而非因工负伤与劳动者的职业因素无关，其待遇往往与疾病保险待遇相同，其补偿水平要比工伤保险低得多。

（4）个人不缴费原则。与基本养老、基本医疗等其他社会保险项目不同，工伤保险的保险费由雇主缴纳，雇员个人不缴纳任何费用。个人不缴费原则是与无责任补偿原则相对应的。

（5）补偿与预防、康复相结合的原则。工伤事故发生后，工伤保险除了被动提供生活保障等补偿外，还应具有一些主动的、积极的功能，即预防和康复的功能。从单纯经济补偿向与预防、康复相结合的转变，是现代工伤保险的显著标志之一。加强安全生产、减少事故发生，以及一旦发生事故及时康复治疗，促进职工早日返回工作岗位，是与工伤补偿同等重要的事情。

（6）一次性补偿与长期补偿相结合的原则。对因工部分或完全丧失劳动能力的劳动者或工亡遗属，在给付补偿待遇时，工伤保险机构应支付一次性补偿金。此外，对工伤者及其供养的遗属根据规定支付长期待遇，直至停止享受的情形出现为止。

2. 工伤保险的特点

与其他社会保险项目相比，工伤保险除了具有强制性、保障性、互助共济性等社会保险项目的共同特点外，还有其自身的独特性。

（1）补偿性。工伤保险的原则之一是无责任补偿原则，即在发生工伤事故后，无论雇员是否有过失，雇主均应依法给予工伤者经济补偿，因此和其他社会保险项目不同，工伤保险费一般均由雇主负担，雇员不缴费。

（2）待遇更优，服务项目更多。与其他各项社会保险的待遇相比，工伤保险具有待遇标准高、服务项目多的特点。工伤保险的待遇包括工伤医疗待遇、工伤津贴待遇、伤残待遇、职业康复待遇、因工死亡待遇等。

9.2 工伤保险制度的产生与发展

现代工伤保险起源于19世纪末20世纪初的德国、英国和美国。工业革命后，越来越多的人从事制造业的工作，工作场所伤害事件频繁发生。在工作过程中，雇员常会受到大型机械或其他危险工作条件的伤害。到了1880年，西方国家在工业化过程中的事故伤亡人数已经超越了现代战争的伤亡人数。罗斯福曾经说，“机械与制造工业的巨大进步意味着雇佣工人所承受的事故数量的相应增长”。一般认为，工伤保险制度的建立经历了以下三个阶段。

9.2.1 民事赔偿制度阶段

在工业化初期，工伤一般由工人自己承担后果。当时盛行的是英国古典经济学家亚当·斯密所提出的“风险承担理论”（risk beaning theory）。斯密认为，在其他条件相同的情况下，可以根据工资标准的差别，对工作岗位上的不同风险进行补偿。既然工人自愿与雇主签订劳动合同，当他接受并从事该工作后，他理所当然地接受了该项劳动的风险和依照其风险所确定的工资收入。因而，雇主只需按照要求保持工作场所安全，就不必承担工伤事故的责任；工人则自行负担其在工作过程中因发生工伤事故而蒙受的损失。这一理论成为雇主推卸工伤责任的理论依据。

随着资本主义经济的发展和工业化进程的加快，工伤事故频繁发生，数量日益增多，其严重程度也不断增强。劳动者单纯依靠工资收入难以补偿从事危险工作所导致的职业伤害损失。与此同时，工人运动蓬勃发展，职业灾害尤其是恶性工伤事故或急性职业中毒事故，成为工人要求政府及雇主改善劳动条件等工人运动的导火索。

为了化解劳资矛盾，安抚工人，一些国家规定，劳动者若能够证明工伤事故的责任在雇主一方，则可以要求得到补偿，但劳动者必须负有举证责任。此时工伤补偿是在公民之间依据民事赔偿法律，通过法院的裁决来处理和补偿的，工伤保险制度实行民事损害赔偿的过错责任原则，但该原则使劳动者很难得到应有的补偿，不论雇员接触机器设备的风险有多大，只有工伤者能证明伤害是基于雇主或同事的过失造成的，法院才能判决给予补赔，否则雇主可以免责，雇员后果自付。民事官司的诉讼成本巨大，由于工伤者负担不起法律诉讼费用或因起诉雇主会带来被解雇的后果，工伤者往往得不到合理的补偿。民事赔偿制度不能适应大工业机器化生产带来的工伤事故日益增多的形势以及满足劳动者及时得到补偿的需求。

在 19 世纪，许多国家打工伤官司要支付相当大的一笔费用，往往超出工人收入范围，以至于私人机构如英国的友爱合作社和德国的社会医疗保险机构的成立，为人们提供购买各种伤害保险的选择。但商业事故保险有其局限性，逆向选择常会使保险公司拒绝承保高风险的行业或职业。在赔付的时候，保险公司会尽可能逃避赔付责任。

民事侵权案件的激增促进了律师行业的发展，却无法有效解决工伤者的补偿问题。在 1870—1900 年，全美律师人数增加了近 150%。但工伤者仍很难得到应有的赔偿。在蓬勃发展的工人运动的推动下，政府需要采取措施调解劳资关系、化解社会矛盾，雇主责任制的工伤保险制度应运而生。

9.2.2 雇主责任制阶段

雇主责任制（employer responsibility system）的特征是受伤害的劳动者或遗属直接向雇主索赔，雇主依照法律规定向他们直接支付保险待遇。其核心是无过错责任原则，该原则认为，凡是利用机器或雇员以体力从事经济活动的雇主机构就有造成雇员受到职业伤害的可能性；雇员受到伤害都是非自愿的，即便雇员受到伤害有时是自己的过失造成的，也并非出于自愿。因此，意外事故无论是由于受害人的粗心大意，还是由于自然原因，甚至是在雇主根本不存在任何过失的情况下发生的，雇主都应承担补偿责任。雇主支付职业伤害补偿金是一笔日常开支，就像修理和维护设备的维修保养费和支付雇员工资一样，补偿金应该是雇主所负担的一部分管理费用。雇主责任制的工伤保险制度在发展过程中，在不同的国家出现了三种不同的发展形式。

第一种是国家立法规定雇主有赔偿责任，但是对于具体赔偿办法只做了简单的原则性规定，并不确定具体的赔偿标准。发生工伤事故后，雇主的责任是按照政府原则，根据雇主经济能力自行支付工伤待遇，并由劳动部门监督实施，有一定的灵活性。如阿根廷、缅甸、印度等国家。

第二种是国家立法明确雇主责任范围和待遇标准，不仅规定赔偿的最低标准，而且规定某些职业危险性较高的行业必须向商业保险公司投保，由其承担保险责任。在这种情况下，商业保险的人身意外伤害险种对于投保人来说，起到了一定的保障作用。这种办法加强了雇主和商业保险公司的合作，进一步增强了保险的强制性，使得商业保险公司在一定程度上代理了雇主的责任。如马来西亚、乌拉圭等国家。

第三种是国家立法规定由雇主和承担工伤风险的商业保险公司向政府主管部门缴纳一定额度的保险费，以便在生产单位或保险公司破产时，仍可以向需要工伤补偿的工人支付工伤保险金，从而进一步加强了雇主的工伤赔偿责任。如澳大利亚、美国等国家。

在具体的操作与实施过程中，雇主责任制的保险制度存在明显的弊端与不足之处。

（1）工伤事故争议多。由于雇主和雇员双方职业伤害确认的立场不同、要求不同，雇主往往未按规定标准进行赔偿，引发工伤事故争议，但又难以协调一致。

（2）赔偿金多为一次性支付。雇主出于自身支付能力限制和自利动机，对于工伤者支付的赔偿金额一般都低于其实际需要，尤其对于因工伤致残而永久丧失劳动能力的劳动者或工亡者生前供养的遗属，在一次性赔偿金用完之后，不得不再次陷入困难的境地。

（3）企业工伤赔偿负担重。实施雇主责任制的保险制度之后，依照无过失责任原则，雇主需要及时对工伤者及其家属给予赔偿，当遇到大额赔偿时，单个雇主往往难以履行其应负的法律责任。尤其是对资金不足的中小企业而言，“自我保险”能力脆弱，遇到重大或特大伤亡事故时，雇主难以负担巨额赔偿，其后果只能是企业倒闭、破产，雇员被遣散，而工伤者则难以获得相应的赔偿，得不到可靠的工伤保障。

（4）商业保险公司承保的工伤保险以盈利为目的，支付率较低，具有很大的局限性。由于商业保险具有营利性和非强制性特征，在逆向选择动机支配下，商业保险公司事前一般会阻止工伤事故发生频率高的企业参保，事后支付赔偿金时，往往会降低给付额度，一般仅为支付标准的30％～40％。

由此可见，雇主责任制并不能解决工伤者经济保障问题。随着社会发展，对劳动者的保障必然从雇主责任制阶段走向工伤社会保险阶段。而工伤社会保险制度的建立是人类社会文明进步的体现。

9.2.3　工伤社会保险阶段

为了克服雇主责任制的工伤保险制度的诸多弊端，许多国家逐步实行工伤社会保险制度，为受到职业伤害的劳动者提供必要的保护。工伤社会保险（industrial injury social insurance）是国家立法实施统一的工伤保险，可在更大范围内分担工伤风险，由国家统一筹措保险基金，统一工伤认定，统一给付标准，统一工伤保险的管理。与其他社会保险类似，工伤社会保险具有强制性、非营利性、互济性等基本特征，具体而言，工伤社会保险通过立法颁布，强制实施，要求用人单位必须按照规定的内容和程序履行职责和义务；通过统一费率或差别费率，设立基金、统筹使用，建立风险分散机制；长期待遇与短期待遇相结合，保险与补偿相结合；注重社会效益，实行工伤补偿和工伤预防、职业康复相结合的原则，更好地维护劳动者权益。

第二次世界大战之后，工伤社会保险制度得到了完善和发展，欧洲绝大多数国家和拉美、亚洲一些国家都相继建立了工伤社会保险制度。该制度普及程度远超养老保险、失业保险、医疗保险。

工伤保险是世界上历史最悠久、实施范围最广、享受待遇项目最多、享受条件最优的社会保险制度。1871 年德国颁布《雇主责任法》，为在某些工厂、采石场、铁路和矿山等场所工作的工人提供有限的社会保护。1881 年，德国《社会保险宪章》中规定了有关事故保险的条款，之后于 1884 年推行《工伤事故保险法》，创立了第一个现代工伤补偿制度。这是专门涉及工业事故和职业病及其预防与补偿问题的法规，规定由政府主管部门组织工伤保险事业，统一筹集资金；并对涉及工业事故和职业病及其预防与补偿问题做出了专门的规定，确立了无过失责任原则，建立了工伤保险制度。此后，西欧和北欧各国纷纷仿效建立工伤保险制度，奥地利于 1887 年，芬兰于 1895 年，英国于 1897 年，法国和丹麦于 1898 年相继实施工伤保险。

但是，工伤社会保险仍然存在着两个潜在的问题：（1）由于实行社会统筹，那些经常发生工伤的企业会因为工伤赔付的责任转移到社会保障机构，而忽视工伤事故的预防，而那些很少发生工伤的企业则会想方设法逃避缴费；（2）工伤保险分强制参加和自愿参加两种模式，对于强制参加模式而言，自由主义者认为它破坏了市场机制，对劳动力市场存在扭曲效应。

9.3 工伤保险基金筹集与管理

9.3.1 工伤保险基金

工伤保险基金（work injury insurance fund）是指为了保障参保职工享受工伤保险待遇的权益，由依法参加工伤保险的用人单位按缴费基数的一定比例缴纳，或通过其他方式筹集，依法纳入工伤保险基金的其他资金构成的专项资金，是社会保险基金中的重要组成部分。

工伤保险基金是实现工伤保险功能的基础。要保证工伤保险制度顺利实施，必须有一定的基金作为保障。工伤保险基金由用人单位缴纳的工伤保险费、工伤保险基金的利息和依法纳入工伤保险基金的其他资金构成。其中用人单位缴纳的工伤保险费是最主要的工伤保险基金来源。凡是纳入工伤保险参保范围的用人单位都应当按照规定，及时足额缴纳职工的工伤保险费，以保障工伤保险基金的支付能力，切实保障工伤职工及时获得医疗救治和经济补偿，从而使任何参保单位在发生工伤事故的情形下都能够及时使用筹集到的工伤保险基金，不因单位需要支付的工伤津贴过多而陷入困境，实现风险分散的目标。

9.3.2 行业工伤风险分类

行业工伤风险分类是确定工伤保险差别费率的依据，社会保险机构根据不同行业的工伤风险程度来确定各行业差别费率。

1. 风险分类

基于风险分类理论，风险分类的过程就是对风险集合按照个体风险的不同特性所进行的一种分解过程。其目的是获得相对同质的风险子集，满足大数定律的应用条件，使属于同一风险子集的个体风险有更加接近的损失分布，也使依据风险子集的工伤损失负担计算的保险费更加公平合理。

工伤保险差别费率的关键问题在于：如何划分影响费率合理性的风险子集。为达到费率合理性而不断调整风险子集的成分与大小，会影响到费率的连续性，并引起管理费用上涨。工伤保险机构面临的难题是如何在费率合理性与连续性之间找出折中的办法。[①]

2. 风险分类的作用

不同的行业和职业伤害风险差异很大，不同的经济行为风险也有很大不同，这是世界上许多国家在工伤保险制度中实行差别费率的原因。[②] 从建立工伤保险制度之初，德国就采用差别费率[③]，意大利设立了 627 个费率等级，加拿大安大略省划分出 7 个大类 109 个费率等级。正因为如此，工伤保险与其他社会保险项目相比，其特征更接近于商业保险，依照风险大小收取不同的保险费。

德国的差别费率是按多级系统进行分类的，首先按行业将参保企业划分为 35 个行业公会进行管理。但有关事故发生频率和损失数据显示，仅对参保企业按行业进行划分还不足以保证费率的合理性，因为在一个行业公会汇集的企业在工伤损失风险方面还存在很大差异，所以在各个行业公会内部还要以各企业工伤补偿数据为基础对参保企业进一步细分。某一类企业的风险减少或增加，要么是因为在该类的大多数企业中工伤风险普遍提高了，要么是因为个别企业中出现了重大工伤事故风险。因此，差别费率要具体考察各个企业中工伤补偿的数据记录，并利用其使费率平衡。

如果没有风险分类，也就是不区分各个企业具有的不同的潜在损失风险，工伤索赔的总成本负担将在所有企业中均分，即所有雇主要缴纳的保险费是一样的。这种方法将产生对所有企业均有效的单一均衡费率。这就意味着低风险的企业将补贴高风险的企业。这个费率对大多数企业来说是不公平的。从德国行业公会的差别费率的测算可以看出，风险分类的目的在于，注重识别每一个企业的风险特点，与各个企业的工伤补偿相关的不同的损失负担可以计算出来，合理分担保险费。风险分类表与企业分级对差别费率测算有着特别的意义，通过风险分类表的建立使工伤保险进行费率分级并实行差别费率成为可能。因为风险分类直接对企业的征收费率起作用。对某些行业来说，其所有下属企业的风险类别不是彼此孤立的，一个企业受罚，其他企业也间接受罚。

目前我国执行的行业工伤风险类别划分是根据人力资源社会保障部、财政部《关

---

① 周慧文．工伤保险风险分类及风险分类表研究．中国安全学报，2005（7）．

② 魏新武，李鸣善．全球社会保险制度．北京：华夏出版社，1989．

③ ZHOU H，SCHOEFFSKI O. Aufbau eines systems zur unfall-und berufskrankheitsverhuettung im rahmen der betrieblichen unfallversicherung Chinas. Die BG Maerz，2000（160－166）．

于调整工伤保险费率政策的通知》来确定的。根据不同行业的工伤风险程度，按照《国民经济行业分类》对行业的划分，由低到高，依次将行业工伤风险类别划分为一类至八类。

9.3.3 工伤保险费率

工伤保险费率（industrial injury insurance rate）是指社会保险经办机构向雇主征收的工伤保险费与缴费工资总额的一定比率。工伤保险费率是工伤保险基金筹集的核心问题，公平合理的费率尤为重要。为了体现不同行业的工伤事故风险在工伤保险费负担上的公平性，同时激励企业主动地采取措施加强安全生产、减少工伤事故和职业病发生率，大多数国家工伤保险采用行业差别费率制和浮动费率制，也有一些国家采用统一费率制。

在我国，依据行业工伤风险评级，社保机构根据不同行业的工伤风险程度确定各行业的差别费率，在此基础上，根据各用人单位的工伤保险基金缴费率及发生工伤事故的频率与严重度，再实行浮动费率，以鼓励和促进企业安全生产，形成工伤保险事故预防的费率机制。

1. 行业差别费率

绝大多数国家采取行业差别费率（industry indifferential rate），以企业职工的工资总额为基数，按照一定的比例缴费。遵循风险越大，费率越高的保险业的一般规则，行业差别费率主要是依据企业或行业的工伤风险水平而定。不同工伤风险类别的行业执行不同的工伤保险行业基准费率。我国各行业工伤风险类别对应的全国工伤保险行业基准费率为一类至八类，分别控制在该行业用人单位职工工资总额的0.2%、0.4%、0.7%、0.9%、1.1%、1.3%、1.6%、1.9%左右。

2. 浮动费率

同一行业各个企业之间的风险仍然存在不小的差距，为了进一步公平分担风险费用，确保该行业及企业工伤保险基金的收支平衡。通过浮动费率（floating rate）的办法确定每个行业内的费率档次。一类行业分为三个档次，即在基准费率的基础上，可向上浮动至120%、150%；二类至八类行业分为五个档次，即在基准费率的基础上，可分别向上浮动至120%、150%或向下浮动至80%、50%。

3. 单位费率的确定与浮动

统筹地区社会保险经办机构根据用人单位工伤保险费使用、工伤发生率、职业病危害程度等因素，确定其工伤保险费率，并依据上述因素变化情况，每1～3年确定其在所属行业不同费率档次间是否浮动。对符合浮动条件的用人单位，每次可上下浮动一档或两档。统筹地区工伤保险最低费率不低于本地区一类风险行业基准费率。费率浮动的具体办法由统筹地区人力资源社会保障部门、财政部门制定，并征求工会组织、用人单位代表的意见。

9.4　工伤补偿

工伤补偿（compensation of work-related injury insurance）是实现工伤保险制度目标的重要手段，在进行工伤补偿之前，规定了一些前置程序，包括工伤认定和伤残程度鉴定，在明确了伤害属于工伤保险覆盖范围和确定了伤残程度之后，才能依照法律程序进行补偿。

9.4.1　工伤保险覆盖范围

工伤保险的受保人及其覆盖范围，是认定受伤害人员是否属于工伤保险对象及其所受伤害是否属于工伤赔偿范围的首要法律依据。

从各国情况来看，工伤保险覆盖范围随时间的推移逐步扩大。国际劳工组织规定，“由于工作直接或间接引起的事故为工伤事故”。1964 年的《工伤赔偿公约》将工伤赔偿范围扩大到不仅包括工作意外事故和职业病，而且将职工上下班途中交通事故纳入其中。1925 年国际劳工大会把铅中毒、汞中毒和炭疽病毒感染等三项疾病划入职业病范围，到 1964 年增加了 12 种职业病。

1952 年国际劳工组织《社会保障最低标准公约》规定，享受待遇的条件是：（1）因工伤身体呈疾病状态者；（2）因工丧失劳动能力并因此中断工资收入者；（3）由于永久或暂时丧失劳动能力而完全丧失或部分丧失工资收入者；（4）遗属由于供养者死亡而失去生活费来源者。

从整体情况看，多数国家的工伤保险一般适用于工薪劳动者，通常不包括独立劳动者。一些工业化水平较高的国家的工伤保险，几乎包括所有雇员。有些国家则不同，如意大利工伤保险制度实施范围是体力劳动者、从事危险工作的非体力雇员和从事农业的独立劳动者（海员不在此范围内，另有制度对其进行规定）。美国的若干州及其他一些国家工伤保险范围不包括全部农业雇员，而只包括从事电动机械操作的农业工人等。加拿大等国家的受保范围还不包括小型企业的工人。

世界各国工伤保险的覆盖范围均有扩大趋势。在发展中国家享受工伤保险的限制性条款在逐步减少，有权享受工伤保险待遇的人数在逐步增加。更多的发达国家打破了旧有观念，对于农业工人、保姆、家庭工人、家庭教师这些人员，在规定了前提条件的情况下，也开始将其纳入工伤保险的覆盖范围。

阅读材料 9-1　全面覆盖：工伤保险保障的基础与前提

9.4.2　工伤认定

工伤认定（ascertainment of work-related injury）是指国家有关部门依据法律的授权

对职工因事故伤害（或者患职业病）是否属于工伤或者视同工伤给予定性的行政确认行为。因工和非因工在适用法律和待遇上有很大的差异，所以在核定工伤保险待遇之前首先要明确受伤或患病是否属于工伤保险范围。在有些情形下是因工还是非因工负伤或致残很难确定。《社会保险法》对认定的可操作性方面作了“工伤认定和劳动能力鉴定应当简捷、方便”的原则性规定。根据《工伤保险条例》的规定，工伤认定分为应当认定为工伤、视同工伤和不得认定为工伤或者视同工伤三类。

1. 应当认定为工伤

职工有以下七种情形应当认定为工伤：（1）在工作时间和工作场所内，因工作原因受到事故伤害的；（2）工作时间前后在工作场所内，从事与工作有关的预备性或者收尾性工作受到事故伤害的；（3）在工作时间和工作场所内，因履行工作职责受到暴力等意外伤害的；（4）患职业病的；（5）因工外出期间，由于工作原因受到伤害或者发生事故下落不明的；（6）在上下班途中，受到非本人主要责任的交通事故或者城市轨道交通、客运轮渡、火车事故伤害的；（7）法律规定应当认定为工伤的其他情形。

2. 视同工伤

职工有下列情形之一的视同工伤：（1）在工作时间和工作岗位，突发疾病死亡或者在 48 小时之内经抢救无效死亡的；（2）在抢险救灾等维护国家利益、公共利益活动中受到伤害的；（3）职工原在军队服役，因战、因公负伤致残，已取得革命伤残军人证，到用人单位后旧伤复发的。

3. 不得认定为工伤或者视同工伤

根据《社会保险法》及《工伤保险条例》的规定，职工有下列情形之一的，不得认定为工伤或者视同工伤：（1）故意犯罪的；（2）醉酒或者吸毒的；（3）自残或者自杀的；（4）法律、行政法规规定的其他情形。

《工伤保险条例》规定，社会保险行政部门应当自受理工伤认定申请之日起 60 日内作出工伤认定的决定，并书面通知申请工伤认定的职工或者其近亲属和该职工所在单位。社会保险行政部门对受理的事实清楚、权利义务明确的工伤认定申请，应当在 15 日内作出工伤认定的决定。

关于职业病的认定，国际上通行的方式有两种：一是列表形式，二是只在国家立法中原则规定哪些是可能导致职业病的职业。列表形式包括开放式列表和封闭式列表。前者指国家的职业病管理机构可以随时把那些以前虽然没有列入但完全可以证明是职业环境导致的疾病列入职业病的范围；后者是指只承认过去列入的职业病，对新增的病种的审核程序极为严格。国际劳工组织于 1980 年就使用列表的形式公布修改后的国际职业病名录，其中列载职业病共 29 组。

阅读材料 9-2　工伤认定案例分析二则

9.4.3　劳动能力鉴定

经过工伤认定确定属于工伤后，还需要确定工伤的程度，即进行劳动能力鉴定，它是确定工伤待遇和安置伤残职工的基础性工作。劳动能力鉴定（appraisal of work capacity）是指劳动者因工负伤或非因工负伤以及疾病等原因，导致本人劳动与生活能力产生不同程度的影响，由劳动能力鉴定机构根据职工本人或亲属的申请，组织劳动能力鉴定医学专家，根据国家制定的评残标准，运用医学科学技术的方法和手段，确定劳动者伤残程度和丧失劳动能力程度的一种综合评定的制度。① 一般需要建立医疗卫生专家库，由医疗卫生专家提出鉴定结论。虽然非因工负伤是从其他途径获取补偿，但它同样也需要进行劳动能力鉴定。

国际上劳动能力鉴定通常有两种评价体系，一种是劳动能力测试，另一种是致残程度测试。劳动能力测试这一评价体系的优点是比较客观、可比性强，缺点是评价指标多、操作复杂。比如，以色列的《国民保险法》规定：在判定丧失工作能力的方面，不考虑任何疾病、缺陷、天灾、事故或确定受到伤害而丧失工作能力以前存在的任何原因，也不考虑任何缺陷、不足或由于疾病、事故引起的缺陷，或在工作受伤以后，但不是由于工作中受到伤害而产生直接结果的其他任何原因。可见，它是采用与普通健康人进行全面综合的比较，来确定被测试者劳动能力的大小，而不仅仅局限于一次工伤的人体损害范围。致残程度测试体系，是按器官损伤、功能障碍、医疗依赖三个方面将工伤、职业病伤残程度分解为相应等级，用分级来反映不同致残程度的相对严重性，从而达到评价伤残职工劳动能力，反映劳动能力损害程度。通过列表的形式使鉴定工作难度有所降低，便于实际运用，但由于过于机械，有时难以准确测试不同行业受害员工的致残程度和受影响的程度。我国的职工工伤与职业病致残程度鉴定标准就是采用这种测试体系。

我国《工伤保险条例》规定，劳动能力鉴定是指劳动功能障碍程度和生活自理障碍程度的等级鉴定。职工发生工伤，经治疗伤情相对稳定后存在残疾、影响劳动能力的，应当进行劳动能力鉴定。当前我国进行劳动能力鉴定的主要依据是《劳动能力鉴定职工工伤与职业病致残等级》。该标准依据工伤致残者于评定伤残等级技术鉴定时的器官损伤、功能障碍及其对医疗与护理的依赖程度，同时考虑对特殊残疾者造成的心理障碍或生活质量损失，对伤残程度进行综合判定评级。其中，劳动功能障碍分为十个伤残等级：一级至四级为全部丧失劳动能力；五级至六级为大部分丧失劳动能力；七级至十级为部分丧失劳动能力。生活自理障碍分为三个等级：生活完全不能自理、生活大部分不能自理和生活部分不能自理。

9.4.4　工伤保险待遇

1. 工伤保险待遇构成及标准

工伤保险待遇分为医疗待遇、伤残待遇、死亡待遇和治疗工伤期间的工资福利待遇。

---

① 孙树菡．工伤保险．北京：中国劳动社会保障出版社，2007.

（1）医疗待遇。

我国《工伤保险条例》规定，职工因工作遭受事故伤害或者患职业病进行治疗，享受工伤医疗待遇。这些治疗必要的费用开支，如挂号费、诊疗费、治疗费、医药费、住院费等符合规定的应当给予全额报销。

（2）伤残待遇。

职工因工遭受事故伤害或者患职业病的，区别其完全丧失劳动能力、大部分丧失劳动能力和部分丧失能力的不同情况给予不同的伤残待遇。

1）因工致残鉴定为一级至四级的伤残职工，退出工作岗位，保留与企业的劳动关系，并享受如下待遇：从工伤保险基金按伤残等级支付一次性伤残补助金；从工伤保险基金按月支付伤残津贴。伤残津贴实际金额低于当地最低工资标准的，由工伤保险基金补足差额。

工伤职工达到退休年龄并办理退休手续后，停发伤残津贴，享受基本养老保险待遇，基本养老保险待遇低于伤残津贴的，由工伤保险基金补足差额，并由用人单位和职工个人以伤残津贴为基数缴纳基本医疗保险费。

2）因工致残被鉴定为五级至六级的伤残职工，享受如下待遇：由工伤保险基金按伤残等级支付一次性伤残补助金。保留与用人单位的劳动关系，由用人单位安排适当工作。难以安排工作的，由用人单位按月发放伤残津贴。伤残津贴实际金额低于当地最低工资标准的，由用人单位补足差额。经工伤职工本人提出，该职工可以与用人单位解除或者终止劳动关系，由用人单位支付一次性工伤医疗补助金和伤残就业补助金。

3）因工伤残被鉴定为七级至十级的伤残职工，从工伤保险基金一次性支付伤残补助金。

劳动合同期满终止，或者职工本人提出解除劳动合同的，由用人单位支付一次性工伤医疗补助金和伤残就业补助金。工伤职工已经评定伤残等级并经劳动鉴定委员会确认需要生活护理的，按月按护理等级（分为全部护理依赖、大部分护理依赖和部分护理依赖三个等级）发放护理费。工伤护理费依照上述护理等级分别按统筹地区上年度当地职工月平均工资的一定比例计发。

（3）死亡待遇。

死亡待遇包括丧葬补助金、供养亲属抚恤金和一次性工亡补助金三类。具体标准为：1）丧葬补助金为6个月的统筹地区上年度职工月平均工资。2）供养亲属抚恤金按照职工本人工资的一定比例发给由因工死亡职工生前提供主要生活来源、无劳动能力的亲属。供养亲属的具体范围由国务院社会保险行政部门规定。3）一次性工亡补助金标准为上年度全国城镇居民人均可支配收入的20倍。

知识链接 9-2

2022年一次性工亡补助金提升了！高至948 240元！

国家统计局官网公布的数据显示，2021年度全国城镇居民人均可支配收入为47 412元。由于该数据的调整，2022年度一次性工亡补助金标准也会相应提高至948 240元。

依据《工伤保险条例》第三十九条规定，职工因工死亡，其近亲属按照下列规定从工伤保险基金领取丧葬补助金、供养亲属抚恤金和一次性工亡补助金。费用标准如下：

1. 丧葬补助金

丧葬补助金为6个月的统筹地区上年度职工月平均工资。这个标准每年都会有变化。例如，2020年浙江省平均工资为79 133元，则2021年丧葬补助金为39 566.5元。

2. 供养亲属抚恤金

供养亲属抚恤金按照职工本人工资（本人工资指遭受事故伤害前12个月月平均缴费工资）的一定比例发给由因工死亡职工生前提供主要生活来源、无劳动能力的亲属。被确认为供养亲属对象的标准为：配偶每月40%，其他亲属每人每月30%，孤寡老人或者孤儿每人每月在上述标准的基础上增加10%。核定的各供养亲属的抚恤金之和不高于因工死亡职工生前的工资。

3. 一次性工亡补助金

一次性工亡补助金标准为上年度全国城镇居民人均可支配收入的20倍。依据国家统计局公布的最新数据，2021年度全国城镇居民人均可支配收入为47 412元。2022年度一次性工亡补助金标准为948 240元。因《工伤保险条例》在全国统一执行，故2022年度一次性工亡补助金全国统一标准为948 240元，相比2021年度的876 680元，增加了71 560元。这个标准没有地域之分，全国统一。

资料来源：948 240元！2022年一次性工亡补助金！工伤待遇有哪些？.（2022-01-30）.百家号网站.

（4）治疗工伤期间的工资福利待遇。

职工因工作遭受事故伤害或者患职业病需要暂停工作接受工伤医疗的，在停工留薪期内，原工资福利待遇不变，由所在单位按月支付；停工留薪期一般超过12个月，病情严重或情况特殊可适当延长，但延长期不得超过12个月。生活不能自理的工伤职工在停工留薪期间需要生活护理的，由所在单位负责。

伤残津贴、供养亲属抚恤金、生活护理费由统筹地区社会保险行政部门根据职工平均工资和生活费用变化等情况适时调整。调整办法由省、自治区、直辖市人民政府规定。

《社会保险法》也对因工伤发生的费用来源作出同样规定，按照国家规定从工伤保险基金中支付的有：（1）治疗工伤的医疗费用和康复费用；（2）住院伙食补助费；（3）到统筹地区以外就医的交通食宿费；（4）安装配置伤残辅助器具所需费用；（5）生活不能自理的，经劳动能力鉴定委员会确认的生活护理费；（6）一次性伤残补助金和一至四级伤残职工按月领取的伤残津贴；（7）终止或者解除劳动合同时，应当享受的一次性医疗补助金；（8）因工死亡的，其遗属领取的丧葬补助金、供养亲属抚恤金和一次性工亡补助金；（9）劳动能力鉴定费。由用人单位支付的有：（1）治疗工伤期间的工资福利；（2）五级、六级伤残职工按月领取的伤残津贴；（3）终止或者解除劳动合同时，应当享受的一次性伤残就业补助金。

2. 工伤保险待遇先行支付

《社会保险法》第四十一条规定："职工所在用人单位未依法缴纳工伤保险费，发生工伤事故的，由用人单位支付工伤保险待遇。用人单位不支付的，从工伤保险基金中先行支付。从工伤保险基金中先行支付的工伤保险待遇应当由用人单位偿还。用人单位不偿还的，社会保险经办机构可以依照本法第六十三条的规定追偿。”

《社会保险法》第四十二条规定：“由于第三人的原因造成工伤，第三人不支付工伤医疗费用或者无法确定第三人的，由工伤保险基金先行支付。工伤保险基金先行支付后，有权向第三人追偿。”

3. 工伤保险待遇终止情形

工伤保险待遇的享受是有严格条件的。如果这些条件不具备，则工伤职工就不能享受工伤保险待遇；或者虽然原来具备这些条件，但现在不具备了，或者因职工的原因导致无法对他是否具备享受工伤保险待遇的条件作出判断时，都要停止职工继续享受工伤保险待遇。具体而言，工伤职工有下列情形之一的，停止享受工伤保险待遇：

（1）丧失享受待遇条件的；

（2）拒不接受劳动能力鉴定的；

（3）拒绝治疗的。

9.5 工伤预防和工伤康复

9.5.1 工伤预防

工伤预防（work-related injury prevention）是指采取积极的措施事先防范职业伤亡事故以及职业病的发生，减少事故及职业病的隐患，改善和创造有利于健康的、安全的生产环境和工作条件，保护劳动者在生产、工作环境中的安全和健康。如果说工伤救治、工伤补偿和工伤康复都属于善后工作的话，工伤预防就是防患于未然。

德国是最早建立工伤保险制度的国家，回顾德国法定事故保险的发展历程，从一开始它就是与事故预防紧密结合的。德国法定事故保险的承担机构是行业公会，其主要职责除了支付工伤保险补偿，还强调对工伤预防、工伤补偿和工伤康复的综合系统管理，并明确其先后次序为预防—康复—补偿。通过工伤预防，可以降低生产事故发生率和工伤补偿支出。1960 年，德国发生工伤事故 251 万件，而 1995 年，这一数字降低到 162 万件。同期雇员人数增加了近 50%，而事故发生率降低了 30%。据德国专家推算，如果没有上述变化的话，假定工伤事故仍停留在 1960 年的水平，则 1995 年工伤保险基金需要再多 1 倍才够用。[①]

阅读材料 9－3　德国的法定事故保险机构工伤预防实践

1912 年，美国马萨诸塞州制定工人工伤补偿法案，确立工伤事故预防是工伤补偿基金

① 葛蔓．工伤保险改革与实践．北京：中国人事出版社，2000.

支出的一部分，工伤预防作为工伤保险的组成部分首次以立法形式得到规范。到20世纪50年代，大部分工业化国家已将工伤预防作为工伤保险的当然职责与应有内容。国际劳工组织于1964年发布的《工伤事故和职业病津贴公约》要求每个成员国应在规定条件下采取针对工伤事故和职业病的预防措施。

在工伤保险制度建立之初，其目的主要在于工伤补偿功能，较少注意和发挥制度在工伤预防方面的作用。随着工伤事故发生频率的增加，世界各国越来越关注对工伤事故的预防工作，并将其纳入工伤保险的范围。从某种意义上讲，工伤事故预防和职业病预防应该是工伤保险的首要任务。

大多数发达国家都在工伤保险制度中建立了刺激劳动条件改善的机制。这种刺激可从多方面形成，最重要的方面是在保险费与工伤事故和职业病成本之间建立起联系，通过费率的确定和调整来形成促进安全生产的机制，也叫工伤保险促进事故预防的费率机制。[①] 调控费率在微观上可调动事故预防投资的积极性，提高对执行企业劳动安全管理法规的自觉性，宏观上有望降低工伤事故发生率、职业病发生率。运用浮动费率制，日本的工伤保险费率每三年调整一次，根据企业的收支比例计算，上下浮动幅度最高达40%；德国也根据企业的安全生产状况上下浮动费率，浮动幅度最高达30%。建立工伤预防基金，对没有发生重大伤亡事故的企业给予基金调剂返还，对工伤事故恶化的企业给予处罚，则是另外一种经济杠杆机制，其效果会更加明显，但力度需掌握得当。

在科学评估的基础上，可以从工伤保险基金中按照一定比例提取事故预防专项经费，用于特种安全设备检测检验补贴，开展重大事故隐患的调查、评估以及工伤与职业病预防科学研究，组织企业法人代表、安技干部、特种作业人员安全技术培训等。德国工伤保险同业工会每年从工伤保险基金中提取大约5%的资金用于工伤预防工作，取得了很好的经济效益和社会效益。

9.5.2 工伤康复

工伤康复（work-related injury rehabilitation）是指综合运用现代医学、教育、职业、社会等一切措施，对工伤职工进行治疗、训练、教育，并以辅助手段尽可能地补偿、恢复工伤职工丧失或削弱的功能，使一个工伤职工恢复正常人具备的工作能力，从事适合其身体状况的劳动，并最终无障碍地融入社会。劳动者受到职业伤害，帮助他们尽快恢复劳动能力和生活自理能力，帮助他们尽可能无障碍地回归社会是工伤保险的最高目标。这一目标的实现离不开工伤康复。工伤康复主要包括以下工作内容：

1. 医疗康复

医疗康复是指利用各种临床治疗和康复治疗的手段，改善和提高工伤职工的身体功能和生活自理能力的过程。医疗康复在治疗过程的最早阶段就要考虑，并在病人病情许

---

① 周慧文．欧洲国家工伤保险费率管理实践及其对我国的启示：用经济手段促进企业改善劳动安全条件的尝试．中国安全科学学报，2004（4）．

可的情况下尽早开始。改革传统的“静态”治疗方法，把所有有利于早期康复的各种基本因素都包含进来是医疗康复的内在要求。医疗康复通常要用到各种专门的技术、设备和人员，需要不断地评估，并在评估的基础上设计和调整康复方案。

2. 职业康复

职业康复是指通过各种方式使工伤职工保持并获得适当的职业，从而促进他们参与或重新参与社会。职业康复对于工伤职工恢复就业能力，获取就业机会进而能够自食其力具有重要意义。职业康复具体又包括职业评定、职业培训、职业咨询、职业指导和职业适应等方面。此外，帮助工伤职工解决其面临的实际困难，如缺乏生产工具和场地，让他们首先有机会从事现实的工作，在工作过程中不断提高职业能力，是职业康复的发展趋势。

3. 心理康复

心理康复是一个持续的过程，单纯依靠心理医生的治疗往往不能从根本上解决问题，依靠伤残职工本人、家庭社区、用人单位和康复人员的共同努力方可见效。对工伤职工进行心理干预，消除其因工伤造成的心理障碍，对于他们更好地配合医疗康复和职业康复，乐观地回归家庭和社会具有重要意义。

4. 社会康复

社会康复是指采取各种适当手段帮助伤残人员恢复健康和工作能力以及料理自己生活的能力，包括肢体、器官、智能的全面和部分恢复，并对其进行职业培训。通过医疗康复和职业康复使伤残者达到重返工作岗位，恢复正常生活能力，参加社会活动的目的。根据国际卫生组织的界定，康复不仅指训练残疾人使其适应周围的环境，而且也指调整残疾人周围的环境和社会条件以利于他们重返社会。可见，在对工伤职工进行康复训练的同时，为其创造一个良好的社会环境条件也是非常重要的。这个社会环境包括文化、经济、社会生活、法律等一系列方面，使工伤职工能与健全人获得平等的权利和尊重。

从世界各国的法律与实际情况看，不同的国家有不同的模式。有些国家对残疾人的康复处理有相应的法律。有些国家的社会保障法律规定中包括了对残疾人的职业介绍和再就业培训工作。还有些发展中国家的职业伤害补贴立法规定，残疾人有权享受善后处理待遇（包括医疗、手术及住院治疗，直至完全恢复），或建立为残疾人服务的特殊机构等。

一些工业化国家的职业伤害保险计划重点放在对残疾人的康复工作上。如加拿大的省级立法规定了广泛的康复计划范围；德国保险计划包含了对残疾人的康复工作，不仅有庞大的管理机构和人员，而且拥有自己的医院和康复设施，能提供医疗及相关服务。德国工伤保险遵循的指导思想是：预防事故高于医疗康复，医疗康复高于事故赔偿，形成预防、康复、待遇给付三者结合的“一条龙”服务。

我国的工伤康复工作虽然进展较慢，但也取得了一定的成绩。我国已经把事故预防和职业康复的职能写入新的工伤保险条例中，初步形成了工伤补偿与事故预防、职业康复相结合的新型工伤保险制度。现行政策明确了工伤保险基金可以支付安装假肢、义眼、镶牙和配置代步车等辅助器具的有关费用，以保证工伤职工日常生活或者辅助生产劳动的需要，同时对于伤残职工本人自愿自谋职业并经企业同意的，或者劳动合同期满终止合同后本人另行择业的，人力资源社会保障部发给一次性伤残就业补助金。有的省市投资建立了康复中心和康复医院。但是从总体上看，我国的工伤康复工作仍处于探索阶段。

知识链接9-3

工伤社区康复

工伤康复作为工伤保险的三大任务之一，随着我国工伤保险工作的启动和发展，其地位和重要性越来越受到政界和学术界的重视和关注。工伤康复的内容和形式随着经济社会的发展逐渐深化、细化和多样化。社区康复具有传统的工伤康复模式不可比拟的优势，是工伤康复中的关键环节，也是机构康复的延伸，还是工伤职工真正实现回归家庭、社会和重返工作岗位时不可替代的康复形式。它整合了单位、社区、其他部门的康复资源，形成康复合力，在工伤职工经过医院救治、机构康复的基本康复训练回到社区后就地、就近、省钱、快捷、及时地为他们提供持续性或后续性的社会康复、职业康复、心理康复和医疗康复等服务，促使工伤职工真正意义上回归家庭、职业和重返工作岗位。

资料来源：刘辉霞，周鹏翔，申美平．湖南省工伤保险社区康复服务模式的初探．中国康复理论与实践，2010（10）.

9.6 中国工伤保险制度的发展和改革

中国的工伤保险制度始建于20世纪50年代。此后，适应经济社会发展和经济体制、社会结构变迁的需要，中国工伤保险制度经历了逐步发展和改革的过程，政府部门出台了与各阶段相适应的标志性的法规条例，可将其划分为如下几个阶段。

9.6.1 《劳动保险条例》实施阶段（1950—1995年）

20世纪50年代一系列法规的颁布，构建起我国工伤保险制度的基本框架，当时企业职工和事业单位分开设立。1951年2月，政务院颁布了《劳动保险条例》，这是我国第一部包括工伤、死亡遗属等社会保险在内的全国性统一法规，其中对工伤保险的范围、待遇都做了详细的规定，标志着新中国工伤保险制度的建立。1953年通过的《关于中华人民共和国劳动保险条例若干修正的决定》对工伤保险等问题作了较为详细的规定，其实施范围是企业，包括国营、公私合营、私营及合作社经营的厂矿等，实施对象包括上述企业的职工、学徒工、临时工和试用人员。工伤保险待遇包括医疗和康复费用、伤残待遇和死亡待遇等，但由于我国所有制结构发生重大变化，除国营企业和集体企业以外的所有制形式基本消失，工伤保险事实上只在国营企业实行，集体企业参照执行。

与此同时，国家机关、事业单位的社会保险制度也以单项法规的形式逐步建立。1950年内务部公布了《革命工作人员伤亡褒恤暂行条例》，规定了伤残死亡待遇。1952年、1953年、1955年对该条例进行了3次修改，提高了待遇水平。此外相关制度包括《革命伤残军人评定伤残等级的条件》《关于全民所有制事业单位工作人员因公负伤致残抚恤问题的通知》《关于工资制度改革后事业单位工作人员死亡一次性抚恤金计发问题的通知》等。

随着我国工业生产的发展，职业病伤害问题日益严重。为加强对遭受职业病伤害的职工的保障，1957年卫生部制定并颁布了《职业病范围和职业病患者处理办法的规定》，确定了将严重危害工人、职员健康，严重影响生产、职业性比较明显的职业中毒、尘肺病等14种与职业活动有关的疾病正式引入职业病的范围，同时首次将职业病列入工伤保险的范畴。1987年《职业病范围和职业病患者处理办法的规定》进一步将职业病的范围扩大到99种。

我国工伤保险制度是在计划经济体制下形成和发展起来的，存在一些弊端：覆盖范围较窄；难以分散劳动风险；待遇标准偏低；工伤认定、评残标准、医疗终结标准和劳动鉴定制度不健全；工伤保险缺乏强制性；无工伤预防机制。

进入改革开放时期后，问题就更为突出，主要表现在：一是由各单位自行管理和负担的职工工伤费用缺乏社会救济性，难以均衡和化解企业的工伤风险；二是缺乏稳定的资金来源，企业负担畸轻畸重，工伤待遇标准不一，在一些困难的地区和企业，工伤职工的权益难以得到保障；三是社会化管理程度低，覆盖范围窄，企业的社会事务负担重，难以使其公平参与市场竞争，而改革开放后新出现的一些外资企业的职工工伤权益难以得到保障。

9.6.2 《企业职工工伤保险试行办法》实施阶段（1996—2003年）

为适应市场经济体制改革开放的需要，切实保障职工的基本权益，部分地区在20世纪80年代末开始实行社会互助共济的工伤保险制度改革的探索。1993年，十四届三中全会通过了《中共中央关于建立社会主义市场经济体制若干问题的决定》，该决定提出了“普遍建立企业工伤保险制度”的要求。为配合《劳动法》的贯彻实施，劳动和社会保障部在总结各地试点经验的基础上，于1996年颁发《企业职工工伤保险试行办法》，于同年10月1日在全国试行。同时，为了规范伤残鉴定标准，制定了《职工工伤与职业病致残程度鉴定标准》。

《企业职工工伤保险试行办法》首次把工伤预防、工伤康复和工伤补偿三项工伤保险的任务结合起来，明确了新型工伤保险制度的基本内容，主要包括以下几点：（1）建立了工伤保险基金制度，实行社会统筹，变企业保险为社会保险。企业统一向社保机构缴纳工伤保险费，形成工伤保险基金，由基金按规定的标准向工伤职工支付待遇。社会统筹有利于分散企业工伤事故风险，同时保障企业职工的工伤保险权益。(2) 覆盖面扩大到与《劳动法》的实施范围相一致。把工伤保险覆盖面扩大到各种所有制的各类企业及其职工。(3) 调整并统一待遇结构，规范待遇项目和标准。待遇项目和标准的规范，伤残待遇水平的提高，更好地维护了有关各方当事人的权益，减少了工伤争议。(4) 制定了因工评残标准，实现了劳动能力鉴定的标准化、制度化。(5) 在工伤保险制度中建立工伤预防机制，主要通过实行行业差别费率和浮动费率的手段，将工伤保险与工伤预防相结合。

《企业职工工伤保险试行办法》是中国第一部关于工伤保险的专项立法，有力地推动了中国工伤保险制度的改革，但是作为部门规章仍然存在着立法层次不高、法律强制力较弱，大多数非公有制企业未能参加工伤保险，基金统筹层次较低，互助共济能力弱，差别费率和浮动费率机制没有完全形成，管理制度和配套措施尚不完善，社会化服务管理水平有待提高等问题。一些国家以我国没有工伤保险国家立法为由，对我国出口商品设置贸易壁垒，给一些沿海地区带来了经济损失。

9.6.3 《工伤保险条例》实施阶段（2004—2010年）

2003年，国务院颁布了《工伤保险条例》，并于2004年1月1日起实施。《工伤保险条例》是我国第一部专门的工伤保险行政法规，它提高了工伤保险的立法层次，增强了强制力和约束力；扩大了适用范围，将境内各类企业和有雇工的个体工商户纳入其中；把以往一些行之有效的政策措施以法规的形式固定下来；明确了用人单位和职工的责任，科学地规范了相关的标准和工作程序。因此，《工伤保险条例》的颁布标志着我国工伤保险制度已正式进入规范化、法制化的新时代。

《工伤保险条例》在以下方面超越了《企业职工工伤保险试行办法》：(1) 扩大覆盖面，最大限度地保护劳动者的合法权益。对“职工”的概念做出明确界定，同时指出“与用人单位存在劳动关系（包括事实劳动关系）的各种用工形式、各种用工期限的劳动者”都涵盖在其中。扩大了工伤保险权利主体的范围，与用人单位存在劳动关系的各种用工形式、各种用工期限的劳动者均有依照条例的规定享受工伤保险待遇的权利。(2) 工伤认定范围扩大。(3) 举证责任倒置，明确了企业责任。(4) 明确了赔偿责任。(5) 劳动能力鉴定更加科学。(6) 扩大了劳动能力鉴定委员会成员代表，规范了劳动能力鉴定的程序，这不但提高了透明度和权威性，而且防止了可能由此引发的道德风险。(7) 规定了严格的法律责任，设立了必要的政策“高压线”。

9.6.4 《社会保险法》和新《工伤保险条例》实施阶段（2011年至今）

2011年《社会保险法》正式实施。《社会保险法》是中国社会保险的第一部基本法，把工伤保险制度用法律规范的形式固定化，提高了其法律地位，促进了工伤保险制度的完善。与之前工伤保险条例相比，其重要的调整内容是“职工所在用人单位未依法缴纳工伤保险费，发生工伤事故的，由用人单位支付工伤保险待遇。用人单位不支付的，从工伤保险基金中先行支付”，这是对劳动者的最大保障。

《工伤保险条例》自 2004 年施行以来，对维护工伤职工的合法权益、分散用人单位的工伤风险、规范和推进工伤保险工作，发挥了积极作用。随着经济社会的发展，工伤保险制度面临一些新情况、新问题，例如事业单位、社会团体、民办非企业单位等组织的职工工伤政策不明确；工伤认定范围不够合理；工伤认定、鉴定和争议处理程序复杂、时间冗长；一次性工亡补助金和一次性伤残补助金标准偏低等，这些问题都需要从制度层面加以解决和完善。2010 年国务院第 136 次常务会议通过了《国务院关于修改〈工伤保险条例〉的决定》，自 2011 年 1 月 1 日起施行。在保持原《工伤保险条例》主要内容的基础上，对一些方面进行修改和突破，使工伤保险的两个法规条例高度保持一致。

与原《工伤保险条例》相比，新《工伤保险条例》主要有以下改变。

1. 扩大了工伤保险的适用范围

新《工伤保险条例》第二条中规定的适用范围由各类企业、有雇工的个体工商户及其职工扩大至企业、事业单位、社会团体、民办非企业单位、基金会、律师事务所、会计师事务所等组织和有雇工的个体工商户及其职工，实际上只有公务员和参照公务员法管理的事业单位、社会团体及其工作人员被排除在外。

2. 调整了工伤认定范围

根据新《工伤保险条例》的规定，“在上下班途中，受到非本人主要责任的交通事故或者城市轨道交通、客运轮渡、火车事故伤害的”应被认定为工伤，这明确了在上下班途中遭受事故伤害应被认定为工伤，也附加了非本人主要责任的限制性条件。

3. 简化了工伤认定、鉴定和争议处理程序

新《工伤保险条例》取消了工伤认定争议中的行政复议前置程序，缩短了争议处理的程序和时间，有利于保护工伤职工的合法权益。

4. 提高了部分工伤待遇标准

（1）增加了劳动能力再次鉴定和复查鉴定期限的规定。（2）变更了职工住院治疗工伤的伙食补助费、到统筹地区以外就医所需的交通费和食宿费的支付主体均为工伤保险基金。（3）增加了行政复议、行政诉讼期间的医疗费用不停止支付的规定。（4）提高了一级至十级伤残一次性补助金标准。（5）大幅度提高了一次性工亡补助金标准。将一次性工亡补助金标准大幅提高为上年度全国城镇居民人均可支配收入的 20 倍。计算基数及相乘的系数均不一样。（6）被判刑正在收监执行的可继续享受工伤保险待遇。

5. 减少了由用人单位支付的待遇项目，增加了由工伤保险基金支付的待遇项目

新《工伤保险条例》第十二条第一款规定：“工伤保险基金存入社会保障基金财政专户，用于本条例规定的工伤保险待遇，劳动能力鉴定，工伤预防的宣传、培训等费用，以及法律、法规规定的用于工伤保险的其他费用的支付。”新《工伤保险条例》增加了工

伤预防的宣传、培训等费用亦从工伤保险基金支付的规定。另外，对于不得认定为工伤或者视同工伤的情形有变动。

6. 加大了强制力度

一是期限强制。新《工伤保险条例》增加了行政复议和行政诉讼期间不停止支付工伤职工治疗工伤的医疗费用的新规定，使工伤职工能够得到及时救治，也可以从制度上遏制部分用人单位恶意诉讼。

二是处罚力度的增加。增加了对不参加工伤保险和拒不协助工伤认定调查核实的用人单位的行政处罚规定。对应当参加工伤保险而未参加的，先是要求补缴应当缴纳的工伤保险费并按日加收滞纳金；逾期仍不缴纳的，处以欠缴数额1倍以上3倍以下的罚款。

另外，新《工伤保险条例》删除了对“职工”的定义，对“职工”的理解应适用《中华人民共和国劳动法》《中华人民共和国劳动合同法》及其他法律法规的规定，保持了相关法律法规的概念统一性。新《工伤保险条例》还扩大了工伤保险统筹范围，将统筹层次扩大至逐步实行省级统筹。

新《工伤保险条例》在保护劳动者的合法权益的同时，有效地维护了用人单位的合法权益。因为只要用人单位履行了工伤保险义务，那么当工伤事故不慎发生时，受伤职工能得到及时的救助和补偿，同时用人单位不会因此影响其生产和经营。所以说，适时出台的新《工伤保险条例》，不仅规范了工伤保险制度，完善了我国的社会保障体系，更重要的是在保障工伤职工获得医疗救治和经济补偿的同时，分散了用人单位的工伤风险，从而真正使用人单位和劳动者双方的合法权益得到最有效的保障。

本章小结

1. 工伤保险是由国家和社会运用立法强制实施的，为在生产工作中或与工作有关的活动中，遭受事故伤害、患职业病的劳动者及其近亲属提供医疗救治、生活保障、经济补偿、医疗和职业康复等物质帮助的一项制度。工伤保险制度的产生与发展先后经历了民事赔偿制度阶段、雇主责任制阶段和工伤社会保险阶段，大多数国家采取的是工伤社会保险模式。

2. 工伤保险普遍奉行无责任补偿原则，直接经济损失与间接经济损失相区别的原则，区别因工和非因工原则，个人不缴费原则，补偿与预防、康复相结合的原则，一次性补偿与长期补偿相结合的原则。其中，最重要的是无责任补偿原则。

3. 工伤保险基金由用人单位缴纳的工伤保险费、工伤保险基金的利息和依法纳入工伤保险基金的其他资金构成。其中用人单位缴纳的工伤保险费是最主要的工伤保险基金来源。为了体现不同的行业工伤事故风险在工伤保险费负担上的公平性，同时激励企业主动地采取措施加强安全生产、减少工伤事故和职业病发生率，大多数国家工伤保险采用行业差别费率和浮动费率。用人单位以缴费工资总额为基数，按照行业差别费率和浮动费率，按时足额缴费；职工个人不缴费。

4. 事故预防和职业病预防是工伤保险的首要任务。大多数发达国家都在工伤保险制度中建立了工伤保险事故预防的费率机制。

5. 工伤康复包括医疗康复、职业康复、心理康复和社会康复。

6. 中国的工伤保险制度经历了《劳动保险条例》、《企业职工工伤保险试行办法》、《工伤保险条例》、《社会保险法》和新《工伤保险条例》四个实施阶段。

关键术语

工伤　work-related injury

职业病　occupational disease

工伤保险　work-related injury insurance

雇主责任制　employer responsibility system

无责任补偿原则　compensation without neligence

工伤保险基金　work injury insurance fund

行业差别费率　industry differential rate

浮动费率　floating rate

工伤认定　ascertainment of work-related injury

工伤预防　work-related injury prevention

工伤康复　work-related injury rehabilitation

复习思考题

1. 工伤保险制度经历了哪几个发展阶段?
2. 工伤保险主要遵循的原则有哪些?
3. 我国现行工伤保险制度的认定范围有哪些?
4. 我国工伤保险待遇主要包括哪些内容?
5. 为什么工伤保险要与工伤预防相结合?
6. 简述我国工伤保险制度的发展和改革。

阅读材料

职业病严重的重点行业职工可获工伤保险保障

2021年12月27日，国家卫生健康委等17个部门联合印发《国家职业病防治规划(2021—2025年)》(以下简称《规划》)，指出将尘肺病等职业病严重的重点行业职工依法纳入工伤保险保障范围，将符合条件的职业病患者家庭及时纳入最低生活保障范围。

《规划》指出，“十四五”期间职业病防治工作面临的形势主要表现在：一是新旧职业病危害日益交织叠加，职业病和工作相关疾病防控难度加大；二是职业健康管理和服务人群、领域不断扩展，职业健康工作发展不平衡不充分的矛盾突出；三是职业健康监管、技术支撑和服务保障能力还不完全适应高质量发展的新要求；四是部分地方政府监管责任和用人单位主体责任落实不到位，中小微型企业职业健康管理基础薄弱。

《规划》提出，坚持预防为主，防治结合；坚持突出重点，精准防控；坚持改革创新，综合施策；坚持依法防治，落实责任四个方面的基本原则。深入实施职业健康保护行动，强化政府、部门、用人单位和劳动者个人四方责任，进一步夯实职业健康工作基础，全面提升职业健康工作质量和水平。

《规划》强调，持续实施尘肺病等重点职业病工伤保险扩面专项行动，将尘肺病等职业病严重的重点行业职工依法纳入工伤保险保障范围。实施尘肺病等筛查与随访，加强尘肺病等患者的救治救助，推进医疗、医保、医药联动。将符合条件的职业病患者家庭及时纳入最低生活保障范围，对遭遇突发性、紧迫性、临时性基本生活困难的，按规定及时给予临时救助。

此外，《规划》在主要任务中设置了中小微型企业职业健康帮扶行动、职业病防治技术支撑体系建设、职业健康科技创新重点任务和全国职业健康管理信息平台建设4个专栏。其中明确指出，中小微型企业职业健康帮扶行动的目标是，在矿山、建材、冶金、化工、建筑等重点行业领域开展职业健康帮扶行动，推动中小微型企业规范职业健康管理，提升职业健康管理水平。

《规划》要求，到2025年，职业健康治理体系更加完善，职业病危害状况明显好转，工作场所劳动条件显著改善，劳动用工和劳动工时管理进一步规范，尘肺病等重点职业病得到有效控制，职业健康服务能力和保障水平不断提升，全社会职业健康意识显著增强，劳动者健康水平进一步提高。

资料来源：17部门：职业病严重的重点行业职工可获工伤保险保障．(2021-12-27)．中国政府网．

上海：今年继续实施阶段性降低失业保险和工伤保险费率政策

2021年上海继续实施阶段性降低失业保险和工伤保险费率政策，预计可为企业减负66亿元以上。这是上海连续第5年阶段性降低失业保险费率，连续第4年阶段性降低工伤保险费率。

“为尽可能减轻企业负担，我们经过认真测算和总体研判，决定继续实施阶段性降低失业保险和工伤保险费率政策。”上海市人力资源和社会保障局局长赵永峰介绍，今年上海的失业保险继续执行1%的缴费费率，工伤保险行业基准费率继续阶段性下调20%，实施期限均延长到2022年4月30日。

据介绍，面对突如其来的新冠疫情，2020年上海出台了社保“免、减、缓、延、返、补”等一系列减负措施，尽最大可能减轻企业的经济负担，全年为企业减负约1 285亿元。

资料来源：上海：今年继续实施阶段性降低失业保险和工伤保险费率政策．(2021-05-18)．新华网．

2022年4月1日起海南省实现工伤保险基金全省统收统支

经省政府同意，《海南省工伤保险基金统收统支实施方案》（以下简称《方案》）于2022年2月15日印发。根据《方案》，在海南省工伤保险基金省级调剂金制度基础上，从2022年4月1日起，实现工伤保险基金全省范围内统收统支。

根据《方案》，海南省将实行工伤保险基金省级统收统支。执行全省统一的工伤保险政策经办，包括统一参保范围和参保对象，统一工伤保险费率政策和缴费标准，统一工伤保险待遇支付标准，统一全省工伤认定和劳动能力鉴定，统一集中信息管理系统，统一经办管理服务规程。

省级统一编制工伤保险基金预算。省人力资源社会保障部门及社会保险经办机构统一编制、省财政部门审核并汇总编制省级基金预算，经法定程序批准后实施。

落实责任分担，加强基金缺口调控。在省级统收统支工作中，省政府承担政策制定、编制全省基金预算、基金保值增值、监督预算执行、下达扩面征缴任务、目标考核等责任，市县政府承担执行预算、执行政策、参保扩面、待遇核定、待遇发放、经办服务、基金监管等工作责任。

资料来源：《海南省工伤保险基金统收统支实施方案》印发．(2022－02－20)．海南省人民政府网．

第10章

长期护理保险

2000年我国进入人口老龄化社会。第七次全国人口普查数据表明，我国人口结构呈现快速老龄化的趋势。党中央和国务院高度重视人口老龄化下的老人失能风险问题，为了积极应对人口老龄化，先后做出了一系列的决策部署。党的十八届五中全会提出，要“探索建立长期护理保险制度”，“十三五”规划要求“开展长期护理保险试点”。2016年，人力资源社会保障部发布《关于开展长期护理保险制度试点的指导意见》，这是我国养老服务体制改革的开端。2020年，国家医保局和财政部联合颁布《关于扩大长期护理保险制度试点的指导意见》，决定在全国新增14个城市试点长期护理保险。截至2021年底，全国已有49个地级市（州）在推进长期护理保险制度试点。2022年，国务院发布的《“十四五”国家老龄事业发展和养老服务体系规划》指出，要聚焦老年人在养老、医疗等民生问题上的“急难愁盼”，稳步建立长期护理保险制度，探索建立互助共济、责任共担的多渠道筹资机制。党的二十大报告明确提出“建立长期护理保险制度”。

在“以人民为中心”的新时代，长期护理保险制度试点彰显了党和国家的民生风险意识与治理能力现代化水平，也是党的二十大报告要求“采取更多惠民生、暖民心举措，着力解决好人民群众急难愁盼问题”的具体体现。

学习要点

1. 了解长期护理保险制度建立的根本原因
2. 掌握长期护理保险制度及制度模式
3. 重点把握长期护理保险的基本内容
4. 深刻理解中国长期护理保险制度试点政策存在的问题与发展方向

10.1 概 述

10.1.1 人口老龄化与失能问题

人口老龄化（population aging），是指人口生育率降低和人均寿命延长导致总人口中年轻人口数量减少、老年人口数量增加的态势。它包括两个方面：一是指老年人口相对增多，在总人口中所占比例不断上升的过程；二是指社会人口结构呈现老年状态，进入老龄化社会。国际上通常看法是，当一个国家或地区 60 岁以上老年人口占人口总数的 10%，或 65 岁以上老年人口占人口总数的 7%，即意味着这个国家或地区的人口进入老龄化社会。

在 20 世纪里，全球人口寿命发生了巨大变化。老年人口每年以 2%增长，比整个人口增长要快很多。预期在今后较长一段时间内，老年人口将继续比其他年龄组更快速地增长。虽然人类的预期寿命得以延长，但生命死亡的规律不可能改变。人类生命机体的损耗程度随年龄的增长越来越严重，个体的生理各大系统的疾病现象也越来越多，疾病程度也越来越严重。老年人渐渐失去生活自理能力成为一种正常的老化现象，简称为“失能”。也就是说，老年人失能大多是不可逆归的现象。65 岁以上的老年人中有 3%～5%的人是严重失能，高达 15%的人是部分失能；75 岁以上的老年人中，严重失能率达到 10%，部分失能率达到 25%；在 75～80 岁的老年人中，严重失能的老年人所占的比例非常大。[①] 尽管正常的老化不是疾病，但是在老化过程中还是会伴随一些疾病现象，尤其是慢性病多发。随之而来的问题就是失能后老年人维持基本生活所需要的长期护理服务如何解决。长期护理保险作为应对人口老龄化的制度安排应运而生。

10.1.2 长期护理与长期护理保险

1. 长期护理的概念

医疗护理（medical care）就是在医生的指导下，以治愈疾病或保全病人生命为目的而展开的、由专职护理人员来承担的一系列服务。一般来讲，医疗护理属于急症院内护理，其专业性、针对性很强，根据病人的病况制定特定的护理程序，由专业护士来完成。

长期护理（long-term care，LTC）与医疗护理的内涵有所不同。世界卫生组织认为，长期护理是由非正规护理者（家庭成员、朋友或邻居）和专业人员（卫生和社会服务人员）进行的护理照料活动体系。桑特勒（Sonten）和纽恩（Neun）对长期护理的定

---

① PACOLET J. Social protection for dependency in old age：a study of the fifteen EU member states and Norway. Aldershot：Ashgate，2000.

义是，在持续的一段时间内给丧失活动能力或从未有过某种程度活动能力的人提供的一系列健康护理、个人照料和社会服务项目。①

总结来看，长期护理是针对患有慢性疾病或处于生理、心理伤残状态而导致生活不能自理，且在一个比较长的时期内需要依赖他人的帮助才能获得最大限度的独立、满足与尊严的个人，为其所提供的失能期生活照料（life help）、慢性病期康复护理（rehabilitation nursing）、恢复期健康维持（health care）、独居期心理抚慰（psychological comfort）以及临终期安宁疗护（hospice care）等一揽子全生命周期的家庭和社会服务。

知识链接 10－1

长期护理与医疗护理

长期护理与医疗护理有很大的不同，主要表现在以下几个方面：其一，对象不同。医疗护理的对象一般是具有治愈某种或某几种疾病愿望的所有人群；长期护理的对象一般是完全丧失或部分丧失生活自理能力的人群，以老年人为主。其二，方式不同。医疗护理是在医生的指导下，由专业人员来提供有针对性、严格规范的服务；长期护理可以由家庭成员、朋友或邻居来提供的非正规照料和由卫生、社会服务来提供的正规照料的两类体系来实现。其三，时间不同。医疗护理时间一般以疗程来规划，疗程时间的长短按不同疾病或不同程度的病情而定，短则几天，长则超过一个月，没有定数，长期护理对象一般是 6 个月及以上的失能者，所需要照料和护理的时间较长，具体时长因人而异，如几个月、几年甚至终身。其四，目的不同。医疗护理是为了治愈疾病或保全病人生命；长期护理则是为了提高被护理者的生活质量，使其获得最大程度的独立、满足和尊严。

资料来源：戴卫东．中国长期护理保险制度构建研究．北京：人民出版社，2012.

2. 长期护理保险的概念

关于长期护理保险（long-term care insurance，LTCI）的定义，目前有如下几种主要的观点。

美国健康保险协会对长期护理保险的定义是，“为消费者设计的，对其在发生长期护理时发生的潜在巨额护理费用支出提供保障”。美国人寿管理协会（Life Management Association）的定义是，“长期护理保险是为那些由于年老或严重疾病或意外伤害的影响需居家护理（care at home）或机构护理（institutional care）以得到稳定照料的被保险人支付的医疗及其他服务费用进行补偿的一种保险”。

国内学者荆涛认为，长期护理保险是指对被保险人因为年老、严重或慢性疾病、意外伤残等导致身体上的某些功能全部或部分丧失，生活无法自理，需要入住安养院接受长期的康复和支持护理或在家中接受他人护理时支付的各种费用给予补偿的一种健康

① 桑特勒，纽恩．卫生经济学：理论、案例和产业研究：第 3 版．北京：北京大学医学出版社，2006.

保险。[①]

戴卫东则指出，长期护理社会保险是国家颁布护理保险法律，以社会化筹资的方式，对患有慢性疾病或处于生理、心理伤残状态而导致生活不能自理，在一个比较长的时期内需要依赖他人的帮助才能完成日常生活的人所发生的护理费用，以及对非正规护理者的经济补偿进行分担给付的一种制度安排。[②]

10.1.3 长期护理保险的性质与特点

1. 长期护理保险的性质

（1）属于社会风险的化解机制。无论长期护理社会保险还是长期护理商业保险，都是为了解决人口老龄化大背景下失能老年人的养老服务这个社会问题。伴随着人口老龄化等带来的老年照料和护理服务成为日益严重的社会问题，OECD 国家先后通过长期护理保险和长期护理津贴制度来解决老年服务保障问题[③]，并关注老年人的心理慰藉。由此，世界社会保障制度体系由以往的经济保障进入到经济保障、服务保障与精神保障并重的全新时代。

（2）具有特定的价值导向。长期护理社会保险通过多方资金筹集的方式，来解决失能老年人的服务缺乏及其家庭的经济负担过重等问题，是社会保障制度家族的一个新成员，也是世界社会保障制度越来越重要的组成部分之一。长期护理商业保险的价值理念虽然以追求商业利润为目标，但在客观上也为高收入老年人群体提供了服务保障和精神保障，成为长期护理社会保险的重要补充。

（3）体现了对生命尊严的重视。老年人在退出劳动领域后，由于生理、心理和经济困难等原因，因无人照料或照料不足而不体面地离开人世的现象屡见不鲜。这既不符合天理人伦，也不符合社会道德。因此，世界卫生组织认为长期护理制度是为了“保证那些不具备完全自我照料能力的人能继续得到其个人喜欢的以及较高的生活质量，获得最大可能的独立、自主、参与、个人满足及人格尊严”。这是对人权的一种新的认知。

（4）社会保障领域的制度创新。其一，从风险原理角度来看，老年人一般面临退出劳动力领域后的收入锐减风险、免疫力下降的疾病多发风险以及生理与心理退行性改变导致的失能风险。这三个风险的本质有所不同。其中，前两个风险分别由养老保险、医疗保险来应对，但第三个风险是进入人口老龄化社会后的一个新的社会风险。为了化解失能这个新的社会风险，长期护理保险应运而生。其二，从险种选择角度来看[④]，美国、

---

① 荆涛．长期护理保险：中国未来极富竞争力的险种．北京：对外经济贸易大学出版社，2006.

② 戴卫东．中国长期护理保险制度构建研究．北京：人民出版社，2012.

③ 长期护理津贴是指主要通过政府财政支出来购买长期护理服务，提供给有需要的老年人以及补助给非正式护理者的一种老年保障制度。

④ 事实上，就每个国家而言，长期护理保险都是混合模式。譬如，实行长期护理社会保险模式的国家本就提供津贴补助，此外也有补充地位的长期护理商业保险，如德国、日本；实行长期护理商业保险模式的美国亦有对低收入人群的护理服务津贴；实行长期护理保险混合模式的法国不仅有护理救助和社会医疗保险，而且有护理商业保险；实行长期护理津贴模式的国家亦有长期护理商业保险产品，如英国、瑞典、瑞士等 20 多个国家。

法国先后于 20 世纪七八十年代推出了长期护理商业保险；荷兰于 1968 年实施《特殊医疗费用支出法》，对老年人、残疾人的长期护理服务进行社会保险给付，由此开创了长期护理保险的先河。随后，以色列、德国、卢森堡、日本以及韩国先后都实施了长期护理社会保险制度。2002 年，新加坡建立了由政府主导、商业保险承办的长期护理保险——乐龄健保计划（Eldershield）。可见，长期护理保险从商业保险到社会保险的选择，是以家庭责任和市场机制为主的残补型社会福利，向个人、家庭、政府与市场相结合的制度型社会福利的转化。

2. 长期护理保险的特点

除了具备社会保险和商业保险的共性之外，与其他保险相比，长期护理保险还具有如下特征。

（1）凸显服务保障性。长期护理保险的基金支付只是保障获取服务的途径，提供服务才是该险种的核心。缺乏服务或者服务质量差，该险种就失去了存在的意义。尤其是老年人在某种程度上享有长期护理服务比拥有养老保险金更为重要。长期护理保险的参保人在通过失能审核后可以享受居家护理、机构护理等服务。在服务保障的同时，保持服务连续性，主要体现在从基础的日常生活照料到辅助性质的康复护理以及临终的安宁疗护等一揽子服务，以应对老年人生命历程从健康、半失能到完全失能各个阶段的不同需求。

（2）服务提供多元化。从实践来看，长期护理服务提供者大多由政府机构、非营利组织和营利性机构组成，有些国家和地区的慈善组织、志愿者参与也是一个特色，如荷兰、日本、韩国等。当然，非正规护理者主要是家庭成员、朋友或邻居。非正规护理者和专业人员一起构成了长期护理服务供给的多元化社会支持网络。

（3）受益具有选择性。其表现在两个方面：一是在受益对象上，长期护理社会保险和长期护理商业保险都针对被保险人，在申请长期护理服务时进行资格审核。一般根据申请人失能等级评估来判定。这意味着不是所有的参保人都能获得长期护理保险金或享受到长期护理服务。这也体现了需求导向性。二是在受益等级上，经过专门机构的申请资格鉴定后，还要对有资格接受长期护理服务的参保人依据其失能程度进行服务等级认定。不同的等级对应不同的长期护理服务内容、服务时长和保险金给付等。

（4）配套体系更具重要性。与其他保险不同，长期护理保险的被保险人自身没有权利去接受服务，除非是自己承担全额费用。在提出长期护理服务的申请后，要经过资格鉴定、等级认定、服务供给等步骤，而在服务供给的质量保障上，要有护理员的培训机制和专门的质量监管机构等。相对于其他险种，长期护理保险的失能等级评估机制、服务机构遴选机制、护理员的培训机制和质量保障机制等配套体系显得更加重要。

（5）促进服务产业化。长期护理服务提供者主要有两类人：一类是非专业的家庭成员、朋友或邻居等，另一类是专业的卫生和社会服务人员。前者主要在家庭内提供和帮助失能者的日常生活照料，后者则主要提供辅助性的医疗护理（居家或机构）服务。由此可见，长期护理保险一方面可以提供大量的社会就业岗位，另一方面可以在催生护理服务机构和增加护理床位的基础上促进整个社会的老龄服务产业化。

10.1.4 长期护理保险的功能与意义

1. 长期护理保险的功能

长期护理保险不仅具有保险的基本功能，而且具有自身独特的一些功能，如提高老年人的生命质量，促进家庭代际的良性互动，缓解老年人及其家庭的经济贫困，维系老年人的社会关系网络，培育新的经济增长点等。

（1）提高老年人的生命质量。长期护理服务体系为老年人的服务保障铺设了一张“安全网”。老年人不再缺少照料服务，能够获得专业的服务。长期护理服务不局限于纯粹的护理服务，在有的国家中还涉及心理咨询、心理疏导等方面。尤其是在居家服务和社区服务中，老年人在“熟人社会”中养老的健康水平和寿命相比机构服务都有一定的提高。①

（2）促进家庭代际的良性互动。作为家庭成员，照料年老长辈是一个较为长期的、繁重的工作。引入长期护理保险之后，家庭成员可以将这一重担交给长期护理服务体系，这样，照料者和被照料者的心情更加宽慰，有助于形成两代人之间的相互体恤、亲情交流的良好氛围。

（3）缓解老年人及其家庭的经济贫困。人到老年，需要更多的生活照料服务和基础保健服务。大多失能老年人也面临着经济困境，这时，长期护理保险就发挥着“风险共担，资金互济”的作用，为老年人及其家庭负担高额的长期护理服务费用找到了一条分担化解的有效渠道。

（4）维系老年人的社会关系网络。失能老年人可能长期卧床不起，与外界的交往大为减少，甚至不得不断绝与社会关系的往来，这种情况不仅使老年人的心情郁闷压抑，而且极不利于老年人的身体康复。通过专业的社会服务人员的介入，为老年人进行心理疏导，帮助他们重新回到熟悉的社区环境并参与其中，有助于维系老年人的社会关系网络。

（5）培育新的经济增长点。长期护理保险的目的不是促进经济增长，而是解决失能老年人的经济保障、服务保障和精神保障问题。但是，在客观上，长期护理保险的实施能够起到多方面的经济促进作用，形成新的经济增长点。一是健康经济。主要表现在通过失能预防和康复等措施阻碍老年人健康状况的恶化，缓解基本医疗保险基金的支付压力，减轻老年人及其家庭的经济负担。二是老龄产业经济。不断增多的就业岗位和护理床位，对老年服务产业化具有较大的贡献。此外，在互联网和人工智能时代，老年人对智能电子健康产品的大量需求可推动数字经济的蓬勃发展。三是保险经济。长期护理社会保险培育了市场服务体系，为长期护理商业保险的发展奠定了基础，助推保险市场的繁荣。四是银发经济。西方一些国家，如英国、美国等，推行“时间银行”政策，通过

---

① MICHAEL Y L，BERKMAN L F，COLDITZ G A，et al. Living arrangements，social integration，and change in functional health status. American Journal of Epidemiology，2001.

培训低龄老年人为高龄老年人提供照料护理服务的方式，激发低龄老年人重返服务市场，产生了较大的经济效应。

2. 长期护理保险的意义

（1）长期护理保险体现了人本主义的关怀，是老年人权益保障的重要成果。随着全球人口老龄化的程度逐步加重，一些国家的老年人由于缺乏照料服务或护理不当而死亡的现象，屡屡披露在各大媒体上。应该说，长期护理保险的推行，体现了对老年人的人本主义的关怀。

为了应对全球的老龄化问题，在联合国的倡导下，各国先后采取了一系列行动。1990 年 12 月，联合国大会通过第 45/106 号决议，指定 10 月 1 日为国际老年人日。2006 年国际老年人日的主题是“提高老年人生活质量：促进联合国全球战略”，2008 年国际老年人日的主题是“老年人权利”。从老年人权益保障的角度出发，长期护理保险法案的制定并付诸实施是健康老龄化和积极老龄化的重要成果之一。

（2）长期护理保险是应对老年人长期护理风险的一种积极的尝试。随着年龄的增长，老年人需要长期护理服务的概率更大。在人口老龄化、高龄化的背景下，社会照顾与服务老年人的任务就更重。随着经济发展和社会进步，人类社会的经济保障、服务保障和精神保障的“三位一体”保障需求日益增强。当失能成为一种社会风险的时候，各国政府就必须认真面对，积极出台长期护理保险等一系列相关政策加以解决。

（3）长期护理保险解放了大量劳动力，实现了社会财富的创造。在长期护理保险建立之前，配偶以及家庭妇女是各国老年长期护理服务的主要承担者。据统计，2000 年，美国几乎 10%的家属护理者由于不能成功地平衡事业和家庭的需求而提前退休，55～64 岁妇女中有 23%的人需要离职照料失能的家人。① 因此，通过正式的长期护理保险制度安排，由专业的社会化服务机制提供老年失能者的长期护理服务，将有劳动意愿的家庭成员，尤其是家庭妇女解放出来参与到劳动力市场中，一些接受过高等教育或者有一技之长的人在劳动岗位上所创造的财富价值可能会更高。

（4）长期护理保险缓解了就业压力，推动了养老护理专业化、职业化与产业化的发展。实践证明，各国长期护理服务体系的运行向社会提供了大量的护理服务业岗位，既包括管理岗位，也包括一线护理服务岗位。在一些国家，高等院校、职业学院中开设老年护理专业，护理员培训制度和职称晋升制度，都在很大程度上推动了养老护理专业化与职业化的进程。同时，社会化的长期护理服务体系的形成十分有利于养老服务产业化的发展。有学者对中国长期护理服务市场做出预测，认为如果当前老年长期护理总需求只有 10%通过市场得到实现，那么到 2040 年这一比例完全有可能发展到 40%～50%，这意味着届时每年长期护理服务产业的产值将达到 50 亿～60 亿元人民币。② 在可以预见的不久将来，长期护理服务必将发展成为一个产值巨大的“朝阳产业”。

---

① MULVEY J. The importance of LTC insurance for the retirement security of the baby boomers. Benefits Quarterly，2005，21（4）.

② 任远，马连敏．老龄社会的市场对策：长期护理保险与社会福利体系．北京：中国社会出版社，2005.

10.2　长期护理保险制度

10.2.1　长期护理保险制度构成

与养老保险、失业保险给予经济补偿的特点不同，长期护理保险的核心在于长期护理服务的供给。因此，长期护理保险制度由长期护理保险基金体系和长期护理保险服务体系构成（见图10-1）。

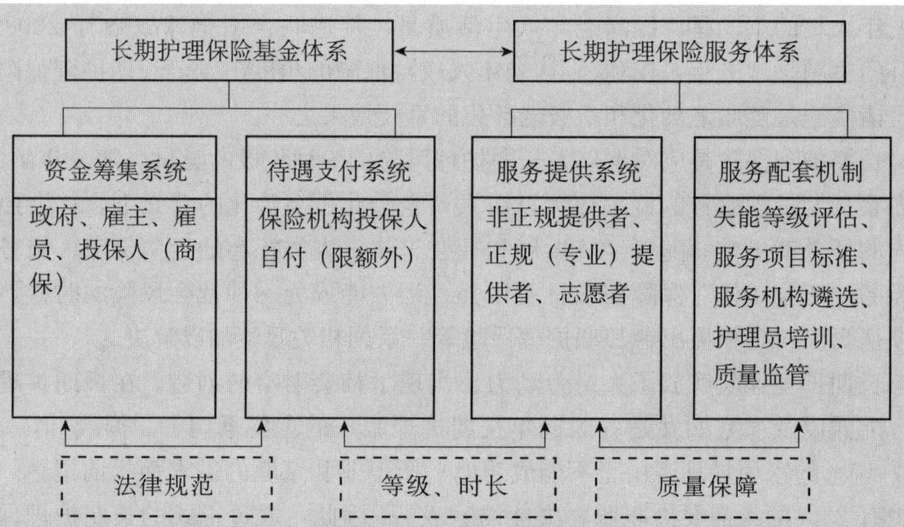

图10-1　长期护理保险制度构成

10.2.2　长期护理保险基金体系

1. 资金筹集系统

长期护理社会保险的资金主要来源于政府、雇主、雇员三方，长期护理商业保险的资金则是由投保人通过购买保单方式自行支付。在美国，也有公司为了留住、吸引员工，为其投保长期护理保险，以此作为公司人力资源政策的一项重要措施。

政府作为长期护理保险基金的供方，主要体现在一些特殊情况下，有的国家下调长期护理保险费率，为了保证基金的充足性由政府补偿一定比例的风险储备金，如德国、日本；大多数国家都对困难群体和特定年龄以下的人给予免费参保，其资金由政府财政来承担。

雇主是长期护理保险缴费的重要一方，一般按照企业员工工资总收入的一定比例缴纳。雇员也是依据其工资收入的一定比例缴费。各个国家基本上都由雇主与雇员平均分担保险费。长期护理保险缴费率在各个国家有所不同。

2. 待遇支付系统

长期护理保险基金的支付方式，各个国家各不相同。归纳起来，有以下几种方式：（1）长期护理商业保险一般通过私营保险公司来兑现投保人接受护理服务的保险待遇；（2）长期护理社会保险既有通过公共保险机构向长期护理服务机构支付接受服务的参保人所产生的费用，也有通过与私营保险机构合作来支付费用，如卢森堡、新加坡；（3）在长期护理社会保险体系内，有的国家规定接受服务的投保人，根据其收入不同必须自付一定比例的费用，如日本该比例为10%～30%，韩国为15%～20%。

10.2.3　长期护理保险服务体系

1. 服务提供系统

从长期护理的定义可以看出，长期护理服务提供的是一个多方参与的三元系统。这个三元系统由非正规提供者、正规（专业）提供者和志愿者组成。

非正规提供者主要是失能者的家庭成员、朋友或邻居，负担其日常生活起居等方面的照料服务。正规（专业）提供者来自专业的卫生和社会服务人员。卫生人员承担失能预防、失能者康复、出院后短期护理、患慢性病患者的服药换药以及突发病时就医等基础护理服务。社会服务人员一般在养老院、疗养院、托老所等机构为入住的老年人提供生活照料方面的服务。志愿者参与长期护理服务，既有专业性的人士，也有非专业性的人士。许多国家和地区都积极倡导志愿者参与社会服务，而且有相关的政策支持。

2. 服务配套机制

服务配套机制在长期护理服务体系中发挥的作用不可低估。如果失能等级评估、服务项目标准、服务机构遴选、护理员培训以及质量监管等相关的配套机制缺乏或不健全，那么长期护理服务体系就是一个空架子。由此，失能老年人就不可能获得较高质量的服务，同时，长期护理保险的制度目标就不能真正地实现。

10.2.4　两大体系之间的关系

从图 10-1 可以看出，长期护理保险基金体系与长期护理保险服务体系之间是相互促进、相互依从和相互制约的关系。长期护理保险基金体系正常运行，能够推进长期护理服务体系的产业化，从而形成规模经济；反过来，长期护理服务体系健康有序地发展，就能较好地解决老年人的服务需求问题，那么，国民参加或购买长期护理保险的积极性就会大大增强，使长期护理保险基金比较充足。

在两大体系内部，资金筹集系统与待遇支付系统、待遇支付系统与服务提供系统、服务提供系统与服务配套机制系统两两之间都表现出相互促进、相互依从和相互制约的关系。主要表现在以下三大方面：（1）若资金筹集系统运行良好或不利，那么待遇支付系统就顺畅或捉襟见肘；若待遇支付过高或过低，那么资金筹集就会入不敷出或缴费不足。所以，法律规范和过程改革在这一对关系中很重要。（2）如果待遇支付过低，或没有严格按照服务等级、服务时长来付费，那么服务提供系统就维持不了多久，或不能保证服务质量；如果服务提供者不供应优质服务，或利用信息不对称获取非法利益，那么结果就可能是待遇支付系统超支运作，并影响到上一级“链条”。（3）如果服务提供系统良性运营，那么服务配套机制的压力就相应减小；如果服务配套机制建设良莠不齐，基于经济人或“理性人”视角，服务提供系统就有“漏洞”可钻。

综上，两大体系的四个系统三对关系环环紧扣，逐步推进，形成了一个“利益链”，诠释了利益相关者理论，展现了长期护理保险制度的核心环节。

10.3 长期护理保险制度模式

按照筹资渠道和资金运作方式划分，长期护理保险制度模式可以分为长期护理社会保险、长期护理商业保险以及混合型长期护理保险三种模式。

10.3.1 长期护理社会保险模式

长期护理社会保险模式是以雇主、雇员以及政府等多元筹资的方式来解决老年人长期护理服务费用的分担问题。全球推行该制度的国家有荷兰、以色列、德国、卢森堡、日本以及韩国等。其中，长期护理社会保险制度比较健全的是德国和日本。这种模式的特点主要有：第一，具有社会保险的一般特征，如强制性、互济性、福利性及公平性等；第二，长期护理保险金支付实行现收现付制的财务模式；第三，参保人整体保险待遇水平的高低在某种程度上与其缴费的多少相关。

阅读材料 10－1　全球长期护理社会保险制度诞生的立法推进

10.3.2 长期护理商业保险模式

长期护理商业保险实质上是一种市场化的金融产品，由个人投保、保险公司支付现金或提供服务的形式来实现个人失能、失智后长期护理风险的分担。目前长期护理商业保险发展规模最大的是美国和法国，其他国家长期护理商业保险都不占主体地位。该模式的特点有：个人自愿、合同约束、资金互济、市场运作、政府监管等。

1975 年美国在商业健康保险框架内建立了长期护理商业保险，但商业保险公司的保单销售额一直停滞不前。直到 1996 年，美国出台《联邦健康保险可转移及说明责任性法案》（HIPAA），该法案规定，购买长期护理保险的个人和企业，符合条件的可享受税收优惠政策。至此，美国的长期护理商业保险才有所发展。2000 年，美国保险监督管理协会制定了《长期护理保险示范法》，扩大了长期护理保险的覆盖范围。此后，美国长期护理商业保险才得以迅速发展起来。

10.3.3　混合型长期护理保险模式

混合型长期护理保险模式包括两种：一是社会医疗保险与商业保险共同承担长期护理费用，辅之以津贴制度，如法国。二是政府主导下的商业保险公司运作模式。如新加坡的乐龄健保计划，在参保对象、资金补贴以及政策调整和监督等方面，政府发挥着主导作用；在失能鉴定、待遇支付等方面，商业保险公司具体负责。

10.4　长期护理保险的基本内容

10.4.1　管理部门与职责分工

1. 长期护理社会保险模式

在推行长期护理社会保险的国家，法案中都规定了由相关部门负责长期护理保险的业务。有的国家还规定了地方政府在实行长期护理保险中的职责，如日本、韩国等。

荷兰的健康福利体育部和健康保险局是长期护理保险的主要责任机构。健康福利体育部承担着长期护理保险的主管、制定政策、立法等工作；健康保险局是介于政府与被保险人、保险人、服务提供者之间的独立机构，主要的任务是对长期护理保险基金及其预算提供咨询意见，并对政府的计划与保险政策、立法提供建议，接受服务提供者或机构认证以及对其服务质量进行核查。对于被保险人而言，健康保险局的责任在于保障所有的公民都能得到应有的健康护理权利。另外，成立于 1968 年的中央管理中心，其主要职能是通过政府的预算对服务提供者进行管理、资料记录及费用支付。

以色列的福利与社会事务部，主要负责向生活半自理、身心脆弱的人群提供机构服务、个人服务以及家庭服务，同时，也提供日间照料和流浪人士的庇护所。卫生部主要提供生活重度依赖者和精神病患者的治疗。国家保险部则负责向那些生活在社区里的生活半自理者、身体不便者、重度残疾者以及精神病患者提供个人和家庭服务的费用分担。

德国《社会法典》规定，长期护理保险运营机构是长期护理保险基金会，在每一个法定医疗保险机构中设立一个长期护理保险基金会，它在法律上是独立团体并有自己的章程，由它来实施长期护理保险。长期护理保险基金会的组织设在医疗保险基金会中。医疗保险基金会掌握着医疗保险和长期护理保险参保者的档案资料，负责审查长期护理保险服务的申请者。

卢森堡长期护理保险是强制性社会保险的一个分支，即效仿德国“参加医疗保险的所有人群均同时参加长期护理保险”。疾病基金联合会和按职业分布划分的 9 家私营保险公司负责管理并提供法定医疗保险基金。长期护理保险行政责任机构负责做出所有申请人资格认定的决定，并管理长期护理保险的预算。

日本的长期护理保险责任机构是市町村。市町村的主要职责是征收保险费、办理申请手续、决定必要的护理服务、监督给付等。厚生省主要负责制定整个制度的框架和护理程度的审定、保险给付及民间组织和设施等方面的标准，保证市町村的财政正常运营等；都道府县主要负责指导制度运营，规划必要财政基金，保证正常运营，确保提供护理服务的设施和服务人员等。

韩国的保健福利部起草长期护理保险法案并负责试点与推广。按照长期护理保险法案，韩国长期护理保险的管理责任主体是国民健康保险公团和市、郡、区的基础自治团体。

法国医疗社会部的事务范围主要针对残疾人和失能老年人。急性病（住院）护理则属于卫生保健部门的事务。长期护理服务体系的关键是国家自治团结基金会与地方部门共同管理。其中，国家自治团结基金会负责向失能老年人和残疾人长期护理服务提供资金支持；省和市镇政府是长期护理服务的主导者，它肩负着长期护理政策的制定、计划的实施和部门的协调以及个人津贴的发放等责任。

2. 长期护理商业保险模式

美国的商业护理保险主要由保险监督管理协会来规范、私营保险公司来运营。长期护理保险对投保人有多方面的限制条件，只有符合条件的才可以投保。不同的保险公司有不同标准，投保人可以自由选择保险公司及其产品。

2002年，新加坡卫生部通过招标，选择大东方人寿保险有限公司和职总英康保险合作社这两家商业保险公司作为合作伙伴，由这两家商业保险公司提供乐龄健保计划，合作期限为5年。2007年，引进英杰华人寿保险有限公司。目前，这三家商业保险公司的保险责任是对40～69岁的拥有公积金账户的参保人支付终生护理服务费用。

总体上，除了美国基本上由私营保险机构运行之外，其他国家大多由公共部门来负责，或由公、私部门合作来负责。具体情况如表10-1所示。

表10-1 各国长期护理保险的行政管理与运营部门

国家	行政管理与运营部门
荷兰	健康福利体育部、健康保险局、中央管理中心
以色列	福利与社会事务部、卫生部、国家保险部
德国	医疗保险基金会、长期护理保险基金会
卢森堡	疾病基金联合会、私营保险公司、长期护理保险行政责任机构
日本	厚生省、都道府县、市町村
韩国	保健福利部，国民健康保险公团，市、郡、区的基础自治团体
法国	医疗社会部、国家自治团结基金会、省和市镇政府
美国	保险监督管理协会、私营保险公司
新加坡	卫生部、商业保险公司

10.4.2 参保对象与受益对象

参保对象是指法律规定的应参加保险人群，或商业保险的自愿投保人；受益对象一般都有特定的条件，一般情况下，社会保险的受益对象是以相应风险的产生为前提，而商业保险的受益对象则要符合理赔的相关前置条款。

1. 参保对象

根据保险覆盖人数的多少，将参保对象分为普惠性与选择性两种类型。顾名思义，普惠性保险是将绝大多数国民都纳入参保范围，而选择性保险在参保对象上则有年龄和收入等方面的限制。长期护理商业保险投保由于投保人的健康状况和收入状况的差异性，本身就具有选择性。

（1）普惠性。长期护理保险参保对象具有普惠性特征的国家主要有荷兰、以色列、德国、卢森堡以及韩国。

荷兰长期护理保险的参保人包括所有的合法居民，不论其是否拥有荷兰国籍，如果为年龄在 15 岁以下、不需要纳税者，保险费则由国家负担。以色列长期护理保险的参保对象为普通雇员、雇主，自雇者和其他参保者。德国长期护理保险的参保对象为 18 岁以上的全体国民，连同参保人的赡养家属。卢森堡长期护理保险覆盖了全国 99%的人口，未参加长期护理保险的主要是欧洲和国际机构的公务员以及一些既没有失业救济金又没有公共养老金的失业者。韩国将 20 岁以上的国民作为实施长期护理保险的对象，但事实上全民参保，参与国民健康保险的公民必须纳入长期护理保险。

（2）选择性。相对于普惠性参保对象的国家来说，日本、新加坡的长期护理保险在年龄上就具有选择性的特征。

日本长期护理保险法规定，参保对象是在市町村有住所的 40 岁以上的全体国民，其中，65 岁及以上的国民为第一号参保对象，不论其国籍、性别、年收入等情况；第二号参保对象为 40～64 岁的医疗保险参保人。第一号参保对象只要有护理需求，保险权自然产生；而第二号参保对象的护理需求则限制在痴呆、脑血管病等 16 种特定疾病范围之内。但是，如果参保对象是不满 40 岁的年轻残疾人，根据《残疾人福利法》的规定，可以通过公费的方式按照残疾人护理计划提供护理服务。如果进入残疾人护理服务机构，即使年龄在 40 岁以上，也不能适用于护理保险，而应该是福利服务制度的享受对象。

新加坡的乐龄健保计划是一项为年长的公积金会员设立的、人人负担得起的长期护理保险计划，旨在为失去生活能力的人提供基本的护理保障，非强制参保。2002 年 6 月，所有拥有公积金账户、年龄为 40～69 岁的新加坡公民和永久居民，均收到一份自动受保的邮件，乐龄健保计划从 2002 年开始。对于未自动受保者参保设置 90 天等待期，在这期间，对于非意外事故造成的严重残疾，保险公司不予赔偿，只退还保费。自动受保后有 60 天犹豫期，在这期间退保将退还全额保费。

2. 受益对象

各国长期护理保险受益对象的认定都要对申请人的失能状况进行专门评定，然后决定其相应等级的护理服务。长期护理商业保险公司一般内设专门审核机构来负责审查投保人的理赔资格和支付标准。各国长期护理保险申请人的失能评估和服务等级也不尽相同。

（1）失能评定。以色列、美国实行三个等级的失能评定标准。德国和韩国在建立长期护理保险立法时，根据失能等级确定长期护理服务为三个等级，但在后来改革过程中又将三个等级扩展到五个等级。荷兰长期护理服务共有 10 个等级，但一般失能者根据每周接受服务的时间划定为 8 个服务等级。日本长期护理保险服务分为要支援 1、2 级，以及要护理 1～5 级，共 7 级。法国对老年人自理能力进行分级评估，分为 1～6 级。

阅读材料 10-2　各国长期护理保险失能等级评定的分级及其相应服务

阅读材料 10-3　德国、日本和韩国长期护理保险服务的申请流程

（2）申请程序。在长期护理保险服务的申请程序方面，制度设计比较有特色的国家是德国、日本和韩国。

德、日、韩三国的失能者申请都有专门的管理部门和严格的评估程序。一般情况下评估程序包括：第一步，失能人员提出申请；第二步，申请受理后，由专门的评估人员对申请者的失能状况进行访问调查；第三步，评定失能等级并通知申请人；第四步，通知相应的护理服务等级，开始提供服务。三国都设置失能评估的二次判定环节，如果申请人对第一次评定结果有异议，可以向上级提出申诉。这样做是为了保证评估结果客观公正，特别是日本的 85 项和韩国的 52 项家庭入户调查，充分体现了制度设计的严谨性和科学性。

（3）受益人群。由上可以看出，长期护理保险的参保对象先递交申请，通过有资质的评估机构进行失能等级评定，告知相应等级的护理服务计划后才能接受保险提供的护理服务，这样的参保人才是长期护理保险的受益人群。换而言之，受益对象的第一前提条件是参保人，这是所有保险的基本准则；第二前提条件是通过失能评定，这是长期护理保险的特别规则。各国具体情况如表 10-2 所示。

表 10-2　各国长期护理保险的参保对象与受益对象

	参保对象	受益对象
荷兰	全体国民（包括外国人）	失能人口
以色列	全体国民	退休的（2015 年规定男性 67 岁，女性 62 岁）且通过家计调查的失能老人
德国	全体国民（18 岁以上）	失能失智人口
卢森堡	全体国民	失能人口
日本	全体国民（40 岁以上）	65 岁以上老人，以及 40 岁以上患有 16 种特定疾病的人（不包括残疾人）
韩国	全体国民（20 岁以上）	65 岁以上老人，以及不满 65 岁患有 24 种老年性疾病的人（不包括残疾人）
新加坡	有公积金账户、年龄为 40～69 岁的国民和永久居民	40 岁以上失能人口
法国	社会医疗保险的参保人、商业保险的自愿投保人	失能人口、失能的投保人
美国	商业保险的自愿投保人	失能的投保人

10.4.3　资金筹集与待遇支付

在长期护理保险中，资金筹集和待遇支付是非常重要的组成部分。如果这两者运行不畅，那么长期护理服务的供给就无从谈起。各国长期护理保险的实践说明法律授权的资金筹集是多元的，包括雇主和雇员的社会保险缴费、个人自付的服务使用费，以及有的国家的财政补贴，或者这几种资金来源的不同组合。长期护理保险的待遇支付在不同的国家、同一个国家的不同地区以及同一个地区的不同服务等级之间都有所不同。

1. 资金筹集

长期护理社会保险资金筹集一般是由三方付费，即雇主、雇员、政府。各国具体的筹资方式有所不同，参见表 10－3。

表 10－3　各国长期护理社会保险的筹资来源（占基金的比重）与费率

	筹资来源（占基金的比重）	费率
荷兰	雇主雇员缴费（70%）； 财政补贴（22%）； 服务受益人的合作付费（8%）	1998 年：雇主、雇员共担 9.6%； 2008 年：雇员 12.15%，雇主不需分担缴费； 2015 年：雇员 9.65%，雇主不需分担缴费
以色列	雇主雇员缴费（约 15%）； 财政补贴（约 20%）； 其他险种的补贴（约 65%）	1980 年：雇主、雇员各 0.1%，自雇者和其他参保者均为 0.21%，政府雇员及其自雇者均为 0.02%； 1990 年：雇员 0.1%，雇主 0.04%，政府 0.06%； 2011 年：雇员 0.14%，雇主 0.19%，政府 0.02%
德国	20 岁以上国民缴费（100%）； 政府财政责任主要体现在成立风险调剂金	2008 年：工作者 1.95%，无子女者 2.2%； 2015 年：工作者 2.35%，无子女者 2.6%； 2017 年：工作者 2.55%，无子女者 2.8%； 2019 年：工作者 3.05%，无子女者 3.3% （雇主、雇员平均分担费率，退休人员完全自付）
卢森堡	全民缴费（含退休人员）； 财政补贴（40%）； 电力部门的特别供款	固定税率：雇员、退休者全部收入的 1.4%
日本	40 岁以上国民缴费（50%）； 财政补贴（50%）	2015 年： 第一号参保人：根据收入不等，缴费系数分为 9 档，从养老金扣除； 第二号参保人：雇主、雇员共担 1.58%，随社会医疗保险一同缴费
韩国	18 岁以上国民缴费（60%）； 财政补贴（20%）； 服务受益人自付（20%）	2008 年：雇主、雇员共担 0.21%； 2012 年：雇主、雇员共担 0.38%； 2016 年：雇主、雇员共担 0.40%； 2020 年：雇主、雇员共担 0.68%

注：筹资来源方后面没有标注百分比的，表示据现有资料尚不明确。

荷兰长期护理保险的资金主要通过三个渠道筹集，即强制性保险费、一般性税收和服务受益人的合作付费。其中，强制性保险费是收入税的一个部分，参加长期护理保险者收入的一定比例用于缴纳保险费，由雇主和雇员分担，其中，雇主承担大部分，雇员负担其余部分。强制性保险费是重要的资金来源，约占资金的70%。每年随保险费收支情况进行政府财政补贴，直接拨到长期护理保险基金中，占比为22%。服务受益人的合作付费取决于需求的服务类型和受益人的收入水平，占比为8%。

以色列长期护理保险的筹资主要来自三个部分：一是雇主和雇员缴纳的保费，二是财政补贴，三是国家保险局从其他险种（如儿童保险）提取的给予长期护理保险的补贴。由于前两个筹资来源的比重不断下降（约35%），所以第三个来源的比重越来越高(约65%)。

德国护理保险法规定，长期护理保险资金通过保险费以及其他收入筹资。全部保险费由雇员和雇主各承担一半。财政不给予补贴。

卢森堡长期护理保险筹资渠道分为三个方面：一是工作或退休的每一个人都要缴纳他们全部收入的1.4%作为长期护理保险税，没有最低和最高缴款水平。二是国家财政预算拨款14亿欧元，约占所有费用的45%。后来财政支出不堪重负，降低到40%。三是最大的电力部门所支付的一笔特别供款。

日本参保人所缴纳的保险费占保险费总额的50%，其中，65岁及以上的第一号参保人每月从退休金中扣除保险费，占比为17%；40～64岁的第二号参保人的保险费由雇主与雇员共担，占比为33%。另外，财政补贴负担50%，其中，中央政府占25%，都道府县和市町村各占12.5%。后来经过多次改革调整缴费比例。

韩国《老年长期护理保险法》规定，其资金主要来源于长期护理保险缴费、国家财政补贴以及服务受益人自付三个部分，比例分别是为60%、20%和20%。长期护理保险费与医疗保险一起征收，由雇主和雇员各自负担保险费的50%；个人负担部分表现在承担机构护理费用的20%、居家护理费用的15%。

2. 待遇支付

长期护理保险待遇支付一般是指实物（服务）支付、现金支付以及兼有现金和服务的混合支付三种。一般情况下，根据被保险人接受服务的等级和时间长短来给予相应的费用补偿。

（1）混合支付方式。采取混合支付方式的国家主要有德国、卢森堡、法国以及美国。在这些国家，现金支付与提供服务并行，现金支付一般有严格的条件限制。在德国，长期护理保险受益内容大致可以分为现金补贴、护理服务两大类，在这两大类之外还提供护理辅助器械、技术帮助以及举办护理培训班等待遇。其中，现金补贴可分为给家庭护理人的津贴、接受护理者的津贴，以及给提供上门服务的专业机构的津贴。卢森堡允许提供服务和现金补贴两种方式，但现金补贴有严格的使用标准。法国国家自治团结基金会负责向失能的老年人和残疾人的长期护理服务提供资金与服务支持。其中，个人津贴针对那些在家中或疗养院里失能的老年人雇人帮助其日常生活自理所需费用的补偿；服务提供主要有疗养院服务、医院服务、家庭护理服务、家庭医疗保健服务、日间护理中心以及非正式照料支持等。美国长期商业护理保险一开始一般采用保险金支付方式直接给付保险费，但随着长期护理保险制度的完善，护理机构增多，护理人员增加且专业技术提高，在被保险人满足给付条件的前提下，保险公司直接向被保险人提供长期护理服务来代替费用上的补偿。

（2）三种支付方式。在荷兰，符合条件的受益者，可以选择实物支付（care in kind）、现金支付（cash benefit），或现金和服务的混合支付（combined payment）。实物支付是指由健康护理提供者直接提供服务，现金支付则是允许受益者用现金购买服务，而且不限于健康护理提供者，其他愿意提供服务的朋友、邻居及亲戚都可以。混合支付的比例不高。若是家庭护理，申请人可以选择服务或现金两种方式；如果选择机构护理，只能选择服务形式。

（3）以服务方式为主。在以色列、日本和韩国，长期护理保险支付方式主要是服务支付。只有在特别的条件下才允许现金支付。以色列长期护理保险规定不提供现金支付，也不提供现金支付的选择权（非常有限的情况除外），只提供专业服务，包括个人生活服务、家务帮助（比如准备食物和清洁）、监护、日间护理服务、洗衣服务、为失禁者更换一次性内衣、安装报警装置。日本长期护理保险规定，只有在一些偏远、海岛地区没有护理机构，不得已由家庭等提供护理服务的情况下，才可以申请获得现金补助。韩国在立法时对是否要借鉴德国的现金支付方式进行讨论，最终在《老年长期护理保险法》中规定以服务支付为原则，只有家庭护理费、特定医院护理费以及特别护理费（非定点护理机构，如养老院、残疾人福利设施等提供服务）才可用现金支付。

知识链接 10－2

应承认照护老人是社会劳动

中国社科院社会学所研究员、老龄专家协会副会长唐钧表示，不应该把中国传统文化和整个国际共识对立起来，中国面临的很多社会问题都是国际共同的问题，如各国普遍缺乏愿意从事老年服务的劳动力、生育率走势低等。应该把对老年人的健康服务跟医疗服务区分开。

2022 年全国两会期间，有一位全国政协委员提交提案，建议立法保护家庭全职成员的利益和合法权益，将在家庭全职从事家庭服务视为一个受法律保护的合法职业，媒体称之为“全职太太职业化”。

唐钧认为，“全职太太职业化”更恰当的表述应该是照护活动的社会化，要承认照护孩子、照护病人、照护残疾人、照护老年人等照护活动是一种社会活动，是一种社会劳动。从这一角度出发，可以给家庭照护的承担者发放工资，这是世界很多国家的做法，称为社会津贴或社会工资。应该公正地对待有偿和无偿提供长期照护的劳动力，让他们得到应有的社会地位和社会认可。

资料来源：唐钧．应承认照护老人是社会劳动 给家庭照护承担者发工资．（2022－04－09）. https：//www.cn-healthcare.com/articlewm/20220409/content-1336544.html.

10.4.4 风险防控与质量监管

1. 风险防控

（1）防范逆选择。首先，规避被保险人的逆选择行为。为了防范逆选择，各国长期护理保险都实行了严格的申请审查制度，一是为了确定申请人（参保人）是否有资格享受长期护理保险的待遇支付，二是为了判定申请获准的失能者需要享受什么等级的长期护理服务。各国审查标准如表 10－4 所示。其次，规避处于强势地位的保险人的逆选择行为。如德国，政府为了避免老弱病残被排斥在长期护理保险之外，《社会法典》对商业保险公司的义务也做了规范：申请人以前有疾病不能不让参保；已经有护理需要的人不能不让参保；不能按照受保险人的性别、健康状况给保险费划等级；在长期护理社会保险中能享受免除子女保险费的共同保险在长期护理商业保险中也同样适用；在长期护理社会保险中能享受降低保险费的被保险人在长期护理商业保险中也同样适用；制定了保险费最高收费标准，保险公司不允许超越法定护理保险最高保费的 50％等。

表 10－4 各国长期护理保险防范逆选择的审查标准

	健康、失能程度审查	是否有家庭成员护理	收入审查	其他条件
荷兰	有	考虑	无	心理和社会功能、家庭和生活环境
以色列	有	不考虑	有	一是已经退休（男性 67 岁，女性 62 岁）；二是通过家计收入调查
德国	有	不考虑	无	无
卢森堡	有	不考虑	无	护理服务援助必须需要至少 6 个月；接受长期护理服务的最低限度必须达到每星期至少 3.5 小时
日本	有	不考虑	无	65 岁及以上的老人，以及 40～64 岁患有特定疾病的人
韩国	有	不考虑	有	65 岁以上的老人，以及不满 65 岁患有 24 种老年性疾病的人
法国	有	不考虑	无	只有失能等级 1～4 级的老年人才有资格享受长期护理津贴，月收入 2 622 欧元以上的人不再享受津贴
美国	有	不考虑	无	商保不可投保的七种情形；一旦投保不得中途取消
新加坡	有	不考虑	无	商保支付有公积金账户并参保的国民和永久居民

（2）控制道德风险。首先，控制服务需求方的道德风险。对于通过失能评定的申请人，大多数国家会在他们接受护理服务后进行失能情况再评估。这样做的目的是免除老年人对护理服务的依赖行为，通过护理服务，老年人能够生活自理的就不再继续为其提供护理服务，程度有所减轻的就对其减少护理的服务内容和降低护理的给付待遇。德国每年、荷兰和日本每 6 个月重新进行一次护理需求评估。其次，审查服务供给方的道德风险。荷兰、以色列、德国和日本每年一次，韩国每两年一次，通过检查和回访的方式对护理机构的机构设施、人员配置、工资发放、财务管理和服务满意度等方面进行打分评估，并公布于网上。

知识链接 10-3

逆向选择与道德风险的异同

逆向选择是指市场交易的一方如果能够利用多于另一方的信息使自己受益而对方受损时，信息劣势的一方便难以顺利地做出买卖决策，于是价格便随之扭曲，并失去了平衡供求、促成交易的作用，进而导致市场效率的降低。道德风险通常是指交易双方在交易协定签订后，其中一方利用多于另一方的信息，有目的地损害另一方的利益而增加自己利益的行为。二者的共同点：利用信息不对称，为自己谋利。二者的不同点如下：

（1）发生时间不同。逆向选择往往发生在事前，容易导致“劣币驱除良币”的现象发生。道德风险往往发生在事后，容易改变事物主体的习惯。

（2）主观能动性不同。逆向选择是一种被动选择的结果，是一种诱导他人破坏规律的结果，从而使自己获利。道德风险是一种主动选择的结果，故意让对方利益受损。

（3）性质不同。逆向选择是一种非主观恶意的行为，获取超额利益而不损害他人利益。道德风险往往是一种主观恶意的行为，做出损人利己的决策。

（4）造成的结果不同。逆向选择不会轻易造成具体破坏，它的破坏是抽象的、模糊的。比如，破坏市场规律，扰乱市场秩序。道德风险容易造成个体双方的重大利益冲突，破坏是具象的，有确定的目标。

（5）引发信息变量不同。逆向选择是由于外生的信息变量不对称而引发的。道德风险是由于内生的信息变量不对称而引发的。

资料来源：道德风险和逆向选择的区别？.（2021-08-31）. https://baijiahao.baidu.com/s?id=1709571430383970108&wfr=spider&for=pc.

2. 质量监管

（1）设立质量管理部门。各国长期护理服务质量管理部门基本上都包括宏观、中观和微观三个层面（见表 10-5），宏观的管理部门是中央部委及下设的专门职能机构，负责政策设计和标准制定；中观的管理部门是地方政府的主管机构，负责督查、审核和指导工作；微观的管理部门是基层的执行机构，负责合同签订、服务跟进、一线检查、质量评估等技术环节工作。

表 10-5 各国长期护理服务质量管理部门

国家	质量管理部门
荷兰	健康保险局、卫生保健监督局、区域护理服务办公室
以色列	国家保险协会、福利与社会事务部、地方专业委员会
德国	医疗保险基金会、联邦长期护理联合会、法定医疗保险医事服务中心和商业医疗保险医事服务中心
卢森堡	疾病基金联合会、监督部、质量委员会
日本	中央政府、都道府县政府、市町村
韩国	长期护理委员会、国民健康保险公团、地方政府

（2）培训护理服务人员。一线护理服务人员的服务质量在很大程度上决定了受益人的获得感和满意度，对长期护理保险制度的成败也有很大的影响。德国在 2000 年发布了《法学教育改革法》，并于 2003 年实施，该法案对老年护理员和家庭式护理助理等老年护理人员推出了统一的国家标准，如要求老年护理人员需经过 3 年培训才能上岗。以色列对居家照护服务人员定期举办相应的专业培训。法国在专业护理人员的培训方面采取了一些积极的措施，并把培训专业人员作为医疗保险制度的主要任务之一。特别是日本和韩国推广的护理员专业等级认证制度，极大地提高了长期护理服务的质量。美国要求老年护理高级执业护士具备熟练的专门知识和研究生学历，美国护理教育系统由三级教育培训网络所组成，即医院护士学校、社区护理学院和高校护理系。

（3）系统外监督。在美国，还有一项特殊的措施就是要求每个州必须建立长期护理监察员制度。1978 年根据美国《老年人法》的授权，长期护理监察员制度的任务是解决长期护理服务受益居民的问题并倡导他们的权利。1981 年，第三届老年人会议重新批准通过的《老年人法》将实行的监察员制度扩大到董事会和护理之家。1987 年，护理院改革法案规定，护理设备所在地如有老年人需要保护和辩护的时候，监察员要直接、即时地开展调查。长期护理监察员是生活在护理院，寄宿在照料之家、辅助生活机构以及类似养老机构的老年人的保护人。① 这一制度有助于接受和处理监管系统之外的投诉。

10.4.5 改革措施与当前挑战

1. 改革措施

各国改革措施主要包括结构性改革立法、提高缴费率、调整待遇标准、扩大服务内容以及提高行政管理效率等方面。

（1）结构性改革立法。由于原有的长期护理保险法案在实施过程中难以解决诸多问题，为此有必要在结构上另外制定一部新的法律，以将制度风险降低到最小。

---

① 裴晓梅，房莉杰．老年长期照护导论．北京：社会科学文献出版社，2010.

为了进一步提高服务的质量，扩大民间参与，荷兰于 2006 年通过《社会支持法》，并于 2007 年 1 月 1 日生效。《社会支持法》将家庭帮助服务等从依附于医疗保险的《特殊医疗费用支出法》中分离出来，由各地政府运营，覆盖各种援助项目，包括家政服务、轮椅服务、交通服务、餐饮服务、住房调节等。2015 年荷兰对长期护理保险又进行了改革，将个人护理和社区护理从《特殊医疗费用支出法》中分离出来，转由《医疗保险法案》负责；将重度患者的机构护理服务也从《特殊医疗费用支出法》中分离出来，转移到《长期护理法案》中。

2008 年，德国联邦议会通过《长期护理保险结构改革法》，对长期护理制度进行了重大改革。此次改革的举措主要包括四个方面：提升居家服务质量和水平；加大对机构护理的监管力度，改善护理服务品质；确保护理保险收益水平不下降并适当提升缴费水平；增加护理服务使用效率，允许参保人员在最高给付标准下自主选择护理服务项目和机构，甚至可以实施退出机制，鼓励自我护理或家庭护理。

日本长期护理保险法四次调高第一号参保人筹资结构比例。2000 年 4 月，日本长期护理保险法推行之际，第一号参保人缴费占基金的 17%，第二号参保人缴费占基金的 33%。2003 年，第一号参保人缴费总额占比提高到 18%，第二号参保人缴费总额占比降低到 32%。2005 年，第一、二号参保人缴费占比分别调整为 19%、31%。2014 年，第一、二号参保人缴费占比分别调整为 22%、28%。2020 年，第一号参保人的缴费占比为 23%（筹资规模 2.6 万亿日元），第二号参保人的缴费占比为 27%（筹资规模为 3.1 万亿日元）。

2009 年，法国出台了《医患卫生区域法》，该法案的主要目标是成立大区卫生局，由其负责区域内的医疗与卫生管理，将慢性病预防与康复、社区健康管理等公共卫生规划纳入整个区域卫生规划当中，使得疾病预防、疾病治疗、公共卫生等职能在大区层级实现高效率的统一。改革后，大区卫生局取代了过去“碎片化”管理范式。

（2）提高缴费率。为了应对日益加重的人口老龄化，各国长期护理保险制度大多进行了改革，包括提高保险费率的“开源”方式以增加基金收入。

荷兰长期护理保险费率 1968 年为 0.41%，1998 年为 9.6%，雇主与雇员分担这个费率。2008 年费率为 12.15%，雇主开始不需要进行缴费。2015 年改革针对严重患者的机构护理专门由《长期护理法案》负责，费率开始有所下降，缴费率为雇员应税收入的 9.65%，最高不超过每年 3 241 欧元。

以色列长期护理保险法律规定，从 2011 年 4 月 1 日开始，雇主缴费率上升到雇员工资总额的 0.19%，雇员缴费率则提高到月工资的 0.14%，合计为 0.33%。自雇者和其他参保者的缴费率都是 0.21%，政府雇员及其自雇者缴费率均为 0.02%。

从 2002 年至 2015 年，日本第二号参保人的长期护理保险费率总体上一直处于不断增长的态势，费率依次是 1.07%、0.89%、1.11%、1.25%、1.23%、1.23%、1.13%、1.19%、1.50%、1.51%、1.55%、1.55%、1.72%、1.58%。

韩国长期护理保险费率从 2008 年的 0.21%提高到 2012 年的 0.38%，再到 2016 年的 0.40%，雇主、雇员共同分担；自雇者全部自付。

德国长期护理保险缴费费率变化情况，具体参见表 10－3。

（3）调整待遇标准。在调整长期护理保险待遇支付标准方面，日本和德国的做法恰恰相反。日本降低了长期护理保险待遇标准，而德国则明显提高了长期护理保险待遇标准。

2003 年，日本长期护理保险根据当时工资和物价的下降趋势，启用了新的护理报酬定价，设施服务平均下调 4%，居家服务平均增加 0.1%，整体下调 2.3%。针对以往民营护理服务机构利润率（2014 年约 8%）高于日本全行业平均利润率（同年约 4%），而长期护理服务从业人员薪酬水平低于全行业平均薪酬水平这一状况，日本政府于 2015 年开始下调法定长期护理服务价格，压缩民营企业超额利润，确保第一线长期护理服务从业人员的收入水平，逐步提高到日本全行业平均收入水准。

德国于 2002 年颁布《护理服务给付补充法》，主要改善了智障人士的长期护理服务的给付条件与标准。2008 年，《长期护理保险结构性改善法》正式生效，依据该法逐步提高给付标准。根据 2012 年德国《长期护理保险调整法案》，首次引入的政策待遇提高 2.67%。2015 年，各护理等级的现金给付和服务给付额全部提高 4%。

（4）扩大服务内容。扩大长期护理服务内容真正体现了长期护理保险制度建立的本质。随着收入水平的提高，老年人对高生活质量的追求是一种本能的愿望。因此，尽可能地解决老年人的类型越来越多、质量越来越高的照料和护理需求，进而维护其生命尊严是政府的重要责任。

20 世纪 80 年代，荷兰长期护理保险给付范围扩展到居家服务、手术后恢复期的居家护理服务、临终护理的居家服务、日间照顾、临时照顾等。此外，还包括精神疾病照顾、辅具租借。20 世纪 90 年代，长期护理保险给付项目扩大到老年人健康检查、康复、语言治疗以及药物治疗等服务。

德国长期护理保险制度建立之初，只提供居家护理津贴。1996 年德国修改《社会法典》，护理保险覆盖机构护理，赋予身心障碍者的全住院式护理需求、全住院的护理分类以及服务给付的请求权利。

2006 年，日本修改护理保险相关法案，把“要支援”定为“要支援 1”，将“要护理 1”中程度较轻的人划分到新设的“要支援 2”，“要护理 1”至“要护理 5”等级依然不变。对“要支援 1”和“要支援 2”的人，在提供以前的家务援助的同时，提供“新预防给付”，包括“家庭预防护理”“家庭预防康复”“家庭预防访问”“预防福利器具出租”等预防护理服务。2010 年，日本护理保险再次改革，强化地区支援中心的功能，创立了“社区紧密型服务”。

法国“老龄与团结计划”制定了 2004—2007 年和 2007—2012 年两个阶段性规划。两个阶段性规划都强调了四个主要目标：加强个人津贴计划；优先发展家庭医疗保健服务；促进和改善疗养院的医疗保健服务；发展老年服务。

（5）提高行政管理效率。一部好的法律需要一大批高效管理人员才能产生利好的结果。同时，长期护理服务体系涉及多元利益相关方，行政决策的适当性是对管理部门的一个考验。

德国缺乏一个整合的长期护理咨询协助中心，失能者若想提早申请医疗给付、护理协助等，需向不同单位提出申请。为了加大护理需求者的便利性，2008 年，德国在长期护理保险制度改革中借鉴了日本的护理管理师（care manager）政策，引入了“护理站”

(care station)，政府投入 6 000 万欧元建立护理网络，在全国设立约 600 个护理站点。

2011 年，日本通过了《加强护理保险服务的护理保险法修正案》，对护理保险进行新一轮的修改，并于 2012 年 4 月正式实施。这一修正案强化了中央政府和都道府县的责任。

2. 当前挑战

(1) 公平性有待提升。任何一项制度的公平性都是人们关注的焦点。在长期护理保险制度中，公平性问题主要是指该项制度有没有覆盖到全体老年人群、受益人之间待遇差距是否过大，以及地区之间负担是否不均衡等。

首先，参保和受益不公平。1) 从参保覆盖面来看，日本、新加坡在参保年龄上就具有选择性的特征。2) 从受益覆盖面来看，以色列的受益人群是退休的（男性 67 岁，女性 62 岁）、通过家计调查的失能老人；日本受益人群是 65 岁及以上的失能老人，以及 40 岁以上患有 16 种特定疾病的人（不包括残疾人）；韩国与日本类似，受益人群是 65 岁及以上的失能老人，以及不满 65 岁患有 24 种老年性疾病的人（不包括残疾人）。而其他国家如荷兰、德国、卢森堡等国的受益人群则是全体失能人口，其中的公平性显而易见。

其次，地区之间负担不均衡。如日本第七期（2018—2020 年）护理保险保费金额最高的地区是福岛县葛尾村，每月达到 9 800 日元；护理保险保费最低的地区是北海道音威子府村，每月只有 3 000 日元。护理保险保费最高地区和最低地区之间的差距显著。

(2) 财政负担加重。在实施长期护理社会保险的国家中，除了德国不提供一般性税收的财政补贴外，其他国家都给予财政投入的支持。特别是日本和卢森堡的中央与地方财政补贴占比分别达到 50%和 40%。在人口老龄化程度不断加剧的趋势下，各国都面临长期护理基金支出膨胀、控费难度大导致经济压力增大的情况。各国家长期护理费用占 GDP 的比重在 2007 年至 2017 年的十年间基本上都有提升，例如法国提升了 0.2 个百分点，日本则提升了 0.6 个百分点。

(3) 个人经济压力增加。除了长期护理保险缴费率提高以外，个人经济压力增加还表现在个人“掏腰包”自付费用的比例逐渐上升。

德国从 1 至 4 级护理服务都设有给付上限，超出部分由个人自付；机构护理的使用者需要自付的比例更大，至少达到总费用的 25%。日本在限额内的长期护理服务，个人负担费用 10%，超额的费用全自费；2017 年修订护理保险法案，提高服务利用者的自付比例，第一号参保人中高收入者个人自付部分由 20%提升到 30%。韩国规定，个人接受居家护理服务需自付总额的 15%，接受机构护理服务需自付 20%，护理机构中食宿费也应由个人负担，超过护理限额之外的部分由个人全部负担。法国规定，对于 1~2 级重度失能者，如果在家接受医疗保健服务，每月自付 1 500～4 000 欧元不等；如果在疗养院接受保健服务，则每月自付 1 300～2 000 欧元不等。

(4) 服务质量问题较多。服务质量受外因和内因的共同作用的制约。虽然各国都采取一些积极措施来提高护理服务的质量，譬如，制定法律、成立专门机构和设置业务规范等，但服务人员的态度和专业水平、服务机构的管理能力等内因对服务质量的影响较大。

荷兰已经出现了一些质疑的声音：如何确保非营利组织提供的护理服务质量？长期

护理服务机构通过了相关标准的认证是否就能确保服务的质量？所以，提升服务机构的管理能力和服务人员的专业水平成为提高护理服务质量的必要条件。

在以色列，部分护工缺乏正规的培训教育，特别是缺乏护理老年人的培训。同时，有些护理服务组织常常违反法律，降低法律赋予护工的一些社会权益，这导致了护工们对工作的积极性不高，没有动力去提高服务质量。

德国长期护理保险法案规定，建立质量保证仲裁机构，其主要任务是处理保险方与服务提供者之间的费用纠纷，但没有关于护理服务质量纠纷问题的仲裁规定，这不能不说是立法的一大遗憾。

日本和韩国的护理人员由于大多收入低于社会平均工资水平，导致辞职率较高，虐待老人现象屡屡被媒体曝光，新的护理人员不断进入，但缺乏高质量的、从业稳定的护理人员。2010 年，韩国有 3 000 多名护理人员是文盲、存在健康问题，或是未成年人以及 80 岁以上的老年人。由于城市人口密度大，私营机构更倾向于涌向城市提供服务而忽视农村。农村老年人口多，地方政府支出又少，服务提供比较有限。

10.5 中国长期护理保险制度试点

10.5.1 人口老龄化与失能人口趋势

21 世纪初，我国开始进入老龄化社会。2010 年第六次全国人口普查结果表明，我国 60 岁及以上人口 1.78 亿，占总人口比重为 13.26%，其中 65 岁及以上人口为 1.19 亿人，占比 8.87%。① 2020 年第七次全国人口普查数据显示，60 岁及以上人口为 2.64 亿人，占总人口比重为 18.70%，比 2010 年上升 5.44 个百分点；其中，65 岁及以上人口为 1.9 亿人，占比 13.50%，比 2010 年上升 4.63 个百分点。② 人口结构趋向快速老龄化。

在规模庞大的老年人口中，有相当一部分人正处在失能或半失能的状态。据全国老龄工作委员会统计，2010 年我国失能老年人口约 3 300 万人，2015 年上升到 4 063 万。据预测，2030 年失能老龄人口在总失能人口中的占比将超过 57%，规模在 7 700 万人以上，失能老年人将经历平均 7.44 年的失能期。③ 此外，老年慢性病患者群体规模庞大。据预测，到 2030 年，中国患有一种及以上慢性病的人数将占比 40%，大约 80%的 60 岁及以上老年人将死于慢性疾病。④ 慢性病患者是失能人群的潜在对象。总体上，失能已经成为中国社会的一个新风险。

---

① 国家统计局．第六次全国人口普查主要数据发布．（2011－04－28）．中国政府网．

② 国家统计局．第七次全国人口普查主要数据情况．（2021－05－11）．中国政府网．

③ LUO Y N，SU B B，ZHENG X Y. Trends and challenges for population and health during population aging：China，2015—2050. China CDC Weekly，2021，3（28）.

④ 世界卫生组织．中国老龄化与健康国家评估报告．（2016－06－15）．https：//iris. who. int/bitstream/handle/10665/194271/9789245509318－chi. pdf；sequence＝5.

10.5.2　长期护理保险制度试点启动

为积极应对人口老龄化，人力资源社会保障部于 2016 年发布《关于开展长期护理保险制度试点的指导意见》，第一批在 15 个城市启动长期护理保险制度试点。

2018 年国务院职能部门改革后，长期护理保险归口国家医保局管理。2020 年，国家医保局和财政部联合颁布《关于扩大长期护理保险制度试点的指导意见》，第二批新增 14 个试点城市，试点期限 2 年，“坚持独立运行，着眼于建立独立险种，独立设计、独立推进。坚持保障基本，低水平起步，以收定支，合理确定保障范围和待遇标准。坚持责任共担，合理划分筹资责任和保障责任”。希望探索建立以互助共济方式筹集资金、为长期失能人员的基本生活照料和与之密切相关的医疗护理提供服务或资金保障的第六大社会保险制度。

截至 2022 年底，长期护理保险制度国家试点城市 49 个，参保人数达到 1.69 亿，累计 195 万人享受待遇，累计支出基金 624 亿元，年人均支出 1.4 万元①，切实减轻了失能人员的家庭负担。

10.5.3　长期护理保险制度试点政策存在的问题

结合各个试点城市政策方案，从参保对象与受益人群、资金筹集与待遇支付、服务内容与供给方式、支付范围与保障水平、结算方式与质量监管等方面进行比较，可以发现各地政策大不相同，呈现出一种“碎片化”的现象。归纳起来，主要表现出以下几个问题。

1. 顶层设计问题

目前指导地方长期护理保险制度试点的最高文件是上述两个试点指导意见。首先，就文件本身来说，属于框架性、原则性的规范，没有具体的实施标准，从而试点城市可以各自决策，自行其是。其次，文件发布缺乏与长期护理服务紧密相关的民政、卫生等部门的联合，因而地方在执行过程中难免协调、整合力度不够。这是一个最根本性的问题。

2. 筹资来源问题

《关于扩大长期护理保险制度试点的指导意见》指出，试点起步阶段可从其缴纳的职工基本医疗保险费中划出，不增加单位负担；个人缴费基数为本人工资收入，可由其职工基本医疗保险个人账户代扣代缴。因此，各试点城市大多采取划转医保统筹基金的结余资金和一定比例个人账户资金，这是地方长期护理保险基金筹资的主要来源，但依赖医保基金很容易发生“断供”风险。

---

① 49 个城市试点长护险 建立失能人员照护体系.（2023-06-19）. 中国政府网.

3. 待遇标准问题

《关于扩大长期护理保险制度试点的指导意见》还指出，对符合规定的护理服务费用，基金支付水平总体上控制在70%左右。但是，各试点地区长期护理服务供给方式大致有居家护理的“家护”、养老机构的“院护”、医疗机构的“专护”三种。三种服务方式的待遇标准按照什么原则确定？如果按照市场定价，那么“专护”的医疗专业性高，待遇标准就高；如果按照“居家为基础、社区为依托、机构为补充”的养老政策导向，那么就要求居家护理的待遇标准更高，才能发挥引导的功能。从实践来看，按前者确定待遇标准的居多。

4. 医养结构问题

理论上来说，现代社会的养老不再局限于传统社会的日常生活照料的养老方式，而是包括慢性病治疗、大病重病术后康复、心理慰藉疏导等医养康护为一体的长期护理服务。一些试点地区的实践表现出“专护”“院护”“家护”等多种形式。目前不少试点城市的医养结构是一种“捆绑式”结合，养老机构里开设医院，医院里开设养老院。前者会导致医保基金外流，后者会导致医疗保险和长期护理保险双重支付的道德风险。

5. 支付机制问题

支付机制包括支付方式、支付范围、支付标准以及支付结构等方面。目前，试点城市支付方式有定额（或限额）支付和比例支付两种。支付范围包括床位费、护理费、耗材费、设备费等费用。各种护理服务方式的支付标准的差异要合理。支付结构方面要制定合理的共付机制，建立政府（救助）、市场（保险）、社会（慈善）以及个人（缴费）等多元主体责任体系。从试点城市的政策来看，长期护理保险的支付机制不清晰。

6. 运行管理问题

总结起来，各试点的长期护理保险在运行管理方面存在以下问题：一是待遇给付是现金发放还是服务供给，抑或是二者兼备，各试点城市政策文本中并没有提到服务不及地区的待遇以什么方式提供。二是定点服务机构的遴选标准是什么，民营机构的准入门槛又是什么。三是失能评估机制滞后导致实践中认定难，失能评估机制包括失能等级鉴定标准问题和失能评估专业队伍问题。2021年，国家医保局办公室和民政部办公厅联合发布了《长期护理失能等级评估标准（试行）》，2023年12月，国家医保局、财政部联合制定了《长期护理保险失能等级评估管理办法（试行）》，这两项国家标准相较于各地“碎片化”的失能评估标准有了很大进步，但在等级认定的对应服务项目、服务时间和支付标准等方面还有较大的提升空间。

7. 质量监管问题

从各地长期护理服务供给过程来看，质量问题存在于两个方面：其一，服务递送者的专业化水平较低，养老护理员职业标准尚未产生全面的效益。2024年2月，人力资源社会保障部、国家医保局发布了健康照护师（长期照护师）国家职业标准。这是我国首个长期照护师国家职业标准，对长期照护师的职业技能等级、职业培训要求、职业道德等进行规范。其二，国家医保局与财政部联合发布的《关于扩大长期护理保险制度试点的指导意见》，以及国家医保局与财政部联合发布的《长期护理保险失能等级评估管理办法（试行）》对长期护理保险服务质量监管、评估人员资质及评估流程等做了规定，但各地建立健全规范化的评估队伍还需要较长的时间。特别需要注意的是，长期护理保险扩大覆盖面后，农村长期护理服务质量风险的管控难度更大。

10.5.4　长期护理保险制度试点政策的发展方向

根据长期护理保险制度的国际经验，以及中国现阶段经济发展水平和老龄化发展趋势的国情，结合上述试点城市长期护理保险制度试点政策方案存在的问题，有必要采取积极的措施来推动和完善我国长期护理保险制度建设。

1. 顶层设计应高瞻远瞩

一是需要在总结试点经验的基础上，借鉴德国、日本长期护理保险法，颁布一个条文相对具体的文件。二是确立以服务为重的指导思想。不少试点地区没有相对完善的长期护理服务规范。三是确立“公平优先，兼顾效率”的价值理念。目前长期护理保险重点应该保障重度失能失智老年人，并逐步扩面到中度失能失智老年人，“公平优先”应该是理性的决策。

2. 筹资渠道需要多元化，公共财政投入不可缺位

综观全球建立长期护理保险制度的国家，无论是津贴制还是保险制，政府财政投入都是重要的资金来源之一。社会问题需要公共政策解决，公共政策必然要求公共财政有所作为。我国长期护理保险在扩面和定型之际，应适当投入公共财政，体现中央政府和地方政府的财政职责，同时，给医保基金的可持续发展留下空间。

3. 实行“分类指导”原则，以社区居家服务为主

长期护理服务重点是“康”“养”“护”，“医”是辅助。这样，居家服务和社区服务可归为第一类，处于基础地位，主要为健康老人、轻度失能老人提供日常生活照料服务，以及为出院病人提供社区连续性护理；养老机构归到第二类，为重度失能老人提供照料、清洁护理等基础医疗服务；医疗机构则属于第三类，处于护理服务的顶端，重点为慢性病患者提供康复服务和为临终病人提供安宁疗护。

4. 医养结合不是简单的“养老机构＋医疗机构”

目前我国倡导医养结合，但绝不是各地在实践的“养老机构＋医疗机构”的简单“1＋1”思维。第一，养老机构要分类。可划为助养型（半失能）、护理型（重度失能）两大类。第二，按养老机构规模设立医疗机构，切不可所有养老院“一哄而上”办医院。第三，

医院提供养老服务要慎重。三甲医院主要承担治疗疑难杂症、重病的功能，不可为了利益办养老专区。经济效益不好的二级医院和企业医院可备案转行办成养老护理院、老年病专科医院。

5. 支付范围上要体现“适度保障”，支付结构上要注重“弱有所扶”

为了实现长期护理保险健康运行，除了在待遇标准上实行总额控制以外，在支付范围上既要“有所为”，又要“有所不为”，也就是说不是所有的长期护理服务费用都在合规费用之内。根据适度保障原则，间接费用需要服务者自费。

长期护理保障的核心是长期护理保险制度，但是单靠这一个制度难以保障全体失能老年人。救助、保险和福利要发挥长期护理保障三支柱的作用。针对贫困家庭的重度失能老人，由政府发放津贴，或免费参保，或由慈善服务机构提供照护服务，以体现“弱有所扶”的社会建设目标。

6. 明确建制目的，制度建设上才能方向不偏

依据长期护理保险的建制目的，保险待遇以提供服务为主是上策。只有在山区、偏远地区以及照护服务不可及的条件下，为了公平起见，可以实行现金发放形式。以提供护理服务为主，能直接地解决失能老年人的需求，间接地促进养老服务市场的繁荣，并推动养老产业的发展。

7. 建立相关标准体系

长期护理保险制度的特殊性，决定了前端的失能评估、中端的服务供给以及末端的质量监管三个环节缺一不可。首先，与医疗保险不同的是，失能等级评估是参保人享受护理保险待遇的先决条件，所以，建立全国统一的失能等级评估标准体系就显得十分重要。这个标准体系关系到受益人数多少、保险费率高低、缴费方负担、财政投入比例大小、服务供给分级能力以及服务质量评价等诸多方面。可以说，失能等级评估标准是长期护理保险的“守门人”。其次，在中端的服务供给环节，至少应该有两个标准体系：一是定点机构的遴选标准，二是养护人员的教育与培训标准。最后，在末端的质量监管环节，需要学习国际上先进长期护理保险制度的经验，设立质量管理部门，加大检查处罚力度，发挥系统内与系统外监督的合力作用。

8. 整合照护资源，多方协作联动，推进长期护理保险健康发展

2017 年，世界卫生组织明确指出，整合照护（integrated care for older people，ICOPE）就是把老年人的所有需求置于照护的中心，通过支持老年人、初级照护者以及更广泛的医疗卫生系统等措施实现“健康老龄化”的目标。① 因此，长期护理保险制度试点顺利推进需做到整合以下相关资源。第一，筹资渠道的整合。做好长期护理保险与经

---

① WHO. Integrated care for older people（ICOPE）.（2017 - 10 - 23）. http：//www. who. int/ageing/health-systems/icope/en/.

济困难的高龄、失能老年人补贴以及重度残疾人护理补贴等政策的衔接。这些资源整合后，可以减轻长期护理保险的财政投入负担和避免参保人缴费负担重、重复享受待遇的问题。第二，服务传递的整合。将家庭照护、社区照护和社会照护以被照护者为中心统和起来，建立社区与志愿者、社会、政府等多维整合。此外，根据照护服务的需求规模，推行跨区域的机构整合，重点关注慢性病老年人以及重度失能失智失独老年人。第三，专业团队的整合。在失能评估、复核和护理方案制定上，组成老年病医师、康复师、护士、养护员、社工以及其他辅助人员的跨学科服务团队。在业务经办上，国家医保局、民政部、国家卫生健康委、商业保险公司“联姻”负责质量监管、待遇支付等方面。第四，智能化整合。通过互联网大数据、云计算等手段，积极推进相关的人流、物流、信息流、服务流等资源整合，形成区域范围内的智能化“护联网”服务平台，实现智慧养老。

本章小结

1. 长期护理保险是国家颁布护理保险法律，以社会化筹资的方式，对由于患有慢性疾病或处于生理、心理伤残状态而导致生活不能自理，在一个比较长的时期内需要依赖他人的帮助才能完成日常生活的人所发生的护理费用，以及非正规护理者的经济补偿进行分担给付的一种制度安排。

2. 长期护理保险的性质：属于社会风险的化解机制，具有特定的价值导向，体现了对生命尊严的重视，是社会保障领域的制度创新。长期护理保险的特点：凸显服务保障性，服务提供多元化，受益具有选择性，配套体系更具重要性，促进服务产业化等。

3. 长期护理保险的功能：提高老年人的生命质量，促进家庭代际的良性互动，缓解老年人及其家庭的经济贫困，维系老年人的社会关系网络，培育新的经济增长点等。

4. 长期护理保险制度由长期护理保险基金体系和长期护理保险服务体系构成。在两大体系内部，资金筹集系统与待遇支付系统、待遇支付系统与服务提供系统、服务提供系统与服务配套机制系统两两之间都表现出相互促进、相互依从和相互制约的关系。

5. 我国长期护理保险制度试点政策目前存在的主要问题：顶层设计问题、筹资来源问题、待遇标准问题、医养结构问题、支付机制问题、运行管理问题、质量监管问题等。

关键术语

人口老龄化　population aging

医疗护理　medical care

长期护理　long-term care，LTC

长期护理保险　long-term care insurance，LTCI

居家护理　care at home

机构护理　institutional care

实物支付　care in kind

现金支付　cash benefit

护理管理师　care manager

护理站　care station

整合照护　integrated care for older people（ICOPE）

复习思考题

1. 发达国家建立长期护理保险制度的根本原因是什么？
2. 长期护理保险制度两大体系之间的关系是什么？
3. 长期护理保险制度模式包括哪些？
4. 长期护理保险实施了哪些改革举措？面临的挑战有哪些？
5. 我国长期护理保险制度试点政策存在哪些突出的问题？未来发展方向是什么？
6. 为什么说长期护理保险制度试点是我国积极应对人口老龄化的战略决策？

阅读材料

郑功成：养老服务业需做大调整

国家应当以更高程度的重视、更大的投入、更合理的政策设计来促进养老服务业大发展。

首先，发展思路要有所转变，必须从供给导向转向需求导向，从重机构养老转向重居家养老。应当以老年人的实际需求为规划、布局、发展养老服务业的出发点，以满足居家养老为重点，真正实现精准服务。必须从政府包办转向政府主导、社会与市场深度参与。应充分调动社会资源与市场资源，尽快提高养老服务的供给能力。

其次，居家、社区、机构养老必须从相互分割转向三位一体。尊重绝大多数老年人居家养老的意愿，让社区成为养老服务业的牢固基石，让包括养老机构在内的各种机构能够透过社区组织、社区设施与互联网为老年人提供服务。现有简单的生活照料式养老服务必须转向医养结合并注重情感保障的质量型养老服务。

为实现上述转变，要重塑政策支持体系。当前亟待打破部门分割、政策分割的格局，代之以统筹规划布局、精准支持的完整政策体系，突出居家养老的主体地位。要从以年龄为依据转向以身体失能状况为依据，合理配置公共资源。相对于健康老人而言，失能、半失能老人是最需要照顾的群体。公办养老机构应当走向民营化，同时大力发展民办养老机构，并通过购买服务等措施积极引导其走向社区，最终形成立足社区的养老服务网络。

最后，财政资源配置要重视效率。不求所有但求所用，不应不设门槛而更应强化引导作用，购买服务值得重点考虑。建议出台相应的金融、住宅、家庭支持政策，包括确立支持养老服务业的长期优惠贷款政策，制定支持居家养老的住宅政策，建立维系家庭成员互助的家庭政策等。

资料来源：郑功成．养老服务业需做大调整．人民日报，2015-11-20.

美国老年人多元养老服务

美国老年人养老服务主要包括家中照顾服务、机构照顾服务、医疗健康服务、教育服务以及就业服务等几个方面。家中照顾计划是美国最重要的家中照顾项目。该计划的经费是由联邦、州和县政府联合负担的，目的是帮助 65 岁以上的老人、失明或伤残者，以使这些不能照顾自己或料理家务的人也可以继续在家中生活。家中照顾计划的服务内容主要包括四个方面：（1）家务，包括扫地、吸尘、收拾及清洁房间、更换床单等。州政府支付每月不超过 6 小时的家务费用。（2）与家务有关的服务，包括做饭、洗涤衣物和碗碟、买菜和其他日常用品，也料理一些日常生活必需的杂事。（3）非医务性个人身体照顾，包括喂食、更换衣服、洗澡、扶助走路、照顾使用呼吸用具、服侍大小便等。（4）其他服务。这些服务的目的是帮助需要照顾的人在家中安全、独立地生活，而不必住进疗养院或公共医疗机构。

除了居家养老之外，还有很多美国老年人选择老年护理院、老年公寓和老年社区等机构的养老方式。居住在老年护理院的老年人大多因为身体或精神原因失去生活自理能力，他们一般需要全天候看护。选择居住在老年公寓的老年人一般具有生活自理能力，但也有部分老年人需要借助辅助工具才能完成日常活动。老年公寓一般按照家庭居住格局设计，可以满足老年人的各种需求。老年公寓除了提供日常饮食起居方面的照料之外，安排老年人活动是重要的服务内容，包括开展适度的体育锻炼、开生日派对、学习制作简单手工艺品、集体购物，以及外请相关人士作讲座等。老年社区是综合性老年养老场所，社区内包括独居、公寓、助理院、护理院等不同的居住方式。老年人可根据自己的身体条件、生活能力、个人意愿选择社区内不同的居住环境。

资料来源：王延中．中国社会保障发展报告（2014）．北京：社会科学文献出版社，2014.

德国长期护理保险缓解了老年贫困

根据《2018 年德国贫困报告》，德国至少有 1 370 万人生活在贫困线之下，其中，数量上处于第二位的是退休者，即领取退休金的人。65 岁以上老人的贫困率为 17.7%，虽然比全国平均水平（19%）低一点，但却有越来越多的老人陷入贫困之中，这表明德国的老龄化危机日益严重。

德国的长期护理保险虽然不是直接作为反贫困措施提出的，但通过这一保险使老年人的护理得到了制度上的保障，尤其是对贫困老年人的护理，从而缓解了此前很多退休老人因须支付昂贵护理费用而陷入贫困的问题。因此，长期护理保险制度的建立也取得了一定的反贫困效果。此外，德国人普遍认可通过立法确立长期护理保险制度，他们认为国家应该在需要的时候承担必要的社会福利责任，而不是将这些责任完全推给个人，通过全社会的投入（共同交纳护理保险费）来减轻个人及其家庭的负担，从而减少贫困。

资料来源：潘亚玲，杨阳．德国“新贫困”问题研究．当代世界社会主义问题，2019（3）：148－157.

第 11 章

社会救助

贫困治理（poverty governance）是党和国家工作安排的重中之重。改革开放以来，秉承共享发展成果的理念，党和政府与时俱进地提出了适合不同时期的反贫困战略，包括：经济体制改革推进减贫阶段（1978—1985 年）；有组织开发式扶贫阶段（1986—1993 年）；专项计划攻坚阶段（1994—2000 年）；重点调整效果巩固阶段（2001—2010 年）；精准扶贫建成小康社会阶段（2011—2020 年）。自党的十八大以来，我国平均每年 1 000 多万人脱贫，贫困人口收入水平显著提高，全部实现“两不愁三保障”。2 000 多万贫困患者得到分类救治，近 2 000 万贫困群众享受低保和特困救助供养，2 400 多万困难和重度残疾人拿到了生活和护理补贴。到 2021 年 2 月，中国宣布消除了绝对贫困，创造了人类反贫困斗争史上的奇迹。

我国社会救助充分体现了集中力量办大事的中国特色社会主义制度优势。面对灾害，在党的统一指挥部署下，全国的人力、物力、财力能够迅速聚集，创造出以转移安置、对口支援和“小汤山”“火神山”“雷神山”等为典型代表的中国奇迹和中国模式，为战胜灾难奠定了坚实基础。①

学习要点

1. 了解社会救助理论产生的背景
2. 掌握社会救助的基本特性和功能
3. 把握社会救助的基本内容
4. 思考我国社会救助的发展方向

① 中共江西省委党史研究室课题组. 社会主义制度优势是战胜一切灾难的重要保证. 党史文苑，2020（7）.

11.1 概 述

早期的社会救助形式包括宗教慈善事业、官办慈善事业及民间慈善事业，规模小，缺乏组织性和连续性。现代社会救助制度产生于 20 世纪 30 年代，当时欧美各国正处于经济大萧条时期，大规模的失业产生了大量的贫困人口，对资本主义制度形成了强力冲击。既有的社会保险和济贫制度无法完全解决这一贫困问题，各国不得不尝试建立社会救助制度。1942 年，英国发布了社会保障史上具有里程碑意义的《贝弗里奇报告》，其中设计了一整套“从摇篮到坟墓”的社会福利制度，并拟定了一个社会救助方案，强调了社会救助中政府责任和公民义务的统一。在该报告的指引下，各国逐渐建立起现代社会救助制度，政府成为社会救助的主要承担者。

11.1.1 社会救助的含义

社会救助（social assistance）是指由国家与社会向由于失业、疾病、灾害等各种原因而陷入生存困境的公民提供财物接济和生活扶助，以保障其最低生活需要的一种社会保障形式。社会救助可分为广义和狭义两种，其中广义的社会救助指国家和社会力量共同保障贫困人口最低生活需要，狭义的社会救助指通过立法由国家或者政府依托国家财政对贫困人口展开的救助。可见，广义的社会救助不仅包括狭义的社会救助，也包括社会公众的慈善捐赠等其他救助行为。

从上述定义来看，社会救助包含以下几层含义。[①]

1. 社会救助的实施主体是政府或社会

早期，社会主流观点认为贫困是愚昧和堕落的后果，贫困人口是导致自身当前困境的主要原因，因此当时的政府承担社会救助是勉强和被迫无奈的，社会公众的捐赠则体现出施舍的特点。随着人们对贫困成因看法的转变，现代社会救助制度认为，在个体遭遇生活困难时，政府有义务和责任进行救助，受助者得到救助也不必感恩戴德。因此政府除了需要承担社会救助的财政责任，也需要负责社会救助制度的构建，以及履行社会救助的具体执行和管理的义务。可见，现代社会救助制度体现出权利与义务单向性的特征。

2. 社会救助的对象是社会弱势群体

社会救助针对特殊困难群体展开，不需要受助者缴费参保，只需要符合法律法规中规定的条件，如贫困救助通常只需要贫困家庭或个体的收入水平低于贫困线，而灾害救助则面对所有受灾人员迅速及时全面展开，这些受助者无法通过自身能力摆脱困境，只能借助国家和社会的力量。社会救助具有全民性，任何个体只要遭遇不幸达到救助标准

---

① 郑功成．社会保障学．北京：中国劳动社会保障出版社，2005.

均可获得救助。而其他社会保障子系统仅覆盖特定群体，如社会保险主要面向劳动者且需要缴费参保方可享受，军人社会保障仅覆盖军人群体等。因此，社会救助制度是属于全体社会成员的兜底保障制度。

3. 社会救助的目的是保障社会弱势群体的最低生活需要

不同于社会保险预防劳动风险的目标、社会福利实现发展性需求或享受性需求的内涵，社会救助的目的是缓解生活困难，保障社会弱势群体的生存性需要，因此被称为最后的“安全网”。可见，社会救助的对象虽精准但力量有限，无法实现困难群体的发展性需要，需要与社会保险、社会福利等社会保障子系统相互联动。

11.1.2 社会救助的发展历程①

社会救助的产生不仅受制于经济和社会发展水平，而且需要社会思想条件的成熟。首先在经济上，社会救助诞生于生产社会化、收入差距扩大的背景之下，社会生产力有一定的剩余可以用于救助穷人。其次从社会角度而言，劳资矛盾不断激化、贫富差距持续扩大，严重影响到社会稳定，社会救助成为必要。最后在思想上，政府与社会公众意识到国家有责任、有义务实行社会救助。

世界上最早的社会救助立法起源于1601年英国的《伊丽莎白济贫法》。真正具有现代意义的社会救助制度产生于20世纪初，人们已经普遍意识到贫困并非万恶之源。20世纪30年代，经济大萧条加剧了贫困现状，社会陷入不稳定状态。1942年，英国发布了著名的《贝弗里奇报告》。该报告实施一整套“从摇篮到坟墓”的社会福利制度，建立了一个全社会性的国民保险制度。此后，英国相继颁布了一系列法案，其中《国民救济法》构建了现代社会救助制度。至此，英国率先成为福利国家。

在20世纪60年代至70年代前半期，福利国家的福利发展达到顶峰时期，保障范围和支付标准持续提高。然而随着经济衰退的到来，人们开始重新审视福利国家的制度。首先，福利支出超过了经济发展的实际承受能力，对国家财政、企业和个人都带来了沉重负担；其次，过于完备的社会保障项目和过高的支付标准极大地降低了被救助者的劳动积极性，助长了懒惰行为，滋生了福利“蛀虫”；最后，庞大的社会保障体系运作成本较高，效率低下。面对这一危机，福利国家开始进行改革：一方面，逐步由福利的普遍主义原则转变为差别主义原则；另一方面，引入社会多元主体作为福利保障方，减小政府的压力。

11.1.3 社会救助的基本特性和功能

1. 社会救助的基本特性

社会救助是现代社会保障体系中不可或缺的一部分，和其他社会保障子系统相比，

---

① 钟仁耀．社会救助与社会福利．上海：上海财经大学出版社，2017.

② 奥菲．福利国家的矛盾．长春：吉林人民出版社，2006.

社会救助具有自身的特殊属性。

（1）最低保障性。社会救助是保障社会大众最低生存需要的最后的“安全网”，在各种社会保障制度中，社会救助制度的保障水平是最低的。只有实现了最低生存保障，才谈得上追求生活质量和发展的需要。通过将社会救助与社会保险、社会福利等制度相衔接，形成了逐步递进的差异化的社会保障制度设计。

（2）权利与义务的不对等性。社会救助的提供者为国家，受助者为生活陷入困境的社会成员，双方存在权利和义务的不对等，社会救助的受助者只要符合条件就有权利申请救助，不需要缴费或提供对等的劳动，而社会救助的提供者则有义务无条件地为符合条件的申请者提供救助。

（3）救助对象的全民性和有限性。救助对象的全民性指任何社会公众都有可能遭遇风险而无法依靠自身力量摆脱困境，因此任何人都是社会救助的潜在救助对象。救助对象的有限性是指，在实际救助过程中，救助对象需要达到法律法规规定的标准才能够获得救助。这样做一方面有利于减轻社会救助资金的支出压力，保证社会救助的可持续性；另一方面通过严格的资格审查，筛选出真正需要帮助的群体，提高救助的有效性，降低救助对劳动积极性的不利影响。

2. 社会救助的功能

早期的社会救助表现出应急性、临时性的特征，而现代社会救助已成为各国社会保障体系中长期实施的措施之一，对经济和社会产生了重大影响。

（1）托底线、救急难，缓解贫困，保障生存需要。社会救助的基本功能就是帮助陷入困境无法摆脱的群体维持最低生存需要，保障对象通常是社会最底层、抵御风险能力最弱、持续贫困的群体，除此之外，由于突发灾害和意外短期困难的群体也被纳入社会救助保障范围。因此，社会救助走在消除贫困的第一线，在扶贫攻坚中发挥着关键作用。

（2）缩减收入差距，稳定经济。市场机制在推动经济迅速增长的同时，也带来了贫富差距的不断扩大，如果没有政府干预，收入不均衡现象将愈演愈烈。社会救助资金主要来源于税收收入，而高收入者缴税更多。由此可见，社会救助相当于将高收入者的一部分收入转移支付给贫困人口，有助于缩减贫富差距。

同时，社会救助在一定程度上对经济运行可以起到自动稳定器的作用。在经济衰退期，大量贫困人口的出现会导致社会救助支出的增加，而贫困人口获得救助后会进行生活消费，从而激活内需，推动经济增长。经济进入快速增长期后，大量的就业机会出现，贫困人口锐减，社会救助支出将减少，由社会救助所带来的需求会降低，从而避免经济过热。

（3）维持社会稳定。研究显示，贫困是导致犯罪发生的原因之一，对社会稳定产生不利影响。一方面，社会救助的介入有助于切断贫困的恶性循环、削弱犯罪动机、降低犯罪率、维护社会稳定。另一方面，社会救助体现了国家对贫困群体的人文关怀，促进了社会公正，从而促进社会和谐。

11.2 社会救助的理论基础

社会救助自诞生之日起就与贫困紧密相连，社会救助是旨在消除贫困的重要措施和政策之一，而贫困理论的发展推动了社会救助的演变。贫困是个极其复杂的全球性难题，一方面，贫困问题具有持续性，即个体或家庭一旦陷入贫困，如无外力帮助很难在短期内摆脱贫困状态；另一方面，贫困问题兼具动态性特征，随着经济形势和社会政策的变化，贫困的广度、深度和维度都会发生转变。

11.2.1 贫困理论

在贫困理论体系中，贫困的致因和贫困测度理论与社会救助的设置息息相关。

1. 区域贫困理论

贫困的原因究竟是什么？早期研究视贫困问题为纯粹的经济问题，从基本需求、收入以及资产方面来研究贫困。1953 年，美国经济学家罗格纳·纳克斯（Ragnar Nurkse）提出了贫困恶性循环理论，该理论指出“穷国之所以穷，就是因为它们穷”。具体而言，贫困恶性循环理论从需求和供给两个角度分析欠发达国家的贫困问题。在需求方面，欠发达国家人均收入水平低下导致购买力和消费需求不足，不足以吸引大量资本前来投资，即资本形成不足。与此同时，在供给方面，较低的人均收入水平意味着人们大部分收入将用于生活消费，而储蓄水平较低，也将造成资本形成不足。需求和供给共同导致的资本形成不足，使得欠发达国家难以扩大生产规模和提高生产率，导致低产出和低收入，周而复始，形成了贫困的恶性循环。① 在同一时期，美国经济学家纳尔逊（Nelson）提出了低水平均衡陷阱理论。

知识链接 11-1

纳尔逊低水平均衡陷阱理论

低水平均衡陷阱理论（the theory of low-level equilibrium trap）由美国经济学家纳尔逊于 1956 年提出。纳尔逊认为，人口增长率对于人均国民收入水平是很敏感的。生活贫困，死亡率必然较高，从而抑制了人口的增长，一旦人均收入的增长率快于人口的增长率，人民生活将有所改善，生活改善将降低死亡率并提高生育率，从而加快人口增长速度；快速上升的人口增长率又将使人均收入回到原来的水平，这样就出现了一个“低水平均衡陷阱”。所以，不发达国家必须进行大规模资本投资，使人均收入的增速快于人口的增速，才能摆脱这个陷阱，从而实现人均收入和经济的增长。该理论的核心在于资本投入对经济增长的重要作用。

---

① 雷格纳．不发达国家的资本形成．北京：商务印书馆，1966.

低水平均衡陷阱理论的意义在于：第一，发展中国家和地区贫穷落后的主要原因是人均收入过低、投资量小，而人均收入低的原因在于资本形成不足。由此可见，资本稀缺是经济发展的主要障碍和关键所在。第二，它提出了全面地、大规模地投资以大幅度提高资本形成率，实现经济增长的要求。第三，它从多方面分析了资本稀缺对经济增长的障碍，强调了资本形成对摆脱低水平均衡陷阱的决定作用。

资料来源：NELSON R R. A theory of the low-level equilibrium trap in underdeveloped economies. American Economic Review，1956，46（5）.

与此不同，诺贝尔经济学奖获得者、瑞典著名经济学家缪尔达尔（Myrdal）提出了循环累积因果关系理论，他认为贫困不是纯粹的经济现象，而是呈现社会、经济、政治、文化、技术互相影响的循环态势。市场机制不能使各地区的经济得到均衡发展，相反市场力的作用一般倾向于增加地区间的不平衡，一旦某些地区由于初始优势而超前于别的地区获得发展，那么这种发展优势将保持下去，从而使穷者更穷、富者更富，导致二元经济结构的形成。循环累积因果关系对地区经济发展产生两种效应：回波效应和扩散效应。回波效应指劳动力、资金、技术等生产要素将由回报率较低的欠发达地区向回报率较高的发达地区流动，导致地区经济差距扩大。扩散效应指的是当发达地区发展到一定程度后，其生产成本急剧上升，经济增长减缓，资本、劳动力、技术就自然而然地向欠发达地区扩散，从而有助于欠发达地区的发展。[①]

2. 能力贫困理论

能力贫困理论是由诺贝尔经济学奖获得者阿玛蒂亚·森（Amartya Sen）提出的。该理论指出贫困不仅仅是相对的比别人贫穷，贫困的实质是基本能力的剥夺，人们可行能力的差距直接导致了收入的差距，这里的可行能力指一个人可以获得的各种功能性活动的不同选择组合，影响到可行能力的因素包括健康、教育、社会保障和社会歧视等。[②] 在此基础上，阿玛蒂亚·森还结合社会排斥理论发展出权利贫困概念，他认为贫困是人们缺乏话语权、社会参与权等权利导致的状态。根据领域的不同，权利贫困可分为政治权利贫困、经济权利贫困、社会权利贫困和文化权利贫困四种类型。其中政治权利贫困指公民在依法管理国家事务、参与政治活动，以及对国家机关和工作人员进行监督等方面权利不足或缺乏的状态。经济权利贫困指公民在享有劳动权利、同工同酬权利、休息权利、接受培训的权利，获得社会抚养和救济的权利，享受社会保障的权利以及参与决策的权利等方面权利不足的情况。社会权利贫困指公民在受教育权、社会保障权和环境权等方面的权利不足或缺乏的状态。文化权利贫困指公众在享有参与文化生活、享受科学发展等方面权利不足或受损的状态。[③]

阅读材料 11－1　个体贫困理论

① MYRDAL G. Economic theory and underdeveloped regions. New York：Harper & Row，1957.

② SEN A. Inequality re-examined. Cambridge：Harvard University Press，1992.

③ 阿玛蒂亚·森．贫困与饥荒．北京：商务印书馆，2001.

3. 贫困度量

贫困的度量标准随着贫困理论的发展而不断变化。起初贫困的测度局限于收入视角，依据贫困线计算贫困指标。此时，贫困线的设定就变得尤为重要。依据贫困的严峻程度，贫困可分为绝对贫困和相对贫困两类。绝对贫困指个人和家庭因缺乏生活资料或收入极为低下，无法依靠其劳动所得和其他合法收入维持基本生存需要的极度贫困状态。相对贫困则指不同社会成员之间存在显著的收入差距，某些个体和家庭收入低于社会平均水平，因此处于相对贫困状态。相应地，贫困线也可分为绝对贫困线和相对贫困线两种。目前世界各国并没有统一的贫困线，但一般而言，发展中国家多采用绝对贫困线，而发达国家的贫困线多为相对贫困线。如我国现行的绝对贫困线标准为 2010 年的每人每年 2 300 元，而世界银行公布的最低贫困线标准为每人每天 1.9 美元，中低收入贫困线为每人每天 3.2 美元，中高收入贫困线为每人每天 5.5 美元。[①]

当贫困线确定后，收入贫困便可从广度、深度和强度等不同层面展开测度。其中贫困的广度指标通常采用贫困发生率（head count ratio，HCR），即低于贫困线的人口占总人口的比率，计算公式为：

$$HCR = n/N$$

式中，n 为低于贫困线的人口；N 为总人口。

贫困发生率提供了贫困在某个国家或某一地区分布的信息，但无法体现处于贫困线以下人口的贫困程度和贫困的差异性。贫困差方法较好地解决了这一问题，依据这一方法产生了贫困差距比例（poverty gap ratio，PGR）和收入差距比例（income gap ratio，IGR）两种通用指标。PGR 指贫困人口收入距离贫困线的差距之和占全国总收入的比例，计算公式为：

$$PGR = \sum_{i=1}^{n} (p^* - u_i)/N\bar{X}$$

式中，u_i 为贫困人口 i 的收入；p^* 为贫困线水平；$\bar{X}$ 为全国人均收入。

PGR 直观反映了要使贫困群体脱贫所需要的资源占全国总收入的比例，但无法体现贫困人口规模的影响。IGR 指贫困人口收入距离贫困线的差距之和除以贫困线水平与低于贫困线人口之积，计算公式为：

$$IGR = \sum_{i=1}^{n} (p^* - u_i)/np^*$$

该式衡量了要想消除贫困所需要的资源占贫困群体的收入之和的比例。[②③]

贫困的测度突破了收入视角，从一维走向多维。多维贫困建立在能力贫困理论基础

---

① https://www.worldbank.org/en/topic/poverty/publication/poverty-and-equity-briefs.

② 雷明，姚昕言．贫困与贫困治理：来自中国的实践（1978—2018 年）．北京：经济科学出版社，2019.

③ 郭熙保．论贫困概念的内涵．山东社会科学，2005（12）；ALKIRE S，FOSTER J. Counting and multidimensional poverty measurement. Journal of Public Economics，2011（95）.

上，指贫困家庭在收入、教育、医疗、生活、社会保障等多维度处于被剥夺状况。据此，联合国开发计划署在1997年发布的《人类发展报告》中提出了新的贫困指标——人类贫困指数（human poverty index，HPI），该指数从寿命、知识和体面生活三个角度测算能力剥夺状况。其中，寿命的剥夺采用预期活不到40岁人口百分比表示；知识的剥夺使用成人文盲率表示；体面生活的剥夺则通过三个方面体现，包括无医疗服务的人口百分比、无安全饮用水的人口百分比和5岁以下体重不足儿童的百分比。人类贫困指数是通过将寿命剥夺、知识剥夺和体面生活剥夺三个指标平均计算得到。而后，联合国开发计划署和牛津大学贫困与人类发展中心共同开发了多维贫困指数（multidimensional poverty index，MPI）。

多维贫困指数测算方法包括逐个比较法、非加总方法和加总方法，其中王小林等人的双界限方法被广泛应用于研究中。① 假设 $x_{i,j}$ 代表家庭 i 在维度 j 上的取值，其中 $i=1,2,3,\cdots,n$ ，$j=1,2,3,\cdots,d$ ，令 n 个家庭在 d 个维度的取值构成矩阵 $M^{n,d}$ 。多维贫困的测量步骤如下：

（1）单维贫困识别。令 d_j 为第 j 个维度的贫困线，可生成 $n \times d$ 维剥夺矩阵：$g^o = [g_{i,j}]$

式中，$g_{i,j} = I(x_{i,j} < d_j)$ ，$I(x_{i,j} < d_j)$ 为指示函数，当括号内的条件成立时等于1，代表家庭 i 在维度 j 上是贫困的。

（2）多维贫困识别。根据剥夺矩阵可以得到家庭 i 总的贫困维度数 c_i ，即

$$c_i = \sum_{j=1}^{d} g_{i,j}$$

选取多维贫困的维度临界值为 k ，当 $c_i \geqslant k$ 时，家庭 i 被识别为多维贫困家庭。多维贫困发生率 $H = q/n$ ，即处于多维贫困状态的家庭数目 q 占总样本的比例。

（3）多维贫困指数计算。设定 w_j 表示维度 j 的权重，且 $\sum_{j=1}^{d} w_j = 1$ ，那么平均剥夺份额的计算公式为：

$$A = \sum_{i=1}^{n} \sum_{j=1}^{d} w_j \times g_{i,j} \times I(c_i \geqslant k)/q$$

该式代表多维贫困家庭的平均被剥夺维度数。多维贫困指数体现了贫困的广度和深度，即

$$M_0 = HA$$

就联合国开发计划署发布的多维贫困指数而言，报告中选取了三个维度共十个指标进行了计算，三个维度分别为健康、教育和生活水准，其中健康维度采用营养、儿童死亡率两个指标表示，教育维度采用受教育年限和入学率两个指标表示，生活水准维度则采用燃气、卫生设施、饮用水、供电、住房和资产等六个指标表示。多维贫困指数的计

① 王小林，ALKIRE S. 中国多维贫困测量：估计和政策含义．中国农村经济，2009（12）．

算采用了等权重方法，当个体被剥夺的指标数达到或超过全部指标的 1/3 时便被认定为多维贫困。[①] 实际上，双界线方法指标选取和权重设置的自由度较大，且缺乏对贫困的动态衡量，因此限制了研究间的可比性。[②]

11.2.2 社会救助理论

1. 福利经济学的社会救助理论[③]

福利经济学在 20 世纪初形成，它的发展经历了旧福利经济学和新福利经济学两个阶段。以庇古（Pigou）为代表的旧福利经济学采用基数效用分析方法研究社会福利最大化问题，因此个体的效用可以加总得到社会总效用。庇古认为，货币的边际效用呈现递减规律，因此同样 1 英镑，带给富人的效用要低于穷人，如果将 1 英镑从富人转移到穷人手中，社会总福利会增加。这种持续的转移会使得英镑带给穷人的边际效用逐渐降低，而带给富人的边际效用逐渐增高，当二者的边际效用相等时，社会福利实现最大化，不再有转移的必要。因此，旧福利经济学主张通过国家干预，如通过征收累进税的方式将富人的部分收入用于举办社会救助事业、帮助低收入者，从而达到收入分配的均等化和社会福利的最大化。

新福利经济学采用序数效用论，在帕累托原理的基础上进行了拓展，提出了补偿原理。补偿原理指一项制度是否可行取决于以下标准：第一，一部分社会成员福利改善的同时，其他社会成员的福利没有变；第二，如果其他社会成员福利恶化，那么只要福利改善的部分补偿完福利恶化部分之后仍有剩余，那么这种制度仍然是可行的，社会总福利实现了净增加。可见，补偿原理中的补偿需要国家干预才能从假想变为现实。

2. 市场失灵理论和政府失灵理论

亚当·斯密在《国富论》一书中指出，在商品经济中，每个人都以追求自己的利益为目的，在一只“看不见的手”的指导下，即通过市场机制自发作用的调节，个人为追求自身利益所做的选择，自然而然地会使社会资源获得最优配置。然而市场并不是万能的，随着资本主义经济的发展，垄断、公共产品、不完全信息和外部性的出现导致了市场失灵现象的发生，此时仅通过市场机制无法实现社会有限资源的最优配置，只有政府干预才能够推动社会福利实现最大化。社会救助正是基于市场失灵这一现象诞生和发展的。贫穷和收入差距的拉大是市场经济的产物，会对社会稳定和经济的长期稳定发展带来负外部性，同时贫困人口的识别存在信息不对称的情况，如果依靠市场经济来提供社会救助服务必然会导致覆盖规模小、质量差，且无法持续的情况，因此必须由政府制定社会救助制度才能够保障社会公众的基本生存需要。

---

① Global multidimensional poverty index 2021：unmasking disparities by ethnicity，caste and gender.（2021－10－07）. Relief Web.

② 邹薇，方迎风．关于中国贫困的动态多维度研究．中国人口科学，2011（6）.

③ 庇古．福利经济学．北京：商务印书馆，2020.

资本主义国家经济大萧条的出现加深了人们对于市场失灵的认识，凯恩斯主义应运而生，政府大规模介入经济和生活的方方面面，导致了另一个结果，即政府失灵现象。政府失灵表现为政府干预活动无法实现预期目标，或者虽实现目标但公共支出规模过大、效率低，甚至带来事先未曾预料到的不利的副作用。从社会救助方面而言，政府失灵体现在社会救助规模过大、水平过高、救助效率低、抑制了被救助者的劳动力供给。因此如何合理地确定救助群体和设置救助水平是提高社会救助效果的重点和难题。

美国著名经济学家查尔斯·沃尔夫（Charles Wolf）在《市场或政府：权衡两种不完善的选择》一书中指出，不是纯粹在市场与政府之间的选择，而是经常在两者的不同结合间的选择，以及资源配置的各种方式不同程度上的选择。[①] 纯粹的自由经济或计划经济都不利于实现社会资源的最优配置，但在政府与市场的最优关系问题上，争论仍未休止，探索仍将继续。

3. 负所得税理论

负所得税理论（the negative income tax theory）由美国经济学家弗里德曼在 1962 年提出，他认为可以通过对贫困人口征收负所得税的方式来提高贫困人口的个人可支配收入，改善其生存水平。[②] 其中负所得税和个人可支配收入计算公式为：

负所得税＝法定最低收入－(个人实际收入×负所得税税率)

个人可支配收入＝个人实际收入＋负所得税

世界各国均通过征收各种税收的方式来获得财政收入，其中个人所得税通常根据纳税能力原则设计税率，包括比例税率、固定税率、累进税率等，这种政策把富人的一部分收入通过税收的方式转移给国家，但是对于贫困人口而言，他虽然可能少缴或者不缴个人所得税，但其收入并没有增加，生活水平没有得到改善。而负所得税意味着国家以税收的形式向那些低于法定起征点的家庭转移支付，与当前实施的社会救助殊途同归，并且解决了社会救助资金来源不足的问题。

知识链接 11-2

弗里德曼的负所得税理论

1962 年，弗里德曼在《资本主义与自由》一书中提出了负所得税理论。负所得税实质上是政府以税收的形式给予低收入者补助的一种方式。

假设法定最低收入为 1 500 元，负所得税税率为 50%。那么，当纳税人的收入为 0 时，他不仅不需要纳税，反而可以从政府那获得 1 500 元的补助。但是，补助的数额将随着被补助人的收入增加而逐步减少。根据假定的负所得税税率为 50%可知，被补助人每增加 1 元的收入，补助将减少 0.5 元。当被补助人的收入为 1 000 元时，他可以获得的补助减少为 1 000 元。当被补助人的收入达到 3 000 元时，他可以获得的补助为 0。

负所得税理论提出后得到了很多经济学家的支持，但现实中并未真正实施过。人们

① 沃尔夫．市场或政府：权衡两种不完善的选择．北京：中国发展出版社，1994.

② FRIEDMAN M. Capitalism and freedom. Chicago：University of Chicago Press，2002.

担忧负所得税将降低低收入人群工作的积极性，尤其是对那些处于纳税临界点的被补助人而言。一方面，收入的上升将通过增加人们对闲暇的购买而导致工作时间的减少，此为收入效应。另一方面，收入的上升带来补助额度的下降，这意味着闲暇的机会成本下降，人们将增加闲暇时间，从而导致工作时间进一步减少，此为替代效应。

1967 年，麻省理工学院经济学博士生罗斯（Ross）向美国经济机会局提交了一份随机对照实验提案，并成功获得资助。该实验先后在新泽西州、宾夕法尼亚州、艾奥瓦州、北卡罗来纳州、印第安纳州、华盛顿州和科罗拉多州部分地区展开。结果发现，负所得税计划并没有大幅度影响人们的工作积极性，尤其是家庭顶梁柱的工作积极性。

资料来源：FRIEDMAN M. Capitalism and freedom. Chicago：University of Chicago Press，2002.

11.3 社会救助的基本内容

社会救助的内容通常包括生活救助、灾害救助和专项救助三方面，其中专项救助又可分为医疗救助、教育救助、住房救助、法律援助等。当前，我国的社会救助体系已经形成了以生活救助为核心、其他救助为辅的基本框架。

11.3.1 生活救助

1. 基本内涵

生活救助（life assistance），是指对生活在国家法定或当地法定最低生活保障标准之下的贫困人员进行现金和实物救济的一种社会救助方式。生活救助的目标是保障维持人的基本生活的最低需求，保障水平与当地经济发展水平相适应。生活救助实施主体是政府，对象是人均收入低于当地最低生活保障线的城乡居民。目前，我国城乡最低生活保障制度（minimum living standard security system）基本承担了生活救助的主要任务，对保障社会稳定、安定人民生活、促进生产发展起着非常重要的作用。

2. 实施程序

基于生活救助的选择性特征，救助对象的筛选和管理至关重要，世界各国大多通过救助申请制与调查制相结合的方式筛选救助对象。我国城乡生活救助主要按照申请、调查、群众评议、基层组织审核、主管部门审核批准、公示等程序实施管理。①

第一，申请。由需要救助的个人和家庭向有关部门和生活救助机构提出申请。

第二，调查。由有关部门和居委会对提出申请的贫困救助对象进行家计调查，调查内容包括家庭收入、人口、生活状况等方面，以此确定申请对象是否具有获得生活救助

---

① 吴鹏杰，戴卫东．社会救助新编．上海：复旦大学出版社，2015.

的资格。

第三，群众评议。由居委会、街道组织、村委会等相关组织对申请人的家庭或个人的收入情况进行评议，而后向群众反映申请救助者的生活状况。

第四，基层组织审核。由居委会、街道组织、村委会等相关组织对申请人的家庭或个人的收入状况进行审核调查。

第五，主管部门审核批准。由主管部门对确认救助对象划分救助待遇，必要时可以对救助对象进行复查，以确保社会救助应用于真实需要帮助的个人或家庭。

第六，公示。确定救助对象后，将确定救助的申请者进行公示，接受群众监督。

3. 救助对象

在各国社会救助实施过程中，对救助对象通常都有明确的规定。生活救助面向低收入家庭，通过发放救助金和生活必需品的形式向受助者提供收入不足以维持生活的差额部分。①

部分国家（或地区）将生活救助的对象进一步细分为不同群体，制定了不同的救助标准。如美国的生活救助以家庭收入救助和援助津贴为主要内容，家庭收入救助对象为每周工作时间在 16 小时以下的低收入者，援助津贴则面向因健康因素而导致就业能力缺乏的人员。② 新加坡将生活社会救助划分为长期和短期两种，其中长期的生活社会救助对象为年老、疾病、残疾且没有家人扶持的贫困人员，短期的生活社会救助则应用于低收入家庭，为其提供生活津贴等配套救助项目。③

目前，我国城乡最低生活保障制度基本承担了生活救助的主要任务。就城镇而言，在计划经济体制下，城市生活救助的对象为无劳动能力、无收入来源、无法定赡养人或抚养人的“三无人员”。改革开放后，出现了大批新型贫困人员，救助制度不断发展，保障人数不断增加。救助对象扩展为包括无依无靠无生活来源的社会困难户、受灾或临时遇困的城镇居民、符合救助条件的精简退职老职工等群体。就农村而言，根据我国农村生活救助的政策法规，我国农村生活救助对象包括老、弱、孤、寡和残疾人士，主要对象是农村贫困户。

4. 救助方式

考虑到救助对象的复杂性，对贫困人员的社会救助需要从多方面、多角度进行，建立多层次、多元化的救助方式。

（1）按照生活救助的具体手段划分。

1）物质救助。物质救助是解决贫困的最基础、最必要的手段，也是生活救助中最常用的一种方式。物质救助的方式可以划分为现金补助、费用减免、实物救助三种类型。如城市最低生活保障制度和农村最低生活保障制度就是采用现金补助的方式，其中某些

---

① 唐政洪．美国社会的救助和福利政策．中国民政，2016（10）．

② 杨爽．国际比较视角下我国社会救助制度内容与体系研究．理论月刊，2018（12）．

③ 占少华．福利转型：新加坡社会救助政策的新变化及其启示．社会政策研究，2017（2）．

农村地区还会采取实物救助。美国1964年正式推广的食品券计划也属于实物救助的范畴，食品券是由美国政府向低收入人群发放的用于换取食物的凭证，通常用于在指定的商店或货架上免费或低价购买基本食品，食品券的数量根据家庭规模和收入来发放。

2）机会救助。机会救助是一种发展性的救助方式，是对贫困人员潜力的挖掘和能力的提升，最终帮助贫困人员在社会竞争中获取更多机会从而摆脱贫困。因此，对贫困人口进行机会救助是一种长期性、可持续的救助方式。不同于实物救助基础性的输血式救助，机会救助更多是一种造血式的解决贫困的有效方式。美国实施贫困家庭临时援助项目，要求各州必须制定一项“就业与基本技能培训计划”，帮助接受临时援助的群体获得教育、培训和就业的机会，避免长期依靠社会救济。

3）精神救助。导致贫困的原因除了基础性的物质因素、机会因素等，还包括贫困者心理因素。一方面，对社会的信心低下、自卑情绪抑或其他悲观想法会导致个体对生活失去信心而产生贫困；另一方面，原本的物质贫困、机会贫困或已产生的贫困状态等也会进一步损害个体的自我认同，从而导致贫困陷阱。因此，在对贫困人员进行物质帮助时也要对其进行精神救助，使其进一步融入社会，创造自我价值。

（2）按照生活救助的时间划分。

1）长期救助。长期救助是指政府在一段时间内对特定的救助对象根据救助的政策规定发放现金或实物的救助方式。我国长期救助的资金来源于财政拨款，由民政部统筹管理，救助对象比较稳定，我国最低生活保障制度就是一种典型的长期救助制度。城镇长期救助群体主要包括城镇贫困户，农村长期救助群体包括低保户、五保户和特贫人员等。

2）临时救助。临时救助是对由于突发性的灾难或重大疾病等原因，导致基本生活暂时出现严重困难的家庭所给予的临时性或一次性的救助。根据现行规定，我国社会救助经费分为救灾款和社会救济款，对于因灾害而陷入生活困难的个体和家庭的临时救助经费由救灾款支付，而其他类型的困难家庭临时救助经费从社会救济款中列支。《社会救助暂行办法》规定，临时救助的具体事项、标准由县级以上地方人民政府确定、公布。

知识链接11-3

美国的生活救助项目

自1933年《联邦紧急救助法》签署以来，美国形成了不同类别的生活救助计划。

1. 贫困家庭临时援助项目。该项目脱胎于1935年《社会保障法》中提出的未成年儿童家庭援助计划，旨在帮助“父母一方丧失劳动能力、死亡、长期离家出走或失业的家庭”里的孩子，通常救助到18～19岁。1996年，克林顿政府通过《个人责任与工作机会协调法》将其改名为贫困家庭临时援助项目，这一项目由联邦向州提供整笔补助金，再由州向受援助家庭提供现金资助和各种配套服务。

2. 补充性保障收入（Supplemental Security Income，SSI）。该项目是美国政府的一项收入补充计划，面向没有收入来支付基本需求的老年人、盲人、残疾人和儿童。该项目的资金由一般税收而非社会保障税提供，联邦政府统一筹款并根据全国统一标准发放，各州通常会适当追加本州的生活补助金。

3. 补助营养援助计划。该计划在 1939 年就已建立，旨在为穷人家庭提供食品经济补贴，以保证每个穷人不会饿肚子。1964 年，食品券计划被确定为永久性食品援助计划，联邦政府与地方政府会向符合条件的受助者发放一种可以购买食品的票券，该票券可在指定的食品零售商店使用，但不得用于购买酒精饮料、香烟、维生素、药品、宠物食物和现场加工的食品等。

资料来源：钟仁耀．社会救助与社会福利．上海：上海财经大学出版社，2017.

5. 救助标准确定方法

国际上常用的确定最低生活保障标准的方法包括市场菜篮子法、恩格尔系数法等。

（1）市场菜篮子法。市场菜篮子法由英国人朗特里（Rowntree）于 1901 年提出。该方法需要根据营养学标准确定能够维持个体体力恢复所需的生活必需品清单，其中包括必需品的种类和数量，然后根据市场价格计算出对应的金额，以此确定维持个体生存所需的最低收入，即贫困线。在我国，为确保城乡低保标准的制定和调整符合当地实际，各地可以参考当地上年度城乡居民人均消费支出、城镇居民人均可支配收入、农民人均纯收入、城乡低收入居民基本生活费用，以及经济发展水平、财政状况等因素对测算得出的低保标准予以适当调整。

（2）恩格尔系数法。恩格尔系数法又称为“最低饮食费用测算法”。恩格尔系数由德国统计学家恩格尔（Engel）提出，指一个家庭用于食物支出的比例越大，表明这个家庭生活水平越低。使用恩格尔系数法，首先确定饮食基本项目及必须消费量，然后根据当时的价格计算出最低饮食费用，最后用该费用除以恩格尔系数得出最低生活水平标准。以往采用的恩格尔系数多为 0.6 或以上，但近年来，许多国家或地区的贫困线对应的恩格尔系数已低于 0.6，如美国将支出中的 1/3 及以上用于购买食物的家庭看为贫困家庭，并给予生活救助。

11.3.2 灾害救助

1. 基本内涵

灾害指自然发生或人为发生的，对人类和人类社会具有危害后果的事件和现象。灾害包括自然灾害和人为灾害，其中，自然灾害是指因自然异常变化导致的破坏现象，以及由此引发的人员伤亡、财产损失和社会失序等[①]；人为灾害则指因人类的不当行为导致的各类事故、战争等。常见的自然灾害包括地质灾害、洪水灾害、气象灾害、农业生物灾害、海洋灾害等。狭义的人为灾害包括战争、恐怖袭击等，广义的人为灾害包括人为引发的自然资源衰竭、环境污染等。[②] 灾害原因复杂，具有突发性和不可抗性，往往造成

① 胡务．社会救助论．北京：北京大学出版社，2010.

② 田野．论灾害救助的道德．吉首大学学报（社会科学版），2021 (5).

严重的破坏。

阅读材料 11-2 1976 年唐山地震和 2008 年汶川地震造成的损失

一般而言，灾害救助（disaster assistance）是指中央和地方政府安排的，主要用于解决遭受自然灾害地区的居民无力克服的衣食住行等临时困难，紧急转移安置和抢救受灾群众，抚慰因灾害遇难的人员家属，恢复重建倒塌的损坏住房，以及采购、管理、运输、储存救援物资等项目。该制度是一种保障受灾社会成员基本生活水平，并帮助受灾社会成员拥有自我生存能力的社会保障制度。

2. 救助内容

我国灾害救助具有事后救助的特征，灾害救助的主要内容包括救助和保护灾民的生命财产、抢救被灾害威胁的国家财产、紧急转移和安置灾民、维护灾区秩序、医疗卫生救助、精神抚慰、灾后重建。[①] 2024 年 1 月国务院办公厅印发《国家自然灾害救助应急预案》，将自然灾害救助响应划分为四个等级（见表 11-1）。

表 11-1 自然灾害救助响应等级

自然灾害救助响应等级	响应启动条件
一级	该省（自治区、直辖市）死亡和失踪 200 人以上
	该省（自治区、直辖市）紧急转移安置或需紧急生活救助 200 万人以上
	该省（自治区、直辖市）倒塌和严重损坏房屋 30 万间或 10 万户以上
	干旱灾害造成缺粮或缺水等生活困难，需政府救助人数占该省（自治区、直辖市）农牧业人口 30%以上或 400 万人以上
	党中央、国务院认为需要启动一级响应的其他事项
二级	该省（自治区、直辖市）死亡和失踪 100 人以上 200 人以下
	该省（自治区、直辖市）紧急转移安置或需紧急生活救助 100 万人以上 200 万人以下
	该省（自治区、直辖市）倒塌和严重损坏房屋 20 万间或 7 万户以上、30 万间或 10 万户以下
	干旱灾害造成缺粮或缺水等生活困难，需政府救助人数占该省（自治区、直辖市）农牧业人口 25%以上 30%以下或 300 万人以上 400 万人以下
三级	该省（自治区、直辖市）死亡和失踪 50 人以上 100 人以下
	该省（自治区、直辖市）紧急转移安置或需紧急生活救助 50 万人以上 100 万人以下
	该省（自治区、直辖市）倒塌和严重损坏房屋 10 万间或 3 万户以上、20 万间或 7 万户以下
	干旱灾害造成缺粮或缺水等生活困难，需政府救助人数占该省（自治区、直辖市）农牧业人口 20%以上 25%以下或 200 万人以上 300 万人以下

① 张奇林．社会救助与社会福利．北京：人民出版社，2012.

续表

自然灾害救助响应等级	响应启动条件
四级	该省（自治区、直辖市）死亡和失踪 20 人以上 50 人以下
	该省（自治区、直辖市）紧急转移安置或需紧急生活救助 10 万人以上 50 万人以下
	该省（自治区、直辖市）倒塌和严重损坏房屋 1 万间或 3000 户以上、10 万间或 3 万户以下
	干旱灾害造成缺粮或缺水等生活困难，需政府救助人数占该省（自治区、直辖市）农牧业人口 15%以上 20%以下或 100 万人以上 200 万人以下

在灾害救助方面，日本形成了十分完善的救助体系。1961 年，日本就颁布了《灾害对策基本法》，而后又颁布了《灾害救助法》《建筑基准法》《地震保险法》等一系列应急管理法规。日本政府还制定了《大规模灾害时消防及自卫队相互协助的协议》等制度，建立了跨区域协作机制，以及消防、警察和自卫队应急救援机制。与此同时，日本十分重视开展群众性的、增强国民防灾救灾意识的活动，拥有稳定的志愿者队伍。在日本的县市都建立了市民防灾体验中心，由政府出资建设，免费向公众开放，公众通过体验和实践可以掌握基本的自救、互救技能。此外，日本建立了全民危机警报系统，当自然灾害或其他突发事件发生时，日本政府可以直接向国民发出警报，无须通过各级地方政府，使灾害处置更为及时高效。

美国的灾害救助分为联邦和州两级管理，联邦层面主要由联邦应急管理署负责，各州政府分别有相应的减灾管理机构履行地方区域内的灾害救助工作。当重大特大灾害严重超出地方处理能力，地方政府提出申请，经联邦应急管理署评估鉴定后，联邦政府组编联邦救援队伍，展开救援。①

3. 基本特征

灾害救助除了具备社会救助的一般特征外，也具有自身的特点。

（1）应急性。② 灾害的突发性和难以预料性以及辐射性导致了灾害救助多为灾后救助，起着及时止损的作用。因此，灾害救助的速度和及时性至关重要。灾害救助的应急性表现为：及时启动应急响应，及时向社会进行信息发布，对救助人员进行紧急调拨，优先对应急物资进行运输，紧急组织受灾人员开展自救互助，采取相应的自然灾害救助措施等。

（2）多样性。③ 第一，灾害救助的内容和方式具有多样性。灾害的发生往往给受灾地区群众造成人身安全的损害、财产的损失、心理环境的破坏、地区经济运行的破坏等，因此灾害救助需要包含针对以上种种损失进行的救助，如临时生活救助、医疗救助、心理救援、精神安抚、经济帮扶、灾后重建等。第二，灾害救助的主体也具有多样性。在灾害救助过程中，除政府发挥主导作用外，民间团体、慈善组织等非政府组织也是灾害

① DRAKES O，TATE E，RAINEY J，et al. Social vulnerability and short-term disaster assistance in the United States. International Journal of Disaster Risk Reduction，2021（53）.

② 陈良瑾．社会救助与社会福利．北京：中国劳动社会保障出版社，2015.

③ 郑功成．社会保障学．北京：中国劳动社会保障出版社，2005.

救助中不容忽视的力量。我国的灾害救助坚持政府主导、社会互助、灾民自救，充分发挥基层群众自治组织和公益性社会组织的作用。

（3）不确定性。由于灾害发生的不可预知性，灾害救助具有不确定性，无法实现计划并按照确定的方案执行。首先，灾害救助的时间和地点不确定；其次，灾害造成的损失事前无法预见，事中短期内难以精确核算，导致灾害救助资金无法确定；最后，灾害救助的方式因灾害类型和损失而不同，难以事前确定。可见，灾害救助需要根据具体情况随时调整。

11.3.3 医疗救助

专项救助包括医疗救助（medical assistance）、教育救助（educational assistance）、住房救助（housing assistance）、法律援助（legal aid）等。本章重点介绍医疗救助。

阅读材料 11－3 我国教育救助、住房救助、法律援助政策内容

1. 基本内涵

医疗救助是指由政府从财政、政策和技术上为贫困人群中的疾病患者提供某些或全部基本医疗健康服务，旨在保障贫困人群获得基本医疗卫生服务，改善贫困人群健康状况的一种社会救助项目。[①] 医疗救助制度是多层次医疗保障的重要构成部分，党的二十大报告提出，要“完善大病保险和医疗救助制度”，以“增进民生福祉”。我国医疗救助的对象包括：无劳动能力、无法定抚养人又无生活来源的“三无人员”，因自然灾害导致伤病的农村灾民，参加基本医疗保险但个人负担医疗费用有困难的城市贫民，享受城市居民最低生活保障待遇家庭中丧失劳动能力的伤病无业人员，60 周岁以上的伤病无业老人和 16 周岁以下的伤病未成年人，伤残军人及其他经过各种救助仍旧有困难自付医疗费用的特困人员。[②] 美国医疗保障更多强调个人负责，私人医疗保险是主流的保障系统，医疗救助的对象主要包括联邦政府强制性规定的特困人群以及各州政府自主决定的选择性贫困人群，如单亲家庭和有一方失业的双亲家庭、残疾人、低收入家庭的小孩和孕妇、低收入的医疗照顾对象、接受机构护理的人等。

医疗救助通常难以全面覆盖贫困线以下的全部人员，因此医疗救助需要考虑比例问题、动态调整问题、公平性问题和收支平衡问题。[③]（1）比例问题。由于地区发展的不平衡性，不同地区所需要的医疗救助程度不同，贫困人群所占比例不同，例如我国西部地区贫困状况相比于东部地区而言较差，因此国家在进行医疗救助时应考虑地区的不平衡性，医疗救助资源向贫困偏远地区倾斜。（2）动态性问题。随着经济的发展，对救助对象进行管理时要进行动态调整。（3）公平性问题。只要是属于医疗救助的救助群体，都

---

① 钟仁耀．社会救助与社会福利．上海：上海财经大学出版社，2017.

② 王保真，李琦．医疗救助在医疗保障体系中的地位和作用．中国卫生经济，2006（1）.

③ 廖益光．社会救助概论．北京：北京大学出版社，2009.

应一视同仁保证其受到救助，不能因性别等因素而进行差别对待。（4）收支平衡问题。在进行医疗救助时应以收定支，以救助资金的数额为前提确定医疗救助对象。

2. 救助方式①

各国医疗救助方式各有不同。英国现行的医疗救助项目主要包括法定病假工资、重残津贴、残疾生活津贴和护理津贴等内容。我国医疗救助有以下几种救助方式：（1）建立专项医疗救助基金，对救助对象的医疗费用进行一定比率的减免或者全部减免。国家或地方政府财政部门拨付救济基金，专款专用。（2）开展医疗互助，建立医疗互助互济基金池，经费来源于工会经费、个人缴费以及社会捐助，由此对无力支付医疗费用的成员给予一定的资助。（3）慈善医疗救助。由慈善组织或其他社会组织对特定贫困病人开展募捐活动，所筹资金专款专用，或者由医疗救助志愿者无偿到社区展开医治活动。

3. 农村医疗救助制度

农村医疗救助制度是通过政府拨款和社会各界自愿捐助等多渠道筹资，对患病农村五保户和贫困户农民家庭实施医疗救助的制度。农村医疗救助实行基本医疗救助和大病医疗救助相结合的方式，县医院和各乡镇卫生院为医疗救助定点医院。

（1）救助对象。农村医疗救助对象包括农村五保户和地方政府规定的其他符合条件的农村贫困农民。由于我国东西部地区经济发展的不平衡，我国农村医疗救助呈现碎片化的特点，各地对于救助对象有自己的具体标准。如《江苏省农村医疗救助实施办法》规定，农村医疗救助对象包括农村五保户、农村最低生活保障对象的家庭成员、因患大病造成生活特别困难又无自救能力的其他农村家庭成员。

（2）救助办法。根据《关于实施农村医疗救助的意见》，救助方法如下：

第一，开展新型农村合作医疗的地区应当资助医疗救助对象缴纳个人应负担的全部或部分资金，帮助其享受合作医疗待遇。因大病经合作医疗补助后个人负担医疗费用过高，影响家庭基本生活的，再给予适当的医疗救助。

第二，尚未开展新型农村合作医疗的地区，对因患大病难以支付医疗费用的个人和家庭给予适当的医疗救助。

此外，对于国家规定的特种传染病和大型疾病，按照地方规定给予补助。医疗救助全年个人累计享受金额原则上不能超过当地规定的医疗救助标准。对于特殊困难人员，可适当提高医疗救助水平。

（3）管理流程。农村医疗救助实行属地化管理原则。具体的申请流程为：首先，申请人向村民委员会提出书面申请，填写申请表，如实提供医疗诊断书、医疗费用收据、必要的病史材料、已参加合作医疗按规定领取的合作医疗补助凭证、社会互助帮困情况证明等，经村民代表会议评议同意后报乡镇人民政府审核。然后，乡镇人民政府对上报的申请表和有关材料进行逐项审核，对符合医疗救助条件的上报县（市、区）民政局审批。最后，县级人民政府民政部门对乡镇上报的有关材料进行复审核实，并及时签署审批意见。对符合医疗救助条件的家庭核准其享受医疗救助金额，对不符合享受医疗救助

① 廖益光．社会救助概论．北京：北京大学出版社，2009.

条件的，应当书面通知申请人，并说明理由。医疗救助金由乡镇人民政府发放，也可以采取社会化发放或其他发放办法。

4. 城市医疗救助制度

城市医疗救助制度是政府所建立的，通过政府专项拨款、慈善公益投资和政府政策技术支持，对城市贫困人员和因某些原因导致生活困难的患病人员进行经济支持和专项帮助，以解决此类人员因贫困而导致的就医困难问题的制度。

（1）救助对象。城市医疗救助的救助对象主要为城市居民最低生活保障对象中未参加城镇职工基本医疗保险的人员，已参加城镇职工基本医疗保险但个人负担仍然较重的人员和其他特殊困难群众。

（2）救助办法。城市医疗救助以大病救助为主要方法，国务院办公厅 2021 年发布的《健全重特大疾病医疗保险和医疗救助制度的意见》根据救助对象家庭困难情况，分类设定年度救助起付标准。对低保对象、特困人员原则上取消起付标准，暂不具备条件的地区，起付标准不得高于所在统筹地区上年居民人均可支配收入的 5%，并逐步探索取消起付标准；低保边缘家庭成员起付标准按所在统筹地区上年居民人均可支配收入的 10%左右确定，因病致贫重病患者按 25%左右确定；对低保对象、特困人员符合规定的医疗费用可按不低于 70%的比例救助，其他救助对象救助比例原则上略低于低保对象。各统筹地区根据经济社会发展水平、人民健康需求、医疗救助基金支撑能力，合理设定本地的医疗救助年度救助限额。

（3）管理流程。城市医疗救助与农村医疗救助相同，均采用申请、审评的方式。首先由救助对象向社区居民委员会提出申请并提供相关材料，街道办事处对上报的申请表和有关证明进行审核。而后由县级政府民政部门对街道办事处上报的材料进行审批。最后由街道办事处对救济金进行发放，也可以由县级政府民政部门直接发放，有条件的地方实行社会化发放。

11.4 中国社会救助的不足和发展方向

11.4.1 我国社会救助的不足

1. 社会救助立法体系不健全①

首先，社会救助立法层次较低。我国到目前为止还未正式颁布统一的社会救助法。② 2014 年出台的《社会救助暂行办法》只是临时性的行政规范，缺乏较高的法律权威和必要的法律责任制度，难以完整规范、刚性约束整个社会救助制度的运行。目前我国社会救助主要依靠单项行政法规和地方性法规进行调整，使我国社会救助体系呈现出非常鲜

---

① 谢增毅．中国社会救助制度：问题、趋势与立法完善．社会科学，2014（12）.

② 2020 年 9 月 7 日《中华人民共和国社会救助法（草案征求意见稿）》全文发布，向社会各界征求意见。

明的“碎片化”特征。

其次，部分救助制度还存在空白。我国一直以来都将法律法规的重心放在最低生活保障、农村五保供养等专项救助上，而其他诸如教育救助、临时救助等项目只有国务院或相关部门的政策文件加以指导，多以“通知”“办法”等来命名，有些救助活动缺乏全国性规范性文件指导，难以保证社会救助工作开展的规范化。

最后，地方立法参差不齐。一是各地发展水平不一，对社会救助理解水平不同，使地方间的立法出现进展不一、参差不齐的问题；二是存在地方层面立法与中央层面立法不一致或标准不同等问题，给社会救助工作开展制造了障碍。

2. 社会救助标准不科学

现有社会救助项目的衡量标准不够科学和具体，随意性较大，部分地区在制定救助标准时甚至以地方财政的承受力作为参考，存在“以钱定人”“应保未保”现象。例如，我国低保待遇标准未充分考虑家庭人员规模和结构等微观因素，除东部沿海发达地区的一些城市外，大部分地区没有针对不同家庭的具体情况确定弹性的保障标准，而是实施统一固定标准或分档标准。

实际上，不同类型、不同人员规模的家庭的生活困难程度是不一样的，生活需求也存在一定差异。例如，如果家庭有儿童、重病患者、残疾人等，其生活成本就要比普通家庭高得多。如果家庭人口数量多，其日常消费和生活成本也会高。在这种情况下，实施不合理的救助标准会产生救助过度或救助不足的情况。救助过度不仅容易造成福利依赖，也会造成公共财政资源的浪费。救助不足使得困难群体无法获得有效的帮助，还可能成为社会不稳定因素。

社会救助较为完善的发达国家通行的做法是，针对不同的家庭人员规模执行不同的标准。例如，根据 2020 年美国健康与人文服务部的联邦贫困线标准数据，在本土 48 个州，单身人士的贫困线为年收入 12 760 美元。典型的美国家庭，即由一对父母、两个子女组成的四人家庭，其贫困线为 26 200 美元。总体看来，家庭每增加一个人，以家庭计算的贫困线收入就增加 4 480 美元。这种做法并不是以单人贫困标准为基准，根据人口数进行简单翻倍的，而是在一定程度上考虑到了家庭规模带来的规模经济效应。我国目前低保对象待遇给付的原则是按人受保，即低保待遇是按照家庭内部受保人数的多少进行待遇累加的，因此并没有考虑到人口数量增加形成的规模经济效应。①

3. 基层救助工作人员能力不足

社会救助经办管理主要取决于基层经办能力。以家庭收入调查为重点，包括救助资格审核、救助金发放、救助信息管理等在内的一系列救助业务都要由县（区）及以下的经办机构承担。由于涉及领域众多，关键环节技术性强，加之具有权利与义务的单向性，基层社会救助业务经办是一项极为复杂的工作。

长期以来我国基层社会救助经办能力普遍薄弱，大多数乡镇（街道）只有 1～2 名工

---

① 姚建平．我国社会救助标准体系建设研究：以最低生活保障制度为中心的分析．社会科学辑刊，2021（2）．

作人员负责社会救助业务，从而导致一些困难群众的救助需求没有被及时发现，急难个案没有得到及时救助。同时基层“代办制”使得社会救助成了兼职机构和兼职人员的工作。工作人员的非专业性结合社会救助自身的复杂性，导致社会救助执行偏差、运行失序的现象时有发生，不仅有损制度的公平性和公信力，也造成公共资源的浪费。

11.4.2 我国社会救助的发展方向

1. 完备社会救助法制

社会救助作为保障和改善民生的重要制度安排，必须依法行政、依法救助，以法治方式提供综合性、制度性基本生活保障。至今我国社会救助主要依靠单项行政法规和地方性法规进行调整，社会救助仍以行政立法、部门立法和地方立法为主，尤其是尚未制定一部专门的社会救助基本法律，导致社会救助工作运行机制不畅和规范内容难以有效落实。《社会救助法》出台的各方面准备和条件都已成熟，它的出台将成为社会救助高质量发展的标志之一。通过《社会救助法》，可以明确政府救助贫困群体的法定责任及贫困群体享有申请救助的法定权益，厘定社会救助的基本原则、体系架构、权利与义务的关系、法律责任和奖惩措施等。进一步规范社会救助标准制定程序，确立社会救助的申请、审核、审批、发放、退出程序，完善社会救助的监督程序，并强化社会救助的城乡统筹、分类救助、动态管理、社会力量参与和政府购买服务等工作，有利于打破当前社会救助制度多部门分割的格局，进一步彰显国家责任，规范政府社会救助行为。

2. 健全分层分类社会救助体系

党的二十大报告明确指出，“健全分层分类的社会救助体系”，为我国社会救助制度的发展指明了方向。

首先，强化分类救助管理，针对不同类型的困难家庭或人员提供有针对性的、差异化的救助帮扶。围绕绝对贫困、相对贫困、急难情形建立分类的梯度救助体系，既减少“低保捆绑”所带来的“悬崖效应”，又扩大救助范围，实现社会救助瞄准重点，从以低保群体为主转向以低收入群体为主，完成社会救助体系的调整和升级。

其次，随着生育政策逐步放开，我国家庭人员规模将扩大。在这种情况下，低保标准就需要将家庭规模边际效应因素考虑在内，按照家庭人口数量进一步细化低保待遇标准。

最后，健全城乡统筹的社会救助体系。长期以来，农村社会救助是我国社会救助体系建设的短板。由城乡分割、城乡二元社会救助向统筹城乡社会救助发展，是补足民生短板、保障城乡居民平等社会救助权利的必然要求。近年来，社会救助城乡统筹发展速度全面加快，不仅结束了社会救助体系的城乡分治状态，而且合理制定了城乡社会救助标准，并逐步提高了农村社会救助标准，尤其在部分经济发达的地区率先实现社会救助城乡一体化，城乡社会救助政策和社会救助标准得到统一。

3. 提升基层救助工作人员实力

要进一步强化基层救助经办专业化。社会救助经办机构可分为中央、省（自治区、直辖市）、市、县（区）四级机构，乡镇（街道）设立相关服务网点，应当以专业经办制取代长期以来的“代办制”。乡镇应配置专门负责社会救助经办的工作人员，基层代办机构的社会救助经办应当回归专门的专业化经办，并通过实行负荷比管理机制和业绩考核机制，建立一支专业化的社会救助职业队伍。

此外，部分社会救助经办服务岗位和项目，采取政府购买服务的机制，提高专业化水平。部分社会救助经办服务岗位工作人员可以采取市场机制，实行合同聘用制，根据服务需求和业务量设定动态调整的人员岗位。对于特殊岗位的技术人员可以采取市场招聘方式，解决专业技术人才短缺的问题。这样既可满足社会救助对象多样性的社会服务需求，又能在经办系统内部引入一定的竞争和示范效应，提高公共服务质量。

本章小结

1. 社会救助是指由国家与社会向由于失业、疾病、灾害等各种原因而陷入生存困境的公民提供财物接济和生活扶助，以保障其最低生活需要的一种社会保障形式。社会救助的实施主体是政府与社会，救助对象是社会弱势群体，救助目的是保障社会弱势群体的最低生活需要。

2. 社会救助的基本特性：最低保障性，权利与义务的不对等性，救助对象的全民性和有限性。社会救助的功能：托底线、救急难，缓解贫困，保障生存需要；缩减收入差距，稳定经济；维持社会稳定等。

3. 社会救助的基本内容通常包括生活救助、灾害救助和专项救助三方面。其中专项救助又可分为医疗救助、教育救助、住房救助、法律援助等。

4. 我国社会救助的不足：社会救助立法体系不健全，社会救助标准不科学，基层救助工作人员能力不足。

关键术语

贫困治理　poverty governance
社会救助　social assistance
低水平均衡陷阱理论　the theory of low-level equilibrium trap
负所得税理论　the negative income tax theory
生活救助　living assistance
最低生活保障制度　minimum living standard security system
灾害救助　disaster assistance
住房救助　housing assistance
医疗救助　medical assistance

教育救助　educational assistance

法律援助　legal aid

复习思考题

1. 社会救助的基本特性和功能是什么？

2. 社会救助的基本内容有哪些？

3. 简述贫困理论对社会救助思想的影响。

4. 如何在社会救助制度中理解市场和政府的关系？

5. 怎样看待有限的财政收入与无限的救助支出需求之间的矛盾？解决的出路及理念是什么？

阅读材料

一段低保评定模式的“进化史”

2019年6月，兰州大学教授丁文广带领团队，通过实证研究探索出“6123”低保评定模式，并将其应用到崆峒区的科技扶贫实践中。两年间，从个别试点到覆盖全区再到不断完善，“6123”在崆峒区演绎了一段动态发展的低保评定模式“进化史”。

当年，崆峒区民政局通过政府购买社会服务的方式，竞争性招标遴选甘肃慧谷科技咨询有限公司（以下简称慧谷咨询）在四十里铺镇嵋岘村、西阳乡唐湾村实施了低保精准识别和认定示范项目。

作为慧谷咨询专家的丁文广率团队正式进驻四十里铺镇嵋岘村。丁文广的研究方向是环境社会学，除了做研究，他还致力于推进农村发展及公益项目的实践。通过广泛宣传、民主参与、严格程序，不到一个月，农村低保精准识别和认定示范项目中的“6123”低保评定新模式探索成型。

“6123”中，6代表“六位一体”，即县（区）民政局、乡镇政府、村委会、第三方评估机构、妇女评议小组和参与式民主评议小组；12代表低保评估的12个流程；3代表赋予低保申请户和村民知情权、抱怨申诉权和评议权三项基本权利。

逐渐捋顺的民意源于低保评定过程的公平、科学及其数字的真实性。2019年，按照新模式进行评定及审核后，嵋岘村共产生了60户低保户144人，唐湾村共产生了58户低保户149人。

2020年1月，崆峒区在各乡镇（街道）全面推广应用“6123”低保评定新模式，并科学总结出了适合崆峒区情、可复制可推广的社会救助精准化管理的“崆峒模式”。10月，“崆峒模式”在省、市、区全面推广运用。

“6123”的12个流程中，“动态管理”是最后一个。模式形成后，并没有定格，而是呈现着动态发展的进化趋势。2021年7月，为持续推进社会救助精准化管理工作，区民政局引入社会力量，开展购买社会组织推进社会救助精准化管理工作（试点）项目。承接组织对试点区域内住户（含流动人口）开展全面、扎实入户调查，对走访对象的家庭成员、收入、财产等状况进行认真梳理和核对，做到了家庭人口清、家庭人均收入清、贫困原因清。

资料来源：一段“低保评定模式”的“进化史”.（2021-07-30）. 百家号网站.

维权一波三折，南京市高淳区法律援助中心倾力帮助

2022 年初，江苏某食品有限公司职工代表宋某等一行来到高淳区法律援助中心，紧紧握着工作人员的手激动地说道：“感谢你们提供的法律援助，让我们把被拖欠已久的工资拿到了手，过了一个舒心、安心的春节，使我们感受到政府的温暖。”

宋某等 44 人系江苏某食品有限公司职工，2019 年该公司经营出现问题，开始拖欠职工工资。在职工多次催讨下，公司向这 44 人出具工资单，并承诺在 2019 年 12 月底结清所欠工资。但工资支付期限届满后，该公司仍未结清工资。为了维护自身权益，宋某等人于 2020 年 1 月向高淳区法律援助中心申请法律援助。高淳区法援中心审核后当即受理，并指派经验丰富的法援律师承办。在立案审查过程中，法援律师得知该公司因无法清偿到期债务，且明显缺乏履行能力，所以债权人已向高淳区人民法院申请破产。同年 4 月，法院受理破产清算案并将职工的民事诉讼材料退还法援律师，法援律师立即将该情况告知了法援中心和职工代表。为保证职工债权能够依法、及时获得清偿，法援律师当即与该公司的破产管理人取得联系，要求管理人对职工债权进行核查，后经管理人核查予以确认。

2020 年 10 月至 2021 年 12 月，该公司先后经历债权人会议、资产评估、拍卖、过户分配等程序，法援律师每个阶段都耐心地向职工讲解案件进度。2022 年 1 月，分配方案经法院裁定确认，终于在春节前将拖欠了 2 年多的工资打到了每一位职工的账户上。该案历经了 2 年多时间，虽一波三折，但高淳区法律援助中心和法援律师始终不放弃，依法保障弱势群体的合法权益，让职工感受到了司法的温度和法治的力量。

资料来源：维权一波三折，南京市高淳区法律援助中心倾力帮助. 新华日报，2022-05-13.

创新打造智慧救助服务联合体“县域样板”

民政部办公厅公布“2021 年度社会救助领域创新实践优秀案例”名单，浙江省乐清市民政局“创新打造智慧救助服务联合体‘县域样板’，线上线下双轮驱动解锁共同富裕‘幸福密码’”案例位列第一。

乐清市聚焦困难群众高频率需求，坚持党建引领、政社联动，以供给侧改革、数字化改革的理念，积极探索社会救助事业高质量发展的新路径，奋力争当共同富裕示范先行模范生。

一是聚焦高效救助，构建“党建引领·整体智治”的组织体系。健全市、镇、村三级党组织统领，“一把手”亲自抓的工作机制；打造市、镇、村三级联动、全域覆盖的“助联体”阵地；通过联席会议每月梳理更新 73 项救助政策、33 类社会帮扶项目、27 项民生服务事项以及 20 多项就业激励举措组成的“共富福利池”。

二是聚焦智慧救助，搭建“精准识别·e 触而救”的数智场景。智能研判，研发

"救助政策智能研判"功能，3 秒不到即可为 1 户家庭自动匹配多部门救助政策；智能分析，从源头分析设立"主动预警"，自动筛查年度自负医疗费用超过 5 万元或 18～60 周岁家庭主要劳动力亡故的对象，生成预警，实现数据找人、主动救助。

三是聚焦温暖救助，打造"政社协同·多元帮扶"的特色服务。市级"助联体"实施"基本保障、安居暖巢、阳光助医、就业启航、学子成长、携手助残、生活惠利、点亮心愿"等八大帮扶行动；镇级"助联体"按照"一镇一品"打造救助帮扶金牌项目 25 个，开展家境改造、助学帮教、心理疏导、就业培训等帮扶活动；村级"助联体"充分发动村级乡贤、慈善、志愿力量，开展"邻里有爱、邻里关怀、邻里共助"服务。

目前，乐清市委市政府已累计投入政府类社会救助资金 1.97 亿元，打造市、镇、村三级联动，全域覆盖的实体"助联体"540 个，为 1.45 万困难群众增办了 3.48 万件救助政策缺项；同步撬动社会资金 2 600 万元，帮扶服务惠及困难群众 4.45 万人次。

资料来源：浙江乐清获评民政部 2021 年年度社会救助领域创新实践优秀案例．(2021-12-20)．新华网．

第12章
社会福利

社会福利制度在解决部分社会成员的基本生活需求的同时还要满足涵盖范围更广的社会成员的多方面的社会福利服务需要，因此，建设完善的社会福利制度一直被党和政府视为增强人民幸福感、获得感和安全感的最重要的手段之一。在我国社会福利制度的建设和改革过程中，无论是新中国建立初期救济性福利制度的建设，还是计划经济时期社会福利制度建设与经济体制管理模式紧密结合，每个阶段都体现了党中央和国务院坚持从我国国情出发，根据不同的时代需要对我国的社会福利制度进行改革的正确战略方针。1993 年 11 月，为应对社会主义市场经济体制转变的新形势，民政部等 14 部委下发了《关于加快社区服务业的意见》。至此，正式确立了社区作为我国建立健全社会保障体系和社会化服务体系中的重要单位，开启了我国全民社会福利事业建设的新模式。2008 年 7 月 1 日起施行的《中华人民共和国残疾人保障法》是为了维护残疾人的合法权益，发展残疾人事业，保障残疾人平等地充分参与社会生活，共享社会物质文化成果的一部最具权威性的法律。2013 年和 2016 年国务院相继出台了《关于加快发展养老服务业的若干意见》和《关于加强困境儿童保障工作的意见》，分别对老年人福利和儿童福利保障做出了总体部署。2022 年 10 月，党的二十大报告也提出了要“完善残疾人社会保障制度和关爱服务体系”。

党和国家一系列的重要举措充分体现出党中央在“七有”民生思想的指导下努力建设与完善社会福利事业，尽全力保证全体人民在共建共享发展中有更多的幸福感、获得感和安全感，从而实现人的全面发展及全体人民的共同富裕。

学习要点

1. 掌握社会福利的概念、基本特征以及分类
2. 了解社会福利制度的发展历程

3. 了解中国社会福利制度的基本框架
4. 了解中国社会福利制度的基本内容
5. 掌握中国社会福利制度的主要成就、问题及未来发展方向

12.1 概 述

12.1.1 社会福利的概念

社会福利（social welfare）一词几十年来被国内外学者广泛使用，然而其在不同的历史时期、不同的国家和地区被赋予的定义和内涵各不相同。在历史上，福利往往被等同于慈善、救济，强调其对社会成员中的弱者给予一定社会救助这一基本功能。而在现代，福利才慢慢从仅为极少数人提供救助、服务转变为全体国民共同受益的一种社会政策。

进入20世纪以后，虽然最初的福利思想在国家干预不断增强的推动下普遍向全民社会福利转变，但由于各国社会保障内容的不同，国内外学者始终未能对这一概念给出统一的定义，而是从广义和狭义两个角度对社会福利进行解释。从广义上讲，社会福利主要指国家为改善人民的生活而提供的各种服务设施和社会保障的内容，可以理解为，凡是国家和社会采取的一切旨在改善人民物质、文化、教育、卫生等生活的社会措施都属于此范畴。广义的社会福利涵盖的对象是全体国民，其目标是不仅要满足全体国民的基本社会需要，而且要满足人们各种较高层次的精神需求。从狭义上讲，社会福利通常指国家或社会团体向一部分需要特殊照顾的社会成员提供帮助或者服务的内容，通常包括向老年人、儿童以及残疾人等特殊群体提供的福利保障。

西方国家通常从广义的角度理解社会福利，把社会福利等同于社会保障。在我国，社会福利通常只是社会保障的一个组成部分，它既包含国家对社会弱势成员的优抚与保障，又包含面向全体国民的普遍福利设施及服务保障。

12.1.2 社会福利的基本特征

1. 社会福利保障对象的全面性

社会福利的内涵体现为全体国民的普遍性福利，也可理解为全体社会成员均可享受到的社会保障。在社会福利的框架下，全体国民均可通过幼儿园、学校、医院、敬老院等福利设施，享受旨在保障基本生活以及改善生活质量的服务项目。因此社会福利被视为全体国民共享社会成果的一种社会政策。

2. 社会福利的公平性

社会福利是全体国民的普遍福利，它除了强调福利的普遍性外，还从以下两个方面体现福利的公平性。第一，保证社会成员参与社会福利的机会公平，即符合法律规定的所有社会成员，不论其职业、贫富、社会地位均依法被纳入社会福利的保障范畴。第二，通过消除社会成员在自身发展过程中因疾病和意外导致的社会不公平来保证社会成员在社会参与中的起点公平。

3. 社会福利的服务性

社会福利主要通过各种福利机构、福利设施为全体社会成员提供全面的社会福利服务，如学校、福利院、社区服务机构等。与社会保险和社会救助相比，社会福利更强调服务性，并且涉及的内容包含人们的衣、食、住、行、生、老、病、残等方方面面，满足了人们的实际需求的同时，也体现了国家和社会对社会成员的关心和照顾。

4. 社会福利的单向性

社会福利在权利与义务方面具有明显的单向性，即人们在享受社会福利的同时，不需要为获得福利而履行相应的义务。这一点明显区别于社会保险，社会保险需满足一定参保条件方可得到保险赔付，其在权利和义务方面基本呈现对等关系。

12.1.3 社会福利的分类

社会福利的含义本身具有多样性，根据不同的标准，大致有以下几种不同的划分。

（1）按照福利的给付形式，可以分为货币形式和实物形式。货币形式福利是指国家通过向社会成员发放货币津贴的形式来实现社会福利，如生育津贴、失业津贴、养老津贴、伤残津贴等。货币形式福利是社会福利体系中的一种重要的福利资源分配形式。实物形式福利是指国家通过向社会成员提供实物的形式来实现社会福利，如向贫困居民提供粮食等必备生活用品。

（2）按照福利的具体内容，可以分为教育福利、医疗福利、住房福利、社会服务等。

（3）按照福利的服务对象，可以分为老年人社会福利、儿童社会福利、残疾人社会福利等。

12.1.4 社会福利的基本内容

尽管社会福利在当今世界各国被赋予的含义不同，但福利的基本内容仍然可以概括为以下四个方面。

1. 教育福利

在现代社会中，随着知识在社会经济发展中的重要性不断提高，教育的花费也不断升高，以至于部分社会成员难以维系，从而导致受教育机会的不平等。社会福利体系中的教育福利正是为了弥补此过程中教育资源分配的不足。总结多国的案例，教育福利大致体现在以下几个方面：(1) 兴办教育机构。由国家出资兴办教育机构，包括建立学校、购入教学设施、培养教师队伍，并由国家对这些教育机构直接进行监管。(2) 普及义务教育。由国家主导，建立免费的基础教育体系，赋予每个公民免费接受义务教育的机会。(3) 按照教育内容的不同，兴办多样化的教育体系。在众多发达国家中，除普及义务教育以外，国家还向国民提供了大量免费或者低收费的职业教育、特殊教育以及高等教育的机会，用来满足不同人群对教育的不同需求。

2. 医疗福利

医疗福利是指国家在保护和恢复国民健康等方面所实施的社会政策。其目标是通过优化医疗资源配置来解决国民的医疗卫生问题，从而提高全民健康水平。世界各国的医疗福利体系中普遍包含以下两个方面，即疾病的预防以及疾病的治疗。其中，疾病的预防是指国家通过必要的措施在疾病未发生时减少或防止疾病发生，从而达到增强国民防病抗病能力的目的。福利的基本内容包括：(1) 向全体社会成员提供预防性卫生服务，如疫苗的接种以及各种慢性病的预防管理；(2) 提供健康咨询服务、普及健康教育，使民众养成健康的生活习惯。疾病的治疗是指通过国家干预来提高医疗服务的普及性和服务质量，从而满足国民普遍的健康需求。国家在其中的干预主要体现在出资兴办公共医疗设施，建设医护队伍，合理配置医疗资源，构建医疗服务网络，从而降低国民就医成本，提高医疗服务的可及性。

3. 住房福利

住房福利是国家为解决全体国民住房问题而采取的一系列福利措施的总称。在现代社会，发达国家中也有大量住房困难的情况存在。一方面是因为各个国家存在着不同程度的住房短缺的问题；另一方面是因为住房条件受经济条件的制约而参差不齐。住房福利的出现正是为了弥补市场机制在住房分配过程中的不足，从而缓解社会矛盾，维系社会稳定。一般来说，住房福利包括以下几方面：(1) 低价公租房。政府出资建造低价公租房供低收入人群居住。虽然这种住房制度仍然以市场机制为基础，但政府在市场机制的作用下进行了有效的调节，从而满足了低收入人群的住房需求。(2) 住房补贴。住房补贴是政府提供住房福利的另一个重要的表现形式。具体有两种做法：一是向购买自住房的人群提供免税或者减税的机会；二是向符合条件的租房者提供现金补贴。

4. 社会服务

尽管现今社会商业化的服务产业已经相对完善，但依然无法满足所有人的服务需求，社会服务正是为了弥补商业化服务的不足而设立的。社会服务 (social service) 主要是指国家为其社会成员，特别是有特殊需求的个人、家庭和群体提供的一系列福利性服务的总称。它具有福利性、个体性和救助性的特征。服务本身不以营利为目的，致力于为不同的居民提供个性化服务。一般来说，社会服务包含以下内容：(1) 为全体社会成员提供共同生活需要的社会服务，如国家在市政建设、公共交通、治安、环境、公共设施等方面提供的便民服务；（2）为有特殊需求的个人、家庭和群体，如老年人、残疾人、贫困者以及其他在生活中有特殊困难的群体提供的社会服务。

12.1.5 社会福利的意义

在社会福利的框架下，全体社会成员不论贫富、职业、社会地位均可享受国家提供的各种福利设施和服务，这是国家通过福利的形式将国民收入进行再分配的一种形式，也是全体社会成员共享社会成果的一种国家政策。因此，建立社会福利制度具有重要意义：（1）可以最大限度地满足全体社会成员的物质生活需要。随着当今世界生产力水平的不断提高以及社会财富的积累，原本属于社会成员个人和家庭的责任逐步向社会责任过渡，如社会成员的衣、食、住、行、生、老、病、残等方方面面。兴办社会福利事业可以有效地提高社会成员的物质生活水平，并且全体社会成员均可受益。（2）可以提高社会成员的精神生活需求，如面向全体社会成员兴办的教育、文化、科学、体育等福利项目，既满足了社会成员的精神生活需要，又推动了社会文明化进程。（3）可以极大地促进社会经济发展。社会福利的普及性、公平性、福利性使全体社会成员均可享受社会发展的成果，使社会成员在物质生活水平和精神生活水平上得到双重提高，从而更好地激发社会成员的生产积极性和创造性，提高劳动效率，促进社会经济发展。

12.2 社会福利制度的发展历程

12.2.1 西方国家社会福利制度的发展历程

西方国家大多倾向于从广义的角度来理解社会福利，即国家及社会采取的一切旨在改善人民物质、文化、教育、卫生等生活的社会措施都属于社会福利的范畴。然而，西方国家社会福利的含义在其形成的早期并非如此宽泛，而是多被等同于慈善、救济等，社会福利在当时主要是强调其对社会成员中的弱者给予一定社会救助这一基本功能。当时，社会福利的提供者多为教会，主要为无依靠的老年人、孤儿以及残疾人等特殊群体提供生活援助，以此来缓解西方国家当时日趋严重的贫困问题，例如 18 世纪中叶的英国就曾颁布法律来为无法谋生的人发放救济金，并通过建立贫民学艺所来组织部分贫民从事劳动以及学习谋生技能。

19 世纪末，贫困问题开始在西方国家进一步扩大，甚至成为普遍现象。英国的一份社会调查显示，1889—1901 年，英国有 30%的居民生活水平在贫困线以下，远远低于国家的平均生活水平，这部分人大多为无业或无稳定工作的劳动者。[①] 为了缓解日益加重的

---

① STRANGE J. Death, grief and poverty in Britain, 1870—1914. Cambridge: Cambridge University Press, 2005.

贫困问题，越来越多的国家开始意识到建立涵盖范围更广的社会福利制度的必要性。当时，部分西方国家的国家职能逐渐完善，生产力水平得到了空前的提升，国家在此过程中积累了丰富的物质财富，为日后社会福利制度的建立和发展奠定了重要的政治和物质基础。例如在社会福利的发源地英国，1906 年英国政府正式立法建立超越济贫的社会保险体系，现代社会福利制度逐步建立。1945 年，英国工党上台执政。工党认为通过增加社会福利来扩大政府财政支出是解决资本主义经济危机的主要手段，因此，政府先后实施了《国民保险法》《国民救济法》等社会福利法案，英国的社会福利制度得到了进一步的完善。[①] 从 20 世纪 50 年代开始，英国的做法得到了北欧其他发达国家的认可和效仿，它们纷纷开始建立自己的社会福利制度，使社会福利能够服务于大多数社会成员，甚至全体社会成员。

然而，过分强调“全面性”的社会福利制度虽然最大限度地满足了国民的基本生活需要，缓解了贫困现象，一定程度上缓解了阶级矛盾，促进了社会的稳定，但也引发了以下几种问题：（1）公共开支比重过大，政府财政难以负担。这是多数西方福利国家所面临的共同问题。例如，英国的社会福利开支在 20 世纪 60 年代占国民生产总值的 6.5%，到了 20 世纪 80 年代，这一数字迅速攀升至 11.1%，社会福利开支的涨幅远远大于同时期国民生产总值的涨幅。[②] 20 世纪 90 年代，瑞典的福利制度也成了经济发展的负担。[③] 为了维系高额福利的开支，政府只能大举借助外债来缓解财政赤字。（2）福利水平偏低。由于公共开支过大，国家财政不堪重负，所以福利难以达到预期水平，致使众多西方国家贫困化现象相对严重。比如，在众多的欧盟国家中，20 世纪 70 年代中期的贫困人口为 3 000 万，到了 80 年代末，这一数字甚至攀升到了 5 200 万，超过欧盟总人口的 15%。再如，英国在 2004 年的贫困人口为 1 700 万，占其总人口的 30% 。[④]（3）部分民众对福利的依赖损害了其就业积极性。部分西方国家的福利制度为失业者提供较好的福利待遇，虽然这在一定程度上保障了失业者的基本生活，但与此同时也削弱了他们再就业的动机，因此一部分失业者不再积极寻找就业机会，而是长期依赖社会福利。比如，德国的失业工人依照法律可以在失业期间按原工资 53%～67%的比例获得救济金，另外加上在子女教育、住房等方面的补助，致使一些失业工人的收入甚至超过很多低收入者[⑤]，这直接导致了大部分失业者宁可赋闲在家也不愿意工作，这种现象严重地影响了国家的经济发展。

针对上述问题，西方国家逐步实行了整改措施，具体措施主要体现在以下三个方面：（1）从强调福利制度的“普遍性”过渡到注重福利的“选择性”，让社会福利准确地流向真正有需要的人群。如英国撒切尔政府对社会补助项目设置了更为严格的限制条件，这

---

① MIDWINTER E. The development of social welfare in Britain. Boston：McGraw-Hill Education，1994.

② STRANGE D，CHANG P M Y. The international labor organization and the welfare state：institutional effects on national welfare spending，1969—80. International Organization，1993，47（2）.

③ BERGMARK A，PALME J. Welfare and the unemployment crisis：Sweden in the 1990s. International Journal of Social Welfare，2003，12（2）.

④ 周弘．国外社会福利制度．北京：中国社会出版社，2002.

⑤ JESSEN R，ROSTAM-AFSCHAR D，STEINER V. Getting the poor to work：three welfare increasing reforms for a busy Germany. Working Papers，2015（7）.

就使获得资助的对象从全体生活在贫困线以下的人群转变为那些低收入、丧失工作能力、单亲家庭以及有子女的贫困家庭。这一举措大大地减少了领取福利的人数，同时又大幅提高了特殊群体的福利水平，如 2000 年末，英国孕妇的补贴标准比原来提高了 3 倍。(2) 推行与就业相关的激励制度，以达到反福利依赖的目的。如英国为单亲家庭的失业父母开办了职业培训，并为其提供照看子女的服务，为其积极学习工作技能再就业创造条件，与此同时还通过财政补贴手段激励企业接纳这部分人群，使得失业情况得到了有效的改善。再如美国通过了《职业培训伙伴法案》，这个法案要求各州的有关机构为特殊人群提供职业培训、寻找工作，以提供工作技能及机会来代替原本的货币福利。据统计，该法案实行的 3 年内就使得 13 万原本依赖社会福利生活的人找到了工作。这一举措不但增加了福利领取者的工作收入，还有效地抑制了政府公共开支增长的势头。(3) 通过完善社会服务体系来减少针对老年人、儿童以及残疾人的公共开支。如英国在加强老人社会服务方面大力提倡居家养老，通过扩大居家养老的家庭服务（包括提供家政服务、社工咨询服务、夜间照护以及开办公共食堂和娱乐中心等）、培训大量家庭护理员来解决生活难以自理的特殊人群的照护问题，有效地抑制了公共开支的增长。

12.2.2 中国社会福利制度的发展历程

中国社会福利制度的发展大致经历了以下四个阶段。①

1. 新中国成立初期的救济性福利制度 （1949—1955 年）

在新中国成立的初期，为了解决历史遗留下来的百姓流离失所、生活贫苦等社会问题，社会福利制度主要是救济性质的，大多是针对孤老残幼的救济性福利以及针对失业和贫困人员的生产自救措施。例如，党和国家一方面接管和改造了“救济院”“慈善堂”等旧社会慈善团体，并同时创办了一大批福利救济单位来收容孤老残幼等特殊群体；另一方面在一些城市快速组织起面向贫民的手工业或者小型工业生产小组，使贫民进行快速而有效的自救。据统计，截至 1954 年，全国共为 22.56 万人组织了 1 802 个自救小组。②

2. 计划经济时期的社会福利制度 （1956—1977 年）

我国在这一时期的社会福利制度与当时的计划经济体制管理模式紧密结合，城乡形成了以集体福利为主、民政福利为辅的基本福利制度框架。在城镇地区，随着计划经济体制的确立，“单位制度”逐渐形成，即城镇居民大多被吸纳进单位进行就业。就业者为单位付出劳动，而单位则代表国家要对就业者承担起提供福利的义务。西方学者称之为结构性福利模式（structural welfare model），即把社会福利融入社会基本结构之中，由国家统一来保障就业者的基本需求。单位为就业者提供的社会福利涉及生活中的方方面

---

① 林闽刚，梁誉．我国社会福利 70 年发展历程与总体趋势．行政管理改革，2019 (7).

② 卢谋华．民政概论．北京：民政管理干部学院（内部发行），1981.

面，如就业者可以免费或者低消费享受由单位兴办的学校、医院、住房、食堂，以及各种休闲娱乐场所等提供的服务，同时还会获得探亲补贴、育儿补贴、交通补贴、住房补贴等现金补贴。这一时期的社会福利制度为之后中国建立覆盖更全面、涵盖人群更广的福利制度奠定了坚实的基础。在农村地区，有别于城镇的单位制度，人民公社制度是当时我国农村基层社会管理的形式之一。人民公社制度规定农村的基本生产资料归集体所有，农民在公社的生产队中参加生产劳动，而其所需的生活资料由生产队按一定标准统一发放。①

同时，政府还建立了民政福利制度，为无法被单位或公社集体福利制度覆盖的孤老残幼等特殊群体提供基本生活保障。例如通过建立养老院来收养老无所依的老年人，并为其提供医疗和生活照料等服务；通过建立儿童福利院来收养孤儿和无家可归的儿童，并为其提供教育与医疗等服务；通过建立精神病人福利院来收养无所依靠的精神病患者，并为其提供医疗和生活管理等服务。民政福利在补充当时的集体福利制度方面发挥了巨大的作用。

3. 经济转型时期的社会福利制度（1978—1999 年）

改革开放以来，伴随着我国从计划经济体制向社会主义市场经济体制转变的新形势，我国社会福利制度也逐步朝着社区化和社会化等多元化的方向发展。

一方面，城镇以单位为主的集体福利制度逐渐向社区化过渡。在社会主义市场经济体制转变的新形势下，部分国企不得不关闭、合并或者转型，这使得原本依托单位获得的社会福利难以得到保证。面对这一新问题，1986 年，在民政部会议上首次提出了以社区取代单位来提供福利的构想。1987 年，这一构想开始初步被完善实施，并开始在一些试点城市运行。1993 年，民政部等 14 部委联合下发了《关于加快社区服务业的意见》，正式确立社区作为我国建立健全社会化服务体系中的一个重要单位。

另一方面，社会福利事业国有化逐步向社会化过渡。1979 年，在全国城市社会救济福利工作会议上，民政部明确了突破原有以“三无”对象为收养主体的规定，正式将双职工家庭残疾人员和退休孤老职工纳入社会福利的收养对象。随之而来的是社会上许多福利机构开始突破原有的收养限制条件，逐渐有条件地向全社会开放。此外，这一时期我国社会福利的供给主体也逐渐朝着多元化方向发展。1983 年，民政部明确提出了“社会福利社会办”的口号，鼓励社会各界力量积极参与到社会福利的兴办事业中。至此，我国社会福利的供给模式逐渐从国家包办向国家、集体、个人合办转变。

4. 21 世纪以来多层次社会福利制度框架的基本形成（2000 年至今）

21 世纪以来，我国在原有社会福利制度框架的基础上，逐步完善了老年人、儿童、残疾人福利，并极大地优化了农村社会福利制度。

国家通过加快老年人社会福利的建设工作来应对我国日益加剧的人口老龄化、失能化、空巢化等问题。2001 年民政部正式启动了“社区养老服务星光计划”，社区居家养

---

① 吴毅．人民公社时期农村政治稳定形态及其效应：对影响中国现代化进程一项因素的分析．天津社会科学，1997（5）．

老模式开始在全国得到快速推广。2006 年民政部等 10 个部门联合下发了《关于加快发展养老服务业的意见》，进一步明确了将发展社区养老机构及服务作为养老服务的工作重点。2013 年国务院正式出台《关于加快发展养老服务业的若干意见》，对健全养老服务体系、促进养老服务业的发展做出了总体部署。至此，我国正式形成了以居家为主、社区为依托、机构为补充、医养相结合的社会养老服务体系。

为完善儿童社会福利制度，民政部于 2006 年联合多部门共同印发了《关于加强孤儿救助工作的意见》，将儿童福利的保障对象进一步扩展为所有无人抚养的未成年人。2010 年国务院下发《关于加强孤儿保障工作的意见》，第一次以现金补贴的形式为孤儿提供制度性保障。2016 年国务院出台《关于加强困境儿童保障工作的意见》，该意见规定各地需本着“适度普惠、分层次、分类型、分标准、分区域”的理念，立足当地社会经济发展状况、儿童的需要以及社会福利制度的发展，来全面安排和设计儿童福利制度，这标志着我国儿童福利制度正式从补缺型向适度普惠型过渡。

为帮助残疾人自我发展，2000 年以来，国家陆续出台了《关于促进残疾人事业发展的意见》《关于加快推进残疾人社会保障体系和服务体系建设指导意见》等文件来发展、并提升我国残疾人福利。这一系列的福利包括为残疾人提供医疗和康复服务、兴办特殊教育并为其就业创造良好的环境、为困难残疾人提供生活补贴、为重度残疾人提供护理补贴等。

自 2000 年以来，我国加快建设长期发展相对滞后的农村社会福利体系。在老年人福利方面，农村的五保供养制度实现了从原有的由农民集体内互助共济的集体福利事业向国家财政供养的现代社会福利模式转变。此外，为提高农村学生的健康水平，国家还对农村贫困地区的义务教育阶段的学生提供了营养膳食补助。至此，我国多层次社会福利制度框架基本形成。

知识链接 12－1

福利多元主义与社会保障社会化思想

西方社会的福利多元主义理论和中国的社会保障社会化理论作为当今世界两大福利供给理论范式，各自经历了多年的理论变迁，已逐渐被世界社会保障理论界和实务界所接受。福利多元主义理论起源于简单二元论，经历了福利三分法、福利四分法和福利五边形等发展阶段。“社会保障社会化”一词首见于我国的“七五”计划，随后其理论体系逐步被发展和完善。福利多元主义理论和社会保障社会化理论均主张福利供给主体的多元化。但是，福利多元主义理论因过分专注福利供给主体的多元化而偏向狭隘；而社会保障社会化理论以社会共同本位为理念基础，以最大限度地满足社会成员的多层次社会保障需求为出发点和落脚点，以实现社会保障制度的社会性和全民化为终极奋斗目标，堪为真正意义上的福利治理理论。

资料来源：徐进. 一个简明述评：福利多元主义与社会保障社会化 . 西南石油大学学报（社会科学版），2019（3）.

12.2.3 中国社会福利制度的基本框架

经过几十年的探索和实践，党和国家从我国国情出发，根据时代的需要不断改革原有的社会福利制度，如今已经初步建立起既涵盖对社会弱势成员的优抚与保障，又包含面向全体国民的普遍福利保障的社会福利系统，它与社会救助制度、社会保险制度共同组成了我国社会保障制度的三大支撑体系，三大支撑体系既相互联系又相互补充。我国的社会福利制度包括面向特殊群体的社会福利，如老年人社会福利、儿童社会福利、残疾人社会福利等内容，还包括面向全体社会成员的公共社会福利，如公共卫生福利、公共教育福利、公共设施福利、社区福利等。中国社会福利制度的基本框架如图 12-1 所示。

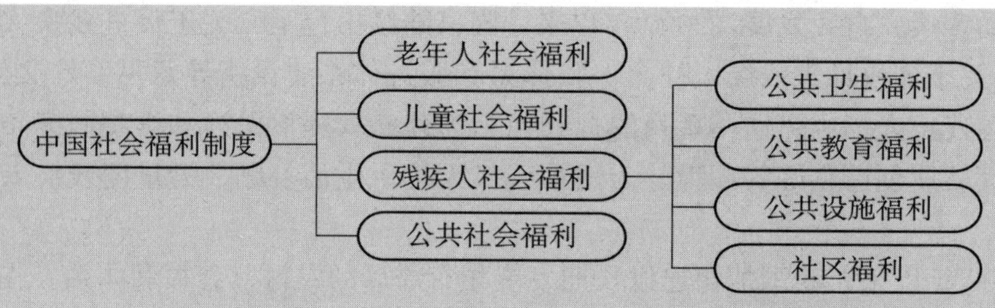

图 12-1 中国社会福利制度的基本框架

12.3 中国老年人社会福利

12.3.1 我国老年人社会福利的构成

伴随着我国人口老龄化甚至高龄化的到来，单靠养老金提供的生活保障已经不能满足老年人的养老需求，这就对社会福利提出了更高的要求。我国老年人社会福利主要包括以下几种形式。

1. 家庭养老福利

家庭养老（aging in place）是指老年人养老主要依靠家庭来完成的一种养老模式，是我国几千年来流传下来的优良传统，在新中国成立以后，立法明确了子女对老年人的赡养义务。2013 年制定的《老年人权益保障法》规定，老年人养老主要依靠家庭，家庭成员有义务关心和照料老年人，并且应该依法履行对老年人经济上供养、生活上照料、精神上慰藉的义务，并照顾老年人的特殊需求。国家通过立法的形式来明确家庭赡养义务，事实上是为老年人退休后的生活提供了兜底性物质保障。家庭养老福利是老年人养老的兜底性保障。

2. 社区养老福利

为了应对少子化对家庭养老的冲击，国家进一步确立了家庭养老与社区养老相结合的养老模式。社区养老（aging in community）是指老年人住在自己家庭或自己长期生活的社区里，既能得到家人的照顾，又可以享受由社区的养老机构或组织提供的养老托老服务的一种养老方式。社区养老是公益性的，是我国老年社会福利的重要体现，其主要目的是满足有特殊困难人群的需求和解决老年人生活中的困难。老年人在社区中可享受送餐上门、料理家务以及家庭病床等生活照料及护理康复服务。

3. 机构养老福利

随着我国人口老龄化的加剧，家庭结构日益小型化，空巢老人的比例也在增加，这一发展趋势给我国发展机构养老提出了客观要求。机构养老（aging in institutions）是一种让老年人离家去到专门的机构进行生活养老，并且由养老机构承担其生活照料和护理的一种养老方式。目前，我国的养老机构主要有老年人社会福利院、敬老院、养老院、老年护理院、老年公寓、托老所及老年人服务中心等。在我国，传统的机构养老服务对象多为因为灾害造成的难民、无依无靠的孤寡老人。政府对这部分人群的福利服务目的是保障其最基本的吃、穿、住、医、葬等生存需求。随着我国市场经济体制的建立，原有的计划经济时期以企业为单位建立起来的福利网络被打破，人们的福利服务需求被逐渐推向社会。尤其在民政部提出“社会福利社会化”策略之后，国家按照产业化思路和市场规律发展养老服务业，使更多元化的投资主体得以进入机构养老市场，养老机构的服务水平也因此得到大幅提升。在现代社会中，我国的机构养老服务对象已不仅仅是“三无”老人和“五保”老人，而是所有有需求的老年人。

4. 老年人优待

老年人优待是我国老年人社会福利的一个重要组成部分，其服务内容兼顾了老年人物质生活、精神文化生活以及医疗保健等多方面的需要。虽然各省在优待内容上略有不同，但大致可归纳为以下几个方面。①

（1）养老优待。其包括将贫困老年人纳入城乡社会救助体系，并对贫困老年人给予重点照顾；对百岁或高龄老年人发放生活补贴；城乡贫困家庭老年人去世可享受丧葬殡仪费用减免的优待。

（2）医疗优待。其包括将城市的“三无”老人和农村的“五保”老人纳入医疗救助范围；医疗机构减免老年人普通门诊挂号费用以及贫困老年人家庭病床出诊费；为 60 周岁以上的老人每年免费体检 1 次。

---

① 周良才．中国社会福利．北京：北京大学出版社，2008.

（3）生活服务优待。其包括与老年人生活密切相关的各类服务性行业及企事业单位根据行业特点为老年人提供优先、优惠服务；公共交通为老年人提供优先、优惠服务，并设立“老幼病残孕”专座；公共场所为老年人提供无障碍设施，为老年人居住和出行创造无障碍环境；贫困老年家庭优先被纳入廉租房保障范围，并且老年人在住房拆迁安置中享受优先选择楼层待遇。

（4）文体娱乐优待。其包括国家财政支持的各类博物馆、美术馆、科技馆、纪念馆等公共文化设施向老年人免费或者优惠开放；部分公园及旅游景点向老年人免费或者优惠开放；公共体育设施向老年人免费或者优惠开放；贫困老年人进入老年大学学习可享受学费减免。

12.3.2 我国老年人社会福利存在的问题

1. 城乡社会福利差距较大

我国经济发展长期存在城乡不均衡的现象，导致城乡老年人在各种社会福利领域存在着巨大的差距。总体来说，城市老年人享受着较完备的社会福利，如住房、养老、医疗、社会服务等。受农村经济发展和社会资源的限制，目前农村的社会福利大多局限于救灾和扶困，与广大农村老年人的实际需求还存在较大的差距。

2. 福利覆盖面小且存在设施与服务短缺的现象

我国现有的老年人福利机构中绝大多数是以为“三无”老人和“五保”老人提供服务为主要任务，虽然我国养老市场潜力巨大，但现阶段的养老服务设施和质量距离满足覆盖人群更广的较高层次的老年人养老服务还存在较大的差距。现有的老年人福利机构大多设施较差，服务水平偏低。即便在个别经济条件较好的大城市中建立起一些老年活动中心，但由于管理不完善并且服务内容单一，往往无法起到应有的作用。

3. 有效资金投入不足导致老年人社会福利事业发展受限

尽管国家一直对老年人社会福利事业进行大量投资，但由于我国仍是发展中国家且老年人口基数过大，全面满足我国的养老需求依然难度很大。另外，虽然国家大力提倡社会福利主体人的多样性，但现有的政策对吸引社会资金投入老年人社会福利事业仍缺乏激励机制，导致老年人社会福利事业发展受限。

4. 老年人社会福利服务队伍的专业化水平较低

目前，我国老年人福利机构的工作人员相对较少，并且多数为没有受过专业训练的临时人员，无论从岗位职责还是专业化技能上都无法适应我国现阶段老年人社会福利发展的客观需要，因此迫切需要提高服务人员的专业化水平和服务意识。

12.3.3　我国老年人社会福利的未来发展方向

1. 建立以"全面实现老年人福祉"为核心的多元化老年人社会福利制度

阅读材料 12－1　老年服务机构：支撑还是补充？

经过几十年的探索、实践和改革，我国的社会福利制度已经进入了一个崭新的阶段。结合国外的发展经验以及我国以往的改革实践，我国老年人社会福利制度改革应从我国国情出发，建设以老年人社会福利服务为依托、以国家兴办的社会福利机构为示范、以其他多种所有制形式的社会福利机构为骨干的老年人社会福利服务体系，走一条符合中国社会经济发展的、动员社会力量广泛参与的社会化之路。

2. 消除城乡差距，促进老年人社会福利均衡化发展

全面实现老年人福祉，补齐农村的福利短板。一方面，要加大地方政府对福利的资金投入和政策支持，加快推进农村老年人福利机构和设施的建设。另一方面，要大力推动养老、医疗及社会公共服务项目向农村延伸。同时要促进老年人社会福利事业发展的城乡协调，推行老年人社会福利城乡一体化。

3. 强化政府在老年人社会福利中的主体地位

鼓励兴办多种所有制形式并存的社会福利机构并不意味着要削弱政府在老年人社会福利中的主体地位。社会福利社会化的出发点和最终目标是形成政府和社会共同兴办福利的机制和环境，而不是将社会福利推向社会或市场，政府发挥投资主体的作用是形成这一机制的关键因素。

12.4　中国儿童社会福利

目前国际上通用的界定儿童的标准是 1989 年第四十四届联合国大会通过的《儿童权利公约》，公约规定，"儿童系指 18 岁以下的任何人，除非对其适用之法律规定成年年龄低于 18 岁"。该公约于 1992 年在我国正式生效。在我国，结合我国的国情，儿童的年龄界定被进一步修订为 0～14 岁，18 岁以下被统一定义为未成年人。这种界定的主要依据是，我国当时人口的平均年龄为 72 岁，儿童是人生的初始阶段，选择 0～14 岁作为儿童期较符合我国国情。儿童既是一个生理概念，同时又是一个包含深刻社会含义的概念。

12.4.1 我国儿童社会福利的构成

1. 教育福利

几十年来，国家一直致力于为儿童提供良好的教育福利。2006 年全国人大通过《义务教育法》，要求年满 6 岁的儿童都要接受为期 9 年的义务教育。实施义务教育所需要的经费由国务院和地方各级政府负责筹措并予以保证。为保证义务教育的均衡发展，党和国家不断加大对中西部贫困地区农村义务教育的投入，先后实施了国家贫困地区义务教育工程、国家西部地区“两基”攻坚计划、农村中小学危房改造工程等一系列重要措施，极大地提高了农村的教学水平，改善了贫困地区义务教育的办学条件，并有效地促进了优质教育资源共享。

2. 卫生保健福利

多年来国家一直致力于为儿童提供良好的卫生保健福利。首先，我国大力倡导妇婴保健，并通过多种努力降低婴儿死亡率。其次，国家积极推广免费为儿童接种预防性疫苗，积极防治儿童常见疾病。最后，国家还兴办了专门为儿童提供医疗卫生保健的儿童医院，并在全科医院设置儿科，通过健康检查、健康教育、疾病防治以及身体缺陷矫正康复等方法促进儿童健康发育成长。

3. 儿童福利院

新中国成立以来，儿童福利院为我国儿童社会福利事业做出了巨大的贡献。儿童福利院的经费以国家和地方财政拨款为主，集体集资、发行福利彩票和社会救助为辅，主要为由于天灾或其他不可预测的事故而失去父母的孤儿，和因身患疾病难以康复而被父母遗弃的儿童提供监护养育。对于入院时身患疾病或残疾的儿童，福利院会免费给予最大程度的救治，如将重病和重残的儿童送往就近医院进行治疗，同时福利院还配备医生、营养师、医务室、抢救室、化验室和药房，能够及时对其监护养育的儿童进行救治。1995 年在全国范围内实施了残疾孤儿康复工程，要求大型医院对实施手术的孤儿减免住院费、手术费和治疗费。此外，儿童福利院还很重视对孤儿和弃婴的教育，并以义务教育和职业教育相结合为方针，对院中所有智力健全的儿童提供教育，同时为盲、聋、哑、智残的儿童提供特殊教育。

4. 家庭收养

家庭收养（adoption）是我国为儿童提供社会福利的一种主要方式，主要是指我国公民或者外国人依法领养他人子女，双方建立父母子女关系的民事法律行为。需要指出的是，收养关系一旦形成，便会产生与自然血亲关系一样的法律后果。为更加合理地确定收养条件、规范收养程序，国家多次立法并最大限度地保护收养人和被收养人的权益。1992 年《中华人民共和国收养法》（以下简称《收养法》）颁布施行，标志着我国公民的收养工作进入了一个全新的历史阶段。1998 年修改后的《收养法》放宽了收养条件和成立收养关系的程序，使更多的孤儿和弃婴得到了家庭的温暖。在外国公民收养方面，民政部制定并下发了《关于社会福利机构涉外送养工作的若干规定》。该规定补充了原有的法律法规，统一了收养程序和手续，并明确了相关的收养责任。国家为有特殊需求的儿童提供被收养的机会，不仅有利于完善家庭关系，为更多家庭实现“幼有所养、老有所依”的家庭职能，还极大地促进了社会的安定团结。

12.4.2　我国儿童社会福利存在的问题

1. 城乡儿童社会福利差距较大

受城乡二元化发展的限制，我国儿童社会福利目前的城乡差距较大。据统计，20%的城市特殊儿童开支占据全国儿童社会福利开支的95%以上，在农村投入的资源严重落后于城市，造成农村中的儿童社会福利无法满足其实际需求。

2. 儿童社会福利社会化水平有待提升

虽然国家已经立法明确了我国社会福利社会化的发展方向，但目前仍存在社会化不足的问题，具体表现为社会化开展时间较短、配套政策不完整、宣传不足、激励机制不健全等，例如在经营福利机构的税收优惠问题上始终没有明确的规定，这导致民间资本进入儿童社会福利领域时不够积极。

12.4.3　我国儿童社会福利的未来发展方向

1. 完善儿童社会福利制度

要确保儿童的生存权、发展权受法律保护，探索制定儿童福利法，依法维护儿童的养护、教育、医疗、住房等合法权益，确保所有儿童都能够分享改革开放、经济发展和社会文明进步的成果，使他们在健全的社会福利的保障下健康成长。

2. 提升我国儿童社会福利社会化的水平

阅读材料 12-2　儿童福利立法：保护还是福利？

儿童社会福利社会化的发展离不开社会各界力量的广泛参与。要提升我国儿童社会福利社会化水平，一方面，要统筹利用好各方资源，采取新建改建、公办民营等多种方式兴办儿童福利机构；另一方面，要制定健全的配套政策来明确民办资本参加建设社会福利事业的激励机制，使社会福利事业资金来源多元化的目标最终得以实现。

知识链接 12-2

我国是否跌入“低生育率陷阱”？

国际上通常认为，总和生育率 1.5 左右是一条“高度敏感警戒线”，一旦降至 1.5

以下，就有跌入“低生育率陷阱”的可能。我国第七次全国人口普查结果显示，2020年我国育龄妇女总和生育率为1.3。这主要受到育龄妇女数量持续减少和“二孩”效应逐步减弱的影响。低生育率是当前我国人口发展呈现出的新情况新变化之一，我国人口主要矛盾正由总量压力转变为结构性挑战。普查结果显示，我国劳动年龄人口下降，人口老龄化逐步加速。与2010年相比，我国劳动年龄人口减少4 000多万人；60岁及以上人口数量比重为18.70%，与2010年相比上升5.44个百分点。

北京大学人口研究所所长陈功分析认为，“未来，应在新发展理念指引下，从经济社会发展全局高度和国家中长期发展层面谋划人口发展，以系统思维和整体布局最大限度地发挥人口要素对社会经济发展的支撑作用，加快构建人口长期均衡发展及其与经济社会、资源环境协调发展的新人口发展格局”。

资料来源：我国是否跌入“低生育率陷阱”？.(2021-05-18).人民网.

12.5 中国残疾人社会福利

根据世界卫生组织的定义，残疾是指由于缺陷而缺乏作为人以正常方式从事某种正常活动的能力。我国1992年通过的《残疾人保障法》中所定义的残疾人与世界卫生组织的定义类似。为了更精准地判定什么样的人是残疾人以及残疾程度，我国一直以《中国残疾人实用评定标准》为基本依据。该标准大致将残疾人分为以下几类：视力残疾、听力残疾、言语残疾、肢体残疾、智力残疾、精神残疾、多重残疾以及其他残疾等。

12.5.1 我国残疾人社会福利的构成

1. 残疾人生活收入福利

我国现行的残疾人生活收入福利主要有供养救济和伤残抚恤两种具体形式。供养救济（social provision and relief）是国家针对无劳动能力、无生活来源、无法定抚养人的“三无”残疾人而实行的供养救济。福利的提供主体包括国家和地方政府为残疾人兴办的福利院，也包括社会各界力量以多种形式举办和发展的残疾人安置机构。伤残抚恤（disability pension）主要是指国家对现役因公负伤致残的军人给予的现金津贴形式的抚慰保障。另外，享受离退休待遇的军人由退休单位发放伤残保健金和护理费；不享受离退休待遇的由政府发放伤残抚恤金和护理费。对于国家退役的特级、一级伤残军人，由国家供养终身。此外，伤残军人还享受国家的就业保护以及在中国境内乘坐公共交通以及参观旅游景点的费用优待。

2. 残疾人教育福利

1994 年国务院颁布了《残疾人教育条例》，该条例要求，发展残疾人教育要实行普及与提高相结合的方式，以普及为主，着重发展义务教育和职业教育，积极开展学前教育，逐步发展高级中等以上教育。残疾人教育的主要内容包括：生活自理能力教育、文化知识教育、职业技术教育以及心理辅导。残疾人教育已被纳入国家教育改革和发展的总体规划之中。

3. 残疾人就业福利

2007 年国务院颁布了《残疾人就业条例》，明确规定了用人单位在残疾人就业方面的责任。具体责任包括：用人单位安排残疾人就业的比例不得低于本单位在职职工总数的 1.5%，用人单位应依法与残疾人签订劳动合同或者服务协议。除此之外，国家对集中雇佣残疾人的用人单位给予税收优惠，对残疾人从事的个体经营给予税收优惠，鼓励地方政府多方面筹集资金用以扶持农村残疾人从事种植业、养殖业、手工业和其他形式的生产劳动。

4. 残疾人康复福利

依据我国《残疾人保障法》，国家和社会有责任采取康复措施来帮助残疾人恢复或者补偿其功能，增强其参与社会生活的能力。残疾人康复的方式主要是把我国现代康复技术与传统康复技术相结合，以康复机构为骨干，社区康复为基础，家庭为依托，为残疾人提供有效的康复服务。具体服务内容包括：康复医疗服务、康复训练指导服务、心理支持服务、知识普及服务、用品用具指导服务、咨询转介服务等。

知识链接 12-3

我国残疾人依法享有各项社会保障的权利

1990 年 12 月 28 日，《中华人民共和国残疾人保障法》在第七届全国人民代表大会常务委员会第十七次会议上被通过。这是一部根据宪法而制定，为了维护残疾人的合法权益、发展残疾人事业的法律，是保障残疾人平等地充分参与社会生活、共享社会物质文化成果的有力武器。该法律对残疾人的社会保障权利做出了详细的规定，国家保障残疾人享有各项社会保障的权利。政府和社会采取措施，完善对残疾人的社会保障，保障和改善残疾人的生活。

目前，我国有 8 300 多万残疾人，涉及 2.6 亿家庭，“一人致残、全家致贫”的现象普遍存在，残疾人的生存问题未得到解决。残疾人作为我国公民，当然享有作为中国公民所能享有的全部社会保障权利，同时，残疾人作为一类特殊群体，还享有一些特殊的社会保障权利。为此，2018 年新修订的《残疾人保障法》在作出总括性规定的基础上，又作出了社会保险补贴、社会救助、护理补贴和政府供养等细化规定。

资料来源：解读：法律是如何保障残疾人就业等权利的？.(2020-05-17). 人民网.

12.5.2 我国残疾人社会福利存在的问题

尽管近年来我国残疾人社会福利事业取得了迅速的进展，很大程度地改善了残疾人的生活、就业状况，但由于我国残疾人社会福利事业起步较晚，目前仍然滞后于我国的总体社会经济发展水平，主要有如下几方面的问题。

1. 残疾人社会福利法律体系有待进一步完善

虽然我国之前已经针对残疾人的权利进行了立法保护，但残疾人参与社会生活的困难和障碍并未根本消除。另外，社会上歧视和伤害残疾人的现象仍有发生。

2. 残疾人受教育机会较少， 导致文化程度偏低

尽管残疾人接受教育的权利受宪法保护，但残疾儿童的入学率远低于健全儿童。另外，我国现有的残疾人职业技术培训机构严重短缺，远不能满足残疾人劳动就业的需要。

3. 残疾人医疗康复相对滞后

《2022 年残疾人事业发展统计公报》显示，全国共计 856.7 万名残疾人得到基本康复服务，164.8 万名残疾人得到基本辅助器具适配服务，40.7 万名残疾儿童得到康复救助。虽然我国残疾人医疗康复自新中国成立以来取得了很大的成绩，但其发展与我国社会经济发展水平相比，依然相对滞后。

12.5.3 我国残疾人社会福利的未来发展方向

阅读材料 12－3 英、美、日三国残疾人保障的重点

结合我国国情，着重加强如下三个方面的残疾人社会福利体系建设。

1. 全面保护残疾人的合法权益

国家要不断根据实际情况制定和完善专门保护残疾人权益的法律法规，进一步普及和深化法治宣传，强化执法检查和视察的功能，对歧视和侵害残疾人的现象予以处罚，逐步形成促进残疾人生存、发展的良好社会环境。

2. 大力推进残疾人的教育和培训

残疾人就业困难的问题主要表现为残疾人的文化和技术业务水平有待提高。因此大力推进残疾人的教育和培训将变得十分必要。进一步统筹规划高中阶段特殊教育学校的建设，有计划地扶持有条件的高等学校开设特殊教育专业；普遍开展适应劳动力市场需求的残疾人职业教育培训，并加强特殊教育师资队伍的建设。

3. 积极扩大残疾人康复的服务面

康复训练是帮助残疾人恢复和补偿其功能的重要手段，因此，积极扩大残疾人康复的覆盖人群和覆盖面必然是改善我国现阶段残疾人医疗康复水平发展相对滞后局面的有效措施，也是未来的发展方向。例如采取设立定点医疗机构与组建医疗队相结合的方式，对贫困的低视力患者实施救治；全面推行“社会化、综合性、开放式”的精神病防治康复工作模式，对贫困的精神病患者实行医疗救助等。

本章小结

1. 社会福利是指国家为改善人民的生活而提供的各种服务设施和社会保障内容的总称。它既包括国家和社会采取的一切旨在改善人民物质、文化、教育、卫生等生活的社会措施，又包括国家或社会团体向一部分需要特殊照顾的社会成员提供的帮助或者服务。

2. 社会福利的基本特征：社会福利保障对象的全面性、社会福利公平性、社会福利服务性以及社会福利单向性等。

3. 社会福利的分类：按照福利的给付形式，可以分为货币形式和实物形式；按照福利的具体内容，可以分为教育福利、医疗福利、住房福利、社会服务；按照福利的服务对象，可以分为老年人社会福利、儿童社会福利、残疾人社会福利等。

4. 我国社会福利制度目前存在的问题：城乡社会福利差距较大、服务队伍专业水平较低、有效资金投入不足、法治建设有待进一步完善等。未来社会福利制度的发展应该针对这些问题进行调整和改革。

关键术语

社会福利　social welfare
社会服务　social service
结构性福利　structual welfare model
家庭养老　aging in place
社区养老　aging in community
机构养老　aging in institutions
家庭收养　adoption
供养救济　social provision and relief
伤残抚恤　disability pension

复习思考题

1. 社会福利的意义是什么？
2. 简述西方国家社会福利制度的发展历程。

3. 中国社会福利制度与西方社会福利制度的不同点在哪里？
4. 中国老年人社会福利的内容包括哪些？
5. 中国儿童社会福利的内容包括哪些？
6. 中国残疾人社会福利的内容包括哪些？
7. 中国社会福利制度现阶段面临哪些挑战？未来的发展方向是什么？

阅读材料

浙江移动打造“智慧养老”服务平台

随着社会老龄化的加剧，如何利用信息化等先进手段及时高效地为老年人提供全方位的居家养老服务呢？2013 年，杭州市政府、江干区政府、杭州市民政局、江干区民政局正式启动“智慧养老”项目。该项目人性化地为老年人提供“固定式终端”和“移动式终端”两种选择性服务项目，老年人根据自身实际需要决定是选择有紧急呼叫键、家政服务键等固定式终端还是具有手机免费通话服务的移动式终端。

在浙江移动智慧养老紧急呼叫终端上有两个醒目的键：绿色的生活服务键和红色的紧急按钮键。当按下绿色的生活服务键时，服务后台会联系相关家政公司，工作人员接到通知后上门为老人服务。同时，终端上会显示家政人员的到达和离开时间，老人可以对他们的服务进行按键评价，非常方便。

除了具有适合老年人使用的超大按键、加强音量等特点，以及通话、短信、收音机等基本功能外，这部特制手机背面还有一个红色的“SOS”按键。当老人遇到身体突然不适或其他紧急情况时，只需按住这个红色按键 1.5 秒以上，该手机就能向预先设定的亲属电话和服务平台同时发出求救信号，以便得到及时救援。此外，GPS 定位系统会帮助呼叫中心工作人员第一时间找到老人，帮助老人在最短的时间内得到救治。呼叫中心值班人员的电脑里会立即显示老人的全部资料，包括姓名、详细地址、电话等。

负责“智慧养老”项目江干区块的杭州移动政企客户部项目经理介绍，这个综合服务平台将把政府公益服务资源和第三方社会化服务优质资源进行整合。比如，老人需要送餐服务时，服务平台接到信息后，就可以通过社区食堂送餐；如果老人有特殊要求，也可以通过指定的优质商家提供配送。

杭州市智慧养老的惠及面较广泛，户口在杭州主城区的 70 周岁以上独居、空巢老人以及 80 周岁以上的高龄老人均可办理。在浙江移动的努力下，该服务已惠及江干辖区内 1.6 万名老人，深受老人的喜爱。

资料来源：浙江移动打造“智慧养老”服务平台.(2022-06-06). 中国信息产业网.

联合国儿童基金会报告称：全球近三分之一最贫困家庭少女未上过学

联合国儿童基金会（以下简称儿基会）发布报告说，来自全球最贫困家庭的 10～19 岁少女中，有近 1/3 从未进入校门学习。根据这份报告，贫困、性别歧视、残疾、语言障碍和基础设施薄弱等成为阻碍最贫困家庭儿童获得教育的因素，使他们无法获得摆脱贫困所需的技能和机会，同时也加剧了全球教育和学习危机。报告指出，公共教育领域的资金不足和分配不平等，导致班级人数过多、教师培训不足、缺少教学材料以及校园基础设施匮乏，这些情况对学生的出勤率、入学率和学习效果产生负面影响。报告分析 42 个国家的数据后发现，只有少数国家做到了公共教育支出平均分配，大多数国家的富裕家庭儿童获得的教育经费多于贫穷家庭儿童，一些国家中的富裕家庭儿童所获得的平均教育资源是贫困家庭儿童的 4 倍多。报告建议各国政府和教育政策制定者优先为容纳贫困家庭儿童人数最多的中小学教育提供资金，在这一阶段实现资源平均分配后，再逐渐使高等教育实现资源平均分配。此外，各国还应为每名儿童提供至少一年的学前教育，因为完成学前教育的儿童学习质量更高、辍学率更低，在成年后更可能为社会作出贡献。

儿基会执行主任亨丽埃塔·福尔表示，对儿童教育实施明智且平等的投资，最有可能帮助儿童摆脱贫困，让他们掌握所需技能以获得改变命运的机会。

资料来源：儿基会报告：近三分之一最贫困家庭少女未上过学.（2020-01-21）. 新华网.

国务院办公厅印发《促进残疾人就业三年行动方案（2022—2024 年）》

2022 年 3 月 25 日，国务院办公厅印发《促进残疾人就业三年行动方案（2022—2024 年）》（以下简称《行动方案》），对当前和今后一个时期加快推进残疾人就业工作，实现“十四五”时期残疾人较为充分较高质量的就业目标作出部署。

《行动方案》提出，以有就业需求和就业条件的城乡未就业残疾人为主要对象，更好发挥政府促进就业的作用，进一步落实残疾人就业创业扶持政策，加大残疾人职业技能培训力度，不断提升残疾人就业服务质量和效益，稳定和扩大残疾人就业岗位。2022—2024 年共实现全国城乡新增残疾人就业 100 万人，残疾人就业创业能力持续提升，残疾人就业权益得到更好保障，推动形成理解、关心、支持残疾人就业创业的良好社会环境。

《行动方案》决定，在三年内实施以下十项行动：一是机关、事业单位带头安排残疾人就业行动；二是国有企业安排残疾人就业行动；三是民营企业安排残疾人就业行动；四是残疾人组织助残就业行动；五是就业困难残疾人就业帮扶行动；六是农村残疾人就业帮扶行动；七是残疾人大学生就业帮扶行动；八是盲人按摩就业促进行动；九是残疾人就业服务提升行动；十是残疾人职业技能提升行动。

依托全国残疾人就业创业网络服务平台，建立包括各类残疾人职业技能培训机构、培训项目公示和证书管理、培训评估、线上培训资源等信息的全国残疾人职业培训服务与管理系统。建立全国残疾人人力资源服务机构清单和残疾人就业创业服务载体目录。

资料来源：国务院办公厅印发《促进残疾人就业三年行动方案（2022—2024 年）》.（2022-04-08）. 中国残疾人联合会网站.

第 13 章

军人社会保障

新中国成立以来，国家就建立了军人优抚、退伍军人安置等制度。党的十八大以来，党中央全面加强对退役军人工作的领导，组建退役军人管理保障机构，退役军人组织管理体系、工作运行体系、政策制度体系基本建成，从国家到乡村（社区）退役军人服务保障体系实现全覆盖。在十三届全国人大二次会议上，政府工作报告指出要“落实退役军人待遇保障，完善退役士兵基本养老、基本医疗保险接续政策”。十三届全国人大常委会第二十三次会议通过《中华人民共和国退役军人保障法》（以下简称《退役军人保障法》）。党的二十大报告明确提出要“加强军人军属荣誉激励和权益保障，做好退役军人服务保障工作”。

军人为国防和军队建设作出了重要贡献，是社会主义现代化建设的重要力量。维护军人尊崇地位、保障军人合法权益、完善军人社会保障制度，事关国防和军队建设，事关国家安全和发展大局。一方面，健全的保障制度能更好满足退役军人美好生活需要；另一方面，建立强有力的军人社会保障制度，必将激励广大官兵有效履行职责使命，必将吸引更多优秀青年参军报国、献身国防，为巩固国防和建设强大军队凝聚磅礴力量。

学习要点

1. 理解军人社会保障的概念
2. 熟悉军人社会保障的基本特征及作用
3. 重点掌握军人社会保障的基本内容
4. 了解国外军人社会保障的发展历程及内容
5. 了解我国军人社会保障的发展历程、存在的问题与发展方向

13.1 概 述

军人作为家国之坚盾，在保卫祖国、保卫人民，坚决捍卫国家主权、安全、发展利益等方面作出了巨大的贡献，理应得到国家和社会的尊敬与认可。中国共产党从领导建立人民军队之日起，就高度重视、切实保障军人的地位和权益。军人社会保障制度的建立有利于维护和实现军人权益，增强军队吸引力和凝聚力，激励军人安心服役，对于实现党在新时代的强军目标，把人民军队全面建设成世界一流军队具有重大意义。

13.1.1 军人社会保障的概念

军人社会保障（military social security）是指国家依据一定的法律和规定，以军人及其家庭成员为保障对象，保障其享有国家和社会提供的各种优待、抚恤、社会保险以及退役安置的一种社会保障制度。军人社会保障主要包括以下几层含义。

1. 军人社会保障的责任主体是政府

军队是国家的军队，军人的职责是保卫国家安全、守卫国家边境、维护政权稳定和社会安定。军人在履行职责时的风险要远高于从事一般职业的社会公民，政府有必要通过立法的形式对军人社会保障作出正式、规范性的制度安排，承担军人社会保障的主要责任。

2. 军人社会保障的对象是军人及其家庭成员

军人社会保障以军人为主要保障对象，同时也为军人家属提供保障。由于军人在从事军事活动时，常常面临居住环境差、劳动强度高、工作时间长、夫妻分居苦、危险系数高等职业环境，具有较高的职业风险和职业连带风险。因此，将军人家属纳入被保障对象具有必要性。

3. 军人社会保障的保障标准是军人的基本生活水平

一般而言，军人享受的社会保障待遇水平与标准要普遍高于一般社会成员的保障待遇水平与标准，以补偿从事军事劳动的损失和风险，这主要是由军人职业特殊性决定的。但是社会保障的基本目标是保障社会成员基本的生活需要，因此军人社会保障也应当与经济社会发展水平相适应，以保障军人在丧失劳动能力、伤残、年老或患病时，军人及其家庭成员的基本生活水平不受影响。

13.1.2 军人社会保障的基本特征

1. 责任主体的特定性

军队是执行国家政治任务的特殊武装集团，其劳动产品是国家安全与社会稳定，属于公共产品。与企业能直接产生经济效益、成为自身保障责任主体不同，军队自身无法也不应该承担对其自身的社会保障任务。因此，军人社会保障应该由国家和社会作为特定的责任主体。国家财政拨款是军人社会保障资金的主要来源。

2. 保障对象的特殊性

军人社会保障以军人及其家庭成员为保障对象，有别于一般的社会保障对象群体。国家法规、政策对军人群体有明确具体的规定，因此，军人是具备严格身份限定的特殊群体。目前军人社会保障的对象主要包括五类：（1）现役军人和武警兵官；（2）革命伤残军人；（3）复员退伍军人；（4）军人家属，即现役军人、武警兵官、复员退伍军人、革命烈士、因公牺牲军人和病故军人家属，包括其父母、配偶、子女以及依靠军人生活的18周岁以下的弟妹，军人自幼依靠其抚养长大现在又必须依靠军人生活的其他家属；（5）离、退休军官。此外，因战伤亡的民兵、民工，以及因参加军事演习、军事训练和执行军事勤务伤亡的预备役人员、民兵、民工以及其他人员，亦可参照国家《军人抚恤优待条例》享受相关抚恤待遇。

3. 保障待遇的从优性

一般而言，军人社会保障水平普遍高于一般社会成员的社会保障水平，这是由军人对国家所作出的特殊贡献、所付出的巨大牺牲决定的。军人应当受到国家、社会的认可和尊敬，获得较高的社会保障水平。因此，同等条件下，军人社会保障水平在一般社会成员的保障水平之上，军人的生活水平应稍高于当时当地普通群众的平均生活水平。

4. 保障内容的综合性

军人社会保障应当能够实现对军人的全面保障。不同于社会保险、社会救助、社会福利等其他社会保障的子系统仅承担某一方面的保障责任，军人社会保障是包含保险、救助及福利等多项内容的综合性保障。如军人的伤残抚恤属于社会保险范畴；社会对军烈属的照顾和扶持具有社会救助性质；设立荣誉军人康复医院、复员军人慢性病疗养院、军休所等机构，以及在交通运输、文化和旅游等公共服务行业和场所给予军人优惠待遇则属于社会福利性质。[①]

5. 保障体制的相对独立性

军人社会保障对象的特殊性决定了军人社会保障体系具有相对独立的管理体制。一方面，针对军人社会保障，从中央到地方直至基层均设有专门的管理机构和比较完善的服务网络，实行的是军队和地方分工负责的体制；另一方面，军人职业的特殊性、保密性高，加大了军人社会保障相关部门管理的自主性和相对独立性。

---

① 郑功成．社会保障概论．上海：复旦大学出版社，2005.

13.1.3　军人社会保障的作用

1. 风险分担与补偿作用

军人社会保障的风险分担作用主要是指由于军人职业面临着高危险，军人在从事劳动过程中会存在伤残、患病等不确定性，可能使其暂时或者永久失去劳动能力，同时，军人家属也会因为军人面临的风险而存在连带风险情况，建立军人社会保障制度可以较好地分担军人面临的职业风险。补偿作用则表现在军人社会保障能够为遭遇风险的军人及其家属提供一定的物质补偿，帮助军人家庭维持基本的生活质量和稳定的社会生活。

2. 褒扬与激励作用

军人为了保护国家安全和维护社会稳定，面临着高于一般社会成员的风险。军人的奉献和牺牲精神应得到社会成员的尊重，而军人社会保障的建立就是对军人爱国、正义和无私奉献精神的一种褒扬，能够激发军人的事业心，鼓舞军人士气，凝聚军心，激励军人安心服役，促进国防和军队的现代化建设，提升社会成员的参军热情，能够更好地吸引优秀青年投身职业军人行列。

3. 实现社会公平与稳定作用

军人社会保障是一种实现公平分配、稳定军心的社会保障制度，主要表现在：第一，军人社会保障面向全体军人，每一个保障项目对于其适用范围的对象而言，是一种机会公平的保障，完善的军人社会保障制度可以促进军人群体的机会公平；第二，军人社会保障通过对军人及其家属的补偿，帮助军人恢复健康和战斗力，促进军人重新投入军队建设，一定程度上促进了起点和过程公平；第三，军人社会保障作为一种再分配政策，可以缩小军队与地方、军人与军人之间的收入差距，弥补收入分配中的不公平[①]，促进分配结果的相对公平。军人社会保障的稳定功能体现在完善的军人社会保障制度可以帮助建立更强大的军队，使军人更好地保卫国家、保护人民生命、维持社会稳定。

13.2　军人社会保障的基本内容

一方面，社会保障的基本内容与一个国家的历史发展、价值观念和民族文化息息相关；另一方面，社会保障的项目和形式要与国家经济发展水平相适应。

---

① 孙光德，董克用．社会保障概论．北京：中国人民大学出版社，2016．

13.2.1 军人社会保障项目

军人社会保障的项目，既取决于国家经济实力，又要考虑我国军队建设的目标和军人的基本生活需求。同时，军人社会保障还应遵循军人的职业特点，设立和规定专门化的军人保障项目。目前，我国军人社会保障项目主要包括军人社会优抚、军人社会保险、军人社会福利、军人退役安置和军人社会救助五大内容。

1. 军人社会优抚

军人社会优抚（military special care）是国家以立法的形式，通过政府的行为，针对对社会有特殊贡献的军人及其家属实行的具有褒扬和优待抚恤性质的社会保障措施。我国开展社会优抚具有悠久的历史，对军人的优待和抚恤始于奴隶制社会时期，发展于封建社会时期，成熟于民主主义革命和社会主义时期。改革开放以来，优抚工作开辟了新的纪元。军人社会优抚的对象包括：革命伤残人员、复员退伍军人、革命烈士家属、病故军人家属和现役军人家属。军人社会优抚的内容一般包括死亡抚恤、伤残抚恤和社会优待等。[①]

（1）死亡抚恤。

死亡抚恤（death benefits）是优抚保障中最基本的内容。根据现行法律条例规定，现役军人死亡被批准为烈士、被确认为因公牺牲或者病故的，其遗属享受死亡抚恤，具体包括烈士褒扬金、一次性抚恤金、定期抚恤金和特别抚恤金四种。1）烈士褒扬金。国家建立烈士褒扬金制度，《烈士褒扬条例》自 2011 年 8 月 1 日起实施，以弘扬烈士精神，抚恤优待烈士遗属。烈士褒扬金标准为烈士牺牲时上一年度全国城镇居民人均可支配收入的 30 倍。战时，参加战争牺牲的烈士褒扬金标准可以适当提高。2）一次性抚恤金。一次性抚恤金是具有褒扬和社会补偿性质的社会津贴。根据《军人抚恤优待条例》，现役军人死亡，根据其死亡性质和死亡时的月工资标准，由县级人民政府民政部门发给其遗属一次性抚恤金。3）定期抚恤金。定期抚恤金是带有救济性质的优抚保障方式，对符合条件的烈士遗属、因公牺牲军人遗属、病故军人遗属，发放定期抚恤金。4）特别抚恤金。对于在国防和军队建设、科研事业或者作战中作出特殊贡献的现役军人死亡，按照《军人抚恤优待条例》，由国防部另外发给特别抚恤金。

（2）伤残抚恤。

伤残抚恤（disablement benefits）是指现役军人残疾被认定为因战致残、因公致残或者因病致残的，可以依法享受残疾抚恤待遇。伤残抚恤的标准主要依据伤残性质和伤残程度来确定。伤残性质可以分为因战致残、因公致残和因病致残。伤残程度要通过医疗机构的鉴定和有关部门的审批。

从形式上看，伤残抚恤待遇又分为伤残抚恤金和伤残保健金两种形式。伤残抚恤金的对象是退役后没有继续工作的伤残军人。伤残抚恤金由地方民政部门发放和管理，标

---

① 孙光德，董克用．社会保障概论．北京：中国人民大学出版社，2016.

准依据伤残性质、残废等级和全国一般工资水平确定。伤残保健金的对象是现役伤残军人、退休伤残军人。伤残保健金由部队自行管理，由于这部分优抚对象有稳定的收入来源，伤残保健金主要用于伤残军人的身体康复方面。

(3) 社会优待。

社会优待（preferential treatment）是国家和社会为褒扬军人为国家作出的特殊贡献，提高军人生活质量，依照法律规定对现役军人及其家属提供资金和服务，为退役军人发放优待证等措施的社会优抚内容。

阅读材料 13-1 《退役军人、其他优抚对象优待证管理办法（试行）》解读

社会优待的目标是能够维持军人及其家属的一定生活水平，并随着社会生活的进步发展提高其生活质量，充分表达社会和民众对优待对象的关心和敬意。优待的形式主要包括资金支持和服务供给。社会优待提供的资金主要是对现役义务兵及其家属提供保证其基本生活所需要的资金。社会优待提供的服务主要指对军人及其家属提供生活和其他方面的服务。社会优待主要包括以下几方面。

1）现役军人家庭享受的优待。义务兵服现役期间，其家庭由当地人民政府发放优待金或者给予其他优待，优待标准不低于当地平均生活水平。优待金的标准要与当地经济条件和群众生活水平相适应，既要保障优抚对象相当于或高于当地一般群众的生活水平，又要考虑优待金的支付能力。

2）生活优待。现役军人凭《士兵证》《军官证》，残疾军人凭《中华人民共和国残疾军人证》等有效证件，可以优先购票乘坐境内运行的火车、轮船、长途公共汽车以及民航班机，残疾军人享受减收正常票价 50%的优待；现役军人凭有效证件乘坐市内公共汽车、电车和轨道交通工具享受优待，具体办法由有关城市人民政府规定。残疾军人凭《中华人民共和国残疾军人证》免费乘坐市内公共汽车、电车和轨道交通工具；现役军人、残疾军人凭有效证件参观游览公园、博物馆、名胜古迹等享受优待。

3）医疗优待。残疾军人、复员军人、带病回乡退伍军人以及烈士遗属、因公牺牲军人遗属、病故军人遗属依法享受医疗优惠待遇。

4）工作、入学优待。义务兵和初级士官入伍前是国家机关、社会团体、企业事业单位职工（含合同制人员）的，退出现役后，允许复工复职，并享受不低于本单位同岗位（工种）、同工龄职工的各项待遇。义务兵和初级士官退出现役后，报考国家公务员、高等学校和中等职业学校，在与其他考生同等条件下优先录取。

5）子女优待。残疾军人、烈士子女、因公牺牲军人子女、一级至四级残疾军人子女，驻边疆国境的县（市）、沙漠区、国家确定的边远地区中的三类地区和军队确定的特、一、二类岛屿部队现役军人的子女报考普通高中、中等职业学校、高等学校，在与其他考生同等条件下优先录取；接受学历教育的，在同等条件下优先享受国家规定的各项助学政策。现役军人子女入学、入托，在同等条件下优先接收。烈士、因公牺牲军人、病故军人的子女、兄弟姐妹，本人自愿应征并且符合征兵条件的，优先批准服现役。

6）住房优待。残疾军人、复员军人、带病回乡退伍军人、烈士遗属、因公牺牲军人遗属、病故军人遗属承租、购买住房依照有关规定享受优先、优惠待遇。居住农村的抚恤优待对象住房困难的，由地方人民政府帮助解决。

7）安置优待。随军的烈士遗属、因公牺牲军人遗属和病故军人遗属移交地方人民政府安置的，应当享受抚恤优待。复员军人生活困难的，按照《军人抚恤优待条例》，由当地人民政府民政部门给予定期定量补助，逐步改善其生活条件。国家兴办优抚医院、光荣院，治疗或者集中供养孤老和生活不能自理的抚恤优待军人。各类社会福利机构应当优先接收抚恤优待军人。①

2. 军人社会保险

军人社会保险（military social insurance）是针对军人的特殊职业所采取的一种经济补偿手段，通过国家立法，设立专项资金，保障军人及其家庭成员的合法权益，鼓励军人安心入伍，促进军队各项事业的建设。

（1）军人伤亡保险。军人伤亡保险是由军队设立军人伤亡保险基金，对因战、因公牺牲或者致残的军人或其家属给予相应的经济补偿。军人伤亡保险能够较好地应对军人在备战、参训、救灾过程中遇到危险或突发事件带来的死亡、伤残等情况，对军人及其家属进行有效补偿，目的是加大国家和社会对伤亡军人及其家属的保障力度，维护军人的合法权益。

军人伤亡保险基金的来源包含中央财政拨款、个人缴费、军队调剂安排、基金运营收益等。现役军官、文职干部、志愿兵，每人每月缴费不超过全军军人月平均工资收入的1%，义务兵、供给制学员不缴纳保险费。军人伤亡保险含军人死亡保险与军人伤残保险两项内容。

阅读材料 13-2 《残疾退役军人医疗保障办法》问答

（2）军人退役医疗保险。军人退役医疗保险是指国家依法设立军人退役保险基金，为军人建立个人账户，对军人退出现役后出现的医疗费用给予一定补助的军人社会保险制度。国家规定军人退役医疗保险的对象是：师职以下现役军官、局级和专业技术四级以下的文职干部、士官、义务兵和具有军籍的学员。设立军人退役医疗保险的目的是保障军人退出现役后享有国家规定的医疗保险待遇，保障军人的合法权益，使军人安心服役。

（3）军人退役养老保险。军人退役养老保险是指国家和军队依法设立专项基金，使军人在达到退休年龄后，从政府和社会得到一定的经济补偿、物质帮助和服务，或者在军人退役到地方后，能够享有国家规定的养老保险待遇，军人社会保险制度是国家养老保险制度的重要内容。2006年劳动和社会保障部等部门联合发布的《关于认真做好部分军队退役人员劳动和社会保障工作有关问题的通知》，规定军队退役人员退出现役，安置在企业工作的，应按照国家有关规定参加基本养老保险，其军龄视同缴费年限，并与实际缴费年限合并计算。2012年人力资源社会保障部等部门联合发布《关于军人退役养老保险关系转移接续有关问题的通知》，规定军人退出现役参加基本养老保险的，国家给予

① 潘锦棠．社会保障学概论．北京：北京师范大学出版社，2012．

退役养老保险补助，军人服现役期间单位和个人应当缴纳的基本养老保险费由中央财政承担，所需经费由总后勤部列年度预算安排。

（4）随军未就业的军人配偶保险。为了解决军人配偶随军未就业期间的基本生活保障和社会保险补贴待遇及关系衔接问题，国家建立军人配偶随军未就业期间基本生活补贴制度、养老制度、医疗保险个人账户（给予个人账户补贴）的军人社会保险制度。2003 年，《军人配偶随军未就业期间社会保险暂行办法》印发并明确对未就业随军配偶给予基本生活补贴，并为其建立养老、医疗保险个人账户。这样做的目的是解除军人服役的后顾之忧，激励军人安心工作。[①] 军人配偶保险的适用对象是中国人民解放军、中国人民武装警察部队现役军人随军配偶。

知识链接 13-1

建立军人配偶随军待业保险的重要意义

随军军人配偶就业保障问题，与每个军人家庭生活水平和生活质量密切相关，对促进军人安心服役、增强军队凝聚力和提高战斗力具有重要意义。从长远看，由军队包办来解决配偶随军待业问题是不现实的，完全利用地方政府运用行政手段来安置是十分困难的。因此，要尽快建立军人配偶随军待业保险，从根本上提高认识和解决问题。国家建立军人社会保险制度以来，相继推出了军人伤亡、退役医疗两个险种，制定了转业到企业的军队干部养老保险办法，较好地体现了军人的职业特点，有效地解决了军人的后顾之忧，受到了广大官兵的普遍欢迎。军人社会保险作为国家社会保障制度体系的重要组成部分，是分担军人职业风险、补偿军人职业损失的一项重要制度。运用军人社会保险制度解决军人及其配偶的特殊问题，既是提高军人生活待遇的理性选择，也是加强军队质量建设的现实需要。

资料来源：董锋，孔祥武，杨会军，等. 对建立军人配偶待业保险有关问题的思考. 军事经济研究，2004 (8).

3. 军人社会福利

军人社会福利（military social welfare）是指国家、社会组织与军队为提高军人社会地位和物质待遇而提供的各种福利项目和设施。军人社会福利是减轻军人及其家属生活负担、增进生活质量的必要保障，具体福利项目应当与地方的各项福利事业发展结合起来。我国军人社会福利体系主要包括以下内容。

（1）职业福利，如集体福利设施、休假待遇和各种生活福利。

（2）住房福利，如住房公积金、房租补贴等。

（3）社会补贴，如军粮供应、军服生产的财政补贴等。

（4）社区服务，如文化娱乐服务、优抚对象服务、其他各种便民服务等。

---

① 胡勇，李宝龙，马泽春 . 社会保障通论 . 北京：中国农业出版社，2008.

（5）其他军人福利事业，主要面向退伍老红军、残疾军人，以及患有精神病的老年军人，为他们提供保健、康复、收养及生活护理等服务。

4. 军人退役安置

军人退役安置（military veteran retirement resettlement）是国家和社会依据立法规定，向退出现役的军人提供就业及其他安置所需资金和服务，使之顺利重返并适应社会的一项优抚保障制度。退役安置的对象是退役军人，包括转业军官、退伍义务兵和复员的志愿兵等。这些军人在履行服兵役的义务后，政府要对其进行妥善安排，保障退役军人的基本工作和就业权利。军人退役安置的目的是要发挥退役军人的劳动能力，保障军人退役后的生活安全。

退役安置为军人提供了双重保障形式：一是经济保障；二是服务性保障。经济保障是指军人退役时国家通过向军人提供退役保障金的形式，为其退役后的生活安置提供资金支持。具体包括提供退役安置费、生活津贴，以及退役军人从事生产经营所需的贷款等。服务性保障是指政府和社会通过向退役军人提供就业、就学、安家、落户等方面的服务来实现军人退役安置的保障目标。具体包括就业安置、就学安置、落户安置、职业培训、技术培训等保障措施。

5. 军人社会救助

军人社会救助（military social assistance）是指国家、社会和军队对退役或现役的低收入军人及其家属或者遇到特殊困难的军人及其家属提供的各种经济帮助和照顾。军人社会救助主要包括以下内容。

（1）救济。救济主要包括城市军人社会救济和农村军人社会救济。其中，农村军人社会救济的对象主要是那些因缺少劳动力、技术、资金，或者长期生病以及因天灾人祸而不能维持基本家庭生活的农民军人家庭，满足救济对象吃、住、医等方面的基本生活需求。我国制定救济标准所依据的是当地群众的平均生活水平以及国家的财政能力。

（2）救灾。救灾是指国家和社会为减轻退役或现役军人及其家属遭受的灾害损失而进行的援助活动。主要是对那些遭受自然灾害的军人及其家属进行适当的生活救济，帮助他们解决生产、生活上的困难，为其提供物质和精神上的救助，稳定其生活。救灾不仅包括灾害发生时的紧急抢救和援助，还包括灾后重建时提供维持基本生活所需要的各项物资援助，以及维持再生产所需要的物资和资金。

（3）扶贫。扶贫是根据军人贫困户的劳动能力及文化素质、财产状况等，由国家和集体在物资款项、政策上给予相应支持。通过军人自力更生，发展生产，达到增加收入、摆脱贫困的目的。扶贫不仅从资金、实物上对军人贫困户给予扶助，还延伸到政策、技术、信息、就业、教育等方面。

知识链接 13－2

军人社会救助制度与一般社会救助制度的区别

军人社会救助制度与一般社会救助制度既有制度间的共性，也有各自的特点，主要表现为以下两方面。

1. 保障对象不同

一般社会救助制度是政府和社会向有需要的困难群众直接提供物质帮助和服务的社会保障制度，其救助对象是直接面向全体社会成员，任何人只要达到救助标准就可以获得这种制度所提供的相应保障，体现的是一种公平待遇，不存在权利与义务的对等问题。军人社会救助制度的保障对象主要是生活困难的军人家庭以及伤、病、残军人，主要是因公、因战负伤、致残、致病而部分丧失或完全丧失劳动能力导致生活困难的现役和离退休军人，有一定条件限制，而并非面向全体军人。

2. 保障待遇不同

一般社会救助制度是以维持社会成员最低生活需要为标准，保障水平只是满足困难者的基本需要，而不是帮助其达到社会平均水平。军人社会救助制度除了政府与社会为军人提供的一般救助外，还包括国家、部队单位和社会群体为关心和体恤军人、军人家庭而提供的具有优待性质的社会救助，从而使他们的整体救助水平要相对高于一般社会成员的水平。这种救助待遇水平的差异性对于提高军人社会保障水平具有十分重要的作用。

资料来源：童玲，边光晓，陈若林. 建立军人社会救助制度的设想. 军事经济研究，2004（9）.

13.2.2 军人社会保障形式

1. 资金保障形式

资金保障（funding guarantee）是国家和政府通过为退役或现役军人及其家属提供抚恤金和其他货币津贴的方式，给予褒扬性嘉奖、保障其生活质量的一种保障形式。[①] 如在军人社会优抚项目中，政府对军人提供的死亡抚恤、伤残抚恤、社会优待等，主要是以资金形式发放给军人及其家庭；军人社会保险则是通过筹集保险资金，为军人提供补助；军人社会福利和军人社会救助主要是通过资金补贴的方式减轻军人及其家属的生活负担。资金保障的好处在于：能够以较为直接的方式满足军人及其家庭的基本生活需求，军人对资金可以进行自主安排，能够将资金用于自身最需要、最迫切的地方，较好保障了军人的基本生活权益。

知识链接 13－3

安全性是军人保险基金的首要投资原则

军人保险基金是以化解和抵御军人职业风险和连带风险为目的而设置的专用基金，

① 陈淑君．社会保障研究．北京：中国物资出版社，2010.

关系到广大军人的切身利益。基金管理不善的后果是多重的，既会使军人权益受到侵害，生活保障成为问题，又可能滋生新的违规违纪行为，造成部队财务管理工作的被动和混乱。基金的性质和用途决定了对运营的安全性有着特殊的要求。

军人保险基金的管理运营必须把控制风险、保证安全放在首位，这是基本原则，其他任何考虑都应当是从属和次要的。这使得军人保险基金的运营管理面临两难选择：一方面，基金的本质属性要求在长期运营中实现保值增值，以确保保障职能的实现；另一方面，军人保险基金的特殊属性要求必须把确保安全放在首位，谋求收益、实现保值增值必须以确保安全为前提。国家和军队从确保军人保险基金在短期内还本付息考虑所做的规定，是基金特殊属性的必然要求。

资料来源：孔德超．军人保险基金不宜参与资本市场运作．军事经济研究，2005（7）．

2. 服务保障形式

服务保障（service guarantee）是通过为退役或现役军人及其家属提供服务的方式来实现社会保障的目的。服务的内容主要包括：面向退伍老红军、残疾军人，以及患有精神病的老年军人，提供保健、康复、收养，以及生活护理等服务；从技术、信息、就业、教育等方面提供服务，对军人贫困户给予扶助，实现军人保障目标。服务保障的优点在于能够有针对性地帮助有困难的军人及其家庭摆脱困境，在较大程度上缓解军人的生活压力，如提供康复性服务和设施，不仅能够帮助军人恢复身体健康，还能够让军人重新投入军事或社会生活；通过一些教育培训活动可以提高军人的技术技能，依靠自身能力摆脱困境。

3. 安置保障形式

安置保障（resettlement guarantee）是一种特殊形式的军人社会保障，指的是国家在军人服役期满后为其安排适当工作以保障其退役后生活的一种保障形式。军人安置保障的特点是通过为退役军人提供就业机会、改善就业条件来实现军人保障目的。① 一方面，军人安置保障能够充分发挥退役军人的劳动能力，保障军人退役后的生活，减少国家后续由于军人陷入失业困境所需要的军人救济、帮扶投入；另一方面，军人安置充分利用了军人的劳动力，有利于创造经济效益。但是，由于安置形式是通过为军人直接提供就业机会来实现的，因此在经济条件和就业形势严峻的情况下，就业机会减少可能导致军人安置保障无法达到其目标。

13.3 国外的军人社会保障

国际上很多国家都已经建立了比较完善的军人社会保障体系。深入研究国际上军人

① 陈淑君．社会保障研究．北京：中国物资出版社，2010．

社会保障的经验，有助于我国军人社会保障制度的进一步改革和完善。

13.3.1　美国的军人社会保障

美国作为世界第一军事大国，拥有世界上最全面的军人社会保障体系，涵盖了军人生活、教育、就业、医疗等主要内容。

1. 发展历史

1811 年，由联邦政府授权的第一家专门为军人设立的居家医疗机构正式成立，标志着对退伍军人健康保障的重视。在南北战争期间，由于战争的长期性和残酷性，美国政府开始意识到为军人提供保障的重要性。战争结束后，美国开始实行一系列的军人保障政策，包括提供抚恤金、养老金等福利，以改善军人的生活条件。19 世纪六七十年代，美国深陷越战的泥潭，大量现役军人的保险权益亟需保障。因此，美国政府开始寻求与商业保险公司的合作，以提供更好的保障。1965 年，美国为参加越战的现役军人创设了"军人团体人寿保险"（Servicemen's Group Life Insurance，SGLI）计划，该计划通过由商业人寿保险公司——保德信寿险公司（Prudential Insurance Company of America）签发的团体保险，来为现役军人提供低成本的定期保险。政府负责支付由于附加灾害带来的额外保险索赔，政府和商业保险公司的成本都由从现役军人工资中抵扣的保险费来负担（该计划一直延续至今）。

此外，1881 年通过的《服役人员养老金法》规定向每一位在独立战争和在战时提供帮助的服役人员提供终生固定的养老金，这一措施进一步扩大了军人的保障范围。第一次世界大战结束后，美国退伍军人人数急剧增加。为了应对这一变化，国会通过的《1919 年优待法》对退伍军人及其家属在申请文官时的年龄、身体条件等方面放宽了要求，为他们的就业提供了更多机会。1921 年，国会成立了退伍军人局，统一管理由战争风险保险局、公共健康服务机构和联邦职业教育部这三家机构共同管理的所有退伍军人。1930 年 7 月，退伍军人管理署正式成立，合并了退伍军人局、内务部辖属的养老金局和国家残疾志愿军人之家三个机构的职能，进一步整合了对退伍军人的服务和管理。1989 年，退伍军人管理署正式更名为美国退伍军人事务部，成为仅次于国防部的第二大政府部门，显示出美国政府对军人事务的高度重视和持续投入。随着时间的推移，美国军人的保障体系不断完善和扩展，旨在为军人及其家属提供更全面、更优质的服务和支持。

2. 军人社会保障内容

（1）军人保险。美国把军人保险分为社会保险和个人投资保险两大类。其中社会保险部分具有强制性，保险金从军人的基本薪金中扣除一部分，其余大部分保险金由国家支付，按军人所缴保险金数额，在军官年满 65 岁后，可领取额度不等的养老金。另外，美国还为军人设立了多种人寿保险，包括递减保险、平均保险、普通人寿保险、终身人寿保险、有限支付人寿保险、定期人寿保险、年金保险或退役金保险、可变保险等。同时，美国还设立了其他险种，包括战争风险保险、航空保险、伤残保险、红利选择保险、教育捐赠保险、退休金额保险、贷款金额保险等。由此可见，美国在军人保险方面的考虑十分周到。美国政府还设立并承办了军人集体人寿保险，待军人退出现役后，这笔保险金作为低费定期保险将持续 5 年，以后，军人有权将其转为永久性保险项目。另外，美国还有遗属补贴计划，使军人能为其亲人提供基本生活保障，其费用大部分由联邦政府支付。与此同时，美国地方和军方还设有许多对军人及其家属提供保险的机构，如陆军和空军互助协会、武装部队补贴金协会、美国陆军协会、汽车联合服务协会、武装部队保险协会等，从而使美国军人基本解除了参军的后顾之忧。

（2）军人福利。美国的军人福利包括官兵福利、文职人员福利以及退役人员福利等。福利待遇包括生活补贴、伙食补贴、住房补贴、特殊津贴等。其中生活补贴包括浮动住房补贴、交通费、差旅补贴、海外驻扎补助、家庭分居补助等 30 多项补贴。同时，美国的军人还享受免费医疗、军内超级市场和军人服务社廉价购物、军人俱乐部免费娱乐、休假期间优惠搭乘交通工具等福利待遇。军人的物质生活和精神生活都得到了较高水平的保障。

（3）退役安置。美国政府专设了美国退伍军人事务部，其在全国有 57 个办事机构，主要负责退役军人及其家属、遗属的安置管理工作。美国规定优秀的退伍军人可以优先获得文职工作，有重要贡献的军人在应聘政府工作时可以优先录用。同时，美国为退伍军人提供教育援助，包括提供免费的职业技能培训以及提供助学金帮助退伍军人进入高等院校学习。军人退伍后，其家人可以享受到军人家庭支援中心的服务与帮助，包括提供子女入学、就业、医疗等方面的信息和帮助。

13.3.2 俄罗斯的军人社会保障

1. 发展历史

俄罗斯拥有专门针对军人社会保障的《军人地位与社会保障法》，保证了俄罗斯的军人社会保障有法可依、有法可循。同时配套的还有《曾服役和曾在内务机关服务的人员及其家属养老金保障法》《老战士法》《在国外、紧急状态和武装冲突地区服役军人补充保障法》等法律法规，有力地监督和促进了其军人社会保障制度的建设。

2. 军人社会保障内容

（1）军人优待抚恤。在俄罗斯，服役期间牺牲的军人，其没有劳动能力的每个家庭成员都可以领取该军人薪金 30%～40%的抚恤金。牺牲军人的家庭将享受部分免税待遇，包括自然人财产税、土地税以及私人交通工具税等。同时，该家庭还可以继续享受住房、煤气、水电等方面的优惠待遇。牺牲的军人家属除可以领取 120 个月工资额的人身保险赔偿金外，还可以得到国家 25 个月工资额的抚恤金。伤残军人除抚恤金外，还可以根据伤残等级享受 5～75 个月工资不等的补助金。

（2）军人保险。俄罗斯的军人保险是指由国家拨款为每个军人设立的强制性人身保险。1998 年，俄政府颁布了《军人、应召参加军事集训公民、内务机关工作人员、税务警察机关工作人员生命与健康国家强制保险法》，这是第一部关于军人保险的联邦法律。它规定国家对相关人员实行强制保险。军人的保险由国防部负责，指定军事保险公司专门经办。军人一旦在战斗中阵亡，其一名直系亲属可得到相当于本人月工资 25 倍的保险赔付。如果军人因公牺牲或者在服役期间因为受伤、患病而退役，可以分别领取相当于 120 个月或者 60 个月的工资的保险赔偿金。俄罗斯对军人的商业性保险采取本人自愿原则，但保险公司必须对军人实行优惠。

（3）军人福利。俄罗斯军人及其家属可以在任何军队医院接受免费的医疗，若当地没有军队医院，地方医院应无条件免费收治军人病人。同时，俄罗斯军人还拥有很优厚的住房保障。10 年以上军龄的合同制军人可以无偿获得一块可继承的土地。军龄 10～25 年的自购（建）房的军人，国家给予 75％～100％的无偿资金援助。同时，军人薪金不断提高，从 2010 年起，俄罗斯军官收入超过公务员工资。

（4）退役安置。俄罗斯建立了一些专门从事退役军人社会保障的协会、基金会和中心等。这些社会团体在国家财政较困难的情况下，向生活困难的退役军人及其家属提供经济资助。在莫斯科等中心城市相继成立了一批退役军人培训中心，为即将退役的军人提供咨询，帮助他们申请国家援助、贷款进行创业，开展法律援助。这些培训中心一般都设有完备的互联网系统，为退役军人的职业培训、职位介绍提供详尽资料。据不完全统计，经过这类机构培训的退役军人约 7 成能找到较为理想的工作。

13.3.3　德国的军人社会保障

1. 发展历史

德国的军人保障历史可以追溯到普鲁士时期。19 世纪，普鲁士进行了重要的军事改革，其中一项关键内容是建立全面的军人保障体系。这一体系旨在为军人提供从服役到退役全过程的福利和保障，确保军人在社会中的优势地位。1936 年，德国开始实施军人保险制度，由国防部承担军人保险费，为军人提供优厚的福利和抚恤待遇。根据军人的服役方式和年限，德国将军人分为职业军人（军官）、合同军人和义务兵三大类，并为他们分别建立了具有差异性的保险制度。

随着时间的推移，德国的军人保险制度不断发展与完善，形成了包括意外伤害保险、养老保险、医疗保险、促进就业保险等多险种的体系。这一制度的管办体制独具特色，由军队独立管理和经办。在军队内部，设有专门机构负责支付军人的养老金和医疗费，并向地方保险公司补交合同军人和义务兵服役期间的保险费。同时，德国还注重通过法律手段来保障军人的权益，制定了一系列法律，如《军人法》、《军人保障法》和《职业培训工作促进法》等。同时，德国在国防部下设社会局，作为主管国内军人优抚保障工作的专门机构，并建立了军人优抚监察、检查制度，以确保军人权益得到及时保障。目前，德国军人主要分为终身服役的职业军人和有期限服役的军人两类，根据他们的不同职业特点，为他们提供相应的社会保障。

2. 军人社会保障内容

（1）军人优待抚恤。德国实施供养战争受害者制度，即对因战致残军人、因战死亡军人的遗孀及遗孤给予社会补偿。其补偿金随着经济的发展而变化，由此建立自然增长机制。另外，德国还为伤残军人、有困难的军人遗孀缴纳各种社会保险金。德国还规定，退休军官去世后，其遗孀可以领取其退休费的 60%作为定期生活补助费（改嫁后 2 年内可以继续享受），每个未成年子女可以领取原退休金的 12%作为定期生活补助费。若父母双亡，还可以领取原退休金的 30%作为定期生活补助费。但领取定期生活补助费的总和最高不能超过退休军官原退休金的 100%。对于因公牺牲的军官，除领取原工资替代比例的定期生活补助费外，还发给 40 000 马克作为一次性生活补助金。

（2）军人福利。德国规定，义务兵在服役期间享受免费医疗待遇，在免除食宿费外，每月还可以享受 300 马克的津贴费。每周法定执勤时间为 38.5 小时，如果超过规定时间，则发放加班费或者允许其补休，并可免费乘坐火车、汽车等交通工具。服役期间还可以休假 24 天，休假期间的津贴费照发。

（3）退役安置。德国按照服役年限的不同在军人退役后每年发放相当于服役期间薪金的 35%～75%，而且每年会有 2%左右的上调。同时，退役军官去世后，其遗属可领取退役军官原退役金 60%的定期生活补助。在退役前一年内，德国军人可以在专设的职业培训机构进行职业培训，培训期间脱产带薪，待遇不变。很多企业争相招聘退役军人，德国退役军人很多都进入了大型企业工作。

13.4 中国的军人社会保障

军人社会保障制度作为我国社会保障制度体系的重要组成部分，其建立与发展有着深厚的历史渊源和实践基础。面对日趋变化的国际和国内形势，研究军人社会保障制度出现的新问题，有针对性地提出解决的新思路、新办法，是全面建设新时代具有中国特色社会主义的军人社会保障制度的客观要求。

13.4.1 发展历程

我国军人社会保障制度的发展历程大致可分为三个阶段，分别为传统军人社会保障制度阶段、军人社会保障制度改革与发展阶段、现代化军人社会保障制度建设阶段。

1. 传统军人社会保障制度阶段

传统军人社会保障制度是指伴随着革命军队的诞生和发展而建立起来的中国军人社会保障制度，通常被称为社会优抚或优抚安置保障制度。第二次国内革命战争时期，中共中央在苏区颁布了《红军优抚条例》《红军抚恤条例》《优待红军家属条例》，这些法规的颁布是我国早期军人社会保障制度建立的标志。

新中国成立之初，为了保障人们生命财产安全，稳定新中国社会秩序，以及抗美援朝鼓励青年参军参战、保家卫国，政府十分重视对军人的社会优抚工作，先后颁布了社会优抚的相关法规条例。1950 年，国家制定并实施了《革命烈士家属、革命军人家属优待暂行条例》《革命残废军人优待抚恤暂行条例》《革命军人牺牲、病故褒恤暂行条例》《民兵、民工伤亡抚恤暂行条例》《革命残废军人优待抚恤暂行条例》等五个法规，建立了以优待抚恤为基本内容的军人优抚制度。同时，政府增加和完善了退役军人安置与退离休军官安置、军人养老等方面的内容。1950 年，中央人民革命军事委员会和政务院发布了《关于人民解放军 1950 年复员工作决定》。1954 年《宪法》中明确提出了国家保障残疾军人的生活、优待革命烈士家属、优待革命军人家属的条款。此后，国家和军队先后制定发布了《复员建设军人安置暂行办法》《关于安置复员建设军人工作的决议》《关于处理义务兵退伍的暂行规定》《关于高级干部在军队离职休养的待遇和管理问题的规定》。这些法规的颁布和实施初步搭建起我国社会优抚的保障体系。

党的十一届三中全会以来，优抚工作有了新的转机和发展。1978 年 3 月民政部成立之后，民政部内设机构历经多次调整，但是无论是优抚司还是安置司，始终都是民政部的重要职能部门，担负着抚恤优待、退伍安置、烈士褒扬、烈士纪念物管理、拥军优属等任务。为加强和规范优抚工作，国家先后制定了《烈军属优待暂行条例》《革命残疾军人优待抚恤暂行条例》等法规，形成了社会优抚的基本法律体系；1981—1982 年，国务院与中央军委又先后颁布了《关于军队干部退休的暂行规定》《关于军队干部离职休养的暂行规定》，为军人建立正常的退休制度提供了基本依据；1984 年，《中华人民共和国兵役法》颁布，亦对军人社会保障做了相关方面的规定；1987 年，颁布《退伍义务兵安置条例》；1988 年，国务院发布并实施《军人抚恤优待条例》，使社会优抚制度在法规制度建设方面得到进一步发展。

2. 军人社会保障制度改革与发展阶段

由于传统军人社会保障制度存在着社会保障制度体系不完善、保障待遇标准不够规范、财政来源混乱、与市场经济改革和社会保障制度改革不相适应等缺陷，因此自 20 世纪 90 年代以来，国家和军队开展了对传统军人社会保障制度的改革。

一方面，建立军人保险制度。1995 年，军队开始研究论证军人保险制度；1997 年，中央军委决定建立军人保险制度；1998 年 7 月，中央军委制定了《军人保险制度实施方案》；1998 年 8 月，由国务院、中央军委颁发的《军人伤亡保险暂行规定》开始在全军实行；2000 年，国务院办公厅、中央军委办公厅发布《中国人民解放军军人退役医疗保险暂行办法》，建立了军人退役医疗保险制度；2004 年，国务院办公厅、中央军委办公厅发布《中国人民解放军军人配偶随军未就业期间社会保险暂行办法》，军人配偶随军未就业期间的社会保险制度正式实施。

另一方面，完善军人抚恤制度。1996 年，民政部和总政治部对《军人抚恤优待条例》进行修订。2004 年，国务院、中央军委颁布了新修订的《军人抚恤优待条例》，对传统的抚恤制度做了重要完善。新的条例规定了各项定期抚恤标准的参照依据，提高了抚恤金标准，将义务兵和初级士官患精神病纳入评残范围，调整了军人残疾等级的设置，明确了义务兵家庭享受优待金的范围和标准，拓展了优抚对象的社会优待范围和内容，增加了现役军人享受优待的内容，对重点优抚对象的医疗待遇进行分类施保，明确了优抚机构及相关当事方的法律责任。

3. 现代化军人社会保障制度建设阶段

党的十九大报告明确指出，“组建退役军人管理保障机构，维护军人军属合法权益，让军人成为全社会尊崇的职业”。党的二十大报告进一步提出，“加强军人军属荣誉激励和权益保障，做好退役军人服务保障工作”。建立健全军人退役制度是具有里程碑意义的重大改革，事关所有现役和退役军人的切身利益，对激励现役军人、优抚退役军人、稳定军心和鼓舞士气具有重大的现实意义。

2018 年，退役军人事务部等十部门联合印发《关于进一步加强由政府安排工作退役士兵就业安置工作的意见》，该意见从 2018 年 8 月 1 日起施行，适用于 8 月 1 日后退出现役的士兵。这是党中央决策部署组建退役军人事务部后，首个专门针对由政府安排工作退役士兵出台的政策性文件。

十三届全国人大二次会议指出要落实退役军人待遇保障，完善退役士兵基本养老、基本医疗保险接续政策。2019 年，中共中央办公厅、国务院办公厅印发了《关于解决部分退役士兵社会保险问题的意见》，为解决部分退役士兵的基本养老、医疗困难提供了政策依据；同年，退役军人事务部等联合印发《关于加强困难退役军人帮扶援助工作的意见》，并修订《伤残抚恤管理办法》，以适应新的形势任务，解决社会优抚在执行过程中出现的诸如个别规定不明确、程序不合理、不符合国家“放管服”要求等问题。

2020 年，退役军人事务部坚持以习近平新时代中国特色社会主义思想为指导，全面贯彻落实中央依法治国委员会的决策部署，扎实推进退役军人事务法治建设，推动出台《中华人民共和国退役军人保障法》，搭建退役军人政策制度的“四梁八柱”，推动退役军人管理保障进入法治化的新阶段。

2021 年，中共中央政法委员会、最高人民法院、最高人民检察院等六部门联合印发《关于加强退役军人司法救助工作的意见》，针对性地做好退役军人司法救助工作，有效维护退役军人合法权益；退役军人事务部、教育部等七部门联合印发《关于全面做好退役士兵教育培训工作的指导意见》，对不同学历起点的退役军人的学历深造给出了优惠政策。

2023 年，退役军人事务部等八部门发布《关于加强就业困难退役军人帮扶工作的意见》，提出了一系列优惠政策，包括提供就业创业培训、税收减免、创业贷款等，以支持退役军人的就业创业。此外，各地出台了一系列关于军人社会保障的地方性政策。例如，提高军人子女的教育优待标准，为军人家庭提供住房优待等。

现代化军人社会保障制度体系在注重建立更加全面的军人社会保障措施的同时，还对原有法规进行了制度创新，着力解决制约退役军人社会保障的体制性障碍、结构性矛盾、政策性问题，提升军人社会保障管理水平，对于加快推进军队现代化建设、构建和谐社会具有重大意义。

13.4.2　存在的问题与发展方向

1. 我国军人社会保障存在的问题

（1）保障体系不够完善，实施效果不够理想。改革开放以来，虽然我国从法律层面上对军人社会保障制度进行了补充，但是从军人社会保障的具体实施情况看，军人社会保障还有许多亟待完善的地方。1995 年，《社会保障体制改革总体方案》修订时由于缺少军队相关部门的参与，对军人的保障主要体现在社会优抚和退役军人安置两方面，这导致军人权益保障项目覆盖面较窄，内容不规范，使得不少单位和个人狭义地理解军人社会保障，将其等同于军人优抚。[①] 我国 1998 年开始实施《军人保险制度实施方案》，这标志着我国军人保险制度的初步确立。但是，军人保险制度在实际运行中存在诸多不足，例如军人现役期间不缴纳养老保险，军人养老保险制度与各地养老保险制度相脱节，退役军人养老保障的现实需求成为各地养老保障的负担。除了养老保险之外，军人退役医疗保险、军人伤亡保险的给付水平与实际存在较大差距，尚未与各地医疗保险制度接轨。在军人退役安置方面，虽然《退役军人保障法》的实施为退役军人提供了更多样化的选择，如自主就业、领取退休金以及通过不同渠道获得工作安排等，但是，由于近年来劳动就业形势严峻，使得军人退役安置实施效果不够理想。

（2）财政经费投入不足，保障水平有待提高。20 世纪 90 年代后，随着我国经济快速增长和人民生活水平逐步提高，军人社会保障水平的增幅明显滞后于我国的经济增长速度。一方面，我国仍处于社会主义初级阶段，国家将财政资金主要用于促进地方经济发展上，对于军人社会保障的投入相对较少，军人社会保障经费水平较低，影响了我国军人社会保障制度的发展，使得军人社会保障经费的增长落后于经济与社会的平均水平；另一方面，我国军人保险制度建立时间较晚，在制度设计上存在诸如保障内容不健全、给付水平低、资金压力大、保障能力弱、效用单一等问题。另外，全军每年都有一定数量的伤、病、残军人需要退役，地方民政部门是承担军人退役生活保障的主要负责部门，虽然国家近年来推行了军人退役制度，但是与日益严峻的就业形势相比，军人退役就业安置结构不完善，安置补偿标准偏低，无法满足军人退役后生活和再就业的需要。

（3）管理体制存在缺陷，项目执行效率低。我国军人社会保障是由军队和地方共同承担的，形成了多头管理的局面，导致军人保障效果、效率相对低下。例如军队离退休干部的养老保障采取的是由军队自建干休所的自行保障方式；军人转业安置由总参（现联合参谋部）、总政（现政治工作部）和民政部等多部门分头负责；军人社会优待和抚恤政策由地方民政部门和军队共同负责；军人优待由国家政府和地方政府共同实施；军人福利由政府、军队和地方等分散管理。全国缺乏一个能够统筹推进、协调管理的部门。同时，各地也没有权威性的军人社会保障与优抚决策机构，导致军人社会保障出现职责不清、政出多门、管理混乱等弊端。在实际工作中，由于军队、地方政府各部门自身利

---

① 陈元刚．社会保障学教程．重庆：重庆大学出版社，2012.

益，部门与部门之间难免产生相互扯皮和推诿现象，难以落实军人社会保障工作。从军人社会保障的资金管理来看，相应配套措施还不完善。由于国家尚未设立独立的军人社会保障机构和监督机制，地方在落实军人优抚、转业安置时存在不照章办事、执法不严、监督不力等问题，使军人社会保障政策无法落到实处。[①] 随着退役军人事务部的组建，上述管理问题正逐渐得到解决。

2. 我国军人社会保障的发展方向

（1）创新军人社会保障体系。创新军人社会保障体系，构建包括军人社会优待、军人保险、军人福利、军人救助、军人退役安置的五大军人保障子系统，实现对军人较为全面的保障。第一，从保障内容来看，军人社会保障体系要适应社会主义市场经济的发展要求，适应我国社会保障制度改革，将军人社会优待、军人保险、军人福利、军人救助、军人退役安置作为主要保障内容，满足军人对社会保障的现实需求，建立健全军人社会保障体系，同时继续维护和发挥家庭的基础保障功能。第二，从改革取向来看，要将国家和军队保障从根本上转变为真正意义上的社会保障，要彻底改变传统单位福利主义的观念和体制，逐渐剥离军队主导的保障职能，按照社会主义市场经济要求建立由国家、军队和个人共担风险的社会保障机制，真正发挥军人社会保障的风险分担和互助共济作用。第三，从管理机制来看，设立军人社会保障的专门管理机构，负责军人社会保障的各项工作，实现各项工作的有序衔接，逐步实现军人社会保障的社会化、规范化和统一化。

（2）充实军人社会保障内容。军人为国防和军队建设作出了重要贡献，是保障社会主义现代化建设的重要力量，尊重和关爱军人是全社会的共同责任。首先，从保障需求范围看，军人社会保障应当包括对军人基本生活的物质保障、服务保障、安全保障、精神生活保障等。其次，从保障层次看，军人社会保障按照待遇标准可分为三个层次：最低待遇的军人贫困救助，基本待遇的伤病残保险、退役养老保险、医疗保险，以及补充待遇的福利保障和补充保险等项目。涵盖多层次的军人社会保障项目不仅有利于实现军人社会保障功能完备、项目齐全的保障目标，同时也适应我国当前经济发展的客观条件，为今后拓展军人社会保障的服务领域，增强退役军人的获得感和幸福感奠定基础。最后，从保障项目上看，针对现役和退役军人面临诸如养老、医疗、伤残、贫困等问题，设立与社会主义市场经济相适应并能够维护军人切身利益的保障项目，并以专用、齐全、协调为目标，每个社会保障项目只解决一个特定的社会问题，项目之间独立存在互不交叉，形成由若干个军人社会保障项目构成的军人社会保障体系。军人保障项目的覆盖面要扩展至现役、退役军人社会生活的方方面面，保障项目之间功能互补，要与非军人的社会保障项目进行有效衔接。

（3）健全军人社会保障法律机制。新中国成立以来，党中央、国务院、中央军委制定了一系列政策法规，对维护现役、退役军人合法权益方面发挥了重要作用。随着经济社会的快速发展，以及国防和军队改革的深入推进，退役军人工作面临着新形势。鉴于

---

① 陈元刚．社会保障学教程．重庆：重庆大学出版社，2012.

此，构建保障军人权益的系统完备的法律体系，为做好新时代退役军人工作提供法治保障具有重要意义。2020 年 11 月，十三届全国人大常委会第二十三次会议通过《中华人民共和国退役军人保障法》，并于 2021 年 1 月 1 日起正式施行。该法旨在加强退役军人保障工作，维护退役军人合法权益，让军人成为全社会尊崇的职业，推动军人社会保障工作在法治轨道上实现高质量发展，增强退役军人的获得感、幸福感、荣誉感。

2021 年 6 月，十三届全国人大常委会第二十九次会议表决通过《中华人民共和国军人地位和权益保障法》。这部法律是贯彻落实党中央和习近平总书记决策部署的重大措施，是健全完善国家法律体系、依法保障军人地位和权益的内在要求，是引领全社会尊崇军人职业、强化全民国防意识的客观需要，对于实现党在新时代的强军目标、把人民军队全面建成世界一流军队，具有重大而深远的意义。

阅读材料 13－3　《中华人民共和国退役军人保障法》解读

本章小结

1. 军人社会保障是指国家依据相关法律规定，以军人及其家庭成员为保障对象，保障其享有国家和社会提供的各种优待、抚恤、社会保险及退役安置的一种社会保障制度。

2. 军人社会保障除具有社会保障的互助性、共济性特点之外，还有其独特性，主要包括：责任主体的特定性、保障对象的特殊性、保障待遇的从优性、保障内容的综合性、保障体制的相对独立性。

3. 军人社会保障主要包括五项内容：军人社会优抚、军人社会保险、军人社会福利、军人退役安置、军人社会救助。政府一般通过资金、服务和安置形式对军人实施相应的保障措施。

4. 军人社会保障作为一项“军心工程”，其建立与发展有着深厚的历史渊源和实践基础。中国的军人社会保障制度的发展历程大致分为传统军人保障阶段、军人社会保障制度改革与发展阶段、现代化军人社会保障制度建设阶段。

关键术语

军人社会保障　military social security
军人社会优抚　military special care
军人社会保险　military social insurance
军人社会福利　military social welfare
军人退役安置　military veteran retirement placement
军人社会救助　military social assistance

复习思考题

1. 在当今的国际形势下，军人社会保障在军队建设中起到了什么作用？
2. 如何完善军人社会保障制度，吸纳更多有志青年加入军人队伍？
3. 随军未就业的军人配偶保险与失业保险有什么异同？
4. 国外的军人社会保障制度对我国军人社会保障制度的发展有何借鉴？
5. 军人社会保障的概念及基本特征是什么？
6. 如何理解军人社会保障的作用？
7. 我国军人社会保障存在哪些问题？
8. 如何把握我国军人社会保障的未来发展趋势？

阅读材料

中国古代军人保障

中国古代，属于“兵事居半”的社会，历朝各代的政治家、军事家、思想家深切体会到，战争的胜利、国家的安全与合理的军人待遇息息相关，“军无财，士不来；军无赏，士不往”。历史上每当社会出现剧烈变动时，军人的社会地位、薪饷福利、家庭优待等问题，就会成为社会各界关注的焦点。军人的优抚与保障政策，是军队建设的重要内容之一，对提高军队的战斗力、稳定军心、凝聚军力发挥着重要作用。

中国古代对军人的优抚，早在春秋战国时期就开始了，其后历代都不同程度地对军人实行了优抚政策，但对军人真正较为系统的优抚保障政策是从宋代开始的。宋代注重对士兵的优抚，无论是在战场上牺牲的士兵，还是在平时发生意外导致残疾的士兵，政府都给以必要的抚恤，使军人家庭能够得到一定的补偿。

一是对残疾者的优抚。主要是对因公致残的官兵给以一定的救助和照顾。如咸平五年（1002 年）五月，对环庆路冬季讨伐蕃部受伤的士兵赐缗钱、药酒，其俸禄待遇仍然如故。仁宗庆历元年（1041 年）八月诏令，受伤的军人，政府终身给其平时衣粮的一半和一次性补贴。宋代还规定战场上受伤 50 天内死亡者，仍按阵亡推恩。

二是对阵亡者的优抚。对于在战场上作战牺牲的士兵，优抚主要有战死安葬、收录子孙和家庭抚恤等。对在战斗中牺牲或其他原因意外死亡的士兵，宋朝政府给以安葬，设有安葬墓地，并安排僧人守祭。阵亡士兵的后代子孙，有时还收录其为官或让其从军，以示对死者的优抚；若阵亡士兵无子孙的，其亲属也可录用。由于宋朝军队俸禄有保证，所以一些士卒阵亡后，朝廷往往收录其子弟从军以示报答，年龄不够者，待合格后仍可入伍。宋朝政府还对其家庭给以必要的经济救助。一方面，赐给死亡军士家庭一定数额的钱物；另一方面，对蕃兵、弓箭手阵亡及受伤者，宋朝政府同样给以抚恤。对无所依靠的阵亡将士的亲属，政府给以必要救助。如熙宁七年（1074 年）四月，朝廷在收复熙河过程中，对无所依靠的阵亡军士的亲属终身给以救助。

三是平时官兵死亡的优抚。因病死亡的士兵，宋朝政府给以必要的优抚，如“军员子孙令步军司降等安排，有残疾及不愿为兵若无子孙者，加赐缗钱”，“父母年七十以上而无子孙可依者，特给小分请受”。军队官员去世后，朝廷的优抚方式一般为赠官、赐钱物、收录子孙等。

四是对裁汰军人的安置。首先是退减至剩员，剩员在宋朝的禁兵、厢兵和士兵中都存在，是宋朝军士中的拣退者，即禁兵、厢兵、士兵因年老或疾病，不任征戍，保留军籍，减削军俸，在军中从事杂役的人，领取一半以下军俸。他们虽然没有脱离军籍，但已不是军队的主要战斗力量，这具有安抚、照顾年老残疾军人的意义。其次是遣返归农，令其归乡种田，官府发给一定量的粮食。一般遣返归农的军士年龄在50岁以上，对拣退者的家属还给以必要的帮助，“令买牛种，免租税丁役，使为永业”。对裁汰离开部队的军人，要求部队给以措置收养。

五是对军人的疾病与受伤救治。其一，对因病需要治疗的军士遣使送药，前去医治。如熙宁八年（1075年）三月，对在赴京路途中有疾病的兵士，要求所过州县遣人医治。其二，对安南遭受瘴气侵害的士兵，积极给以医治。其三，患病期间的士卒，仍给口粮。其四，对在战场上受伤的士卒，无论是否在贼境受伤，都明确规定，积极进行治疗。

六是对出征军人的家属安置。军人家属随军而居，同兵士一同居住于兵营。对部队出征时留守军营的家属采取了安置措施。首先，对遇有特殊困难的军士家属，给以特别恩赐。如咸平五年（1002年）七月，宋真宗要求“诸州因霖雨坏营舍，有军出家属在营者，赐缗钱”。其次，军士外出征战期间，军俸由家属领取，以便养家糊口，使其生活有基本保证。最后，对生活困难的驻军家属，政府给以照顾，有病者官为看病，死亡者官为埋葬。

元代军事强大，元军都有俸禄，外出执勤借支的俸禄，如执勤时为国殒命，可不再偿还。阵亡的军官，其爵位可由后嗣承袭，士兵阵亡，给予抚恤。老弱军人退伍如不能自存的，规定由五服以内的亲族供养，无亲族的及亲族无供养能力的，由国家收留在养济院供养。

明代的兵制几经变化。前期实行世兵制，后期实行募兵制。军人家属可减免徭役、租税。对作战伤残的军人，给以抚恤。很重视对阵亡将士的抚恤祭奠，甚至由皇帝亲自设坛祭奠，洪武三年（1370年），朱元璋就曾亲祭阵亡将士，至崇祯十五年（1642年），见诸记载的皇帝亲祭就有六次之多。

清代主要的武装力量是八旗与绿营，军人的待遇较优厚，特别是旗兵，待遇格外优渥，由政府特给旗地，月有饷银，免除赋税。绿营兵有饷银和月米，家有婚丧喜事，有一定的赏银。军人作战负伤，军官临时根据情况议恤，士兵头等伤恤银30两、二等伤25两、三等伤20两。随军出征的子弟、跟役、奴仆，因战受伤的，也按伤残等级给予一定抚恤。作战负伤三处以上的官员和受伤致残的士兵，不论服役长短，退休后可领取在职俸饷的一半。对于阵亡将士，据清《户部军需则例》规定，武官自外委经制至提督，阵亡的按职位高低，赏银100～800两。

资料来源：根据人民网等网站资料整理。

缅怀革命先烈，传承红色基因，培养爱国主义精神，厚植家国情怀

革命烈士，简称“烈士”，是指那些在革命斗争、保卫祖国和社会主义现代化建设事业中壮烈牺牲的人员。辛亥革命以来，确系为革命及抗日而阵亡和死难的人员，称为烈士。中国人民解放军及人民公安部队因参战、公干牺牲者（被俘不屈、慷慨就义或被特务暗杀等），革命工作人员在对敌斗争中牺牲者或因公牺牲者，民兵、民工因参战牺牲者，均称为烈士。

在我国革命、建设、改革的各个历史时期，涌现出无数舍生忘死、为国捐躯、为民牺牲的烈士。他们的功勋彪炳史册——正是他们的艰难探索、前仆后继和不屈抗争，才有了当今人民当家作主的新中国，实现了几代中国人梦寐以求的民族独立和人民解放。此外，在社会主义建设新时期，无论是1998年抗洪抢险还是2003年“非典”战役，无论是2008年汶川抗震救灾还是抗击新冠疫情，危难时刻，人民军队永远都是冲锋在前。他们的精神熠熠生辉——正是他们热爱祖国、忠于人民、无私奉献、敢于牺牲的精神，激励和鼓舞着全国各族人民保家卫国、维护和平，坚定不移地推进改革开放，坚定不移地走中国特色社会主义道路，使国家建设取得了举世瞩目的伟大成就。

1980年国务院颁布《革命烈士褒扬条例》，对于革命烈士的称号的规定比以往更具有严肃性，取消过去关于革命军人、革命工作人员积劳病故，革命军人因公发生意外事故死亡总称烈士的规定。同时，打破过去只限于革命军人、革命工作人员和参加战斗的民兵、民工的范围，扩大到全体人民，从而有利于调动全国人民为保卫祖国和建设祖国英勇奋斗献身的精神。

为了弘扬烈士精神、缅怀烈士功绩。2014年8月31日，十二届全国人大常委会第十次会议经表决，通过了《关于设立烈士纪念日的决定（草案）》，将9月30日确定为烈士纪念日。烈士纪念日的确立，不仅是以国之名缅怀英烈，更是对中华民族精神的守护与延续，这有利于全社会自觉践行社会主义核心价值观，不断增强社会成员的使命感和责任感，让每个人在为党和人民建功立业中焕发出绚丽光彩。

“天地英雄气，千秋尚凛然。”越来越多的人通过参观革命纪念馆，了解和感受先烈英魂之中蕴藏的精神力量、信仰之光。在和平时期，保家卫国、边疆建设、抢险救灾、撤侨护航、执行国际维和任务，哪里有危难，哪里就有人民子弟兵的身影，哪里有需要，哪里就是人民军队奋战的疆场。今天的普通人能够沐浴在和平的阳光下，为美好生活努力奋斗，正是因为有中国军人用忠诚守卫筑牢坚固的国防堡垒，用奉献担当护佑和平与发展，用鲜血生命把黑暗阻挡在远方。中国军人的奉献义无反顾，牺牲感天动地，功勋永远铭刻在人民心中。人民群众通过缅怀先烈、褒扬英雄，将英雄烈士们热爱祖国、忠于人民、无私奉献、敢于牺牲的精神弘扬下去。

资料来源：根据央广网等网站资料整理。

第14章

补充保障

《中华人民共和国国民经济和社会发展第十四个五年规划和2035年远景目标纲要》提出，要坚持应保尽保原则，按照兜底线、织密网、建机制的要求，加快健全覆盖全民、统筹城乡、公平统一、可持续的多层次社会保障体系。建设多层次的社会保障体系，一方面，要以养老金、医疗保障和养老服务等为重点，推进基本社会保障领域关键环节的改革完善，明确基本社会保障“保基本”的制度属性，大力深化基本保险制度改革；另一方面，还应重视补充保障在多层次社会保障体系建设中的重要补充作用，加快推动补充保障的发展，强化社会保障体系运行支撑。补齐多层次社会保障体系发展短板，加快推动补充保障的发展，能够顺应人民对高品质生活的期待，适应人的全面发展和全体人民共同富裕的进程，不断推动幼有所育、学有所教、劳有所得、病有所医、老有所养、住有所居、弱有所扶取得新进展。

让广大人民群众共享发展成果，是社会主义的本质要求，也是我们党的重要使命。扎实做好社会保障事业是践行共享发展理念的制度安排，作为基本社会保障基础上的福利增加机制，补充保障有助于实现人的全面发展和社会的全面进步，在健全多层次社会保障体系的基础上加快实现共同富裕。

学习要点

1. 了解补充保障的概念

2. 了解补充保障在社会保障体系中的功能

3. 理解补充保障与基本社会保障的关系

4. 掌握员工福利、企业年金、住房公积金、商业保险、慈善事业等补充保障的内容

14.1 概　述

现实生活中风险无处不在，政府主导下的基本社会保障制度还不足以应对各种风险和难题，因此现代意义上的社会保障除了社会救助、社会保险等，还包括由员工福利、企业年金、住房公积金、商业保险、慈善事业等内容组成的补充保障，它们从多方面、多层次为人们在现实生活中可能遇到的风险提供保障，是现代社会保障体系的重要组成部分。本章将对补充保障的概念、基本特征、功能等进行阐述，着重介绍员工福利、企业年金、住房公积金、商业保险、慈善事业这几种补充保障形式。

14.1.1 补充保障的概念

补充保障（supplemental security）是建立在基本社会保障（社会救助、社会保险及社会福利）之上，为社会成员应对其他风险或享受更多福利而建立起来的一系列保障项目的统称，具体包括员工福利、企业年金、住房公积金、商业保险、慈善事业等内容。补充保障本质上是基于国家基本社会保障之上的一种福利增加机制，是现代多层次社会保障体系的重要组成部分。

按照不同的划分标准，可以将补充保障划分成不同种类（见表 14 - 1）。[①] 具体包括：（1）按照补偿方式划分，可分为三类，如直接现金给付或实物援助的经济保障，提供各类服务的服务保障，以及提供文化、心灵慰藉的精神保障。（2）按照实施主体划分，也可分为三类：第一类是社会补充保障，主要指由基金会、社会团体、社会服务机构等慈善机构以捐赠财产或者提供服务等方式开展的公益活动；第二类是企业补充社会保障，实施主体是市场中的营利性企业等；第三类是个人补充保障，是个人对自身或者家庭成员主动寻求的保障措施，如个人投保的商业保险、个人储蓄等。（3）按照保障水平划分，补充保障可以分为社会救助型、查缺补漏型，以及增进福利型。（4）按照保障内容划分，可以分为补充医疗保障、补充养老保障、补充住房保障等。（5）按照与基本社会保障的关系划分，可以分为附加型补充保障和独立型社会保障。附加型补充保障以基本社会保障为前提，对基本社会保障起到补充作用，如企业（职业）年金等；独立型社会保障项目相对独立，如慈善事业等。

表 14 - 1　补充保障的划分标准

划分标准	具体内容
补偿方式	经济保障、服务保障、精神保障
实施主体	社会补充保障、企业补充社会保障、个人补充保障

① 郑功成．社会保障学．北京：中国劳动社会保障出版社，2005.

续表

划分标准	具体内容
保障水平	社会救助型、查缺补漏型、增进福利型
保障内容	补充医疗保障、补充养老保障、补充住房保障
与基本社会保障的关系	附加型补充保障、独立型社会保障

14.1.2 补充保障的基本特征

1. 参与主体多元化

相比于由政府主导的基本社会保障项目，补充保障更加注重发挥市场、社会、家庭等多元保障主体的作用，例如由非营利社会团体、社会服务机构组织的财产捐赠、志愿服务等慈善公益活动，由投保人和保险人自愿缔结的商业保险等。补充保障采取的是一种社会化运行机制，参与主体的多元化使得补充保障在促进社会发展和增进国民福利上凝聚了更多的力量。

2. 资金来源多样化

补充保障的资金来源多种多样，包括政府的财政补助、税费减免，以及来自企业、用人单位、商业保险公司等市场主体的缴费与基金增值，还包括来自个人及家庭的储蓄资金、慈善机构等社会组织的公益性保障资金等。

3. 非强制性参与原则

与法定基本社会保障制度不同，补充保障的内容、权利与义务关系并非由政府强制规定，政府主要扮演规范、引导和支持的角色。因此，对于补充保障的参与主体而言，具有自愿性和非强制性。这样能更好地满足各类人群的不同保障需求，使其对保障内容和类型具有一定的选择权，有利于福利资源流向不同需求的各类群体。

4. 形式和内容丰富

社会成员的保障需求是多层次的，这不仅决定了补充保障的必要性，也对补充保障的服务方式提出了多样化的要求。补充保障既有经济型的现金给付和实物援助方式，也有以提供服务为主要形式的服务型保障，以及提供文化、心灵慰藉方面的精神保障等。多样化的补充保障形式和内容能更好地满足社会成员不同层次的保障需求。

14.1.3 补充保障的功能

补充保障作为现代社会保障体系的一个重要组成部分，与基本社会保障一起发挥着预防危机、维护稳定、调节冲突、促进发展、互帮互助的社会功能。除此之外，补充保障还具有以下几个方面的功能。

1. 对基本社会保障制度的增进和补充

补充保障能够对基本社会保障制度起到增进和补充作用，为基本社会保障查漏补缺。一方面，就覆盖人群而言，补充保障能够对未被基本社会保障制度覆盖的人群提供必要保障，例如灵活就业者、无力申请基本社会保障的困难群体等。补充保障能够避免社会成员遗漏在安全网之外，为更多群体提供相应保障。另一方面，就保障项目的内容和水平而言，虽然基本社会保障的内容和水平在设计上已经基本规避了社会成员在生命历程中可能遇到的大多数风险，满足了基本生活保障的需求，但这毕竟是有限的，补充保障多样化的项目和形式在一定程度上能够与基本社会保障相互补充、相互配合。

2. 减轻政府负担

补充保障能够减轻政府负担，激活社会与市场主体的活力。随着人口老龄化、家庭少子化、灵活就业等社会现象的出现，社会成员对社会保障的需求日益增加，仅仅依靠政府主导的基本社会保障不仅在项目内容、保障水平上难以应对社会风险，而且加重了政府的财政和管理负担。在政府引导和政策支持下，发展补充保障不仅能够减轻政府负担，还能充分调动社会团体、市场主体的力量，构建多层次的社会保障体系，增加国民福利。

3. 满足社会成员多样化福利需求

补充保障能够进一步满足社会成员的福利需求，促进共同富裕。政府负责的基本社会保障的待遇水平较低，能够满足民众基本生活需求，但是难以满足社会成员多样化、多层次的保障需求。在这一点上，商业保险、企业年金、慈善事业等补充保障的优势得以显现，各项补充保障能够根据不同人群、不同层次的保障需求，灵活调整待遇标准和福利水平，满足社会成员多层次、个性化的福利要求。作为基本社会保障基础上的福利增加机制，补充保障有助于实现人的全面发展和社会的全面进步，在健全多层次社会保障体系的基础上加快实现共同富裕。

阅读材料 14－1 专访席恒：完善补充保障 助力社会保障事业高质量发展

14.2 员工福利

14.2.1 员工福利的概念及特点

员工福利（employee welfare）又称为职工福利或公司福利，是企业基于雇佣关系，依据国家的强制性法令及相关规定，以企业自身的支付能力为依托，向员工所提供的、用以改善本人和家庭生活质量的各种以非货币工资和延期支付形式为主的补充性的报酬与服务。一般来讲，员工福利由三部分组成：第一是基本福利，如养老、医疗、失业、工伤等基本社会保障福利；第二是法定福利，如法定节假日、探亲假、婚假、丧假、产假、病假等；第三是企业的自主福利，如员工宿舍、免费工作餐、上下班班车、高温补贴、组织旅游、企业补充保险、子女入学补助、健康检查、外出培训、内部培训机会等。员工福利本质上属于职工激励机制的范畴，是职工薪酬制度的重要组成部分。

员工福利与其他形式的报酬相比，具有以下几个特点：一是集体性，企业提供的基本的员工福利都是针对大部分员工的集体福利事业，是由员工集体消费或共同享用的公共产品；二是均等性，对于履行了基本劳动义务的员工都可以在规定范围内均等地享受企业的员工福利，不存在倾斜性；三是补充性，企业员工福利是企业为员工提供基础薪资报酬之外的一种额外补偿和奖励，是一种补充保障；四是多样性，体现为员工福利的项目内容和给付方式是多种多样的，包括现金补贴、实物补贴、带薪休假以及多种多样的服务形式，相比于其他形式的报酬，员工福利的价值更加难以计算和衡量，并带有延期支付的特点。

14.2.2 员工福利的主要类型

按照员工福利项目的功能，可以把员工福利大致划分为四类，第一类是健康和安全保障性员工福利，如企业年金、工伤保险、住房援助计划、住房补贴等；第二类是设施性员工福利，如职工餐厅、浴室、阅览室、班车、托儿所等；第三类是文艺娱乐性员工福利，如健身房、集体旅游等；第四类是培训性福利，如外部培训、内部培训等。接下来介绍几种典型的员工福利。

1. 员工援助计划

员工援助计划（employee assistance program，EAP）是指企业组织专业人员为员工提供诊断、辅导、评估、咨询、培训等服务，旨在帮助有心理问题的员工及其家属解决心理和行为问题，通过企业的合理干预，提高员工工作绩效以及企业的组织效能的一种福利支持项目，具有系统性、全面性、长期性的特征。根据行业、地区以及阶段的不同，企业的员工援助计划项目也各有不同，其主要内容包括职业心理健康、饮食习惯、压力管理、职业生涯发展、理财问题、法律纠纷等各个方面。

2. 利润分享计划

利润分享计划（profit-sharing plan）是企业与员工协议商定的员工在取得固定工资的基础之上按照一定的比例参与企业利润分配的计划，它是对纯收入分配机制的一种改进计划，将员工的待遇水平与企业的经营效益挂钩，旨在提高员工的生产积极性，是企业激励与约束员工的有效途径。

3. 员工持股计划

员工持股计划（employee stock ownership plan，ESOP）是指由企业设立的，上市

公司的员工按照自愿原则，通过合法方式出资认购公司股份并长期持有，从而达到利润分配和企业管理的制度安排。员工持股计划最早起源于20世纪50年代的美国，是股权激励的一种重要形式，随着现代企业制度的推广和运用，员工持股计划在各国企业中得到了广泛应用。

14.2.3 我国的员工福利

1. 我国员工福利的发展历程

新中国成立以来，员工福利经历了从计划经济时期的员工福利向市场经济体制转轨的福利变革，基本上可以分为以下三个阶段。

（1）计划经济时期到改革开放初期。计划经济时期，我国的员工福利从建立社会保险和企业办社会两个方面共同发力。社会保险是我国职工享受到的最稳定、最基础的职工福利，是国家规定企业必须为每个职工承担的义务。1951年正式颁布了《劳动保险条例》，标志着企业职工社会保险制度的建立，此时的社会保险全部由企业负担。企业办社会，是在满足每个职工基本社会保险的基础上，企业作为国家整合和控制资源的安置单位，在改善工人、职工群众物质生活与文化生活等方面承担各种社会职能。1950年的《中华人民共和国工会法》、1957年的《关于职工生活方面若干问题的指示》等对兴建集体福利设施进行了明确规定。20世纪50年代中期，国家又对职工生活困难补助、探亲假、上下班交通补贴等进行了法律规定，建立了职工福利补贴制度。

（2）计划经济体制变革到市场经济体制的过渡时期。在从计划经济体制向市场经济体制转变的过渡时期，企业从安置单位转变为自负盈亏的市场化主体，我国的员工福利经历了从“大锅饭”到权利与义务对等的转变。1994年国务院颁布《关于深化城镇住房制度改革的决定》，实施取消福利分房、建立住房公积金制度、住房商品化等一系列改革举措，在之后的几年里，国务院颁布了《关于建立统一的企业职工基本养老保险制度的决定》《关于建立城镇职工基本医疗保险制度的决定》等政策，对社会保险制度进行改革，强化权利与义务基本对等的关系，从计划分配到总体把控与市场调节相结合，用人单位必须承担的法定员工福利责任得以明确，员工福利逐渐走向正轨。

（3）市场经济发展下的综合服务和人性化时期。在这一时期，企业开始主动对员工承担责任，自主设置普遍化、个性化的员工福利，随着国民物质生活的改善，实物福利的效用逐渐降低，一些企业开始学习外资企业的经验，重新认识和设计员工福利，寻找员工福利改革的突破点。企业为员工提供补充医疗保险、意外保险、租房补贴、在岗培训教育机会、父母慰问、无息购房贷款等。一些企业主动创新，对员工承担更多责任，走出一条“有计划、有特色”的社会职能“内部化”道路，如制造类、高科技类企业开始兴办社会性机构、提供集体性服务，包括员工生活文化中心、员工食堂、员工电影院、托儿中心、免费医疗诊所、工作班车、远程办公等。其目的是帮助员工减轻日益增长的工作生活压力、提高员工生产效率。

2. 我国员工福利面临的挑战

改革开放以来，我国的员工福利制度建设取得了长足的进步。到了 21 世纪，一些优秀企业为员工提供各类福利的创新做法为员工福利的发展提供了借鉴，新型的企业员工福利已经基本成型。除了政府指导下实行的各种企业补充保险之外，利润分享计划（我国习惯称为劳动分红）、员工持股计划在一定范围内实行，还有带薪休假、旅游补贴等享受型福利项目也被采用。另外，理财服务、无息或低息贷款等金融服务类员工福利也在走向各类企业。企业根据自身特点自主设计福利类型，力求员工福利和企业战略目标相匹配，这种人力资源发展战略意图日渐明显。但是，我国的员工福利发展仍然存在一些挑战，具体体现在以下几个方面。

（1）总体发展水平不足且差异较大。目前，我国企业提供的员工福利项目受限于以社会保险为核心的法定福利项目，非法定福利项目供给还比较少，整体福利水平处于较低层次。根据《2020 年中国企业员工福利保障指数大中城市报告》显示，中国企业员工福利保障指数为 66.5（总指数为 100），处于五档保障水平中的“基础水平”（第三档）。虽然，我国大中城市企业提供的基本社会保险覆盖率已超过 9 成，但是商业补充保险覆盖率尚不足 6 成。另外，我国员工福利地区差异较大，经济发达地区的企业员工福利较好，不同单位之间差异显著，国企和外企的员工福利普遍优于私人企业，非正规就业群体的员工福利较差，编制内人员的员工福利优于编制外人员的员工福利。

（2）员工福利项目有限且结构设计单一。通常来说，企业提供给员工的是最基本的法定福利项目，比如养老保险、医疗保险、住房公积金、法定休假等，其缴费比例、缴费年限、领取方式等是按照国家相关政策规定执行的，具有普惠性，员工没有选择权，员工福利刚性较大。在企业员工福利制度设计过程中，员工参与度低，无法真实表达其需求，使得福利制度的设计与员工现实需求不相符，导致资源大量浪费。同时随着劳动力结构的不断改变，不同文化层次、不同收入层次的员工对福利的需求存在较大的差异，员工的个性化福利需求容易被忽视，不能充分调动员工的工作积极性，无法实现员工福利制度设立的预期目标。

（3）员工福利在制定、设计和执行方面存在隐患。员工福利制度的产生实际上是劳资双方长期博弈的结果。由于我国建立员工福利制度并不是企业法定的义务，能够建立员工福利制度的企业并不多，同时我国的福利项目存在“大锅饭”的形式，对人力资本的激励作用并不明显。随着市场竞争的日趋激烈，我国传统福利已经无法满足企业员工的多样化需求。企业在执行过程中存在着为节省人力资源管理成本，不能有效落实员工福利制度的现象。

针对上述企业员工福利的现状，首先，企业必须转变观念，认清员工福利的重要性。在制定员工福利时既要考虑市场情况，同时也要对自己的组织进行深入分析，设置更合适的福利计划，在满足内部员工需求的基础上促进企业的发展。其次，企业应采取弹性福利制度，提高员工的自主选择性，让员工在企业规定的范围内，根据需要和生活方式的变化不断改变福利项目。最后，企业应增加非法定福利项目的比重，使福利结构更加合理。随着企业效益的不断提高和管理理念的不断改进，员工福利体系中会引入更多的非法定福利项目，使员工福利水平不断提高。

14.3　企业年金

14.3.1　企业年金的概念及模式

企业年金（enterprise annuity）是一种补充养老金制度，是企业雇主与其职工在依法参加基本养老保险的基础之上，结合相关国家政策以及自身经济状况自愿建立的补充养老保险制度。从宏观上来看，企业年金是整个社会养老保险体系的“第二支柱”，是政府建立的基本养老保险制度的一个重要补充。从微观上来看，对于企业，企业年金是企业员工薪酬福利制度的重要组成部分，是市场经济体制下企业为提高自身竞争力，吸引人才、激励与稳定员工的重要手段。对于员工，企业年金是以民间储蓄为基础的私人养老金，能够增加退休收入，提高退休生活质量。

阅读材料 14－2　多支柱养老保障体系的内涵及演进

知识链接 14－1

企业年金与职业年金

很多人认为企业年金和职业年金都是基本养老保险之外的补充养老保险，是养老金“第二支柱”的不同称谓。职业年金主要针对机关事业单位及其工作人员，而企业年金主要针对企业、社会团体、基金会、民办非企业单位。企业年金和职业年金确实有很多相似之处——两者都是由单位和个人共同缴纳的；基金都可以进行投资运营，收益计入个人账户；两者都适用个人所得税递延纳税政策。但是这两者在缴费比例、领取方式、参保条件等方面又存在差异。

（1）缴费比例不同。企业年金的企业缴费每年不超过本企业上年度职工工资总额的1/12，企业和职工个人总计不超过本企业上年度职工工资总额的1/6；职业年金单位缴纳比例为本单位工资总额的8%，个人为本人缴费工资的4%。

（2）领取方式不同。企业年金在工作人员退休后，可一次性领取也可分期领取；而职业年金在工作人员退休后是按月领取的。

（3）参保条件不同。职业年金具有强制性，机关事业单位的职业年金是强制缴纳的。企业年金是企业及其职工自愿建立的补充养老保险制度。企业等组织在依法参加基本养老保险并履行缴费义务，同时具有相应的经济负担能力，并已建立集体协商机制的情况下自主自愿建立企业年金。

资料来源：郑功成．多层次社会保障体系建设：现状评估与政策思路．社会保障评论，2019（1）．

相比于基本养老保险制度，企业年金具有如下特点：(1) 企业年金由企业自主发起建立，政府在其中不承担直接责任，一般给予税收等方面的优惠，政府在企业年金中主要行使监管职能；(2) 企业年金属于私人产品，实行完全积累制，采用个人账户方式管理，存入年金专户；(3) 企业年金更加注重效率原则，是企业一种激励性的企业福利制度安排，以调动员工积极性；(4) 企业年金经办方式多样化，实行市场化投资运营。

根据国际经验，从企业年金的给付方式来看，一般主要采取两种模式，即待遇确定型企业年金计划（defined benefit plan，DB）和缴费确定型企业年金计划（defined contribution plan，DC）。

(1) 待遇确定型企业年金计划。该计划是企业预先通过一定的收入替代率确定年金给付额，再通过精确计算出每期的缴费金额，按照这一缴费金额出资建立养老基金并进行积累，基金的积累规模和水平随工资增长幅度进行调整，当职工退休后定期向退休职工按固定金额支付退休金的一种退休金计划，这是一种以支定收的模式。

(2) 缴费确定型企业年金计划。该计划是企业为职工建立个人账户，并依据职工的工资水平、工作年限、工作表现等因素事先按一定比例确定每期的缴费金额。职工对个人账户拥有投资决策权，并承担由此引起的投资风险，投资的收益扣除必要的社会养老保险中的企业年金研究费用后全部计入个人账户，最后根据每个加入者的个人账户中积累的缴费金额及投资收益（个人账户余额）来确定给付金额，这是一种以收定支的模式。

14.3.2　我国的企业年金

1. 我国企业年金的发展历程

我国企业年金制度的建立与发展，大致经历了探索建立阶段、试点阶段、完善阶段以及扩宽阶段四个时期。

(1) 探索建立阶段（1991—1999 年）。

1991 年 6 月，国务院颁布了《关于企业职工养老保险制度改革的决定》，从政策层面倡导企业可根据自身情况建立企业补充养老保险，后又颁布了《关于建立企业补充保险制度的意见》《关于建立统一的企业职工基本养老保险制度的决定》等政策，对企业补充养老保险的主体、条件、决策程序、记账方式、缴费方式和水平、经办机构和程序以及投资运营等内容都做了一些规定。总的来说，这一时期还属于制度的探索期，企业有很大的自由裁量空间，国家在税收优惠政策上还未做出明确规定，缺乏激励性。

(2) 试点阶段（2000—2003 年）。

2000 年 12 月国务院颁布《关于完善城镇社会保障体系的试点方案》，将“企业补充养老保险”更名为“企业年金”，并明确其定义。根据政策精神，从辽宁省率先开展企业年金的试点工作，出台了《辽宁省完善城镇社会保障体系试点实施方案》，提出企业年金运作模式，逐步在省市范围内的国有企业展开试点。这一时期，政府颁布的各项政策更加具有针对性，建立企业年金制度的思路越来越清晰。

(3) 完善阶段（2004—2015年）。

基于对前期试点工作的总结，2004年1月劳动和社会保障部颁布《企业年金试行办法》，对企业年金的地位、决策程序、缴费比例、待遇给付以及管理办法等事项都做出了明确规定。同年2月，多部委联合发布了《企业年金基金管理试行办法》，针对企业年金基金的受托管理、投资管理等做出了进一步的规范。此后，还颁布了一系列政策文件对企业年金的运行进行优化和完善。在这一时期，企业年金的覆盖人群和基金规模得到了快速增长，截至2015年底，我国共有7.55万户企业建立了企业年金，参加职工人数为2 316万人，年末企业年金基金累计结存9 526亿元。

(4) 扩宽阶段（2016年至今）。

2016年6月，人力资源社会保障部基于对《企业年金试行办法》的修订，起草了《企业年金规定（征求意见稿）》，调整企业年金缴费比例和待遇发放，扩大了企业年金的适用范围，降低企业年金的缴费上限，缴费规则与职业年金趋于一致，同时还放宽了企业年金的约束条件。我国企业年金制度发展至今，逐步形成了政府、企业、职工、市场为责任主体的制度框架。

2. 我国企业年金面临的挑战

近年来，随着人口老龄化步伐的加快，企业年金作为我国多支柱养老保险体系中的“第二支柱”，其补充养老功能越来越得到重视，政府出台了一系列有关企业年金的制度法规，但总体而言，我国的企业年金在发展过程中还存在一些问题。

(1) 立法较滞后，配套发展措施不完善。企业年金的发展离不开制度和相关配套措施的完善，但我国企业年金制度存在着制度设计、税收优惠以及监管等方面的问题。一是在制度设计方面，缺乏企业年金投资运营、信息披露等相关制度，企业年金参与条件较为苛刻，未考虑职工与企业的合理需求，企业年金制度的设计缺乏内在吸引力；二是在税收优惠激励方面，存在税收优惠覆盖面不够以及激励不足的问题，直接影响企业建立企业年金的积极性；三是在监管方面，企业年金的相关监管法规有待完善，监管部门的执法力度因制度的缺失而受到制约，监管力量较为薄弱。

(2) 覆盖面较窄，仅是一种保障少数职工的福利计划。我国企业年金的整体规模仍然较小，覆盖面较窄，我国养老保障“第二支柱”的功能发挥有限。据统计，2020年底，我国参加企业年金人员为2 500多万人，仅占企业职工基本养老保险参保人数的7%左右。

(3) 发展不平衡，地区和行业发展差距较大。我国企业年金呈现出发展不平衡的特征，在地区上，表现为北京、上海、浙江、广东等经济发达地区企业年金基金积累较多，部分欠发达地区企业年金参与率不高；在行业上，企业年金多集中在民航、电力、石油、电信等经济效益较好的垄断性行业。由于建设成本较高、制度复杂等原因，我国中小企业的企业年金发展缓慢，基金建设积极性有待提高。

因此，为进一步建立完善多层次多支柱的社会保障体系，应当结合本土化实际情况，积极加快企业年金的发展。第一，不断优化企业年金的法律法规，完善配套措施，设置合理的税收优惠政策，加强企业年金建设、投资、运营的监管力度，激励与引导企业年金的发展。第二，把握企业年金扩大覆盖面的难点——民营企业，尤其是中小企业，提高企业年金参与率和替代率。第三，鼓励各行业建立企业年金，给予发展速度较慢的地区行业更为优惠的政策倾斜，努力破解企业年金发展不平衡、不充分难题，发挥企业年金"第二支柱"的重要保障作用。

14.4　住房公积金

14.4.1　住房公积金的概念及特点

住房保障在民生保障中扮演着十分重要的角色。住房公积金（housing provident fund）制度作为补充保障的重要组成部分，是我国为了解决人们的住房问题，为了百姓安居乐业，采取的重要住房保障制度。国务院在 1999 年颁布了《住房公积金管理条例》，并于 2002 年、2019 年做出修订，这一条例及其配套政策是当前住房公积金管理的基本依据。

根据《住房公积金管理条例》第二条的规定，住房公积金是指"国家机关、国有企业、城镇集体企业、外商投资企业、城镇私营企业及其他城镇企业、事业单位、民办非企业单位、社会团体（以下统称单位）及其在职职工缴存的长期住房储金"。这一概念中有五个关键词：一是城镇，住房公积金只在城镇地区建立，农村地区没有住房公积金。二是在职职工，只有在职职工才享受住房公积金。没有就业的城镇居民以及离退休职工不涵盖在住房公积金制度的实行范围内。三是缴存，住房公积金由两部分组成，一部分由职工所在单位缴存，另一部分由职工个人缴存。职工个人缴存部分由单位代扣后，连同单位缴存部分一并划入住房公积金的个人账户。四是长期，住房公积金的缴存具有一定的长期性，除非员工离退休或者发生《住房公积金管理条例》中规定的其他情形，否则职工在职期间都需要无间断地按规定缴存，不得中止和中断。五是住房储金，住房公积金是职工按规定存储起来的专项用于购买住房的个人储金，具有积累性和专用性。

根据我国关于住房公积金的相关政策规定，我国对在职职工设立职工住房公积金账户，由企业和个人按 1∶1 的比例等额缴存。缴存金额＝缴费基数×缴费比例。住房公积金的缴费基数是职工上一年度的月平均工资，缴费基数不得低于上年度当地社会平均工资的 60%，不得高于 300%。其缴纳比例最低不低于 5%，原则上不超过 12%。此外，企业还可根据自愿原则为在职职工缴纳补充公积金，补充公积金不用个人缴费，全部由企业缴纳。

住房公积金具有以下三个特征：一是强制性，对于应当享受住房公积金保障的职工，单位不办理住房公积金缴存登记或者不为本单位职工办理住房公积金账户设立手续的，由住房公积金管理中心责令限期办理；逾期不办理的，处1万元以上5万元以下的罚款。二是专用性，住房公积金是专门用于职工购买、建造、翻建、大修自住住房的基金，实行“专款专用”。《住房公积金管理条例》第五条明确规定，住房公积金应当用于职工购买、建造、翻建、大修自住住房，任何单位和个人不得挪作他用。三是互助性，住房公积金制度实际上是一种住房保障制度，住房是居民的基本生活条件，只有安居才能乐业。但客观上，不同个体在家庭收入和购房能力方面存在差别，这种不平衡性要求有住房、收入较高的职工能够发扬互助精神，帮助低收入的无住房职工解决住房问题。

14.4.2 我国的住房公积金制度

1. 我国住房公积金制度的发展历程

我国住房公积金制度是在由计划经济体制转向市场经济体制的背景下，在借鉴新加坡中央公积金制度的基础上，形成的创新性的住房金融制度。我国住房公积金制度的发展历程大致可以分为四个阶段。

（1）起始阶段（1988—1991年）。

1988年1月，国务院组织召开住房制度改革工作会议，决定各省、自治区、直辖市分期分批实行住房制度改革。5月，上海市成立住房制度改革领导小组，着手进行上海住房制度改革。经过广泛征求意见和讨论后，1991年5月，《上海市住房制度改革实施方案》正式施行，该方案从内涵界定、费用缴纳、使用提取、管理、决策、监督等方面对公积金制度作了比较全面的设计。此外，还配套有《上海市公积金暂行办法》《上海市公积金管理中心章程》《关于本市单位和职工缴交公积金和发放住房提租补贴的暂行办法》等多个实施细则。上海住房公积金制度的创立是中国住房制度改革和发展过程中的重要里程碑，也是中国住房金融发展历史中具有承前启后意义的关键性事件。

（2）试点推广阶段（1992—1998年）。

1992年，第二次全国住房制度改革工作会议在北京召开，会议认为，建立住房公积金制度是大、中城市，尤其是特大城市启动住房改革的有效途径。同年，北京、天津、南京、武汉等城市在上海建立住房公积金制度之后开始首轮试点。1994年7月，国务院颁布了《关于深化城镇住房制度改革的决定》，规定在全国全面推行住房公积金制度，进一步发挥住房公积金对住房改革的支持作用。同年11月，财政部等部门制定了《建立住房公积金制度的暂行规定》，对住房公积金的定义、缴存、支付、使用与管理作了进一步规范，以促进住房公积金制度在全国的推广。1997年9月，党的十五大报告中首次写入“住房公积金”，强调“建立城镇住房公积金，加快改革住房制度”。截至1998年底，住房公积金制度已经扩展到全国231个地级以上城市，437个市、县，全国住房公积金缴存总额达到1 231亿元，发放住房公积金贷款830亿元。

（3）制度确立阶段（1999—2002年）。

1999年，国务院颁布了《住房公积金管理条例》，住房公积金制度正式进入法制化、规范化发展的新时期。该条例对住房公积金的覆盖面、适用范围、增值收益用途、风险防范、住房委员会的人员组成，以及违反条例的处罚措施等进行了规范。2002 年 3 月，《国务院关于修改〈住房公积金管理条例〉的决定》进一步扩大了住房公积金的缴费主体，增加了同级财政部门以及中国人民银行的分支机构等监督部门，完善了住房公积金管理机构，对公积金决策机构及其职能、缴存主体、监督机构、监管办法及处罚措施等进行了修改和补充。《住房公积金管理条例》的发布和实施使得住房公积金制度进入了有法可依的阶段，进一步促进了住房公积金制度在各地的发展。

(4) 制度完善和发展阶段（2003 年至今）。

2002 年以来，财政部、中国人民银行等针对住房公积金制度存在的问题出台了一系列改革措施。2002 年 5 月，国务院下发《关于进一步加强住房公积金管理的通知》；2003 年 4 月，建设部等发布《关于住房公积金管理中心职责和内部授权管理的指导意见》；2004 年 3 月，《关于印发〈住房公积金行政监督办法〉的通知》发布；2005 年 7 月，建设部、财政部、中国人民银行发布《关于住房公积金管理若干具体问题的指导意见》；2008 年 5 月，住房城乡建设部、监察部、财政部等联合制定《关于开展加强住房公积金管理专项治理工作的实施意见》；2015 年 1 月，住房城乡建设部、财政部和中国人民银行联合发布《关于放宽提取住房公积金支付房租条件的通知》。2020 年，住房城乡建设部等部门发布了《关于应对新型冠状病毒感染的肺炎疫情做好住房公积金管理服务工作的通知》，对住房公积金政策进行阶段性调整。以上法律法规的颁布和实施，一方面，从法律层面对住房公积金的管理和监督做出了规范；另一方面，促进了住房公积金制度的发展，使其在支持住房消费过程中发挥越来越重要的作用。

2. 我国住房公积金制度面临的挑战

我国住房公积金制度自 20 世纪 90 年代初实施以来，得到了不断的完善和发展，不仅为职工提供了住房保障，改善了城镇居民的住房条件，还推动了城镇的住房建设和经济发展。但是，我们还应注意到我国住房公积金制度在实际运行中存在的各种问题。

(1) 覆盖面狭窄且范围不平衡。

一方面，我国住房公积金的覆盖范围狭窄，仅限于城镇部分职工，农村居民尚未纳入保障范围内。另一方面，我国住房公积金覆盖范围也存在发展不平衡问题，具体表现在经济发达地区覆盖面更高，缴存人数明显多于经济欠发达地区。根据 2021 年全国各个城市住房公积金年报，深圳、苏州、杭州等城市住房公积金覆盖面都超过 80%，而西安、哈尔滨等城市的覆盖面均未超过 50%。

(2) 制度设计与运行不合理。

目前，我国的住房公积金制度还存在着制度不合理问题，除了住房公积金制度的覆盖面的差距外，住房公积金保障对象之间的待遇存在较大差距。职工缴存公积金比例和数额与职工自身收入水平息息相关，收入越高的群体越容易获得更高的公积金缴存数额以及贷款数额，呈现出住房公积金收入分配上的“逆向调节”结果，背离住房公积金制度为低收入人群解决住房困难问题的初衷。

(3) 管理体制分散且缺乏监管。

目前我国按照《住房公积金管理条例》对公积金落实管理，但是制度层面上的条例内容还亟待完善，无法适应实际运行中的多种情况。管理体制分散、管理办法不统一，主要由各地的住房公积金管理中心负责具体业务，具体执行中也存在随意性，影响住房公积金效用的发挥。此外，在监管体制上存在多头管理现象，在实施过程中多部门职责不清，导致监管失效。对公积金监管职能的规定也较为笼统，监管力度不足，监管存在漏洞，造成公积金被挪用、套用、挤占等问题，威胁资金安全。

住房公积金制度是帮助百姓实现安居乐业的重要制度安排，对于上述我国住房公积金制度存在的问题，应针对性地做出相应改进，以确保住房公积金发挥最大的效用。首先，扩大住房公积金的覆盖范围，打破原有的户籍限制，扩大公积金的缴存范围，重点保障低收入群体的住房权益。缩小地区差异，为欠发达地区提供更多便利条件。其次，优化住房公积金缴存机制，明确缴纳标准，对不同收入群体实行差别化缴存比例，将不同收入水平保障对象的缴费差距控制在合理范围之内，保证制度公平。最后，健全住房公积金管理体制，明确具体管理组织、内容，加强住房公积金管理工作中的信息化建设，提高管理工作的效率，优化资源配置。加强监督管理体制建设，做好内部控制和外部监管工作，解决多头监管问题，成立专门的住房公积金监管部门，确保监管工作切实有效实施，发挥住房公积金的最大效用。

14.5 商业保险

14.5.1 商业保险的概念及特点

商业保险（commercial insurance）即保险双方当事人（投保人和保险人）自愿订立保险合同，由投保人缴纳保险费用于建立保险基金，当投保人发生合同约定的财产损失或人身事件时，保险人履行赔付或给付保险金责任的一项制度。[①] 商业保险依据不同的划分标准，如保险对象、保险性质、保障范围、理赔方式、承保的危险类型等，可以划分为不同的种类。通常我们把商业保险分为财产保险、人身保险两种类型。财产保险是以补偿投保人的经济财产损失为主要目的，以各种有形物质财产或者责任和利益为保险标的一种保险类型。财产保险还可以具体划分为火灾保险、工程保险、运输保险、责任保险、货物运输保险等。人身保险是以人的身体和生命为保险标的一种保险类型，当投保人出现死亡、疾病、病残，或者达到合同规定的年龄期限时，保险人承担赔偿或给付保险金责任的保险行为。具体可以分为人寿保险、意外伤害保险以及健康保险等。企业和员工可以根据企业、行业等自身属性，依据具体工作性质和工作时间，合理选择适当的

① 魏华林，林宝清．保险学．北京：高等教育出版社，2006.

商业保险。商业保险具有一定的自愿性、互助性、盈利性。

知识链接 14-2

商业保险与社会保险的区别

商业保险与社会保险之间存在着一定的联系，两者都是社会保障体系的重要组成部分，在不同社会保障层面发挥不同功能，彼此相互补充、相互合作。商业保险与社会保险的区别主要体现在以下几个方面。

1. 目的和性质不同

社会保险不以盈利为目的，是由国家组织开展的，以法律作为保障，属于政府行为，在实施过程中带有明显的行政强制性色彩，保障劳动者基本生活。商业保险带有经营性质，以盈利为目的，是一种商业活动，在投保人自愿投保的基础上，遵循“多投多保、少投少保、不投不保”的原则，由保险公司自负盈亏。

2. 对象和作用不同

社会保险的保障对象是全体劳动者及其供养的直系亲属，作用是保障劳动者在疾病、伤残、年老、体弱以及失业等特殊困难情况下，维持其基本生活水平。商业保险的对象并非全体劳动者，而是自愿投保的被保险人。投保人根据自身需求自愿投保，在基本社会保险的基础上追求更高水平、更多内容的保障项目。

3. 保障水平不同

为了防止过高的保障水平让劳动者产生依赖心理，社会保险仅限于保障被保险者的基本生活。商业保险的保障水平完全取决于企业和投保人的投保水平，与投保人缴纳的保费呈正比，多投多保、少投少保。

4. 立法范畴不同

社会保险强调社会公平，与政府的经济社会发展目标息息相关，以国家社会保障政策为指导，属于社会立法范畴。商业保险强调商业保险合同，体现的是双方当事人的经济行为关系，保险双方当事人权益受到经济合同法保护，属于经济立法范畴。

5. 管理部门不同

社会保险主要由各级政府职能部门的社会保险事业机构组织和管理，主要负责社会保险基金的征集和给付等活动。商业保险是由国家有关部门审批后，由专门经营保险业务的保险公司运营和管理，属于企业管理范畴。

资料来源：梁鸿，贺小林．论我国商业保险和社会保险的关系．中国医疗保险，2013（12）．

14.5.2　我国的商业保险

1. 我国商业保险的发展

（1）创建与发展时期。

我国商业保险的创建与发展可以追溯到新中国成立前后。1949 年 8 月，在上海财经会议上正式通过了创办中国人民保险公司的决议。同年 9 月，央行在北京组织召开第一次全国保险工作会议。会议确定了我国保险工作的性质、基本方针、经营方式等保险相关内容，并通过了《中国人民保险公司条例草案》和《中国人民保险公司组织规程草案》。按照会议要求，1949 年 10 月 20 日，中国人民保险公司在北京正式成立，标志着新中国保险事业的正式创建。此后，新中国的保险事业在积极探索中不断得到发展与完善。1952 年底，中国人民保险公司的经营规模不断扩大，全国分支机构达到 1 783 个，保费收入达 722.2 亿元，基本实现了对全国保险业务的管理与服务，业务范围不断扩大。①

（2）收缩与停办时期。

1953—1978 年是我国商业保险的收缩与停办时期。在社会主义改造的风潮下，1953 年 3 月，在北京召开了第三次全国保险工作会议。会议提出修正城市保险业务、停办农村保险业务的建议，对保险机构进行精简。1956 年，第五次全国保险工作会议召开，农村保险业务发展出现转机，在当时农业合作化空前发展的背景下，会议提出将保险业务的工作重心放在农村，促进了农村保险业务的发展。1958 年 10 月，全国财贸工作会议召开，会议提出除了国外的保险业务外，国内商业保险业务正式停办的决定。这一时期，我国整体商业保险业务发展遭遇较大阻碍，一直到改革开放以前，我国商业保险业务基本处于停滞状态。

（3）恢复与发展时期。

1978 年改革开放之后，我国的商业保险业务也得到了恢复和发展。1979 年 4 月，国务院批准了中国人民银行全国分行行长的会议纪要，通过了“恢复保险业务发展”的决定。同年 11 月，改革开放后的第一次全国保险工作会议在北京召开，在总结我国保险工作的历史发展经验和教训的基础上，会议做出了全面恢复和发展保险业的安排。自此，我国的商业保险业务开始复苏。1986 年开始，新疆生产建设兵团农牧业保险公司、中国平安保险公司、中国太平洋保险公司陆续成立，打破了商业保险行业“一家独大”的局面。1992 年，美国友邦保险公司上海分公司成立，标志着我国开始允许外资进入中国的商业保险市场。1995 年 6 月 30 日，《中华人民共和国保险法》正式出台，标志着我国保险行业正式进入法制化发展轨道。

阅读材料 14－3　商业保险是中国社会保障体系的重要支柱

经过几十年的改革与发展，我国商业保险业务已经取得了不错的成绩。同时我们还应当看到，我国商业保险领域还有很大的发展前景，作为社会保障体系的重要组成部分，商业保险应当与社会保险相互配合、相互补充、融合发展，不断完善充实我国多支柱、多层次的社会保障体系。

2. 我国商业保险面临的挑战

近年来，我国商业保险呈现良好的发展态势，在推动经济发展、完善社会保障体系

① 刘仁武．中国保险业：现状与发展．北京：社会科学文献出版社，2008.

等方面都发挥了重要作用，但我国的商业保险仍存在很多问题，具体如下。

（1）整体发展规模较小，覆盖率较低。

虽然近些年来我国商业保险取得了快速发展，但仍规模较小、覆盖率较低、保险购买率水平较低。根据中国保险行业协会发布的《2022 中国商业健康保险发展指数报告》，我国商业健康保险发展指数均值为 0.64，整体仍处于基础水平。目前，国内商业健康险的覆盖率仅为 10%，专业化经营程度不高，国内保险市场存在着巨大的潜在需求，市场发展空间亟待开发。

（2）险种结构单一，开发能力较弱。

我国商业保险产品种类相对单一且结构失衡。尤其是商业健康险，其产品单一且存在同质化竞争现象，看上去选择的数量繁多，但真正能满足消费者个性化、多样化保险需求的产品并不多。而且，保险产品开发能力较弱，缺乏完善的开发机制和推广机制，保险产品多以模仿、改进为主，缺乏创新。商业保险的险种陈旧限制了商业保险的发展速度，无法有效满足市场对多样化、创新型商业保险项目的需求。

（3）从业人员专业度不高，人才流失趋于频繁。

商业保险行业需要大量的营销人员，由于保险营销行业的从业门槛较低，缺乏专业化的培训，重业务规模轻长远效应，对保险行业的职业道德重视不足，导致商业保险从业人员总体专业度不高，专业信誉还有待进一步提升。商业保险行业的高层管理人才，如精算人才、风险管理人才、核保核赔人才等比较短缺，高端专业人才的缺乏不利于商业保险行业的长远发展。门槛较低、数量庞大的保险行业基层业务人才流动性强，商业保险公司为节约人才培养的时间和经济成本，恶性争夺高级管理人才。这两类人员的流动过于频繁，直接影响整个保险行业的稳定发展。

未来商业保险的发展应该站在整个社会保障体系的宏观视角，明确其功能定位，积极参与多层次社会保障体系建设。首先，加强商业保险市场培育，不断扩大商业保险覆盖面，转变仅看规模的增长方式，以价值增长理念和效益意识为发展取向，更好地服务于民生和和谐社会建设；其次，加强商业保险产品创新，重视新险种的研发推广，以市场需求为导向，注重保险产品品质和服务升级，在现有险种的基础之上进一步细分保险市场，满足多样化、个性化的保险需求，为建设多层次社会保障体系服务；最后，加强保险从业人员专业化队伍建设，通过培训、考核等形式进一步提高保险行业人员的职业道德和业务素质，同时完善薪酬福利体系，保留和激励保险行业优秀人才，为商业保险的可持续发展注入动力。

14.6　慈善事业

14.6.1　慈善事业的概念及特点

从广义来看，有学者认为慈善是一种群众间互助的道德实践行为；从狭义来看，郑功成教授认为慈善事业（charity）属于补充保障的一部分，是建立在社会捐赠基础上的民营型社会救助行为。[①] 还有学者认为慈善事业是市场经济条件下的“第三次分配”。厉以宁教授进一步完善了将慈善作为“第三次分配”的概念，认为通过市场实现的分配是初次分配，通过政府收入再分配进行的收入调节是第二次分配，出于自愿、道德因素将资源无偿捐赠给他人的慈善行为称为“第三次分配”。[②] 概括起来，慈善事业是在社会成员广泛参与、民营组织专门运作以及政府部门监管之下，以经济捐赠、实物捐赠、志愿服务等形式进行的自愿型救助行为，包括组织社会捐赠、资金管理、实施救助、接受监督等运作过程，是现代社会保障体系的重要组成部分，也是实现“第三次分配”的重要方式。

慈善事业作为一项民营公益性事业，区别于政府开展的社会救助和公共福利事业，把握以下几个方面的特征[③]，有助于我们进一步理解慈善事业的内涵。

1. 以社会成员的善爱之心为道德基础

慈善属于道德范畴，需要爱心、善意作为慈善行为的驱动力，社会成员在拥有对弱势群体的同情和善爱之心的基础上，通过财务、服务的无偿提供，从中获得满足和成就感。脱离道德谈慈善是不纯粹的，慈善事业也只有在整个社会的善爱氛围和道德基础上才能实现蓬勃发展。

2. 以贫富差别的存在为社会基础

慈善事业在共同贫困的年代和共同富裕的年代都是没有生存土壤的，因为慈善行为需要捐赠者和受捐者两部分成员构成。在共同贫困的年代，社会成员即使拥有善爱之心也无力帮助他人；同样，在共同富裕的年代，当共产主义实现的时候，社会成员因为缺乏受助需求也不需要慈善。只有存在贫富差别的社会，受助者陷于贫困、疾病、灾害等巨大痛苦而基本社会生活仍然无力承担时，才需要慈善事业。我们应正视贫富差距的现实，积极发展我国的慈善事业。

3. 以社会捐赠为经济基础

慈善事业的经费主要来源于企业或各类经济实体的捐赠、社会成员的个人捐赠，以及政府的财政补贴和拨款。其中，企业、各类经济实体，以及个人的社会捐赠是慈善事业最主要的来源，是整个慈善事业生存和发展的经济基础，只有立足于整个社会成员的广泛捐赠，慈善事业才能越做越大。

4. 以民营机构为组织基础

慈善事业离不开民营组织和机构的运作，政府在慈善事业中的作用主要是政策引导、财政支持和规范监督，这是由慈善事业的民营性质决定的。因此慈善组织和机构的专业

---

① 郑功成．现代慈善事业及其在中国的发展．学海，2005（2）.

② 厉以宁．超越市场与超越政府：论道德力量在经济中的作用．北京：经济科学出版社，1999.

③ 同①.

性、规范性是影响慈善事业能否蓬勃发展的重要因素，更是慈善事业发展的组织保障。

5. 以捐赠者的意愿为实施基础

慈善的重要实施环节之一就是企业或各类经济实体，以及社会成员的捐赠。不同于国家实行的强制性社会保障，社会捐赠具有自愿性，完全以捐赠者的捐赠意愿为基础。社会捐赠意愿与整体社会的互助氛围、社会成员的善爱之心密切相关，共同促成了捐赠行为的基础。

6. 以社会成员的普遍参与为发展基础

慈善不仅仅是少数富人的责任和行为，慈善在善爱之心的社会氛围以及全民共同的参与下，才能将每个个体的慈善行为汇聚成宏伟的慈善事业，社会成员的广泛参与是慈善事业长久持续、发展壮大的必要条件。

知识链接 14-3

慈善事业与社会保障的联系与区别

慈善事业与社会保障两者之间存在着必要联系和本质区别。

从两者的联系上来看，慈善事业与社会保障的目的和功能都是一致的，都是扶贫济困、改善社会成员的生活条件。两者都在公平共享的理念基础上，实现社会财富的再分配，促进整个社会和谐稳定。慈善事业作为补充保障之一，是新型社会保障体系的重要组成部分，配合和协调社会保障的发展。

从两者的区别上来看，社会保障是政府组织的、以法律制度为实施基础并且制度化的强制性社会稳定系统，在具体的实施过程中依照已有的法规、政策和标准为社会成员的基本生活提供保障，更加注重法律层次，是国家意志为维护社会公平进而促进社会稳定发展的重要途径；而慈善事业是民营的、具有自愿性、非制度化的民间救助事业，相比于社会保障，更针对社会弱势群体及脆弱的社会成员实施救助，是个人、群体或社会组织不求回报地实施救助的一种高尚无私的支持与奉献行为，具有更高的道德层次。

资料来源：何文炯. 慈善与社会保障. 中国社会保障，2017（8）.

14.6.2 我国的慈善事业

1. 我国慈善事业的发展

（1）慈善事业停滞时期。

我国现代慈善事业起步较晚。计划经济时期，政府认为在新中国的福利救济事业中，政府是主体，这在一定程度上否定了慈善事业的独立地位。从 20 世纪 50 年代末至 60 年代初，政府对原有各类慈善机构进行取缔、接收和改造，着手建立新的福利机构与设施。原本作为社会保障体系补充的民间慈善事业由此消失。20 世纪 50 年代中期至 80 年代初，中国慈善事业走向衰歇、陷于停滞，归结起来，是当时的政治、经济、意识形态等因素共同作用造成的。计划经济时期，多数人的温饱问题尚未解决，救济他人心有余而力不足，无法形成有规模的社会捐献，慈善事业发展尚缺乏坚实的经济基础。①

（2）慈善事业恢复时期。

改革开放以后，慈善事业缓慢复苏。十一届三中全会以后，中国社会发生巨大变化，慈善事业重新萌芽、走向复兴的条件也日益具备。一方面，20 世纪 80 年代中后期，伴随经济体制改革的不断深化，政治体制改革也相应出现新变化，政府改变了先前主导社会救济的地位，逐渐让民间力量参与到慈善事业中；另一方面，经济发展为慈善事业恢复提供了有利的物质条件，使慈善活动的开展初步具有了殷实的经济基础。我国的慈善事业新发展是从 20 世纪 90 年代开始的，1993 年吉林省慈善总会成立，成为全国第一家以慈善总会命名的社会性组织。2004 年，慈善总会系统下已设立 395 家慈善会（总会或协会），民间慈善捐赠活动迅速增长。慈善文化是守望相助、扶危济困，实现中华民族一家亲的强大文化纽带。尤其在特大灾害面前，中国人民展现出团结一致、攻克难关的守望相助精神。如 1998 年的特大洪涝灾害，全国人民向灾区人民捐款 72 亿元。

（3）慈善事业发展时期。

21 世纪以来，国家对慈善事业的作用更加重视，出台和完善了一系列慈善法规政策。2004 年，国务院公布《基金会管理条例》，允许港澳台同胞和外国人设立基金会，允许境外基金会在中国内地设立代表机构。2005 年，在十届全国人大三次会议上，政府工作报告提出了“支持发展慈善事业”，同年还颁布《中国慈善事业发展指导纲要（2006—2010 年）》。一系列的法规政策使我国慈善事业的发展环境得到了极大改善。2008 年全国各类基金会数量已有 1 597 个，相比 2004 年增长了 4 倍。与此同时，也出现了一些不良现象，引发全民问责。社会压力带来改革动力，慈善领域无论是官办还是民营，对于诸多积存的问题，都有一定程度的反省和改进。2013 年，十八届三中全会通过了《中共中央关于全面深化改革若干重大问题的决定》，要求“完善慈善捐助减免税制度，支持慈善事业发挥扶贫济困的积极作用”。2014 年国务院印发了新中国成立以来的第一个国家级的专门规范慈善事业的文件——《关于促进慈善事业健康发展的指导意见》。2016 年，我国第一部《慈善法》的颁布标志着慈善事业正式进入法制化阶段，是我国慈善事业发展的里程碑。

2. 我国慈善事业面临的挑战

党的十九大以来，中国慈善事业迎来了难得的发展机遇：一是精准扶贫使慈善组织担负起新的历史使命。慈善组织配合政府的精准脱贫，打好脱贫攻坚战。政府积极引导慈善公益组织和非政府部门，以扶贫项目为依托，助推精准扶贫和精准脱贫。二是福利

---

① 周秋光．现代中国社会保障制度与慈善事业 70 年发展进程及其思考．中南大学学报（社会科学版），2020（6）．

服务增长促进慈善部门扩张。在供给侧结构性改革背景下，福利服务供给不足与人民日益增长的福利服务需求之间存在的结构性矛盾，已成为影响中国社会福利事业发展的重要因素。政府部门和慈善组织是福利服务的主要供给力量。政府继续大力扶持发展公益性社会组织，鼓励和引导慈善组织以公益为宗旨，以社区为基础，以非营利为目的，为社会提供福利服务。三是"一带一路"将开启慈善公益事业发展的新篇章。中国慈善团体与相关国际组织开展紧密合作，协调各方任务与职责，共同开展活动。

我国的慈善事业不断发展壮大，进入了蓬勃发展时期。在取得一定成绩的同时，我们必须正视我国慈善事业发展中的问题，以确保慈善事业能够取得长足的进步。

（1）缺乏配套法律法规，慈善立法落后。

2016 年《慈善法》的正式颁布使慈善事业进入法制化阶段，相关部门针对慈善实施过程中的各类问题陆续颁布了许多配套的政策。我国与慈善相关的法律明显较少，而且难以应对不断增长的慈善捐赠需求和慈善事业发展过程中复杂变化的现实问题。此外，慈善税收优惠政策也有所欠缺，从美国、英国、日本等国的经验来看，慈善事业的繁荣离不开税收激励政策。目前我国慈善捐赠税收激励政策存在具有税前扣除资格的慈善组织较少、税收优惠程序烦琐、结转机制不健全等问题，阻碍了我国慈善事业的进一步发展。

（2）慈善组织缺乏公信力，面临信任危机。

慈善组织是慈善捐赠事业蓬勃发展的关键因素之一，慈善组织的公信力、捐赠落实和执行效率，以及运作透明度等都备受社会成员的关注，可能直接影响民众的捐赠热情和慈善事业的发展。我国的慈善组织存在公信力不足、信息不透明、管理运作不规范等问题，使民众对于慈善事业的热情受到影响。

（3）现代慈善意识薄弱，公众慈善热情有待提升。

虽然中华民族自古就有乐善好施、扶危济贫的传统美德，但是我们传统的文化更加强调家族内部或者邻里亲友之间的共济互助。人们更愿意帮助自己熟悉或认识的人，距离越远，救助行为和捐赠资源的可能性越小。

针对性地解决上述问题，有利于未来我国慈善事业的繁荣发展。首先，应完善慈善法律法规体系，规范和促进慈善行为。尤其是慈善捐赠税收激励政策的建设，通过简化税收优惠程序、明确结转机制等举措，改善慈善事业发展环境。其次，重视慈善组织的公信力建设，改进慈善组织的内部管理结构，解决慈善管理中的体制机制问题，促进慈善机构信息公开、监管监督等工作的落实，重建慈善组织的公信力。最后，弘扬慈善文化，深度挖掘中华传统文化中的慈善文化，汲取现代慈善理念，形成具有中国特色的慈善文化，加强国民慈善意识和社会责任意识的培养，通过构建慈善文化培育和弘扬机制，引领慈善文化繁荣发展。

本章小结

1. 补充保障是建立在基本社会保障（社会救助、社会保险及社会福利）之上的，为社会成员应对其他风险或享受更多福利而建立起来的一系列保障项目的统称，具体包括员工福利、企业年金、住房公积金、商业保险、慈善事业等内容。

2. 补充保障本质上是基于国家基本社会保障之上的一种福利增加机制，是现代多层次社会保障体系的重要组成部分。

3. 补充保障的基本特征：参与主体多元化、资金来源多样化、非强制性参与原则、形式和内容丰富等。

4. 员工福利又称为职工福利或公司福利，是企业基于雇佣关系，依据国家的强制性法令及相关规定，以企业自身的支付能力为依托，向员工所提供的、用以改善本人和家庭生活质量的各种以非货币工资和延期支付形式为主的补充性的报酬与服务。

5. 企业年金是一种补充养老金制度，是企业雇主与其职工在依法参加相关基本养老保险的基础之上，结合相关国家政策以及自身经济状况自愿建立的补充养老保险制度。从宏观上来看，企业年金是整个社会养老保险体系的“第二支柱”，是政府建立的基本养老保险制度的一个重要补充。从微观上来看，对于企业，企业年金是企业员工薪酬福利制度的重要组成部分，是市场经济体制下企业为提高自身竞争力，吸引人才、激励与稳定员工的重要手段。对于员工，企业年金是以民间储蓄为基础的私人养老金，能够增加退休收入，提高退休生活质量。

6. 住房公积金是指国家机关、国有企业、城镇集体企业、外商投资企业、城镇私营企业及其他城镇企业、事业单位、民办非企业单位、社会团体及其在职职工缴存的长期住房储金，具有强制性、专用性和互助性的特征。

7. 商业保险是保险双方当事人（投保人和保险人）自愿订立保险合同，由投保人缴纳保险费用于建立保险基金，当投保人发生合同约定的财产损失或人身事件时，保险人履行赔付或给付保险金责任的一项制度。

8. 慈善事业是在社会成员广泛参与、民营组织专门运作，以及政府部门监管之下，以经济捐赠、实物捐赠、志愿服务等形式进行的自愿型救助行为，包括组织社会捐赠、资金管理、实施救助、接受监督等运作过程，是现代社会保障体系的重要组成部分，也是实现“第三次分配”的重要方式。

关键术语

补充保障　supplemental security
员工福利　employee welfare
员工援助计划　employee assistance program，EAP
利润分享计划　profit-sharing plan
员工持股计划　employee stock ownership plan，ESOP
企业年金　enterprise annuity
住房公积金　housing provident fund
商业保险　commercial insurance
慈善事业　charity

复习思考题

1. 什么是补充保障？谈谈其在现代社会保障体系中发挥的作用。
2. 如何理解补充保障与基本社会保障的关系？
3. 试述企业年金在我国多支柱养老保障体系中发挥的作用及面临的现实困境。
4. 目前我国的住房保障存在什么问题？应如何解决？
5. 辨析商业保险与社会保险的区别。
6. 简述慈善事业的概念及特点，以及如何进一步发展我国的慈善事业。

阅读材料

新加坡公共住房政策及其借鉴

2020 年 8 月，深圳市提出在住房保障体系建设方面向新加坡学习，新加坡住房供给模式再次成为热点。新加坡大约 85%的居民居住在公共住房中，其中约 94%是自有住房，6%是租赁。新加坡公共住房政策不仅包括住房供给，公共基础设施建设、公共服务供给、社会治理以及社会政策等都是围绕公共住房政策展开的。

新加坡公共住房供给机制

首先，政府确保土地供应。1966 年新加坡政府颁布《土地征用法令》，规定政府有权征用私人土地用于建造公共住房，被征用的土地只有国家有权调整价格。目前，新加坡土地资源的 80%左右掌握在政府手中，住房建设部门能够以远低于市场的价格获得土地，使得大规模建设公共住房有了保障。

其次，公共住房只提供给中低收入者。新加坡公共住房大小不一，一般包括两房式（约 45m^2）、三房式（约 65m^2）、四房式（约 90m^2）、五房式（约 110m^2）、三代同堂式（约 115m^2）、公寓式（约 135m^2）等。近年来随着生活水平提高，还增加了条件更好的执行共管公寓。每一种类型都对应着家庭收入限额，保证了低收入者的购房机会，抑制了房价的上涨空间。另外，普通核心家庭只能拥有一套公共住房，购买首套住房 10 年后可以申请第二套公共住房，但是购买第二套后半年内必须卖掉首套房子。

最后，在出售公共住房方面，政府通过多种政策确保居民能够买得起房。一方面，政府大力推行购房补贴政策。满足条件的购房者可以获得数额不等的购房津贴，选择住在父母附近（2 公里以内）还可以大大提高中签率。另一方面，为公积金不足的较低收入居民提供低息贷款。与此同时，政府提供租赁住房，服务于贫困家庭，租金非常便宜。

围绕公共住房建设基础设施提供公共服务

首先，新加坡大致按照“市镇、邻里、楼群”三个层次进行城市规划。市镇中心拥有完善的基础设施和配套服务设施，包括购物中心、菜市场、餐饮店、社区医院、诊所、药店、托儿所、老年照顾中心、图书馆、体育场等。每个市镇细分为 5～6 个邻里中心（类似我国的社区），每个邻里中心有零售商店、快餐店、活动中心和诊所等各类公共基础配套服务。每个邻里中心又分为6～7个楼群（类似我国的居民小区），每个楼群有相应的配套设施。

其次，新加坡公共交通网络也多以公共住房为中心进行建设，每个楼群都有公共交通抵达。居民步行3～5分钟就可以到达公交车站或者地铁站，公交车站和地铁站之间无缝衔接。

最后，政府公共服务下沉到邻里。新加坡居民联络所的一楼服务大厅提供包括婚姻登记、政策咨询、申请社保卡等在内的基础社会服务项目。社区医院作为辅助性医院，由全科医生为病人提供及时有效的健康医疗服务。新加坡"两级医疗网"和"双层双向转诊"制度也是以公共住房体系为基础的。

以公共住房为载体实现社会治理社会化

首先，新加坡公共住房区实行"嵌入式"居住模式，公共住房成为社会融合的载体，增强社区凝聚力。政府规定公共住房区每个楼群乃至每幢楼房居住的居民构成比例，避免了各个族群集中居住。这样的贫富"互嵌"，以及公共服务均等化供给，避免城市住宅区的"异化"和"极化"问题。同时，还可以发挥公共住房区公共设施的"空间溢出效应"，方便私人公寓居民付费使用公共住房区的设施和服务，提高公共基础设施的利用率。

其次，新加坡居民联络所围绕公共住房修建，促进居民自治，加强居民社会交往。一方面，居民联络所为居民提供了参加社区文体互动、加强联系的平台，让居民有更多机会"碰面"，从陌生人社会走向熟人社会。另一方面，居民联络所为社区社会组织的培育和发展提供了平台，可以更好地服务于基层社会治理。

公共住房政策是诸多社会政策的基础

新加坡很多社会政策以公共住房为基础，典型的案例是新加坡的养老政策。首先，新加坡倡导自助养老，房屋申购时给予优惠。政府通过提高中签率和适当补贴的方式鼓励年轻人居住在父母附近，方便子女提供照顾。其次，以公共住房为核心不断完善养老设施。改善和提升"亲老"的基础设施，建设老年活动中心、娱乐场所。再次，以新加坡居民联络所为平台推动养老社会组织发展，让社区组织参与养老服务供给。最后，实行屋契回购计划，满足多样化的养老需求。屋主可以根据年龄和预期寿命灵活选取一定年限的屋契，将剩余部分卖给政府，以获得固定利息来补贴养老金，实现"以房养老"。

资料来源：新加坡公共住房政策及其借鉴.(2021-01-20).中国社会科学网站.

法律援助法出台：让"温情法援"更贴近百姓

法律援助可以让困难群众享受免费法律服务，是一项重要的民心工程。2021年8月20日，十三届全国人大常委会第三十次会议经表决，通过了《中华人民共和国法律援助法》，自2022年1月1日起施行。

保证人民群众获得及时有效的法律援助

自1979年出台的刑事诉讼法规定指定辩护以来，我国法律援助制度在实践中不断探索和完善。党的十八届四中全会提出全面推进依法治国的总目标和重大任务，明确提出"完善法律援助制度，扩大援助范围，健全司法救助体系，保证人民群众在遇到法律问题或者权利受到侵害时获得及时有效法律帮助”。

《法律援助法》的制定能够彰显我国社会主义法治理念和中国特色社会主义制度的优越性，提升国家治理法治化和现代化水平，促进在全社会形成良好的法治氛围。通过制定法律援助法，进一步拓宽法律援助方式、扩大法律援助范围、提高保障水平、加强质量管理、提供便捷化措施，从而更好地满足人民群众日益增长的需求，在更大范围通过更多形式为人民群众获得及时便利、优质高效的法律援助服务提供法治保障。

将法律援助的成熟做法和实践经验转化为法律

《法律援助法》共七章七十一条，具体分为：总则、机构和人员、形式和范围、程序和实施、保障和监督、法律责任、附则。《法律援助法》明确规定：“本法所称法律援助，是国家建立的为经济困难公民和符合法定条件的其他当事人无偿提供法律咨询、代理、刑事辩护等法律服务的制度，是公共法律服务体系的组成部分。”

《法律援助法》将法律援助的形式和范围进一步扩大，将“劳动争议调解与仲裁代理”作为新增法律援助形式，并增加“规章”作为扩大法律援助形式的依据。《法律援助法》规定，对刑事法律援助，在应当通知辩护范围中增加“申请法律援助的死刑复核案件被告人”，将“盲聋哑人”扩大为“视力、听力、言语残疾人”；将刑事附带民事诉讼案件的原告人及其法定代理人纳入可以申请法律援助范围。《法律援助法》规定，对民事、行政法律援助，在申请法律援助的事项中增加“确认劳动关系”“生态破坏损害赔偿”等；在申请法律援助不受经济困难条件限制的情形中，增加规定“英雄烈士近亲属为维护英雄烈士的人格权益”“因见义勇为行为主张相关民事权益”等情形。

在完善法律援助程序方面，《法律援助法》对司法机关和有关部门通知指派、权利告知等义务作了规定，并明确了相关时限；对提出法律援助申请、经济困难审查、决定和指派、申请人救济等程序作了规定，并明确了相关时限；对免予经济困难审查、先行提供法律援助、终止法律援助的情形作了明确。

提升和加大法律援助的保障水平和监管力度

《法律援助法》的相关规定提升了法律援助的保障水平。《法律援助法》明确规定，县级以上人民政府应当健全法律援助保障体系，将法律援助相关经费列入本级政府预算；明确法律援助补贴的标准实行动态调整，并免征增值税和个人所得税；规定国家建立健全法律服务资源依法跨区域流动机制，鼓励和支持律师事务所、律师、法律援助志愿者等在法律服务资源相对短缺地区提供法律援助。

《法律援助法》加大了对法律援助机构和人员的监管力度。《法律援助法》提出司法行政部门应当建立法律援助工作投诉查处制度，制定法律援助服务质量标准，通过第三方评估等方式定期进行质量考核；律师协会应当将律师事务所、律师履行法律援助义务的情况纳入年度考核内容，对拒不履行或者怠于履行法律援助义务的律师事务所、律师，依照有关规定进行惩戒。

让有需要的人更便利地享受法律援助服务

《法律援助法》对动员更多力量参与法律援助作出规定。根据《法律援助法》的规定，律师事务所、基层法律服务所、律师、基层法律服务工作者负有依法提供法律援助的义务；工会、共青团、妇联、残联等群团组织开展法律援助工作，也参照适用该法规定。

法律援助人员可以根据实际情况，采取多种形式为当事人提供法律援助，包括法律咨询、代拟法律文书、刑事辩护与代理，民事案件、行政案件、国家赔偿案件的诉讼代理及非诉讼代理，值班律师法律帮助，劳动争议调解与仲裁代理，以及法律、法规、规章规定的其他形式。

《法律援助法》保障了当事人更便利地获得法律援助，如规定法律援助机构合理设置法律援助工作站或者联络点，就近受理法律援助申请；法律援助机构应当通过服务窗口、电话、网络等多种方式提供法律咨询服务；针对老年人、残疾人等群体，要求法律援助机构根据实际情况提供无障碍设施设备和服务。

资料来源：法律援助出台：让“温情法援”更贴近百姓．(2021－09－26)．中国人大网.

人大版公共管理类教材

公共管理类专业教材——学科基础课教材

书名	作者
现代管理学原理（第三版）（“十一五”国家级规划教材）	娄成武　魏淑艳
一般管理学原理（第四版）	张康之　周　军
管理学基础（第三版）	方振邦
政治学原理（第三版）	景跃进　张小劲
现代政治学原理（第四版）	石永义　刘玉萼　张　璋
公共管理学（第二版）	陈振明
公共管理学——一种不同于传统行政学的研究途径（第二版）	陈振明
公共管理学（第三版）（数字教材版）（“十二五”国家级规划教材）	蔡立辉　王乐夫
公共管理学（精编版）	王乐夫　蔡立辉
公共管理学（第二版）	张康之　郑家昊
公共管理概论（第二版）	朱立言　谢　明
公共政策导论（第六版）（数字教材版）	谢　明
公共政策概论（第二版）	谢　明
公共政策学——政策分析的理论、方法和技术（“十一五”国家级规划教材）	陈振明
公共政策学（第二版）	杨宏山
政策科学——公共政策分析导论（第二版）	陈振明
公共经济学（第三版）（“十二五”国家级规划教材）	高培勇
公共经济学教程	秦立建
政府经济学（第四版）（“十一五”国家级规划教材）	郭小聪
政府经济学（第四版）	潘明星　韩丽华

公共管理类专业教材——方法课教材

书名	作者
公共管理研究方法	何兰萍　张俊艳
行政学研究方法与应用案例	萧鸣政　等
管理定量分析：方法与技术（第三版）	刘兰剑

公共管理类专业教材——行政管理、公共事业管理专业教材

书名	作者
行政法学导论	姜晓萍
公共部门人力资源管理（第四版）	孙柏瑛　祁凡骅
公共部门人力资源开发与管理（第五版）（“十二五”国家级规划教材）	孙柏瑛　祁凡骅
公共部门人力资源管理（第三版）	滕玉成　于　萍
公共部门人力资源管理概论（第二版）	方振邦
公共部门人力资源管理案例	周均旭
行政管理学（第五版）（数字教材版）	郭小聪
公共行政学（第五版）	彭和平
公共行政学（第二版）	张康之　张乾友
行政学导论（第三版）	齐明山

书名	作者
行政管理学导引与案例	陈季修
管理心理学（第三版）	范逢春
公共组织行为学（第三版）（“十一五”国家级规划教材）	孙　萍　张　平
公共组织学（第四版）	李传军
行政组织学（第二版）	张　昕　李　泉
公共组织理论	陆明远　冯　楠
公共事业管理概论（第三版）	朱仁显
公共组织财务管理（第三版）（“十一五”国家级规划教材）	王为民
国家公务员制度（第五版）（数字教材版）（“十二五”国家级规划教材）	舒　放　贾自欣
国家公务员制度概论（第二版）	刘碧强　郗永勤
公务员制度概论	李如海
公务员制度	温志强　王彦平　郝雅立
当代国家公务员制度：理论与实践	胡春艳
行政领导学（第三版）	朱立言　李国梁
领导学（第五版）	邱霈恩
领导学	孙　健
现代市政学（第五版）（数字教材版）	王佃利
市政管理学（第五版）（“十一五”国家级规划教材）	杨宏山
社区管理（第四版）	汪大海　魏　娜　郇建立
社区管理原理与案例	魏　娜
电子政务教程（第三版）（“十一五”国家级规划教材）	赵国俊
电子政府与电子政务（第二版）（“十一五”国家级规划教材）	张锐昕
行政伦理学教程（第四版）（“十二五”国家级规划教材）	张康之　李传军
公共危机管理概论（第二版）	王宏伟
公共危机管理	唐　钧
当代中国政府与政治（第二版）	景跃进　陈明明　肖　滨
当代中国政府与行政（第三版）	魏　娜　吴爱明
地方政府学概论（第二版）	方　雷
地方政府管理（第二版）	陈瑞莲　张紧跟
管理秘书实务（第三版）	赵锁龙
行政秘书学	唐　钧
公文写作与处理	赵国俊
机关管理的原理与方法（第三版）	赵国俊　陈幽泓
公共部门绩效管理（第二版）	方振邦
政府绩效管理（第二版）	方振邦　葛蕾蕾
政府绩效评估	蔡立辉
政府公共关系（第二版）（“十一五”国家级规划教材）	廖为建　张　宁
西方行政学理论概要（第二版）（“十一五”国家级规划教材）	丁　煌
公共行政学史（第二版）	何艳玲
西方公共管理名著导读	汪大海
文化管理学（第三版）（“十二五”国家级规划教材）	孙　萍
文化创意产业导论	魏鹏举
卫生事业管理（第二版）（“十一五”国家级规划教材）	李　鲁
现代公用事业管理	崔运武

公共管理类专业教材——劳动与社会保障专业教材

书名	作者
社会保障概论（第七版）	孙光德　董克用
社会保障学	戴卫东
劳动经济学（“十一五”国家级规划教材）	董克用　刘　昕
劳动法与社会保障法	黎建飞
社会保险学（第四版）	孙树菡　朱丽敏
社会保障基金管理	李春根
社会保障国际比较	仇雨临

公共管理类专业教材——土地资源管理专业教材

书名	作者
土地经济学（第八版）（“十一五”国家级规划教材）	毕宝德
土地法学（中国人民大学“十三五”规划教材）	严金明
土地资源学	张正峰　赵文武
土地资源管理学（第二版）	张正峰
国土空间规划学	张占录　张正峰
不动产估价（第二版）（“十一五”国家级规划教材）	叶剑平　曲卫东
土地信息系统	曲卫东　韩　琼
地籍管理（第五版）（“十一五”国家级规划教材）	谭　峻　林增杰

公共管理类专业教材——城市管理专业教材

书名	作者
城市管理学（第四版）	杨宏山
城市管理学：公共视角	陆　军　等
城市管理法	王丛虎
城市总体规划原理	邻艳丽　田　莉

公共管理类教材——应急管理专业教材

书名	作者
应急管理导论：原理与案例	李燕凌　朱正威 张海波　章文光
应急管理概论	王宏伟
应急管理理论与实践	唐　钧
突发事件风险管理	张小明
应急管理新论	王宏伟
新媒体时代的应急管理与危机公关	唐　钧
公共安全风险治理	唐　钧

公共管理硕士（MPA）教材——核心课教材

书名	作者
全国公共管理硕士（MPA）核心课程教学指导纲要	全国公共管理专业学位 研究生教育指导委员会
社会主义建设理论与实践（第三版）	李景治　蒲国良

书名	作者
公共管理英语（修订版）	顾建光
学术规范和论文写作	胡宏伟
公共管理学（第三版）（全国优秀教材二等奖）	张成福　党秀云
公共管理学原理（修订版）	陈振明
公共管理导论	竺乾威　朱春奎　李瑞昌
公共政策分析	陈振明
公共政策分析导论	陈振明
公共政策分析概论（修订版）	谢　明
公共部门经济学（第三版）	高培勇　崔　军
公共经济学	唐任伍
行政法学（修订版）	皮纯协　张成福
行政法学概论（第三版）	胡锦光
非营利组织管理概论（修订版）	王　名
非营利组织管理	王　名　王　超
公共管理伦理学（修订版）	张康之
社会研究方法	陈振明
电子政务理论与方法（第五版）	金江军
公文写作概论	高永贵

公共管理硕士（MPA）教材——专业方向必修课、选修课教材

书名	作者
公务员制度教程（第六版）	舒　放　王克良
比较政府与政治（修订版）	卓　越
当代中国政府与政治（第三版）	吴爱明　朱国斌　林　震
公共部门人力资源管理及案例教程（第三版）	陈天祥
公共部门绩效评估（修订版）	卓　越
公共部门危机管理（第三版）	张小明
应急管理通论（第二版）	李雪峰
公共部门战略管理（修订版）	陈振明
MPA 学位论文写作指南	汪大海

图书在版编目（CIP）数据

社会保障学/戴卫东主编. --北京：中国人民大学出版社，2024.8
新编21世纪劳动与社会保障系列教材
ISBN 978-7-300-32591-0

Ⅰ.①社… Ⅱ.①戴… Ⅲ.①社会保障-高等学校-教材 Ⅳ.①C913.7

中国国家版本馆CIP数据核字（2024）第043575号

浙江省普通本科高校“十四五”重点立项建设教材
新编21世纪劳动与社会保障系列教材
社会保障学
戴卫东　主编
Shehui Baozhangxue

出版发行	中国人民大学出版社		
社　　址	北京中关村大街31号	邮政编码	100080
电　　话	010－62511242（总编室）		010－62511770（质管部）
	010－82501766（邮购部）		010－62514148（门市部）
	010－62515195（发行公司）		010－62515275（盗版举报）
网　　址	http://www.crup.com.cn		
经　　销	新华书店		
印　　刷	大厂回族自治县彩虹印刷有限公司		
开　　本	787 mm×1092 mm　1/16	版　　次	2024年8月第1版
印　　张	23.5 插页1	印　　次	2024年8月第1次印刷
字　　数	527 000	定　　价	65.00元

中国人民大学出版社　管理分社

教师教学服务说明

中国人民大学出版社管理分社以出版工商管理和公共管理类精品图书为宗旨。为更好地服务一线教师，我们着力建设了一批数字化、立体化的网络教学资源。教师可以通过以下方式获得免费下载教学资源的权限：

★ 在中国人民大学出版社网站 www.crup.com.cn 进行注册，注册后进入“会员中心”，在左侧点击“我的教师认证”，填写相关信息，提交后等待审核。我们将在一个工作日内为您开通相关资源的下载权限。

★ 如您急需教学资源或需要其他帮助，请加入教师 QQ 群或在工作时间与我们联络。

中国人民大学出版社　管理分社

教师 QQ 群：648333426（工商管理）　114970332（财会）　648117133（公共管理）
教师群仅限教师加入，入群请备注（学校+姓名）

联系电话：010-62515735，62515987，62515782，82501048，62514760

电子邮箱：glcbfs@crup.com.cn

通讯地址：北京市海淀区中关村大街甲 59 号文化大厦 1501 室（100872）

管理书社　　人大社财会　　公共管理与政治学悦读坊